U0548146

丛书主编 周江

海洋·极地·自然资源法研究丛书 国别海洋法系列

沙特阿拉伯、巴林、卡塔尔、阿联酋海洋法律体系研究

全小莲 著

知识产权出版社
全国百佳图书出版单位
—北京—

图书在版编目（CIP）数据

沙特阿拉伯、巴林、卡塔尔、阿联酋海洋法律体系研究/全小莲著.—北京：知识产权出版社，2022.12

（海洋·极地·自然资源法研究丛书/周江主编.国别海洋法系列）

ISBN 978-7-5130-8615-8

Ⅰ.①沙… Ⅱ.①全… Ⅲ.①海洋法—研究—阿拉伯国家 Ⅳ.①D993.5

中国国家版本馆 CIP 数据核字（2023）第 002397 号

策划编辑：庞从容	责任校对：王　岩
责任编辑：张琪惠	责任印制：刘译文
封面设计：黄慧君	

沙特阿拉伯、巴林、卡塔尔、阿联酋海洋法律体系研究
全小莲 ◎ 著

出版发行：知识产权出版社 有限责任公司	网　　址：http://www.ipph.cn
社　　址：北京市海淀区气象路50号院	邮　　编：100081
责编电话：010-82000860 转 8782	责编邮箱：963810650@qq.com
发行电话：010-82000860 转 8101/8102	发行传真：010-82000893/82005070/82000270
印　　刷：天津嘉恒印务有限公司	经　　销：新华书店、各大网上书店及相关专业书店
开　　本：710mm×1000mm　1/16	印　　张：25.75
版　　次：2022年12月第1版	印　　次：2022年12月第1次印刷
字　　数：460千字	定　　价：118.00元

ISBN 978-7-5130-8615-8

出版权专有　侵权必究

如有印装质量问题，本社负责调换。

重庆市高校哲学社会科学协同创新团队
"海洋与自然资源法研究团队"阶段性成果

总　序

中国是陆海兼备的海洋大国，海洋开发历史悠久，曾创造了举世瞩目的海洋文明。"鱼盐之利，舟楫之便"是先人认识和利用海洋之精炼概括，仍不悖于当今海洋之时势。然数百年前，泰西诸国携坚船利炮由海而至，先祖眼中的天然屏障竟成列强鱼肉九州之通道。海洋强国兴衰，殷鉴不远。

吾辈身处百年未有之变局，加快建设海洋强国已成为中华民族伟大复兴的重要组成。扎实的海洋工业、尖端的海洋科技及强大的海军战力，无疑为海洋强国之必需。此外，完备的海洋治理体系和卓越的海洋治理能力等软实力亦不可或缺。海洋治理体系之完备，海洋治理能力之卓越，皆与海洋法治息息相关。经由法律的治理以造福生民，为古今中外人类实践之最佳路径。

海洋法治之达致，需赖全体国人之努力，应无沿海内陆之别。西南政法大学虽处内陆，一向以"心系天下"为精神导引。作为中国法学教育研究的重镇，西南政法大学独具光荣的历史传承、深厚的学术底蕴和完备的人才积累。她以党的基本理论、基本路线、基本方略和国家的重大战略需求为学术研究之出发点和归宿。

西南政法大学海洋与自然资源法研究所之成立，正是虑及吾辈应为建设海洋强国贡献绵薄。国际法学院、经济法学院（生态法学院）、国家安全学院相关研究团队，合众为一，同心勠力，与中国海洋法学会合作共建而成。我所将持续系统地研究涉海法律问题，现以"海洋·极地·自然资源法研究丛书"之名，推出首批公开出版成果。

本丛书拟设四大系列：国别海洋法系列、海洋治理系列、极地治理系列及自然资源法系列。系列之间既各有侧重又相互呼应，其共同的目标在于助力中国海洋治理体系与治理能力的现代化。

本丛书推崇创作之包容性，对当下及今后各作者的学术观点，都将予以最大程度的尊重；本丛书亦秉持研究之开放性，诚挚欢迎同人惠赐契合丛书主题及各系列议题的佳作；本丛书更倡导学术的批判性，愿广纳学友对同一问题的补正、商榷甚或质疑。若经由上述努力与坚持，可将本丛书打造为学界交流与争鸣的平台，则是我们莫大的荣幸。

本丛书能由构想变为现实，离不开诸多前辈、领导及同人的关心、指导与支持，我相信，丛书的付梓是对他们玉成此事最好的感谢！

是为序！

2020 年 3 月 31 日

目 录

第Ⅰ部分 沙特阿拉伯海洋法律体系研究

一、沙特阿拉伯海洋基本情况 / 003
  （一）地理位置 / 003
  （二）建国历史 / 003
  （三）行政区划 / 004
  （四）海洋资源 / 009

二、海洋事务主管部门及其职能 / 015
  （一）立法机构 / 015
  （二）行政执法机构 / 016

三、国内海洋立法 / 026
  （一）划定管辖海域的法 / 026
  （二）渔业相关立法 / 031
  （三）海洋环境相关立法 / 032
  （四）海洋科学研究相关立法 / 033
  （五）海水淡化相关立法 / 033
  （六）港口相关立法 / 034
  （七）石油和矿产资源相关立法 / 034

四、缔结和加入的海洋法条约 / 036
  （一）联合国框架下的海洋法公约 / 036
  （二）缔结和加入的海事条约 / 037

五、海洋争端解决 / 041
  （一）与巴林的划界协定 / 041

（二）与卡塔尔的划界协定 / 043
　　（三）与阿联酋的划界协定 / 047
　　（四）与伊朗的划界协定 / 050
　　（五）与科威特的划界协定 / 050
　　（六）与约旦的划界协定 / 050
　　（七）与也门的划界协定 / 052
　　（八）与埃及的划界协定 / 054

六、国际海洋合作 / 059
　　（一）对争议区域的共同开发 / 059
　　（二）海洋研究合作 / 061
　　（三）岛屿、港口建设合作 / 064
　　（四）海洋防务合作 / 066
　　（五）海洋油气资源合作 / 073
　　（六）渔业合作 / 078
　　（七）海洋运输合作 / 082
　　（八）海洋环境保护合作 / 084

七、对中国海洋法主张的态度 / 086
　　（一）对"一带一路"倡议的积极响应 / 086
　　（二）在"一带一路"框架下与中国合作的态度 / 087
　　（三）对中国南海主张的态度 / 088

结　语 / 090

第Ⅱ部分　巴林海洋法律体系研究

一、巴林海洋基本情况 / 093
　　（一）地理位置 / 093
　　（二）建国历史 / 093
　　（三）行政区划 / 094
　　（四）海洋资源 / 095

二、海洋事务主管部门及其职能 / 098
　　（一）立法机构 / 098
　　（二）行政执法机构 / 100

三、国内海洋立法 / 112

（一）划定管辖海域的法 / 112

（二）海洋环境保护立法 / 113

（三）石油相关立法 / 113

（四）渔业相关立法 / 113

（五）港口和海事相关立法 / 114

四、缔结和加入的海洋法条约 / 115

（一）联合国框架下的海洋法公约 / 115

（二）缔结和加入的海事条约 / 115

（三）海洋环境保护条约 / 115

五、海洋争端解决 / 116

（一）与沙特阿拉伯的大陆架划界协定 / 116

（二）与伊朗的大陆架划界协定 / 116

（三）卡塔尔诉巴林海洋划界和领土争端案 / 116

六、国际海洋合作 / 124

（一）海洋研究合作 / 124

（二）海洋油气资源合作 / 127

（三）海洋防务合作 / 133

（四）渔业合作 / 139

（五）基础建设合作 / 142

七、对中国海洋法主张的态度 / 144

（一）对"南海仲裁案"的态度 / 144

（二）在"一带一路"框架下与中国合作的态度 / 144

结　语 / 147

第Ⅲ部分　卡塔尔海洋法律体系研究

一、卡塔尔海洋基本情况 / 151

（一）地理位置 / 151

（二）建国历史 / 151

（三）行政区划 / 152

（四）海洋资源 / 153

二、海洋事务主管部门及其职能 / 157
　　（一）立法机构 / 157
　　（二）行政执法机构 / 158

三、国内海洋立法 / 169
　　（一）划定管辖海域的法 / 169
　　（二）海洋环境保护立法 / 170
　　（三）渔业相关立法 / 171
　　（四）港口、船舶与航运相关立法 / 171
　　（五）石油相关立法 / 172

四、缔结和加入的海洋法条约 / 174
　　（一）联合国框架下的海洋法公约 / 174
　　（二）缔结和加入的海事条约 / 175
　　（三）缔结和加入的区域性海洋环境保护条约 / 176

五、海洋争端解决 / 177
　　（一）通过协议解决的海洋争端 / 177
　　（二）与巴林的海洋划界和领土争端 / 180

六、国际海洋合作 / 181
　　（一）海洋研究合作 / 181
　　（二）海洋油气资源合作 / 183
　　（三）海洋防务合作 / 187
　　（四）渔业合作 / 190
　　（五）基础设施建设合作 / 191
　　（六）海洋运输合作 / 194

七、对中国海洋法主张的态度 / 195
　　（一）对"南海仲裁案"的态度 / 195
　　（二）在"一带一路"框架下与中国合作的态度 / 195

结　语 / 197

第Ⅳ部分　阿联酋海洋法律体系研究

一、阿联酋海洋基本情况 / 201
　　（一）地理位置 / 201

（二）建国历史 / 201
　　（三）行政区划 / 202
　　（四）海洋资源 / 203

二、海洋事务主管部门及其职能 / 208
　　（一）联邦海洋事务主管部门及其职能 / 208
　　（二）地方海洋事务主管部门及其职能 / 223

三、国内海洋立法 / 232
　　（一）划定管辖海域的法 / 232
　　（二）油气资源相关立法 / 237
　　（三）渔业相关立法 / 238
　　（四）港口与航运相关立法 / 238
　　（五）海洋环境相关立法 / 239

四、缔结和加入的海洋法条约 / 241
　　（一）联合国框架下的海洋法公约 / 241
　　（二）缔结和加入的海事条约 / 241
　　（三）其他与海洋相关的条约 / 242

五、海洋争端解决 / 244
　　（一）通过协议解决的海洋争端 / 244
　　（二）未决争端 / 244

六、国际海洋合作 / 246
　　（一）海洋防务合作 / 246
　　（二）海洋油气资源合作 / 250
　　（三）海洋研究合作 / 258
　　（四）渔业合作 / 260
　　（五）基础设施建设合作 / 262

七、对中国海洋法主张的态度 / 264
　　（一）对"一带一路"倡议的积极响应 / 264
　　（二）在"一带一路"框架下与中国合作的态度 / 265
　　（三）对"南海仲裁案"的立场 / 266

结　语 / 267

参考文献 / 268

附 录

附录1　沙特阿拉伯《1949年皇家法令》/ 293
附录2　沙特阿拉伯《1958年皇家法令》/ 297
附录3　沙特阿拉伯《2011年皇家法令》/ 300
附录4　沙特阿拉伯公布的领海基线坐标 / 305
附录5　《在沙特阿拉伯王国海域进行海洋科学研究的规定》/ 310
附录6　沙特阿拉伯于2014年1月10日发布的声明 / 316
附录7　沙特阿拉伯《对〈联合国海洋法公约〉第298条的声明》/ 318
附录8　沙特阿拉伯缔结和加入的国际条约 / 319
附录9　沙特阿拉伯—巴林大陆架边界线坐标 / 326
附录10　巴林渔业相关立法 / 327
附录11　巴林港口和海事相关立法 / 333
附录12　巴林缔结的联合国海洋法框架下的公约 / 338
附录13　巴林缔结的海事条约 / 339
附录14　巴林缔结的海洋环境保护条约 / 342
附录15　《卡塔尔国宪法》/ 345
附录16　卡塔尔石油公司的子公司和合资公司 / 366
附录17　卡塔尔《1974年6月2日外交部声明》/ 369
附录18　《界定卡塔尔国领海和毗连区宽度的1992年第40号法令》/ 370
附录19　与卡塔尔石油公司相关的国内石油立法 / 372
附录20　卡塔尔签署《联合国海洋法公约》时的声明 / 374
附录21　卡塔尔缔结和加入的国际条约 / 375
附录22　卡塔尔缔结和加入的区域性海洋环境保护条约 / 379
附录23　阿联酋划定管辖海域的法 / 380
附录24　阿联酋油气资源相关立法 / 381
附录25　阿联酋渔业相关立法 / 382
附录26　阿联酋港口与航运相关立法 / 384
附录27　阿联酋海洋环境保护相关立法 / 391
附录28　阿联酋缔结和加入的国际条约 / 393

后　记 / 399

第Ⅰ部分

沙特阿拉伯海洋法律体系研究

一、沙特阿拉伯海洋基本情况

（一）地理位置

沙特阿拉伯王国（Kingdom of Saudi Arabia，以下简称"沙特"）位于阿拉伯半岛，东濒波斯湾[1]（Persian Gulf），与卡塔尔（Qatar）和阿拉伯联合酋长国（The United Arab Emirates，以下简称"阿联酋"）相接，西临红海（Red Sea），南面是陆地领土，与阿曼（Oman）和也门（Yemen）接壤，北面也是陆地领土，与科威特（Kuwait）、伊拉克（Iraq）和约旦（Jordan）接壤。沙特的总面积约 225 万平方千米，其海岸线长 2448 千米，[2] 是唯一一个同时拥有红海和波斯湾海岸线的国家，其大部分土地由不宜居的沙漠及贫瘠的荒野组成。[3]

（二）建国历史

沙特是一个既年轻又古老的国家。滋养了沙特的阿拉伯伊斯兰文化已有 1000 多年的历史，而沙特作为现代国家距今不过 90 多年。[4] 1920—1922 年，阿卜杜勒阿齐兹·阿勒沙特（伊本·沙特）彻底征服了拉希德家族。1924 年他率兵先后占领了塔伊夫（Taif）、麦加（Makkah）、麦地那（Al Madinah）、吉

---

[1] 长期以来，对海湾的叫法一直存在争议，伊朗把海湾称为"波斯湾"，而阿拉伯国家将其称为"阿拉伯湾"。参见王菁：《"海湾"称谓之争再度升级，伊朗发出禁飞威胁》，载中国日报网，http://www.chinadaily.com.cn/hqgj/2010-02/24/content_9493805.htm，最后访问日期：2018 年 10 月 28 日。

[2] 《沙特阿拉伯国家概况》，载中华人民共和国外交部网站，https://www.fmprc.gov.cn/web/gjhdq_676201/gj_676203/yz_676205/1206_676860/1206x0_676862/，最后访问日期：2022 年 10 月 12 日。

[3] 《沙特阿拉伯》，载维基百科，https://zh.wikipedia.org/wiki/%E6%B2%99%E7%89%B9%E9%98%BF%E6%8B%89%E4%BC%AF，最后访问日期：2018 年 10 月 28 日。

[4] 公元 7 世纪，穆罕默德在位于阿拉伯半岛的麦加创立了伊斯兰教，他的继承人统一了阿拉伯半岛，并逐步建立起横跨欧、亚、非的阿拉伯帝国。16 世纪，阿拉伯半岛沦为奥斯曼帝国的属地。17 世纪末至 18 世纪初，沙特家族成为内志地区三个最有势力的家族之一。经过多年征战，阿卜杜勒阿齐兹终于统一阿拉伯半岛，并于 1932 年 9 月 23 日宣告建立沙特阿拉伯王国。参见《沙特阿拉伯国家概况》，载中华人民共和国外交部网站，https://www.fmprc.gov.cn/web/gjhdq_676201/gj_676203/yz_676205/1206_676860/1206x0_676862/，最后访问日期：2022 年 10 月 12 日。

达（Jeddah）等地后，被拥戴为汉志王和内志及其属地的苏丹[1]。1927年5月，伊本·沙特和英国在吉达缔结《吉达条约》（Treaty of Jeddah），英国承认以他作为统治者的汉志和内志及其属地的完全独立地位。1932年9月，沙特正式定国名为沙特阿拉伯王国。[2]

（三）行政区划

1. 概　况

沙特现在由四个区域——汉志、内志、部分东阿拉伯半岛和部分南阿拉伯半岛（阿西尔）组成。[3] 沙特将伊斯兰教视为国教，实行君主专制。沙特有时被称为"两圣寺之地"，因为沙特拥有伊斯兰教中两个最神圣的圣地：麦加的禁寺（Al-Haram Mosque）及麦地那的先知寺（Al-Masjidun-Nabawiyy）。

沙特分为13个省，分别是：利雅得省（Ar Riyad）、麦加省（Makkah）、麦地那省（Al Madinah）、东部省（Ash Sharqiyah）、卡西姆省（Al Qasim）、哈伊勒省（Ha'il）、阿西尔省（'Asir）、巴哈省（Al Bahah）、塔布克省（Tabuk）、北部边疆省（Al Hudud ash Shamaliyah）、吉赞省（Jizan）、纳季兰省（Najran）、焦夫省（Al Jawf）。省下设一级县和二级县，县下设一级乡和二级乡。[4]

沙特的首都利雅得（Riyadh）（意为"花园"）是沙特最大的城市，也是利雅得省的省会。利雅得是一座典型的绿洲城市，人口有570万人，整个都市圈的人口约为730万人。利雅得地形相对平坦，城市内外的土壤由砾石、沙子、淤泥、黏土沉积物和石灰岩底土构成。[5]

---

[1] 苏丹指一个在伊斯兰教历史上类似总督的官职，它也有很多其他的译法，在古文里被翻译为"素檀""速檀""速鲁檀""锁鲁檀"（见《明史》），民间又叫"素里檀""唆里檀""算端""层檀"等。苏丹是阿拉伯语中的一个尊称，历史上有好几种含义。该词最初是阿拉伯语中的抽象名词"力量""治权""裁决权"，后来变为"权力""统治"。最后，它变为对一个特殊统治者的称号，被苏丹统治的地方，一般都对外号称拥有独立主权或完全主权。参见《苏丹》，载百度百科，https://baike.baidu.com/item/%E8%8B%8F%F4%B8%B9/5481144?fr=aladdin，最后访问日期：2020年12月13日。

[2] 《二、沙特阿拉伯历史源流》，载商务历史网，http://history.mofcom.gov.cn/?bandr=stalblsyl，最后访问日期：2018年11月15日。

[3] 《沙特阿拉伯》，载维基百科，https://zh.m.wikipedia.org/zh-hans/%E6%B2%99%E7%89%B9%E9%98%BF%E6%8B%89%E4%BC%AF，最后访问日期：2020年12月13日。

[4] 《沙特阿拉伯国家概况》，载中华人民共和国外交部网站，https://www.fmprc.gov.cn/web/gjhdq_676201/gj_676203/yz_676205/1206_676860/1206x0_676862/，最后访问日期：2020年12月13日。

[5] "Riyadh", Britannica, https://www.britannica.com/place/Riyadh, October 28, 2018.

2. 濒临波斯湾的地区

沙特是波斯湾的沿岸国,沙特的13个省中濒临波斯湾的是东部省,其中达曼[1](Dammam)是东部省最大的城市,该省的行政机构和司法机构以及几个政府部门都位于该城市。东部省主要有6个港口:国王阿卜杜勒阿齐兹达曼港(King Abdulaziz Port Dammam)(以下简称"达曼港")、朱拜勒商业港(Jubail Commercial Port)、朱拜勒法赫德国王工业港(King Fahad Industrial Port Jubail)、荣凯港(Ras Al-khair Port)、拉斯坦努拉港(Ras Tanura)和朱阿马港(Ra's al Ju'aymah)。其中拉斯坦努拉港和朱阿马港为原油输出港。

达曼港是波斯湾最大的海港之一,其货物进出口量仅次于沙特位于红海海岸的吉达港(Jeddah Islamic Port)。[2] 该港口完全自给自足,拥有自己的行政办公室、海洋车间、电气、电话和海洋通信网络以及炼油厂。其还拥有自己的消防部门、诊所、供港口员工居住的大型住宅区、清真寺和超市。[3] 该港通过一个涵盖公路和铁路的交通网络与沙特其他地区相连。达曼港占地面积超过190平方千米,有42个泊位。除了拥有商业港口设施,该港还拥有一个设备齐全的船舶修理中心、两个船舶维修码头以及一个培训中心。该港拥有一座高达95米的塔楼和车站,该车站专门用于处理集装箱、散装谷物以及冷藏和冷冻食品。

朱拜勒商业港是一个多功能港口,能够处理集装箱、散货和普通货物。该港拥有长达3780米的码头,16个泊位,深度为12米至14米,泊位的总货运量为778万吨。该码头位于朱拜勒工业区附近,能与全球进行海上贸易。它位于达曼以北80千米处,与首都利雅得有直接的内陆联系。朱拜勒商业港的前身是一个小渔港,为支持沙特东部区域的远洋进出口贸易,它被改造成现代化港口。[4]

朱拜勒法赫德国王工业港是世界上最大的工业港口之一,拥有34个泊

---

[1] 与沙特阿拉伯其他12个地区的首府一样,达曼不归属于任何省级行政区划管辖。其由市长以自治市的方式进行管理。

[2] 《达曼(沙特阿拉伯)》,载维基百科,https://zh.wikipedia.org/wiki/%E8%BE%BE%E6%9B%BC_(%E6%B2%99%E7%89%B9%E9%98%BF%E6%8B%89%E4%BC%AF),最后访问日期:2018年10月28日。

[3] Robeel Haq, "Saudi's Top Shipping Ports", Arabian Business, https://www.arabianbusiness.com/saudi-s-top-shipping-ports--362304.html, November 10, 2018.

[4] "Saudi Arabia, Satellite Map of Ports", World Port Source, http://www.worldportsource.com/ports/SAU.php, November 25, 2018.

位，货物吞吐量为每年7000万吨。[1] 在20世纪70年代中期，沙特为了实现从原材料出口国到石油和天然气的工业生产国的转型，而建立了朱拜勒法赫德国王工业港。该港口靠近朱拜勒工业城，为石化产品、精炼产品、化肥和硫黄等工业产品的出口和当地工业原材料的进口提供了很大的便利。[2]

荣凯港是一个正在开发的港口，位于朱拜勒以北60千米处。[3] 该港拥有14个泊位，货物吞吐量为每年0.35亿吨。[4] 目前，荣凯港在建的项目是萨勒曼国王海事工业和服务国际综合项目（King Salman Global Maritime Industries Complex），该项目预计2021年全部完工并投入运作，但2022年7月12日，该项目的陆域C306-2综合楼才完成封顶，整个项目尚未完成建设。[5] 该项目主要涉及四个运营领域：造船、修船、石油钻井平台建设和近海支援船只的修理。[6]

波斯湾地区为沙特运输原油的主要通道，该地区的拉斯坦努拉港和朱阿马港为专门运输原油的港口。拉斯坦努拉港位于沙特东北沿海，南邻达曼港，是沙特在波斯湾沿岸的最大原油输出港，运载能力为340万桶/天。[7] 该港有两个码头、一个海岛及一个总储存量为3300万桶的油库，共有18个泊位，可容纳重达55万载重吨[8]（DWT）的船舶。该港始建于20世纪30

---

[1] "King Fahad Industrial Port Jubail"，MAWANI，https：//mawani.gov.sa/en-us/SAPorts/Jbeil/pages/default.aspx，December 13，2020.

[2] Robeel Haq，"Saudi's Top Shipping Ports"，Arabian Business，https：//www.arabianbusiness.com/saudi-s-top-shipping-ports--362304.html，November 13，2018.

[3] "Ras Al-Khair"，Wikipedia，https：//en.wikipedia.org/wiki/Ras_Al-Khair#cite_note-1，October 30，2018.

[4] "Ras Al-khair Port"，MAWANI，https：//mawani.gov.sa/en-us/SAPorts/Rosalkar/Pages/default.aspx，December 13，2020.

[5] 《沙特国际综合港务设施项目P5包陆域C306-2综合楼顺利封顶》，载山东省对外投资与经济合作商会网站，http：//www.sdsica.org/，最后访问日期：2022年7月26日。

[6] "New Saudi Arabia Shipyard to be 'World's Largest'"，Marinelink，https：//www.marinelink.com/news/shipyard-largest-arabia416700，November 10，2018.

[7] 戴明：《沙特经济改革冲击全球能源市场》，载新浪财经网，http：//finance.sina.com.cn/money/future/fmnews/2017-06-21/doc-ifyhmtrw3449559.shtml，最后访问日期：2018年10月30日。

[8] 载重吨（DWT, Dead Weight Tonnage）。其计算方式为：船舶的"最大排水量"（MDT）减去"船舶自重"（LDT）。有人会误以为载重吨位就是该船能装多重的货物，其实载重吨与该船舶的实际载货量是有很大区别的，载重吨还包括该船舶所载油（燃油或润滑油）和水（饮用和生活用水）、船员及物品等的重量。

年代，后经过扩建成为石油加工中心，归沙特阿美公司[1]所有。[2] 该港附近有炼油厂、石油化工厂、沥青厂以及石油工业技术学校。[3] 朱阿马港是当今世界上最大的原油储存和装载港口之一，运载能力为300万桶/天[4]，主要输出原油和燃料油，该港是深吃水油船的指定油港，归沙特阿美公司所有。[5]

3. 濒临红海的地区

沙特也是红海的沿岸国。沙特濒临红海的省从北到南依次为塔布克省、麦地那省、麦加省、巴哈省和吉赞省。其中，吉达市是麦加省的一个港口城市，位于红海东岸，麦加以西64千米，面积约560平方千米，人口超过340万，是仅次于首都利雅得的第二大城市。吉达为沙特的经济中心，也是中东和西亚地区最富有的城市，被称为"商业首都"。[6] 位于吉达以南73千米的麦加是伊斯兰教第一大圣城，全称是麦加·穆卡拉玛，意为"荣誉的麦加"。麦加是伊斯兰教最神圣的城市，拥有天房[7]和禁寺[8]。麦加有名的朝觐活动每年吸引将近300万人，是伊斯兰教的五功[9]之一。

沙特位于红海沿岸的港口主要有5个，分别为：延布国王法赫德工业港

---

[1] 沙特国家经济对原油的依赖度极高，其原油生产及出口基本由沙特国家石油公司——沙特阿美公司所垄断。参见戴明：《沙特经济改革冲击全球能源市场》，载新浪财经网，http：//finance.sina.com.cn/money/future/fmnews/2017-06-21/doc-ifyhmtrw3449559.shtml，最后访问日期：2018年10月30日。

[2] "Port of Ras Tanura, Saudi Arabia", Seaports, http：//seaport.homestead.com/files/Ras_Tanura.html, November 27, 2018.

[3] 《拉斯坦努拉（ras tanura）港口介绍》，载Fob365港口查询网，http：//port.fob365.cn/detail/3400.html，最后访问：2018年11月27日。

[4] "Saudi Aramco Ju'aymah-Crude Oil Terminal-Engineering & Construction Management", Fluor, https：//www.fluor.com/projects/juaymah-oil-terminal-pipelines-epcm, November 27, 2018.

[5] 《朱阿马港JUAYMAH TERMINAL》，载世界港口查询网，http：//gangkou.00cha.net/gk_sajut.html，最后访问日期：2018年11月27日。

[6] 《吉达》，载维基百科，https：//zh.wikipedia.org/wiki/%E5%90%89%E8%BE%BE，最后访问日期：2018年10月28日。

[7] 天房又称克尔白，是一座立方体的建筑物，意即"立方体"，位于伊斯兰教圣城麦加的禁寺内。伊斯兰传统认为克尔白是天堂的建筑"天使崇拜真主之处"在地上的翻版，而克尔白的位置就直接在彼天堂建筑之下。《古兰经》记载："为世人而创设的最古的清真寺，确是在麦加的那所吉祥的天房、全世界的向导。"

[8] 禁寺，又称麦加禁寺、麦加大清真寺，是位于沙特阿拉伯城市麦加的清真寺，为世界上最大的清真寺。它是全球穆斯林每日朝拜的方向，也是伊斯兰教最神圣的地方。其阿拉伯语名的意思为"禁止（暴力行为）的清真寺"。禁寺有25个大门和9个高大宣礼塔，以克尔白（天房）为中心，约可同时容纳50万人礼拜。

[9] Bizclik Editor, "Work Begins on World's Biggest Industrial Gas Complex", https：//businesschief.eu/leadership-and-strategy/work-begins-worlds-biggest-industrial-gas-complex, July 28, 2022.

（King Fahad Industrial Port Yanbu）、吉达港、蒂芭港（Dhiba Port）、吉赞港（Jizan Port）和延布商业港（Yanbu Commercial Port）。其中，延布国王法赫德工业港和吉达港具有重要的地位。延布国王法赫德工业港位于沙特中西部的红海沿岸，距离吉达港约300千米。它是沙特石油运输的主要港口，也被认为是红海最大的港口，货物吞吐量为每年2.1亿吨。该港口主要用于出口精炼产品、石化产品、工业产品和其他产品，进口建筑材料、肥料、种子和其他货物。2017年，该港进口量占沙特进口总量的28%，出口量（9000万吨）占沙特出口总量的35%，其中该港原油出口量为3600万吨。[1]该港是沙特三大原油出口港之一，运载能力为130万桶/天。该港附近有3个炼油厂、几个石化厂和1个塑料厂。吉达港是沙特最繁忙和最古老的商业港口，是前往麦加和麦地那的朝圣者的主要入境口岸，如今每年约有15万以上的海外穆斯林在此登岸前往麦加朝觐。[2]出于这个原因，沙特政府高度重视吉达港，以确保朝圣者的安全。如今，吉达港拥有58个泊位，占地面积约为10.5平方千米，其中泊位所占长度为11.2千米。该港最大吃水深度为16米，港口宽度足以同时锚定135艘船。

其他3个港中，蒂芭港位于沙特西北部，红海沿岸的北端，是一座自然港口，港口水池深入腹地。它是沙特最靠近苏伊士运河和埃及的港口。[3] 2018年3月，沙特港口管理局宣布蒂芭港的1.92亿美元的扩建项目完工。[4]吉赞港是沙特最重要的商业港口之一，其地理位置靠近欧洲、远东、波斯湾和东非之间的贸易路线。[5]沙特阿美公司在吉赞港附近建造一座产油量为40万桶/天的炼油厂及相关的码头设施，已于2018年年底完工。延布商业港是个小港，有9个泊位。[6]

沙特现已建成集航空、港口、公路、铁路于一体的物流运输网络，在7

---

[1] "King Fahad Industrial Port Yanbu", MAWANI, https：//mawani. gov. sa/en-us/SAPorts/Yanbu/Pages/default. aspx, December 13, 2020.

[2] 《吉达》，载百度百科，https：//baike. baidu. com/item/%E5%90%89 E8%BE%BE/1190968，最后访问日期：2020年12月13日。

[3] "Saudi Arabia Satellite Map of Ports", World Port Source, http：//www. worldportsource. com/ports/SAU. php, November 25, 2018.

[4] "Saudi says $192m Dhiba Port Expansional Most Complete", Gulf Business, http：//gulfbusiness. com/saudi-192m-dhiba-port-expansion-complete/, October 31, 2018.

[5] "Saudi：Volume of Cargo Handling at Jizan Port Jumps by 24%", ASHARQ AL-AWSAT, https：//aawsat. com/english/home/article/1394416/saudi-volume-cargo-handling-jizan-port-jumps-24, November 26, 2018.

[6] "General Information", Sharaf Shipping Agency Co. Ltd, Saudi Arabia, http：//www. sharafshippingksa. com/ports/yanbu-commercial-port/, November 1, 2018.

小时运输半径内即可服务全球半数客户。沙特的港口网络规模在中东地区雄踞首位。沙特港口管理局管理 20 个港口，共 206 个泊位。港口对于促进沙特经济发展功不可没，其年处理标准集装箱超 780 万个，1 万余艘船只靠港停泊，运营成本不断降低。[1]

（四）海洋资源

1. 渔业资源

沙特渔业资源丰富，主要集中在红海地区。红海气候适宜，物种多样，海岸线长达 1800 千米，纬度跨越较大，北部海域平均水温 18 摄氏度，南部海域平均水温 30 摄氏度。此外，丰富的珊瑚礁为超过 1200 种海洋物种提供了栖息之地，其中 100 余种为该海域所独有。红海南北两端仅可通过狭长的海峡与其他海域连通，相对封闭的地理环境有利于水产养殖业的发展。

沙特是继埃及、伊朗之后的中东地区第三大水产养殖国，从现阶段看，其水产养殖业年产规模尚不及捕捞业，但水产养殖业作为"沙特 2030 愿景"框架下重点发展的产业之一，年均增长率持续攀升。沙特水产养殖业普遍采用的技术为网箱养殖和内封闭循环养殖，海洋养殖的主要产品为印度白虾、鲷鱼、鲈鱼，其中海虾生产占比超过 50%。[2]

沙特近年来捕捞业年产量稳定在 6.8 万吨左右，根据沙特渔业整体发展规划，未来捕捞业年产规模将控制在 7 万吨左右。红海沿岸的浅海是沙特捕捞业重点作业区域，主要捕捞物种为鲷鱼、鲭鱼、虾类、蟹类等，中小型人工船只是作业主力，数量接近 1 万艘，从业人数约 2 万人，其中近七成是来自孟加拉国、埃及、印度、也门等国的外籍劳工。[3]

为落实"沙特 2030 愿景"，沙特环境、水和农业部在 2016 年出台了"国家渔业发展规划"，目标是在 2030 年实现渔业年产 60 万吨，即在维持捕捞业年产量 7 万吨的基础上，实现养殖业年产 53 万吨，最终把渔业打造成具有核心竞争力的本国特色产业。沙特拟在 2018—2030 年投资 3.4 亿美元扶持本国渔业发展，其中，2.16 亿美元用于建设 8 个海洋渔业基地及相

---

[1]《沙特运输物流领域投资合作机遇——沙特产业系列调研之五》，载中华人民共和国驻沙特阿拉伯王国大使馆经济商务处网站，http：//sa.mofcom.gov.cn/article/ztdy/201808/20180802778230.shtml，最后访问日期：2020 年 12 月 13 日。

[2]《沙特渔业发展现状及投资展望报告——沙特产业系列调研之三》，载中华人民共和国驻沙特阿拉伯王国大使馆经济商务处网站，http：//sa.mofcom.gov.cn/article/ztdy/201808/20180802778232.shtml，最后访问日期：2018 年 11 月 24 日。

[3]《沙特渔业发展现状及投资展望报告》，载中国水产商务网，http：//info.chinaaquatic.cn/intenews/117249/detail.html，最后访问日期：2018 年 10 月 28 日。

关配套设施，0.86 亿美元用于支持本国科研机构进行研发，0.27 亿美元用于进行相关市场营销推广，0.1 亿美元用于扶持本国私营渔业部门发展。[1]

2. 矿产资源

沙特的原油探明储量为 409 亿吨，占世界已探明储量的 17.2%，居世界第二位。天然气储量为 431 亿吨，居世界第八位。此外，沙特还拥有金、铜、铁、锡、铝、锌、磷酸盐等矿藏。[2] 石油和石化工业是沙特的经济命脉，无论是国民生产总值还是政府财政都高度依赖石油收入，石油收入占国家财政收入的 87%，占国内生产总值的 42%。

沙特石油的主要产区位于东北部（波斯湾地区），该地区的油气储产量占沙特目前储产量的绝大部分。沙特拥有约 80 个油田，主要有 Ghawar 油田、Safaniya 油田、Abqaiq 油田、Berri 油田、Manifa 油田、Zuluf 油田、Shaybah 油田、Abu Safah 油田、Khursaniyah 油田等超巨型和巨型油田，这些油田的储量合占该国石油储量的 50% 以上。其中 Ghawar 是世界上最大的陆上油田，Safaniya 是世界上最大的离岸油田。沙特阿美公司的石油产量约占沙特石油总产量的 95% 以上，其余的石油来自格蒂石油公司（Getty Oil Company）和阿拉伯石油公司。[3]

在上述 9 个超巨型和巨型油田中，Safaniya、Zuluf、Berri 是离岸油田。Safaniya 油田由沙特阿美公司运营和所有，位于沙特东北部海域波斯湾沿岸。Safaniya 油田被认为储量逾 500 亿桶，是沙特仅次于 Ghawar 的第二大油田，探明储量 33.2 亿吨，日产量约 150 万桶。[4] 开发 60 余年的 Safaniya 油田产油已相当成熟。目前，沙特阿美公司正在努力延长 Safaniya 油田的产油年限。[5] Zuluf 油田是沙特最北端的离岸油田，储量为 118 亿桶，排名第五。

---

[1] 《沙特渔业发展现状及投资展望报告——沙特产业系列调研之三》，载中华人民共和国驻沙特阿拉伯王国大使馆经济商务处网站，http://sa.mofcom.gov.cn/article/ztdy/201808/20180802778232.shtml，最后访问日期：2018 年 10 月 30 日。

[2] 《沙特阿拉伯国家概况》，载中华人民共和国外交部网站，https://www.fmprc.gov.cn/web/gjhdq_676201/gj_676203/yz_676205/1206_676860/1206x0_676862/，最后访问日期：2022 年 10 月 13 日。

[3] 《三、沙特阿拉伯经济状况》，载商务历史网，http://history.mofcom.gov.cn/?bandr=stalb-jjzk，最后访问日期：2018 年 11 月 22 日。

[4] 《全球最大的海上油田，储量超过 500 亿桶日生产原油 150 万桶》，载搜狐网，http://www.sohu.com/a/137816642_620991，最后访问日期：2018 年 11 月 22 日。

[5] "Safaniya Oil Field, Arabian Gulf", NS ENERGY, https://www.nsenergybusiness.com/projects/safaniya-oil-field-arabian-gulf/, November 18, 2018.

Zuluf 油田目前产量为 58 万桶/日[1]，主要生产中质原油[2]。Berri 油田由沙特阿美公司运营和所有。沙特阿美公司正在酝酿 Berri 增量计划，预计每天从 Berri 油田抽取 25 万桶轻质原油。在执行该计划后，沙特离岸油田的产量将达到每天 50 万桶。[3]

沙特当前的原油政策是通过在已有油田上的精细开采来增加原油的产量并提升品质。从原油的品级来看，沙特所产的原油包含了超轻、轻质、中质以及重质各个品级，其中，超过 70% 的原油属于轻质或超轻原油。从产地来看，多数中质或重质原油产自离岸油田。沙特致力于在未来增加高品质原油的产量[4] 2016 年，沙特正式发布了"沙特 2030 愿景"，计划在未来 15 年间，改变沙特过度依赖石油收入的现状，实现经济的多元化。[5] 沙特今后的主要收入来源将是投资、民用和军事工业、房地产和旅游，而非石油。近年来，沙特政府充分利用本国丰富的油气资源，积极引进国外的先进技术设备，大力发展钢铁、炼铝、水泥、海水淡化、电力工业、农业和服务业等非石油产业，依赖石油的单一经济结构有所改观。[6]

沙特的天然气储量十分丰富。根据 2018 年《BP 世界能源统计年鉴》，截至 2017 年年底，沙特全部探明天然气储量为 8 万亿立方米，产量为 1114 亿立方米，全部用于国内天然气消费，没有天然气的出口或进口。沙特目前为中东地区第二大天然气储量国家，仅次于伊朗。

沙特境内有众多管道用于运输石油和天然气。截至 2013 年，沙特有 209

---

[1] 《起底沙特：新油气时代的石油王国》，载中国石油百科，http://center.cnpc.com.cn/bk/system/2017/10/30/001666433.shtml，最后访问日期：2020 年 12 月 13 日。
[2] 原油相对密度一般在 0.75—0.95 克/立方厘米，少数大于 0.95 或小于 0.75，重质原油相对密度在 0.9—1.0 克/立方厘米，轻质原油相对密度小于 0.9。介于这二者之间的原油被称为中质原油，比重质原油还要重的为超重质原油。参见《中质原油介绍》，载金投原油网，https://energy.cngold.org/nybk/c2970590.html，最后访问日期：2018 年 11 月 18 日。
[3] "Aramco Taps China Harbour Engineering for Two Drilling Islands", REUTERS, https://fr.reuters.com/article/aramco-china-idINKCN1LR1C3, November 29, 2020.
[4] 戴明：《沙特经济改革冲击全球能源市场》，载新浪财经网，http://finance.sina.com.cn/money/future/fmnews/2017-06-21/doc-ifyhmtrw3449559.shtml，最后访问日期：2018 年 10 月 30 日。
[5] 颜颖颛：《"戒油瘾"赢未来，"土豪"沙特谋转型》，载新华网，http://www.xinhuanet.com/world/2016-04/30/c_128946657.htm，最后访问日期：2018 年 10 月 30 日。
[6] 《"一带一路"金融合作概览总述——沙特阿拉伯》，载亚洲金融合作协会网站，http://cn.afca-asia.org/Portal.do?method=detailView&returnChannelID=26&contentID=104，最后访问日期：2018 年 10 月 30 日。

千米凝析油[1]（condensate）管道、2940千米天然气（gas）管道、1183千米液化石油气（liquid petroleum gas）管道、5117千米原油[2]（oil）管道和1151千米成品油（refined products）管道。[3]

沙特目前拥有两条主要的输油管道：一条是连接波斯湾到红海的东西管线（East-West Grude Oil Pipeline），此管道全长1200千米[4]，用以连接布盖格（Abqaiq）原油处理厂与红海出口港。东西管线拥有两条分支管道，其中一条17米[5]直径的管道拥有约300万桶/天的输油能力，主要用于输送原油。另一条14.6米[6]直径的管道拥有约180万桶/天的输油能力，曾经主要用于输送液化天然气，但已被政府用于输送原油。东西管线使得沙特原油有机会从红海出口港出口，摆脱了对波斯湾至霍尔木兹海峡（Hormuz Strait）运输通道的依赖。与东西管线对应的是连接布盖格与延布的液化天然气管道，输送能力约为29万桶/天。此外，沙特还拥有连接东部省份达兰与首都利雅得的输油管道以及连接利雅得与北部省份盖西姆（Qassim）的输油管道。[7]

3. 旅游资源

2017年以来，沙特把红海沿岸的海岛旅游、境内沙漠探险旅游和主题公

---

[1] 凝析油是烃类液体的低密度混合物，其作为气体组分存在于由许多天然气田产生的原始天然气中。如果在设定压力下将温度降到低于烃露点温度，则原始天然气中的一些气体物质将冷凝成液态。See "Natural-gas condensate", Wikipedia, https://en.wikipedia.org/wiki/Natural-gas_condensate, November 16, 2018.

[2] 本书将oil译为原油的原因有二。第一，国内学者引用美国中央情报局数据分析国内管道建设时，直接将oil译为原油。参见：高鹏、谭喆、刘广仁等：《2016年中国油气管道建设新进展》，载《国际石油经济》2017年第3期。第二，维基百科引用美国中央情报局数据统计各国油气管道长度时，将oil单独列出、独立计算，并未计入其他管道种类中，从计算结果来看，利用排除法，oil应是一独立种类，即原油。See "List of Countries by Total Length of Pipelines", Wikipedia, https://en.wikipedia.org/wiki/List_of_countries_by_total_length_of_pipelines, November 26, 2018.

[3] "The World Factbook: SAUDI ARABIA", CENTRAL INTELLIGENCE AGENCY, https://www.cia.gov/library/publications/the-world-factbook/geos/sa.html, November 16, 2018.

[4] "OPEC Annual Statistical Bulletin 2017", Organization of the Petroleum Exporting Countries, https://www.opec.org/opec_web/static_files_project/media/downloads/publications/ASB2017_13062017.pdf, August 11, 2021.

[5] U. S. Energy Information Administration, "Country Analysis Brief: Saudi Arabia", http://large.stanford.edu/courses/2015/ph241/lebovitz1/docs/saudi_arabia.pdf, September 10, 2021.

[6] U. S. Energy Information Administration, "Country Analysis Brief: Saudi Arabia", http://large.stanford.edu/courses/2015/ph241/lebovitz1/docs/saudi_arabia.pdf, September 10, 2021.

[7] 姚曦：《沙特经济改革冲击全球能源市场》，载期货日报，http://www.qhdb.com.cn/Newspaper/Show.aspx?id=189984，最后访问日期：2018年11月24日。

园旅游作为旅游业发展的重点，启动了数个重点旅游项目。一是投资5000亿美元，在西北部与约旦、埃及交界处建设纽穆新城（Neom），该项目拟建设面积超过2.65万平方千米；二是把红海沿岸一个潟湖区的50个无人岛打造成奢华海岛度假区，提供跳伞、攀岩、观兽等活动；三是在西南部塔伊夫附近的绿洲建设奥卡兹城；四是在麦地那沿海地区建设"白色海角旅游度假村"（White Cape），提供跳伞、潜水、海钓等活动；五是深度开发沙特西南部吉赞附近费拉桑岛群岛的84座珊瑚岛的旅游资源。[1]

4. 海水淡化

沙特的海水淡化工业始于1925年，现已发展到全球领先水平，产能已达11.07亿立方米/年。[2] 沙特高度重视海水淡化，是世界最大海水淡化国，其海水淡化量占世界海水淡化量的20%，全国70%的饮用水来自海水淡化。其国有的沙特海水淡化公司（Saline Water Conversion Corporation）具有全球最大规模。沙特海水淡化公司拥有近40座海水淡化厂，通过5000千米长的管道向城市输水。沙特分布于沿海地区的海水淡化工厂，不仅向沙特的沿海城市常年提供淡化水，而且还向沙特内地一些人口稠密、饮用水短缺的城市和地区供水。沙特还积极利用淡化海水发展灌溉农业，使昔日广袤无垠的沙漠戈壁，变成了适宜种植的大片农田。据报道，2018年1月，沙特计划投资5.3亿美元，耗时18个月，在红海沿岸建设9个海水淡化项目，全部采用现代科技，日产淡水量将达24万立方米。[3]

沙特的海水淡化厂使用了许多不同的工艺。根据电力和热电联产管理局（ECRA）的数据，沙特淡化的海水64%依赖多级闪蒸工艺[4]（Multiplestage

---

[1]《沙特旅游产业发展潜力巨大——沙特产业系列调研之九》，载中华人民共和国驻沙特阿拉伯王国大使馆经济商务处网站，http://sa.mofcom.gov.cn/article/ztdy/201808/20180802778226.shtml，最后访问日期：2020年12月13日。

[2]《沙特海水淡化产能居世界首位》，载中华人民共和国驻沙特阿拉伯王国大使馆经济商务处网站，http://sa.mofcom.gov.cn/article/sqfb/201604/20160401308 212.shtml，最后访问日期：2018年11月18日。

[3] 前瞻产业研究院：《2018年全球海水淡化产业竞争格局分析 沙特产能居世界首位【组图】》，载前瞻经济学人，https://www.qianzhan.com/analyst/detail/220/180614-081cc30f.html，最后访问日期：2018年11月18日。

[4] 闪蒸法是先将海水送入加热设备，加热到150摄氏度，再送入扩容蒸发器，进行降压蒸发处理；然后再送入冷凝器以冷凝成水，并在水中加入对人体有益的一定量的矿物质或低盐地下水。这一方法因所使用的设备、管道均由铜镍合成金属制成，所以成本很高，但可一举两得，即在获得淡水的同时，又在对海水蒸发处理时带动蒸汽涡轮机发电。

Flashing Systom），而20%使用反渗透工艺[1]（Reverse Osmosis），16%使用多效蒸馏工艺[2]（Multiple Effect Distillation）。随着对淡水需求的增加，沙特也在尝试新技术。[3]

---

[1] 反渗透海水淡化技术发展很快，工程造价和运行成本持续降低，主要发展趋势为降低反渗透膜的操作压力，提高反渗透设备系统回收率，升级廉价高效预处理技术，增强系统抗污染能力等。
[2] 低温多效蒸馏技术由于节能的因素，近年发展迅速，装置的规模日益扩大，成本日益降低，主要发展趋势为提高装置单机造水能力，采用廉价材料降低工程造价，提高操作温度，提高传热效率等。
[3] "Saudi Arabia Expands Its Desalination Capacity", OXFORD BUSINESS GROU, https://oxfordbusinessgroup.com/analysis/world-leader-efforts-under-way-expand-desalination-capacity, November 25, 2018.

二、海洋事务主管部门及其职能

（一）立法机构

沙特是绝对君主制的伊斯兰国家，国教为伊斯兰教。沙特没有专门的宪法，万能真主的《古兰经》和先知的圣训是国家宪法。[1]《古兰经》之下地位最高的法律是《沙特阿拉伯王国治国基本法》（Basic Law of Governance，以下简称《基本法》）。该法规定了国家权力和公民基本权利，是具有宪法性质的法律。沙特信奉伊斯兰教，坚持真主安拉才有最终的立法权。在圣训之下，国王（King）是唯一的立法机构，舒拉会议（Shura Council，也常被译为"协商会议"）可以提出法案，法案通过与否，由国王决定。

1. 国王

沙特国王采用世袭制，国王同时兼任部长理事会主席之职，在立法和行政上拥有至高无上的权力，国王享有对司法、行政和监督的最终解释和裁判权。国王通过皇家法令颁布、修改和废除法律。国王享有包括起草、批准法律、国际条约、协定和特许协议的权力，但须经舒拉会议审查后进行。[2] 因此与海洋有关的法律、国际条约、协定和特许协议也是由国王批准的。例如1974年8月21日时任沙特国王费萨尔·本·阿卜杜勒阿齐兹·阿勒沙特（Faisal bin Abdulaziz Al Saud）代表沙特与阿联酋签订《沙特阿拉伯与阿拉伯联合酋长国划界协定》。

2. 舒拉会议

1992年根据《沙特阿拉伯王国治国基本法》的授权，《沙特阿拉伯王国舒拉会议法》（Shura Council Law，以下简称《舒拉会议法》）颁布并生效。根据该法第3条规定，舒拉会议由1名主席和120名成员组成。2003年沙特对第3条进行了修订，将会议成员扩展至150人。[3] 成员是由国王挑选的专家。舒拉会议的成员每四年由国王改选一次，至少一半的成员需要被替换。

---

[1]《沙特阿拉伯王国治国基本法》第1条。
[2]《沙特阿拉伯王国舒拉会议法》第5、18、44、56、70条。
[3] "Shura Council Law", The Shura Council, https://www.shura.gov.sa/wps/wcm/connect/ShuraEn/internet/Laws + and + Regulations/The + Shura + Council + and + the + rules + and + regulations + job/Shura + Council + Law/#: ~ :text = The% 20shura% 20council% 20shall% 20be, cooperating% 20unto% 20righteousness% 20and% 20piety., December 13, 2020.

最初，舒拉会议作为一个咨询机构主要有四项职能：第一，讨论经济和社会发展的总体计划并提出意见；第二，审查法律和条例、国际条约和公约及特许协议，并提供其认为适当的任何建议；第三，解释法律；第四，讨论各部和其他政府机构提交的年度报告，并提供其认为适当的任何建议。2003年颁布的沙特第 A/198 号皇家法令增加了舒拉会议的提案权，[1] 舒拉会议的成员有权提出新法律的草案或法律修正案草案。舒拉会议决议的通过，须经所有成员（而非出席会议成员）的三分之二以上同意。根据《舒拉会议法》的规定，舒拉会议作出决议后，由舒拉会议主席递交给国王审批。舒拉会议决议涉及部长理事会时，需经其同意然后经国王批准才能生效；如果理事会不同意，则发回舒拉会议修改。[2]

3. 部长理事会

部长理事会（Saudi Council of Ministers）是最高行政机构，由部长理事会主席、副主席、各部部长以及由皇家法令任命为部长理事会成员的国务大臣和国王的顾问组成，在其职责范围内有行政立法权。部长理事会的表决程序是：理事会成员实到会的人数超过应到会人数的一半才能讨论表决，并且由出席会议成员的三分之二同意才能通过表决。部长理事会的所有决议只有在经过国王批准后才能颁布和实施。[3]

（二）行政执法机构

根据《基本法》和《舒拉会议法》的规定，沙特最高行政机构是部长理事会。部长理事会主席由国王担任，因此国王既是国家元首也是政府首脑，无论在形式上还是实质上都掌握着最高行政权。[4] 部长理事会主要负责的事项有三类。第一，制定国家的对内对外政策，制定财政、经济、教育、国防政策以及国家一般事务的政策，并监督其实施。它还负责审查舒拉会议的决议。第二，批准各部长提出的与其部门职责相关的法案。第三，根据《舒拉会议法》的规定，审查国内法、国际条约和协定以及特许协议。[5]

部长理事会下辖的 22 个部门，与海洋事务有关的部门包括：运输和物流服务部（Ministry of Transport and Logistic Services），能源、工业和矿产资

---

[1] L. Alnahdi, *Quality of Legislation and Law-making Process in Saudi Arabia*, Masters thesis, 2014, pp. 13-14.
[2] 《沙特阿拉伯王国舒拉会议法》第 3、13、16、17、23、50 条。
[3] 《沙特阿拉伯王国部长理事会法》第 7、12、14 条。
[4] 《沙特阿拉伯王国治国基本法》第 56 条。
[5] 《沙特阿拉伯王国部长理事会法》第 19、20、22 条。

源部（Ministry of Energy, Industry and Mineral Resources）、环境、水和农业部（Ministry of Environment, Water and Agriculture）、教育部（Ministry of Education）、国防部（Ministry of Defense）、内政部（Ministry of Interior）、外交部（Ministry of Foreign Affairs）等。此外，直属于中央的沙特阿美公司、阿卜杜勒阿齐兹国王科技城（King Abdulaziz City for Science and Technology）、沙特水产养殖协会（Saudi Aquaculture Society）也涉及相应海洋事务。

1. 运输和物流服务部

运输和物流服务部的前身交通运输部成立于1953年，负责监督公路、铁路和港口的相关事务。伴随着沙特的港口和铁路建设，沙特的政府部门对其进行改革。在1975年，交通运输部的职能扩展为规划、设计、建造、维护道路和桥梁。此外，沙特还成立了一个专门的运输机构，负责规划和监督陆地和海上运输领域的事项，并协调不同的运输方式，规制管理各种运输部门的法规，并签发必要的陆运和海运活动许可证。2003年，交通运输部改名为交通部。2012年后，海洋运输主要由其下属的公共交通管理局（Authority of Public Transportation）负责。同时交通部也为沙特港口管理局提供预算和资源，以开展港口项目、造船厂项目和建立航行公司等。2021年，沙特发布国家运输和物流战略，交通部更名为运输和物流服务部。

公共交通管理局成立于2012年，是一个具有独立的财政权和行政权的机构。公共交通管理局受董事会领导。董事会是由交通部部长，内政部、市政和农村事务部、财政部、经济和规划部的代表以及私营部门的代表等组成的机构。公共交通管理局主要负责：第一，签发海运活动公司的许可证以及颁发渔船、游艇、渡轮、旅游船和潜水的许可证；第二，监督沙特船队；第三，执行沙特加入的国际海事组织框架下的协议；第四，公布沙特海事商业制度；第五，对沙特船舶进行监督和分类，组织海运船舶的登记，组织海上旅行门票的销售活动；第六，监控和检查船舶，监管吉赞港和蒂芭港；第七，遵守并实施关于海洋运输活动的国际条约；第八，代表沙特参加与海洋运输有关的环境、安全、培训、法规或发展的国际会议。[1]

2. 能源、工业和矿产资源部

能源、工业和矿产资源部成立于1960年12月，当时的名称为石油和矿产资源部。2016年5月更名为能源、工业和矿产资源部。该部门负责制定和实施石油及相关产品的政策。其主要职能有：第一，监督石油公司在勘探和

---

[1] "The Public Transport Authority", Ministry of Transport and Logistic Services, https://mot.gov.sa/en/TransportSystem/PublicTransport/Pages/default.aspx, July 28, 2022.

生产相关事项上的工作，制定安全规则并确保人员安全；第二，监测石油和天然气的生产，以确保所生产的数量和质量符合相关标准；第三，收集、分析关于石油的信息和研究情况，包括本地和国际石油及替代能源的生产、价格、供应和需求情况；第四，制作与石油等矿物相关的地图。[1] 为了满足石油产业的需求，并推动沙特的现代化进程，能源、工业和矿产资源部与私营经济部门合作，于2008年组织建立沙特石油服务理工学院（Saudi Petroleum Services Polytechnic）。该学院提供电气、机械、钻井和操作，管件、焊接、脚手架、索具和起重机操作等方面的专业课程，为石油和天然气的开采培养了人才。[2]

能源、工业和矿产资源部下设沙特地质调查局（Saudi Geological Survey, SGS）负责地图绘制、矿物勘探、地质灾害与环境研究以及水文地质研究等事务。地质调查局于2009年在吉达设立海洋地质中心（The Center for Marine Geology），海洋地质中心是沙特研究红海东部和沙特西部波斯湾海洋地质的重点机构。海洋地质中心有1艘研究船，是该中心新成立的海洋地质实验室的12名研究人员和后勤人员的家。该中心主要研究包括珊瑚礁在内的海洋生物以及其他海洋沉积物。此外，该中心还与各种国际、国内研究机构和组织合作，在红海和波斯湾开展研究活动。目前该中心主要进行的研究项目有：对位于麦加省的拉比格（Rabigh）和麦地那省的马斯杜拉（Masturah）地区附近水域的地质和海洋学研究；对沙特红海沿岸al-Kharrar等几个潟湖的测深测量；沉积分析和卫星图像的应用研究；吉达周围沿海水域的状况以及其珊瑚礁的健康状况研究等。[3]

值得注意的是，能源、工业和矿产资源部除了负责上述事务，还曾参与沙特划界事宜。沙特前石油部部长Sheikh Ahmed Zaki Yamani于1965年12月4日代表沙特与卡塔尔签订《沙特阿拉伯王国与卡塔尔国关于海上边界与陆地边界的划界协定》（Agreement on the Delimitation of the Offshore and Land Boundaries between the Kingdom of Saudi Arabia and Qatar, 4 December 1965），并于1968年10月代表沙特与伊朗签订《关于阿尔阿拉比亚和法尔西两岛的

---

[1] "Strategies and Goals", Saudi Ministry of Energy, Industry and Mineral Resources, http://www.meim.gov.sa/arabic/ministry/Pages/strategiesandgoals.aspx, 最后访问日期：2018年11月3日。

[2] "ABOUT US", Saudi Petroleum Services Polytechnic, https://www.spsp.edu.sa/about-us/, December 13, 2020.

[3] "Marine Geology", Saudi Geological Survey, https://sgs.org.sa/en/activities/studies-and-research/marine-geology/, December 13, 2020.

主权和划定沙特阿拉伯和伊朗之间海底地区的疆界线的协定》(Agreement concerning the Sovereignty over the Islands of Al-'Arabiyah and Farsi and the Delimitation of the Boundary Line)。

3. 环境、水和农业部

1947年沙特农业总局成立,这是环境、水和农业部的前身。1953年该机构改名为农业和水部,到了2002年农业和水部正式分成农业部和水部两个部门,2015年改为环境、水和农业部。环境、水和农业部管辖的部门共有7个[1],与该部有关的公共机构和公司有9个[2]。其中负责海洋事务的部门和机构有:环境局,以及由农业部副部长负责的水产养殖处(Department of Aquaculture)、渔业研究中心(Fisheries Research Centers)和海水淡化公司(Saline Water Conversion Corporation)。环境、水和农业部16项主要职能中与海洋有关的是:第一,监督和发展沙特的环境、水和农业事务;第二,保护农业环境、渔业及水生环境;第三,发展农业、畜牧业、渔业和相关产业;第四,开展应用研究,旨在引入农业、畜牧业和渔业领域的先进方法;第五,保护、投资和开发水生物资源(在海上捕鱼,养鱼等);第六,对海洋鱼类种群面积及其数量进行调查,发展现代捕鱼技术。[3]

(1) 环境局。2015年,环境、水和农业部下设环境局。环境局的职能有:第一,监督和追踪包括海洋气象在内的气象活动;第二,保护环境系统和生物多样性;第三,防治荒漠化,保护海洋和沿海环境;第四,保护海滩和海陆自然保护区。

(2) 水产养殖处。在沙特,负责水产养殖事务的主要机构是水产养殖处,水产养殖处设在首都利雅得。该处的主要任务是控制、调节和监测沿海和内陆地区的水产养殖活动以及为相关研究项目提供支持,所涉及的重点领域是水产养殖及适合淡水和海水养殖的鱼类和虾类品种培育。水产养殖处的

---

[1] 分别是:环境局(The Directorate of Environment)、供水局(The Directorate of Water Services)、水务局(The Directorate of Water Affairs)、农业局(The Directorate of Agriculture)、土地和调查局(The Directorate of Land and Survey)、动物资源管理局(The Directorate of Animal Resources)、规划和发展局(The Directorate of Planning and Development)。

[2] 分别是:国家水务公司(National Water Company)、沙特谷物组织(Saudi Grain Organization)、海水淡化公司(Saline Water Conversion Corporation)、沙特野生动物管理局(Saudi Wildlife Authority)、气象和环境保护总局(General Authority for Meteorology and Environmental Protection)、沙特灌溉组织(Saudi Irrigation Organization)、农业发展基金(Agricultural Development Fund)、沙特农业和畜牧投资公司(Saudi Agricultural & Livestock Investment Company)、水电公司(Water and Electricity Company)。

[3] "Ministry Brief", Ministry of Environment, Water and Agriculture, https://www.mewa.gov.sa/en/Ministry/AboutMinistry/Pages/MinistryBrief.aspx, July 28, 2022.

目标和具体任务包括：第一，支持和监督沿海地区水产养殖项目适宜地点的选择；第二，制订和批准旨在更新沙特当前和未来水产养殖绩效的短期和长期计划；第三，定期修订水产养殖生产计划；第四，开展水产养殖产品市场分析，找出投资者面临的主要销售问题并提出适当解决办法。[1]

（3）渔业研究中心。农业部副部长负责监督沙特的渔业研究中心，管理其相关事务。渔业研究中心主要包括：吉达渔业研究中心（Jeddah Fisheries Research Center in Jeddah）、东部省渔业研究中心（Fisheries Research Centre located in the Eastern Province）、红海渔业研究中心（Fisheries Research Centre in the Red Sea）以及吉达和达曼的鱼类健康与安全实验室（Fish Health & Safety Labs in Jeddah and Dammam），这些中心根据科学研究成果为当地水产养殖项目提供技术和服务。

其中值得注意的是，吉达渔业研究中心是1982年根据联合国粮食及农业组织（FAO）与沙特政府达成的协议成立的。该中心的主要目标是对适合养鱼作业的海洋鱼类和虾类进行研究并制定发展方案，应用最新的水产养殖技术和培训方案。该中心的目标是：第一，开展研究计划，在沙特当地环境条件下，选择适合在沙特养殖且有经济价值的国内外的海鱼和海虾；第二，评估不同的鱼类养殖系统，并选择适合在不同地区适用的系统；第三，研究当地可用的标准鱼虾饲料配方，开展养殖鱼类和虾类疾病的预防和研究；第四，对养鱼场的排水进行质量监控；第五，开展涵盖水产养殖业务的各个方面的培训计划；第六，为水产养殖项目提供所需的鱼虾幼体和鱼种；第七，出版和分发免费的涵盖水产养殖业务技术的各个方面的渔业科普书籍，并为渔产养殖项目提供技术推广；第八，为水产养殖项目选择合适的沿海地区，评估水产养殖项目的可行性，制作水产养殖业务的最新参考资料提供给图书馆。[2]

（4）海水淡化公司。沙特国家海水淡化公司成立于1974年9月7日（伊斯兰历[3]：1394年8月20日），是一家负责海水淡化、生产电力以及向全国各地供应淡化水的国有公司。该公司的董事会以沙特王子及环境、水和农业

---

[1] "National Aquaculture Sector Overview: Saudi Arabia", Food and Agriculture Organization of the United Nations, http://www.fao.org/fishery/countrysector/naso_saudiarabia/en, November 4, 2018.

[2] "National Aquaculture Sector Overview: Saudi Arabia", Food and Agriculture Organization of the United Nations, http://www.fao.org/fishery/countrysector/naso_saudiarabia/en, November 4, 2018.

[3] 为方便读者阅读，本书将伊斯兰历均转化成公历，但是不同的算法可能存在一天的差异，转换结果仅供参考。参见伊斯兰教历查询，http://hijri.nongli.info/，最后访问日期：2018年11月13日。

部部长阿卜杜勒拉赫曼·法德利（Abdulrahman Al-Fadley）为首，共9名成员。

沙特国家海水淡化公司拥有反向渗透、多级闪蒸以及多效蒸馏等先进的海水淡化技术，并建成众多海水淡化厂。沙特国家海水淡化公司所建的海水淡化厂中，17个已投入使用、2个在建、仍有7个正在研究选址。沙特国家海水淡化公司目前已建成29条淡化海水管道用以向全国各地输送淡化水。

2008年7月3日，阿卜杜拉·伊本·阿卜杜勒阿齐兹国王颁布皇家法令第2/29号批准沙特国家海水淡化公司生产环节私有化项目。该项目旨在将沙特国家海水淡化公司从完全国有的公司改造成由政府控股，允许投资商和开发商持有该公司生产部门50%的股权的公司。沙特国家海水淡化公司私有化项目的主要目标有：提高国民经济的效益和竞争力、鼓励投资和私营部门有效参与国民经济、扩大公共部门对生产性资产经营的参与、鼓励国内外资本向沙特投资、增加就业机会、增加国家收入等。荣凯港海水淡化和电厂私有化等项目均为沙特国家海水淡化公司生产环节私有化项目的实践。[1]

4. 教育部

沙特在1925年建立了知识局，标志着沙特教育体系的初步建立。该局于2003年更名为教育部。2015年，教育部和高等教育部合并为教育部。该部负责监督沙特小学、中学和高等教育。在隶属于教育部的大学当中，阿卜杜勒阿齐兹国王大学（King Abdulaziz University）、阿卜杜拉国王科技大学（King Abdullah University of Science and Technology）和法赫德国王石油矿产大学（King Fahd University of Petroleum And Minerals）等开设了有关海洋的课程并进行海洋科学研究。[2]

（1）阿卜杜勒阿齐兹国王大学。阿卜杜勒阿齐兹国王大学成立于1967年。为了应对粮食问题、淡水资源缺乏问题以及为了开采海上矿产资源，沙特一直在努力跟上全球海洋科学和技术的发展，同时也认识到，必须以最佳方式对沙特海域，即红海和波斯湾的海洋自然资源进行合理开发。因此该大学在1975年开设了与海洋有关的课程。该课程最初仅限于本科阶段的海洋生物专业。1978年7月6日大学理事会作出决定，设立海洋科学研究所。后来，该校于1981年2月22日决定成立海洋科学学院。[3]

---

[1] "home", Saline Water Conversion Corporation, https：//www.swcc.gov.sa/Arabic/Pages/Home.aspx, November 12, 2018.

[2] "STATE UNIVERSITIES", Ministry of Education, https：//www.moe.gov.sa/en/education/highereducation/Pages/UniversitiesList.aspx, December 13, 2020.

[3] "A Brief Historical Survey of the Faculty", KING ABDULAZIZ UNIVERSITY, https：//marine.kau.edu.sa/Pages-historical-background.aspx, November 3, 2018.

（2）阿卜杜拉国王科技大学。阿卜杜拉国王科技大学于2009年9月正式成立，位于吉达附近的渔村图沃，研究工作覆盖海洋科学和工程在内的11个方向。[1] 该大学的沿海和海洋资源核心实验室（The Coastal and Marine Resources Core Lab）专门从事海洋作业、海洋仪器等实验，为潜水、野外采样和仪器部署等科学考察活动提供设备和人才。该实验室运营和维护小型船只和海洋研究船只，还为科学家和研究项目团队提供重点技术服务。[2]

（3）法赫德国王石油矿产大学。法赫德国王石油矿产大学原名为石油和矿产学院，于1963年9月23日经过沙特皇家法令批准成立。石油和矿产学院提供有关沙特最有价值的两种自然资源——石油和矿产的高级教育课程。该学院于1975年升格为石油和矿产大学，于1986年改名为法赫德国王石油矿产大学。[3] 该校的石油工程与地球科学学院（College of Petroleum Engineering & Geosciences）致力于研发和提高石油和天然气开采技术。[4] 在该大学设立的研究中心中，环境与水中心（Center for Environment and Water）主要负责水、环境和海洋研究；石油和矿产中心（Center for Petroleum and Minerals）的主要研究方向是石油和天然气工程、石油地质和地球物理、矿产资源勘探的遥感技术；炼油和石化中心（Center for Petroleum and Minerals）的研究方向是炼油、石化和石化产品开发。[5]

5. 国防部

国防部的旧称是国防和航空部，成立于1943年11月10日，负责与国家安全和武装部队直接相关的事务。该部门下属的军队有：沙特皇家陆军（Royal Saudi Land Forces）、沙特皇家海军（Royal Saudi Naval Forces）、沙特皇家空军（Royal Saudi Air Force）、沙特皇家防空部队（Royal Saudi Air Defense Forces）和沙特战略火箭部队（Royal Saudi Strategic Rocket Forces）。[6]

---

[1] "About", King Abdullah University of Science and Technology, https://www.kaust.edu.sa/en/about, November 21, 2018.

[2] "Coastal and Marine Resources Core Lab", King Abdullah University of Science and Technology, https://corelabs.kaust.edu.sa/coastal-marine, November 21, 2018.

[3] "King Fahd University of Petroleum and Minerals", Wikipedia, https://en.wikipedia.org/wiki/King_Fahd_University_of_Petroleum_and_Minerals, December 14, 2020.

[4] "King Fahd University of Petroleum and Minerals: College of Petroleum Engineering and Geosciences", Wikipedia, https://en.wikipedia.org/wiki/King_Fahd_University_of_Petroleum_and_Minerals#College_of_Petroleum_Engineering_and_Geosciences, December 14, 2020.

[5] "King Fahd University of Petroleum and Minerals", Wikipedia, https://en.wikipedia.org/wiki/King_Fahd_University_of_Petroleum_and_Minerals, December 14, 2020.

[6] "The World Factbook: Saudi Arabia", Central Intelligence Agency, https://www.cia.gov/library/publications/the-world-factbook/geos/sa.html, December 13, 2020.

其中沙特皇家海军负责海洋防务等海洋军事活动。

沙特皇家海军[1]总部位于沙特首都利雅得，部队分为波斯湾的东部舰队和红海的西部舰队。包括海军陆战队队员在内，海军有超过6万名官兵。沙特皇家海军负责保护海上经济设施，保护商业、军事和民用船队，确保国家的进出口安全，并在灾害和危机期间协助政府当局进行疏散和救援行动。[2]

6. 内政部

内政部是沙特国家安全、归化、移民和海关的负责机构，它成立于1951年，由内部安全司（Division of Internal Security）及户籍与居住司（Division of Naturalisation and Residency）组成。由内部安全司领导的沙特边防卫队（Saudi Arabian Border Guards）成立于1913年6月14日。边防卫队的任务是守卫边境陆地和海上港口；反走私和反偷渡；对边境及其附近任何不寻常运动发布预警；执行搜救任务并为航行船只提供指引和援助；监测现有的区域陆地和海洋边界，以确保既定规则和条例的及时更新；负责海港警务。海岸警卫队（Saudi Coast Guard）于1926年成立，是沙特边防卫队的组成部分。海岸警卫队的主要任务是为主要港口、海水淡化设施和石油出口设施提供充分的安全检查。[3] 阿卜杜勒阿齐兹·本·沙特为王室成员，也为内政部部长，曾作为沙特代表参与2007年《关于沙特阿拉伯王国和约旦哈希姆王国之间在亚喀巴湾划界的协定》（Agreement on the delimitation of the maritime boundaries in the Gulf of Aqaba between the Kingdom of Saudi Arabia and the Hashemite Kingdom of Jordan of 16 December 2007）。

7. 外交部

沙特外交部是根据阿卜杜勒阿齐兹国王于1930年颁布的皇家法令创建的第一个部级机构。沙特外交部是负责处理沙特对外关系的政府部门。该部根据沙特王国的基本原则制定和执行外交政策，通过配备合格的工作人员、专门的信息技术和系统、有效的外交方案，促进维护本区域和世界的安全、稳定和繁荣。[4] 外交部长、王室成员沙特·本·费萨尔（Saud Al-Faisal）曾代

---

[1] 沙特皇家海军的历史可以追溯到20世纪50年代，皇家海军始创于1957年沙特军队编制内的达曼海军学校，之后皇家海军进入了稳步发展的时期。

[2] "Ministry of Defense (Saudi Arabia)", Wikipedia, https://en.wikipedia.org/wiki/Minister_of_Defense_(Saudi_Arabia), November 3, 2018.

[3] "Saudi Coast Guard (SCG)", Global Security, https://www.globalsecurity.org/intell/world/saudi/scg.htm, November 3, 2018.

[4] "Ministry's Vision", Kingdom of Saudi Arabia Ministry of Foreign Affairs, https://www.mofa.gov.sa/sites/mofaen/aboutMinistry/vision/Pages/default.aspx, November 10, 2018.

表沙特于2001年与科威特签订《沙特阿拉伯王国和科威特国有关毗邻分隔区[1]的水下区域的协定》（Agreement between the Kingdom of Saudi Arabia and the State of Kuwait concerning the Submerged Area Adjacent to the Divided Zone）。

8. 沙特港口管理局

沙特港口管理局（Saudi Ports Authority）成立于1976年，是监督沙特港口的中央政府机构，是总理办公室下的独立机构。[2] 如前所述，港口对沙特的海洋战略和海洋经济有着重要作用，因此沙特港口管理局也在中央政府机构当中有比较大的影响力。该局的主要目标是利用先进的国际技术和管理系统对港口实施有效管理。沙特港口管理局直接管理沙特沿海的八个主要港口[3]。尽管朱阿马港和拉斯坦努拉港为沙特最大的原油出口港，但这两个港口并不由港口管理局管理，而是归沙特阿美公司管辖。除此之外，运输和物流服务部部长领导管理局的董事会。随着时间的推移，部分港口的实际运作由政府通过签订合同下放给独立的港口运营公司。[4]

9. 沙特阿美公司

沙特阿美公司成立于1933年，是一家国有石油公司，也是世界上最大的石油和天然气公司之一。沙特阿美公司负责沙特所有石油的勘探、钻探，以及石油产品的生产。沙特几乎全部油气田都由沙特阿美公司管理，其中包括世界上最大的陆上油田Ghawar和世界上最大的离岸油田Safaniya。值得一提的是，沙特阿美公司在保护海洋生态环境和海洋生物方面也付出了极大的努力。例如，在Manifa油田项目中的浅水区开展创新的钻井项目并进行广泛的工程和生态评估，以确保该地区海洋生态系统不会受到影响，还放弃了更为简单的海上钻井平台建造方案转而通过建造人工岛等方法将70%以上的海上油田转变为陆上油田，以减少对海洋生态的破坏。[5]

10. 阿卜杜勒阿齐兹国王科技城

阿卜杜勒阿齐兹国王科技城（以下简称"科技城"）是一个支持和加强科学应用研究的政府机构。科技城负责协调政府机构和科研中心的活动，还与有关当局合作，确定国家在技术和科学方面的优先事项和政策，以便为农

---

[1] 分隔区是按照该协定划定的特殊区域。详见本书"沙特阿拉伯海洋法律体系研究"中"五、海洋争端解决"部分。
[2] "Saudi Ports Authority", Wikipedia, https://en.wikipedia.org/wiki/Saudi_Ports_Authority, November 11, 2018.
[3] 包括：国王阿卜杜勒阿齐兹达曼港、朱拜勒商业港、朱拜勒法赫德国王工业港、蒂芭港、延布商业港、延布国王法赫德工业港、吉赞港和吉达港。
[4] "home", Mawani, https://mawani.gov.sa/en-us/Pages/default.aspx, December 13, 2020.
[5] "home", Aramco, https://www.saudiaramco.com/en/, November 3, 2018.

业、工业和采矿业等的发展建立科学技术基础。为了提高国家创新能力，科技城通过招聘高素质的专家帮助其掌握和发展现代技术，以服务于沙特的发展。科技城提供进行各种科学研究的条件，例如实验室、通信手段、信息来源和其他必要的设施。科技城的各项科学研究中与海洋有关的研究包括：海水淡化技术和改善石油和天然气生产；加强地球成像和勘探即地下地球物理模拟；开发钻井新方法以及勘探石油、天然气和矿物等研究。[1]

11. 沙特水产养殖协会

沙特水产养殖协会是根据沙特部长理事会2012年2月6日的决议成立的，总部位于吉达。该协会由环境、水和农业部监督，有独立的财产和人格。该协会的目标是努力加强水产养殖的可持续发展，使水产养殖成为沙特发展的重要组成部分，并在符合现行法律和环境要求的情况下创造更多投资机会。

为实现其目标，沙特水产养殖协会与负责渔业事务的政府机构合作完成以下任务：第一，参与制定水产养殖业及其产品的标准；第二，研究与水产养殖业有关的规则，并对其进行修改；第三，建立并完善监督和监察机制；第四，建议授予、修改或撤销许可；第五，发起与水产养殖及其产品营销相关的研究；第六，研究制约水产养殖业发展的问题，并提出完善建议；第七，举办有关水产养殖业的会议、专题讨论会和展览会；第八，与国内外的官方机构、专业科学机构和商业机构进行交流和合作；第九，为养殖设施授予标识，以表明该设施符合国际标准。

沙特水产养殖协会与除负责渔业事务以外的其他有关当局协调完成以下任务：第一，提供技术建议；第二，与私营部门合作开发水产养殖领域的投资和试点项目；第三，加强对外联系，并在其成员和国内外相关私营公司、机构、科学家和专家之间实现利益共享和加强专业经验交流；第四，为水产养殖领域的中小型企业提供援助；第五，跟进并评估实际应用状况，并进行适当的调整以提高绩效水平；第六，利用各种媒体进行宣传，以加强公众对本行业的认知。[2]

---

[1] "Who we are", King Abdulaziz City for Science and Technology, https://www.kacst.edu.sa/internal/4793, December 13, 2020.
[2] 参见沙特水产养殖协会网站，http://www.sas.org.sa/en/page/details/22，最后访问日期：2018年11月21日。

三、国内海洋立法

(一) 划定管辖海域的法

沙特目前有3部关于划定管辖海域的立法，分别是1949年5月28日颁布的界定沙特领海的第6号皇家法令[1]（The Royal Decree No. 6/4/5/3711 Defining the Territorial Waters of Saudi Arabia 28 May 1949，以下简称《1949年皇家法令》），1958年2月16日颁布的界定沙特领海的第33号皇家法令（The Royal Decree No. 33 Defining the Territorial Waters of the Kingdom, 16 February 1958，以下简称《1958年皇家法令》），2011年12月13日颁布的第6号皇家法令《沙特阿拉伯王国海洋划界规约》（Statute of Maritime Delimitation of the Kingdom of Saudi Arabia，以下简称《2011年皇家法令》）。《1958年皇家法令》颁布后，沙特宣布废除《1949年皇家法令》。此外，沙特还于1968年9月7日以皇家法令第M/27号形式通过《关于红海资源所有权的规定》（Project Regulations relating to Ownership of Red Sea Resources）专门对红海大陆架资源的勘探作出规定。[2]

1. 领海

上述3部法令都有界定领海（territorial sea）的内容，其中《1949年皇家法令》和《1958年皇家法令》是针对领海的专门立法。

(1) 领海宽度

《1949年皇家法令》第2条规定沙特对领海、领海上空及其海床（seabed）和底土（subsoil）拥有主权。第3条规定沙特的领水（territorial waters）包括内水和领海。第4条规定了沙特内水的组成部分。第5条规定沙特领海是位于内水之外，宽度不超过6海里的海水带。

《1958年皇家法令》分别规定了领海和内水的法律制度，而不再使用《1949年皇家法令》中的"领水"一词。该法令第2条规定领海包括领海的上空及其海底（bed）和底土。此处使用"海底"一词，而非《1949年皇家法令》中的"海床"。第3条规定沙特内水的组成部分。第4条规定沙特的

---

[1] "Territorial Waters of Saudi Arabia", *The American Journal of International Law* 43, 1949, pp. 154-157.
[2] "SAUDI ARABIA", United Nations, https://www.un.org/Depts/los/LEGISLATIONANDTREATIES/STATEFILES/SAU.htm, November 8, 2018.

领海是位于沙特内水之外，宽度不超过12海里的海水带，废除了《1949年皇家法令》关于领海宽度为6海里的规定。值得注意的是，同年第一次联合国海洋法会议当中，签订了日内瓦海洋法公约体系的四公约。

《2011年皇家法令》第4条规定沙特的管辖范围不仅包括领土、内水和领海，还包括领海上空及其海床和底土。此处使用的是"海床"概念，而非《1949年皇家法令》中的"海床"或《1958年皇家法令》中的"海底"。沙特根据1982年《联合国海洋法公约》（以下简称《公约》）和其他国际法规则行使主权。第5条规定沙特的领海从领海基线向外延伸12海里，划定领海的外部界限上的任何一点距离基线上最近点的距离等于领海宽度。

（2）领海基线

《1958年皇家法令》明确了沙特领海基线为直线基线，但没有确定坐标点。该法令第5条对沙特的领海基线做了详细的规定。第一，当大陆或岛屿沿岸完全暴露于开放海域，领海基线是低潮线。第二，当海湾面朝开放海域，领海基线是从海岬口到岬角的海岸线。第三，如果浅滩距离大陆或岛屿不超过12海里，则从大陆或岛屿以及沿浅滩的外缘绘制领海基线。第四，如果港口面朝开放海域，则沿港口或海港最外围工程的向海面划线并连接这些工程。第五，如果一个岛屿距离大陆不超过12海里，则从大陆和沿着岛屿的外海岸绘制领海基线。第六，在一个岛群可以由不超过12海里的各线所连接而其中最接近大陆的岛屿距大陆的距离不超过12海里的情况下，如果各岛屿形成一个岛链，则基线为从大陆并沿着岛群各岛的外部边缘划出的直线；或如果各岛并不形成岛链，则基线沿着大陆和岛群外缘岛屿的外部海岸划定。第七，如果最近的岛屿与大陆的距离超过12海里，而各岛形成一个岛链，则基线沿岛群各岛屿的外缘划定，如各岛屿并不形成一个岛链，则基线沿岛群最外缘岛屿的外部海岸划定。

值得注意的是，沙特虽然没有加入《领海及毗连区公约》（Convention on the Territorial Sea and the Contiguous Zone，1958），但是它的国内立法与《领海及毗连区公约》的规定一致，都主张沿海国家的主权延伸到领海的上方及其海床和底土。[1]

（3）领海基点的公布

2010年1月12日，沙特政府发布了第M/4号皇家法令，第一次公布了

---

[1] "Convention on the Territorial Sea and the Contiguous Zone", United Nations Treaty Collection, https：//treaties.un.org/Pages/ViewDetails.aspx? src = TREATY&mtdsg_ no = XXI-1&chapter = 21&clang =_ en, November 16, 2018.

沙特的领海基点。沙特的领海基线坐标点分为三个部分（附录4）：第一部分为沙特东部临亚喀巴湾和红海的领海基线坐标点，第二部分为沙特西北部临"阿拉伯湾"的领海基线坐标点，第三部分为沙特西南部临"阿拉伯湾"的领海基线坐标点。

第一部分亚喀巴湾和红海的领海基线坐标中基点1（北纬29°21′29.39″、东经34°57′21.46″）位于沙特和约旦的边界上，基点103（北纬16°19′58.10″、东经41°55′15.7″）位于沙特和也门的海洋边界上。第二部分"阿拉伯湾"的领海基线坐标中基点1（北纬28°33′56.3″、东经48°28′41.64″）位于沙特和科威特的毗邻分隔区，基点11（北纬26°15′14.695″、东经50°19′07.79″）为沙特和巴林在沙特岛屿Lubainah Al Kabirah最东边的划界点9。第三部分"阿拉伯湾"的领海基线坐标中基点1（北纬24°43′11.76″、东经51°36′16.06″）位于沙特和卡塔尔的海洋分界线上，基点4（北纬24°15′39.8″、东经51°35′26″）为沙特和阿联酋海洋分界线上的点2。

沙特公布了上述领海基点以后，阿联酋、埃及、伊朗分别以照会的形式发表了意见。其中阿联酋和伊朗都对沙特公布的"阿拉伯湾"地区的领海基线提出异议，埃及则对红海的领海基线作出声明。

阿联酋先后于2010年5月以及2011年11月7日发布照会，对"阿拉伯湾"的领海基线提出异议。在2010年5月的照会中，阿联酋政府认为沙特在"阿拉伯湾"的领海基线不符合《公约》第7条的规定。首先，沙特的领海基线既不位于海岸线极为曲折的地方，也不位于紧接的海岸有一系列岛屿的地方；其次，该基线偏离了沙特海岸的总体方向，且其所选取的领海基点不符合《公约》第7条中选择适当点的要求。2011年6月15日沙特发布照会，对阿联酋的照会作出回应。沙特拒绝阿联酋的主张并指出沙特海域延伸至"阿拉伯湾"中部的领海基线符合两国于1974年8月21日签署的《沙特阿拉伯王国与阿拉伯联合酋长国划界协定》中第5条的规定。因此，沙特在"阿拉伯湾"的领海基线并没有侵犯阿联酋领海。阿联酋则于2011年11月17日发布照会称除乌代德省（Al Udaid）对面的领海之外，沙特在任何属于阿联酋的领海海域均无权主张共同主权、主权权利或管辖权。

除了阿联酋，伊朗也发布了两个照会，对沙特在"阿拉伯湾"的领海基线提出意见。首先，伊朗在于2010年12月22日发布的照会中抗议沙特使用阿拉伯湾（Arabian Gulf）这一提法来指代波斯湾（The Persian Gulf）。伊朗和阿拉伯半岛中间的海域，自古以来便被称为波斯湾。这个唯一且真实的名称已经得到全世界的认可。沙特将其称为"阿拉伯湾"会引起困惑和误解，因此该假名称不具有法律意义。其次，伊朗于2012年8月14日发布照会，称沙特在波斯湾的领海基线偏离了沙特海岸的总体方向，且其所选取的领海基点不符合《公约》第7条中选择适当点的要求，这一立场与阿联酋相同。此外，伊朗详细地指出这些不符合《公约》的领海基点，分别是位于开阔水域的基点3、基点5、基点6和基点8。

埃及则于2010年9月15日发布照会，称沙特在红海的领海基线涉及埃及位于北纬22度的红海边界线，但此声明不会影响目前埃及与沙特关于确定两国海上边界的谈判立场。2013年3月2日，沙特向联合国大会提交的照会表示：沙特在红海、亚喀巴湾和"阿拉伯湾"的领海基线由沙特阿拉伯部长理事会决定，并由第M/4号皇家法令批准，完全符合国际法规则和国家实践。[1]

（4）无害通过

《1949年皇家法令》第2条提及无害通过原则，但没有具体的条款加以规定。随后的《1958年皇家法令》中则没有任何条款涉及无害通过。但是，该法令第2条提及"沙特根据国际法规则对领海的上空及其海床和底土拥有主权"，因为国际法规则包含无害通过制度，所以这一时期并不能排除沙特适用无害通过制度。

《2011年皇家法令》第6条到第10条规定了无害通过制度，其内容与《公约》对无害通过的规定几乎完全一致。其中，第6条规定根据沙特的法律法规，所有国家的船舶都享有无害通过沙特领海的权利。第7条规定只要不损害沙特的和平、良好秩序或安全，通过就是无害的。这种通过应符合该法令、《公约》和其他国际法规则。第8条规定沙特可根据《公约》和其他有关国际法规则，对下列各项事项制定关于无害通过领海的法律规章：海道的指定和规范；航行设施和其他设施的保护；电缆和管道的保护；海洋生物保护；使沙特渔业免受侵害；沙特环境保护以及防止、减少和控制污染；海洋科学研究和水文调查；防止违反沙特海关、财政、移民或卫生等法律规章。第9条规定，所有潜艇和其他水下航行器通过沙特领海时，必须浮出水面并展示其旗帜；所有核动力的船舶和潜艇以及装载核材料、危险物质或有毒物质的船舶，应在进入或经过沙特领海之前获得有关当局的许可；在沙特领海内行使无害通过权的所有船舶和潜艇应遵守沙特的法律和规章以及关于防止海上碰撞的一切国际法规则。该法第10条规定，军舰、潜艇或其他用于非商业目的的政府船舶，不遵守沙特的规定或《公约》的规定

---

[1] 以上各文件更多详情参见"SAUDI ARABIA", United Nations, https：//www.un.org/Depts/los/LEGISLATIONANDTREATIES/STATEFILES/SAU.htm，November 8, 2018。

或任何其他国际法规则而给沙特带来的任何损害,应由船旗国承担国际责任。

2. 毗连区

《1949年皇家法令》第9条规定毗连区(contiguous zone)的宽度为6海里,《1958年皇家法令》关于毗连区的规定并未发生改变。沙特在毗连区的管制事项包括安全、航行和捕鱼,但是,沙特在捕捞方面的权利不受该条内容的影响。《1958年皇家法令》第8条规定的毗连区宽度与《1949年皇家法令》第9条规定的毗连区宽度相同,但是在管制方面增加了财政和卫生等事项。同时,该法规定沙特在捕捞方面的权利不受影响。《2011年皇家法令》第11条规定了毗连区宽度为12海里,沙特在毗连区的管制事项包括制定与安全、环境、航行、海关、税收、移民、卫生等有关的法律法规,以及惩治在沙特管辖海域内违犯上述法律和规章的行为。

3. 专属经济区

《1949年皇家法令》和《1958年皇家法令》没有涉及专属经济区(Exclusive Economic Zone)的规定。《2011年皇家法令》第12条首次规定沙特的专属经济区位于领海以外邻接领海,并延伸到与邻国相邻或相向的海上边界。

该法令第13条到第16条规定了沙特在专属经济区拥有的权利,与《公约》的相关规定[1]基本相同。《2011年皇家法令》第13条规定,沙特在专属经济区拥有的权利为:第一,以勘探和开发、养护和管理海床上覆水域与海床及其底土的自然资源(不论为生物或非生物资源)为目的的主权权利,以及关于在该区内从事经济性开发和勘探,如利用海水、海流和风力生产能源等其他活动的主权权利;第二,本法有关条款规定适用于海洋环境保护、海洋科学研究以及保全人工岛屿及设施和结构的建造和使用;第三,根据《公约》和国际法中的其他规则享有的其他权利。第14条规定沙特可以行使对专属经济区的排他性权利。第一,可以采取探索、开发、保护和管理自然资源的措施,可以登临、检查、逮捕船舶和对船舶提起诉讼,确保沙特依照《公约》制定的法律和规章在专属经济区得到遵守;第二,被扣留的船舶在提出保证书之前不得被释放;第三,如果沙特扣留了船舶并施加其他惩罚,沙特会告知船旗国。第15条规定只有沙特的国民才能在专属经济区内捕鱼。但政府可以规定授权外国人捕鱼的条件和限制,并依次签发许可。第16条规定其他国家应尊重沙特在其专属经济区内的权利,并遵守沙特的法律法

---

[1] 参见《联合国海洋法公约》第56条、第58条、第73条。

规、本法令的其他规定和其他国际法规则。

4. 大陆架

《1949年皇家法令》和《1958年皇家法令》没有涉及大陆架（Continental shelf）的规定。《2011年皇家法令》第一次规定了大陆架制度，第17条至第21条是关于大陆架的详细规定。第17条规定沙特的大陆架包括其领海以外依其陆地领土的全部自然延伸，扩展到大陆边外缘的海底区域的海床和底土。第18条规定了沙特在大陆架上有勘探自然资源的权利，与《公约》第77条的相关规定一致。第19条规定沙特在其大陆架上拥有为所有目的定期钻探的专属权利，无论海床上方的水位多深，沙特都可以通过挖掘隧道来开采底土。第21条规定其他国家拥有在沙特的专属经济区和大陆架上的航行自由、飞越自由、铺设海底电缆和管道的自由。

此外，沙特为了主张其在红海大陆架的主权权利，专门对此进行了立法。1968年9月7日，沙特以皇家法令第M/27号形式通过《关于红海资源所有权的规定》，共以6条内容声明沙特对位于红海大陆架的资源享有主权权利，并对该区域资源的开采作出了具体规定。首先，该规定第1条、第2条声明位于红海的沙特大陆架区域的海底资源为沙特的国家财产。其次，第3条规定沙特国内外的任何人须经沙特当局同意并在遵守沙特国内法的情况下才可开采本区域的资源；沙特在行使勘探或开采资源的权利时愿意与具有同样权利的国家按照公平原则联合开发。第4条规定，沙特对上述区域的资源享有永久的主权，且本规定的规则也不会随时间变化而更改。第5条规定石油和矿产资源部[1]为监管部门。第6条声明本规定中条款的适用不影响国际法对公海的既有规定或船只在公海自由航行等原则。

从这4部关于划定管辖海域的立法中，可以发现沙特对于海洋权利越来越重视，对海域的界定越来越清晰。在1996年批准《公约》之后，《2011年皇家法令》关于沙特领海、毗连区、专属经济区和大陆架的规定，与1982年《公约》的规定基本一致，这也是沙特积极履行公约义务的体现。

（二）渔业相关立法

如前文所述，沙特濒临波斯湾与红海，优越的地理位置赋予其发展渔业的良好机会。目前规制沙特海洋渔业的规范性文件主要有《沙特阿拉伯渔业条例》（Fishing Regulation in Saudi Arabia）和《沙特阿拉伯王国领水内水产生物资源捕捞、投资和保护的法》（Law of Fishing, Investment and Preservation of

---

[1] 现已更名为能源工业与矿产资源部。

Live Aquatic Resources within Territorial Waters of the Kingdom of Saudi Arabia)。

《沙特阿拉伯渔业条例》主要涵盖以下几部分内容：手工渔民和个人使用的渔具和技术的规定、捕鱼许可证的申请、用于捕鱼的船只的相关规定以及对从事捕鱼人员的资格许可的规定。[1]

部长理事会于1987年9月15日通过第14号决议通过《沙特阿拉伯王国领水内水产生物投资、保护和捕捞的法》，国王于1987年11月19日批准并以第M/9号皇家法令颁布。该法于颁布之日生效。该法主要规定了对所有捕鱼和潜水行为进行监督的主管机关为水和农业部[2]、获得捕鱼和潜水许可证的相关规定、地方渔业委员会及其主管机关和保护水生生物资源等内容。

（三）海洋环境相关立法

沙特高度重视海洋环境保护，是海洋环境保护区域组织（Regional Organization for the Protection of the Marine Environment，ROPME）及红海及亚丁海环境保护地区性组织（Regional Organization for the Conservation of the Environment of the Red Sea and Gulf of Aden，PERSGA）的成员国，并签订了一些与海洋环境保护有关的地区协定以及与海洋相关的国际条约。但是其国内有关海洋环境的专门立法较少，仅有的规定多为概括性内容且散见于几个法律规范性文件之中。

有代表性的国内立法包括：《基本法》第32条规定，国家应当保护和改善环境，防止环境污染；沙特《环境法》（Environmental Law）第13条第1款规定，任何个人在生产、服务或进行其他活动时需要特别注意禁止使用固体废物或液体废物直接或间接污染水面、地面或沿海水域；《在沙特阿拉伯王国海域进行海洋科学研究的规定》（Law of Marine Science Research in Maritime Zones of the Kingdom of Saudi Arabia）第4条第1款规定，采用危害海洋环境的方法进行海洋科考者不得取得沙特海洋科考许可证；该法第7条第5款规定，申请海洋科考许可证者在提交申请书时应保证采取必要的措施应对因其所从事的海洋科考活动对海洋环境造成的污染和损害。

---

[1] FAOLEX, "Regulations on Fisheries in Saudi Arabia", http://extwprlegs1.fao.org/docs/pdf/sau4907E.pdf, November 7, 2018. 下文有关沙特国内立法可通过沙特阿拉伯王国内阁专家委员会网站检索，https://laws.boe.gov.sa/BoeLaws/Laws/Folders/1，最后访问日期：2018年11月7日。

[2] 现已更名为环境、水和农业部。

（四）海洋科学研究相关立法

目前沙特仅制定了一部关于海洋科学研究的规范性法律文件，即《在沙特阿拉伯王国海域进行海洋科学研究的规定》。

部长理事会于1993年2月3日通过第103号决议通过《在沙特阿拉伯王国海域进行海洋科学研究的规定》，国王于1993年2月4日批准通过并于同日生效。该规定共19条，主要规定了通过申请在沙特海域进行海洋科学研究的范围、申请海洋科考的前提条件以及绝对禁止授予许可的情形、申请的时间以及申请书的内容要求、在申请许可时应作出的承诺、主管当局对在沙特海域进行海洋科学研究活动的权利、使用科研设备和仪器时的注意事项以及违反该规定的处罚等内容。

该规定充分体现了沙特对海洋科考的开放态度。在申请人尊重沙特对其海域以及资源、生物的排他性主权以及对海洋环境保护等其他科考规定的前提下，沙特欢迎来自国内外的个人和组织申请沙特海洋科考许可证以开展合理的海洋科考项目。此外，沙特上述立法与《公约》第十三部分关于海洋研究的规定如出一辙。此法的颁布为之后沙特于1996年4月24日正式批准加入《公约》做了铺垫。

（五）海水淡化相关立法

如前文所述，沙特全国70%的饮用水来自海水淡化。沙特高度重视海水淡化，是世界最大的海水淡化国，其海水淡化量占世界的20%。沙特国家海水淡化公司是该领域全球最大的海水淡化公司，旗下拥有近40座海水淡化厂。[1]

因此，沙特专门颁布了《沙特阿拉伯海水淡化公司法》（Law of Saline Water Conversion Corporation）。部长理事会于1974年9月4日至5日通过第1109号决议通过该法，国王于1974年9月8日批准并以第M/49号皇家法令颁布。该法的主要内容有：沙特国家海水淡化公司的设立及其总部所在地、该公司的设立目的（在地区和城市用水短缺的时候进行海水淡化）、公司的责任、行政及财务等事项。沙特以专门立法的方式规定国有公司的运作，体现了国家对国有企业以及海水淡化的高度重视，也体现了沙特政府对国有公

---

[1] 前瞻产业研究院：《2018年全球海水淡化产业竞争格局分析，沙特产能居世界首位【组图】》，载前瞻经济学人，https://www.qianzhan.com/analyst/detail/220/180614-081cc30f.html，最后访问日期：2018年11月18日。

司履行社会责任进行的监督。

(六) 港口相关立法

沙特在波斯湾以及红海沿岸主要有八大港口。根据现有资料，沙特关于港口的规定主要有《港口服务收费法》（Law of Port Service Fees and Charges）和《船舶和浮动设施登记费法》（Law of Registration Fee for Ships and Floating Units）。

部长理事会于1985年3月17日通过第14号决议通过《港口服务收费法》，国王于1985年3月24日批准并以第M/42号皇家法令颁布。该规定的主要内容有：港口和港口服务的收费表、从船舶到港口的装货和运输费用所涵盖的服务范围、装载和运输设备的租赁费用、海上滑道的费用、在港口秤上称重的费用、船舶供水费用、运输游艇的费用、使用驳船的费用、电费以及一般规定等。

部长理事会于1998年5月26日通过第35号决议通过《船舶和浮动设施登记费法》，国王于1998年5月29日批准并以第M/4号皇家法令颁布。该规定主要内容包括：对某些术语和单词的定义、根据沙特交通部的要求所应提供服务的费用、交通部部长为本规定的适用发布必要的指示和决定、本规定生效的条件与程序等。

(七) 石油和矿产资源相关立法

沙特为世界最大的石油资源国，油气工业为其国民经济的支柱产业。沙特石油勘探开发和生产等事务均由国内最大的石油公司沙特阿美公司负责。沙特无专门的石油立法，海上石油和矿产资源相关的国家立法仅能在《外商投资法》（Foreign Investment Law）、《矿业投资法》（Mining Investment Law）等法律规定中看到。

部长理事会于2000年4月10日通过第1号决议通过《外商投资法》，国王于同日批准并以第M/5号皇家法令颁布。该法规定了在沙特投资的条件、程序、特权和保障、最高经济委员会（Supreme Economic Council）的管辖范围、外国项目有权享受沙特给予国家项目的特权和奖励、外国投资者的权利和义务等内容。其中需要特别注意的是，该法附件负面清单中规定石油勘探和生产为外资禁入领域，天然气为外资可投资的领域。

部长理事会于2004年9月13日通过第216号决议通过沙特《矿业投资法》，国王于2004年10月5日批准并以第M/47号皇家法令颁布。该法主要对沙特所有的矿物投资进行规定，主要包括以下几部分内容：负责监督和实施法律的机构、可通过申请许可证方式向沙特申请开采的矿产资源的种类、申请主体的范围、资源开采的范围和上述事项的排除范围以及上述许可的申请流程等。其中需要注意的是，该法所称的矿产资源不包括石油、天然气及其派生物以及珍珠、珊瑚和类似的海洋有机物，但是内水、领海、绝对经济区（absolute economic area）、大陆架内的矿产资源与陆地内蕴藏的矿产资源适用本法。部长理事会可以决议的形式排除或取消适用本法。

四、缔结和加入的海洋法条约

沙特没有加入《领海及毗连区公约》（Convention on the Territorial Sea and the Contiguous Zone）、《公海公约》（Convention on the High Sea）、《捕鱼及养护公海生物资源公约》（Convention on Fishing and Conservation of the Living Resources of the High Seas）和《大陆架公约》（Convention on the Continental Shelf）。

（一）联合国框架下的海洋法公约

沙特于1984年1月7日签署《联合国海洋法公约》，并于1996年4月24日批准。沙特在1996年4月24日批准同意《关于执行1982年12月10日〈联合国海洋法公约〉第十一部分的协定》（Agreement relating to the implementation of Part XI of the United Nations Convention on the Law of the Sea of 10 December 1982），并在1994年11月9日宣布，根据本协定第7条第1款b项，如本协定到1994年11月16日尚未生效，则在其生效之前，不予临时适用。[1]

沙特于2014年1月10日发布了一份声明（附录6），主要重申了以下主张：第一，沙特政府不承认或不受限于任何载有与《公约》不一致并有损沙特在其海域的主权权利和管辖权的其他国家的国内立法或声明、国际条约和协定；第二，待所有闭海或半闭海沿岸国接受《公约》，《公约》第九部分关于相关国家合作的规定才予以适用；第三，国际航行海峡适用过境通行制度；第四，《公约》第22条和第23条有关核动力船舶限制通过的规定以及沙特有权对主权和管辖范围内的海域发布内部程序等。

沙特还于2018年1月2日发布了一份《对〈联合国海洋法公约〉第298条的声明》（附录7），表明其不接受《公约》第十五部分第二节第298条第1款a项规定的任何程序。此外，沙特还发布了一份不接受《公约》第十五部分第二节就公约第298条第1款b项规定的任何程序的声明。

---

[1] "Multilateral Treaties Deposited with the Secretary-General", United Nations Treaty Collection, https：//treaties. un. org/Pages/ParticipationStatus. aspx？ clang =_ en, November 12, 2018.

(二) 缔结和加入的海事条约

沙特于1969年加入国际海事组织（International Maritime Organization, IMO）。[1] 在国际海事组织框架下，沙特加入了众多国际海事条约。这些条约主要涉及船舶管理、防治海洋污染、海上航行安全、海员管理等。

1. 与船舶管理有关的条约

沙特加入的与船舶管理有关的条约有：《1965年便利国际海上运输公约（经修订）》（Convention on Facilitation of International Maritime Traffic, 1965, as amended）、《1966年国际船舶载重线公约》（International Convention on Load Lines, 1966）及其后续的修正案、《1969年国际船舶吨位丈量公约》（International Convention on Tonnage Measurement of Ships, 1969）、《1971年特种业务客船协定》（Special Trade Passenger Ships Agreement, 1971）及其《1973年特种业务客船舱室要求议定书》（Protocol on Space Requirements for Special Trade Passenger Ships, 1973）、《1972年国际集装箱安全公约（经修订）》（International Convention for Safe Containers, 1972, as amended）以及后续修正案、《1976年海事赔偿责任限制公约》（Convention on Limitation of Liability for Maritime Claims, 1976）及其1996年议定书（Protocol of 1996 to amend the Convention on Limitation of Liability for Maritime Claims, 1976）、《2004年国际船舶压载水和沉积物控制与管理公约》（International Convention for the Control and Management of Ships' Ballast Water and Sediments, 2004）等。

其中，2018年4月6日加入的《1976年海事赔偿责任限制公约》是沙特最新加入的公约之一，而《1976年海事赔偿责任限制公约》早在1986年12月1日已经生效。2010年4月20日，英国石油公司租用的一个名为深水地平线（Deepwater Horizon）的深海钻油平台发生井喷并爆炸导致墨西哥湾漏油事件，事故使附近大范围的水质受到污染，不少鱼类、鸟类、海洋生物以至植物都受到严重的影响。[2] 2016年7月2日，墨西哥湾沿岸的美国得克萨斯州、路易斯安那州、密西西比州、阿拉巴马州和佛罗里达州同时宣布，英国石油公司同意在18年内向这5个州州政府和400家地方政府机构支付187亿美元，以弥补这一美国历史上最严重漏油事件所造成的人员伤亡和环境破

---

[1] "Member States", IMO, http://www.imo.org/en/About/Membership/Pages/MemberStates.aspx, December 13, 2020.

[2] 《2010年墨西哥湾漏油事故》，载维基百科，https://zh.wikipedia.org/wiki/2010%E5%B9%B4%E5%A2%A8%E8%A5%BF%E5%93%A5%E7%81%A3%E6%BC%8F%E6%B2%B9%E4%BA%8B%E6%95%85，最后访问日期：2018年11月16日。

坏。美国司法部称，187亿美元的赔偿规模将打破美国历史上与单一实体公司间最大和解协议标的额的纪录。[1] 此次事件推动沙特签署《1976年海事赔偿责任限制公约》。除此以外，国内相关立法的缺失亦是沙特加入《1976年海事赔偿责任限制公约》的一大原因。

2. 与防治海洋污染有关的条约

与防治海洋污染有关的条约有：《关于1973年国际防止船舶造成污染公约的1978年议定书》（Protocol of 1978 relating to the International Convention for the Prevention of Pollution from Ships, 1973）、《经1978年议定书修订的1973年国际防止船舶造成污染公约的1997年议定书》（Protocol of 1997 to amend the International Convention for the Prevention of Pollution from Ships, 1973, as modified by the Protocol of 1978 relating thereto）、《1969年国际油污损害民事责任公约》（International Convention on Civil Liability for Oil Pollution Damage, 1969）、《1969年国际油污损害民事责任公约的议定书》（Protocol to the International Convention on Civil Liability for Oil Pollution Damage, 1969）、《修正〈1969年国际油污损害民事责任公约〉的1992年议定书》（Protocol of 1992 to amend the International Convention on Civil Liability for Oil Pollution Damage, 1969）、《2001年控制船舶有害防污底系统国际公约》（International Convention on the Control of Harmful Anti-Fouling Systems on Ships, 2001）、《〈防止倾倒废物及其他物质污染海洋的公约〉的1996年议定书》（1996 Protocol to the Convention on the Prevention of Marine Pollution by Dumping of Wastes and Other Matter, 1972）、《1990年国际油污防备、反应和合作公约（经修订）》（International Convention on Oil Pollution Preparedness, Response and Co-operation, 1990, as amended）等。

沙特于1993年4月15日加入《1969年国际油污损害民事责任公约》，而此公约于1975年6月19日生效。1991年多国部队空袭伊拉克，致使科威特油田大范围起火。1月22日，科威特南部的瓦夫腊油田被炸，原油顺海岸流入波斯湾。随后，伊拉克占领的科威特米纳艾哈麦迪开闸放油入海，科威特南部的输油管破裂，也导致原油泄漏。1月25日，在科威特接近沙特的海面上形成长16千米，宽3千米的油带，每天以24千米的速度向南扩展，部分油膜起火冒烟。至2月2日，油膜展宽16千米，长90千米，逼近巴林，

---

[1] 王欢：《英石油同意赔偿187亿美元终结墨西哥湾漏油事件》，载中国新闻网，http://www.chinanews.com/gj/2015/07-03/7381285.shtml，最后访问日期：2018年11月16日。

危及沙特，迫使两国架设拦污浮筒，保护海水淡化厂水源。[1] 1991年5月初，"ABT夏日"号在伊朗哈尔克岛装上26万吨的重油，5月28日，货舱发生泄漏，并迅速引起火灾导致大爆炸，"ABT夏日"号被摧毁，船上的32名船员中有5人死亡。到6月1日，大部分海面浮油已被燃烧掉，"ABT夏日"号残骸也沉入海底。1992年，明格布拉克石油泄漏事故发生于乌兹别克斯坦具有最庞大天然资源与密集石油提炼工厂的费尔干纳谷地，有8770万加仑的原油从油井涌出。[2]

3. 与海上航行安全有关的条约

与海上航行安全有关的条约有：《1974年国际海上人命安全公约（经修订）》（International Convention for the Safety of Life at Sea, 1974, as amended）、《1974年国际海上人命安全公约1978年议定书（经修订）》（Protocol of 1978 relating to the International Convention for the Safety of Life at Sea, 1974, as amended）、《1974年国际海上人命安全公约1988年议定书（经修订）》（Protocol of 1988 relating to the International Convention for the Safety of Life at Sea, 1974, as amended）、《1972年国际海上避碰规则公约（经修订）》（Convention on the International Regulations for Preventing Collisions at Sea, 1972, as amended）、《1972年国际集装箱安全公约》（International Convention for Safe Containers, 1972, as amended）以及后续修正案、《1976年国际移动卫星组织公约》（Convention on the International Mobile Satellite Organization, 1976, as amended）及其后续修正案、《国际移动卫星组织业务协定》（Operating Agreement on the International Mobile Satellite Organization, 1976, as amended）及其修正案、《1979年国际海上搜寻救助公约》（International Convention on Maritime Search and Rescue, 1979）、《制止危及海上航行安全非法行为公约》（Convention for the Suppression of Unlawful Acts against the Safety of Maritime Navigation）、《〈制止危及海上航行安全非法行为公约〉2005年议定书》（Protocol of 2005 to the Convention for the Suppression of Unlawful Acts against the Safety of Maritime Navigation）、《制止危及大陆架固定平台安全非法行为议定书》（Protocol for the Suppression of Unlawful Acts against the Safety of Fixed Platforms Located on the Continental Shelf）、《〈制止危及大陆架固定平台安全非法行为议定书〉的2005年议定书》（Protocol of 2005 to the Protocol for the Sup-

---

[1] 佚名：《海湾战争石油污染事件》，载《世界环境》2010年第1期。
[2] 参见华尔街见闻网站，https://wallstreetcn.com/articles/249676，最后访问日期：2018年11月16日。

pression of Unlawful Acts against the Safety of Fixed Platforms Located on the Continental Shelf)、《1989年国际救助公约》(International Convention on Salvage, 1989)等。

沙特在2006年3月7日加入于1985年6月22日生效的《1979年国际海上搜寻救助公约》。2006年2月2日,一艘名为"色拉姆98"的载有1400多名乘客和船员的埃及客轮在驶离杜巴港大约62海里时从雷达屏幕上消失,2月3日,埃及红海港务局局长马哈福兹·塔哈宣布其已经沉没。[1]《1989年国际救助公约》于1996年7月14日生效,沙特于1991年12月6日加入。1987年12月,菲律宾客轮"杜纳巴兹"号与一艘油轮相撞,造成4000多人丧生,此为国际海运史上和平时期的最大海难。[2] 这些或是沙特加入海上航行安全有关条约的原因之一。

除此以外,沙特还加入了与海员管理有关的条约,如《1978年海员培训、发证和值班标准国际公约(经修订)》(International Convention on Standards of Training, Certification and Watchkeeping for Seafarers, 1978, as amended)等。

---

[1] 辛俭强、明金维:《一艘埃及客轮在红海沉没,船上载有1400多人》,载中华人民共和国中央人民政府网站,http://www.gov.cn/govweb/yjgl/2006-02/04/content_177360.htm,最后访问日期:2018年11月16日。

[2] 王月博:《盘点近年来重大海难事件》,载中国网,http://news.china.com.cn/2014-04/17/content_32118844_3.htm,最后访问日期:2018年11月16日。

五、海洋争端解决

在中东,海湾地区各国的主要收入来源是石油和天然气。因此,对于与石油和天然气资源息息相关的划界问题,各国不会轻易让步。而沙特几乎与所有海湾国家都存在海洋争端。[1] 截至2018年12月3日,沙特已经与波斯湾地区的巴林、卡塔尔、阿联酋、科威特、伊朗等国签订了海洋划界协定,与红海地区的也门、埃及以及亚喀巴湾地区的约旦等国签订了海洋划界协定。由于海湾地区各国关系复杂,上述海洋划界协定的执行效果不一。其中,沙特与波斯湾地区各国以及红海地区的埃及等国的划界协定的执行效果普遍不佳,而与位于亚喀巴湾的约旦的划界协定则因两国友好关系执行效果较好。

(一) 与巴林的划界协定

1. 签订背景

20世纪30年代末,沙特与巴林之间因为小伯纳岛(Al Bain As Saghir)、卢伯纳卡毕拉岛(Al Bain Al Kebir)的岛礁主权以及法斯特布萨法沙洲(Fasht bu Saafa Hexagon)主权问题产生分歧,两国并未及时解决该问题。1941年6月,巴林石油公司在法斯特布萨法地区进行的石油钻井开采活动因遭到沙特的反对而中止。1949年9月至10月,两国石油公司因在同一地区重新钻井又发生了多次冲突,上述岛礁和沙洲争端再次凸显。从20世纪40年代中期开始,巴林本土石油资源濒临枯竭,开始从沙特进口石油。石油本是巴林第一大收入来源,因此巴林迫切希望早日解决与沙特之间的岛礁争端以及确定两国间的海上边界,以便在不受干涉的情况下勘探油井和开采更多的石油。1950年11月,英国政府代表巴林和沙特政府就上述岛礁主权以及海床等问题达成一致,通过谈判解决上述问题。1954年,两国拟同意将法斯特布萨法地区分成两部分,西部划归沙特,东部划归巴林。然而,由于两国对划界原则有不同意见,因此,该区域划界谈判在1957年暂停。1958年,巴林撤回了对这一区域的主权主张,同意与沙特资源共享。1958年2月22日,两国签署《巴林—沙特阿拉伯大陆架划界协定》(Bahrain-Saudi Arabia

---

[1] Krista E. Wiegand, "Resolution of Border Disputes in the Arabian Gulf", *Journal of Territorial and Maritime Studies*, Vol. 1, 2014, pp. 33-48.

boundary agreement 22 February 1958），协定于同日生效。[1]

2. 主要内容

沙特与巴林在1949年宣布要在公平原则的基础上划分海洋边界。[2] 在谈判启动后，双方一致同意以等距离中间线原则为基础划分大陆架。协定共有5条。

协定第1条选定了两国边界上的若干点，并以这些点为基础划定中间线作为两国大陆架的边界线。在巴林选取A、E、G、I、K、M、O 7个点，在沙特选取B、C、D、F、H、J、L、N 8个点。分界线是一条连接点1到点14，由13条线段组成的线。分界线的起点（点1）是巴林南端的Ras al Bar 尖端（点A）和位于沙特海岸的Ras Muharra（点B）之间连线的中点。点2是点A和位于Zakhnuniya岛北端（点C）之间连线的中点。点3是点A和Ras Saiya尖端（点D）之间连线的中点。点4的位置依据协定附图确定，该点是点E和点F之间连线的中点，点E和点F的位置依据协定附图确定。点5的位置依据协定附图确定，该点是点G和点H之间连线的中点，点G和点H的位置依据协定附图确定。点6的位置依据协定附图确定，该点是点I和点J之间连线的中点，点I和点J的位置依据协定附图确定。点7是位于Umm Nasan岛西南端（点K）和Ras Al Kureya（点L）之间连线的中点。点8位于小伯纳岛的西端，该岛的主权属于巴林。点9位于卢伯纳卡毕拉岛的东端，该岛主权属于沙特。点10是Khor Fasht的西北端（点M）和位于Chaschus岛南端的点N之间连线的中点。点11是位于Fasht Al Jarim 西端的O点和点N之间连线的中点。点12的地理位置大概是北纬26°31′48″、东经50°23′15″。点13的地理位置大概是北纬26°7′15″、东经50°33′24″。点14的地理位置大概是北纬26°59′30″、东经50°46′24″，伦尼沙洲（又被称为Najwat Al Riqai 和 Fasht Al Anawiyah）的主权属于沙特。

协定第2条规定了一个共同开发区。该共同开发区是一个六边形的区域（区域边界坐标如第Ⅰ部分 表1所示），其主权归属于沙特。六边形区域的分界线为大概位于北纬27°00′、东经50°23′的点1，连接大概位于北纬26°59′

---

[1] "SAUDI ARABIA", United Naions, http：//www.un.org/Depts/los/LEGISLATIONANDTREA-TIES/STATEFILES/SAU.htm, October 31, 2018. 另外，本部分"海洋争端解决"中提及的相关文件若未特意注明，详细内容均可参见此网站。

[2] 参见巴林《1949年6月5日公告》（Proclamation of June 5, 1949）、沙特《1949年5月28日王室公告》（Royal Proclamation of May 28, 1949, 后该公告被《1959年2月16日皇室公告》取代）和沙特1968年10月1日皇家法令通过的《关于红海资源所有权的规定》（Regulations for the Ownership of Red Sea Resources, Royal Decree No. M/27 of October 1, 1968.）。

30″、东经50°23′15″的点2，再到大概位于北纬26°37′15″、东经50°33′24″的点3，大概位于北纬26°59′30″、东经50°46′24″的点4，大概位于北纬26°59′30″、东经50°40′的点5，直到大概位于北纬27°00′、东经50°40′的点6，然后连接起点所组成的线。该区域的资源以沙特所选择的方式进行开发，但是前提是沙特应将开发出的石油资源净收入的一半给予巴林。需要指出的是，这并不侵犯沙特对该区域的主权和行政管辖权。根据沙特和巴林两国领导人达成的合意，上述区域的石油资源归沙特所有。

第Ⅰ部分 表1 法斯特布萨法沙洲共同开发区域坐标[1]

坐标点	纬度（北）	经度（东）
1	27°00′	50°23′
2	26°31′48″	50°23′15″
3	26°37′15″	50°33′24″
4	26°59′30″	50°46′24″
5	26°59′30″	50°40′
6	27°00′	50°40′

第3条规定本协定附有两张地图副本，地图标明前述条款所规定的位置和坐标点。副本应与第4条规定的技术委员会编制的最终地图一致。经两国政府授权的代表批准和签署，该地图将构成本协定不可分割的一部分。第4条规定，双方应选择一个技术委员会，该委员会按照本协定的规定采取必要的措施以确定边界。该委员会应在本协定生效之日起两个月内开始工作。第5条规定，第4条提及的技术委员会完成其工作并且双方对最终地图无异议后，由双方技术代表组成一个委员会根据最终地图上标明的细节放置边界标记和确定边界。

（二）与卡塔尔的划界协定

1. 签订背景

历史上，沙特国王曾在1952年2月19日致信卡塔尔埃米尔[2]（Emir）表示为了维护沙特和卡塔尔之间的友好睦邻关系，应尽快划分两国海陆边界。

---

[1] "SAUDI ARABIA", United Naions, http://www.un.org/Depts/los/LEGISLATIONANDTREATIES/STATEFILES/SAU.htm, October 31, 2018.

[2] 埃米尔又译"艾米尔"，旧译"异密"，是伊斯兰国家对王公贵族、酋长或地方长官的称谓。埃米尔是阿拉伯国家的贵族头衔，此封号用于中东地区和北非的阿拉伯国家，突厥在历史上亦曾使用过这个封号。一般音译为埃米尔，亦有意译为总督，或意译为国王、酋长、头人等。参见《埃米尔》，载百度百科，https://baike.baidu.com/item/%E5%9F%83%E7%B1%B3%E5%B0%94/460604，最后访问日期：2020年12月14日。

最终两国于 1965 年 12 月 4 日签订《沙特阿拉伯王国与卡塔尔国关于海上边界与陆地边界的划界协定》(Agreement on the Delimitation of the Offshore and Land Boundaries between the Kingdom of Saudi Arabia and Qatar, 4 December 1965)。协定于 1971 年 5 月 31 日生效并于 1993 年 9 月 9 日登记于联合国秘书处。

2. 主要内容

协定第 1 条规定萨尔瓦海湾（Dawhat Salwa）应当以一条距离两国海岸相等的线作为边界线。在地形曲折的地方应当尽量使用直线中间线。协定第 2 条列明了用以划界的坐标点（第 I 部分 表 2）。协定第 3 条规定双方共同委托一家国际测量公司，按照双方的协定测量并确定边界点和边界线。双方签署后的附有两国边界的官方地图应作为协定内容的一部分附于该划界协定中。双方平摊因测量产生的成本。协定第 5 条规定，双方各派 1 名成员建立一个联合技术委员会，该委员会负责测量的具体事项、根据本协定确定两国边界点和边界线并负责监督测量计划的执行和验收。

第 I 部分 表 2　沙特与卡塔尔关于海上边界与陆地边界的划界坐标[1]

划界区域	纬度（北）	经度（东）
Dawhat Salwa	24°11′50″	50°49′46″
Qarn Abu Wa'il	24°32′43″	50°55′44″
Jawb al-Salamah	24°30′00″	51°00′00″
Sabkhat Sawda Nathil	24°28′16″	51°05′55″
Khawral-Udayd[2]	24°36′48″	51°16′02″

3. 协定的实施

该协定签订之后两国一直未完成测量、划界和公布海图。两国 1992 年发生边界冲突，此后两国边界冲突频发。直到 1995 年 6 月卡塔尔埃米尔谢赫哈迈德·本·哈利法·阿勒萨尼继位后，两国才就划界问题继续进行谈判。1996 年 4 月，沙特和卡塔尔达成划界共识。两国分别于 2001 年 3 月 21 日、2003 年 10 月 12 日、2008 年 7 月 2 日以及 2008 年 7 月 5 日举行会议讨论两国划界事宜，最终于 2008 年 7 月 5 日以联合会议纪要的形式公布两国划界的具体内容。

依据该会议纪要的第 1 条，双方约定继续完成以 Khawral Al-Udaid 区域坐标点为起点的海洋划界，并确保划定的海洋边界与所附地图以及第 I 部分

---

[1] Agreement on the Delimitation of the Offshore and Land Boundaries between the Kingdom of Saudi Arabia and Qatar, 4 December 1965, https://leap.unep.org/countries/qa/national-legislation/agreement-delimitation-offshore-and-land-boundaries-between, July 28, 2022.

[2] 也被译成 Khawral-Udaid。

表3中的坐标点一致。由两国成立的联合技术委员会应确保序号3至序号9的坐标点距离会议纪要第2条所列的坐标点保持3海里的距离。

第Ⅰ部分 表3　沙特和卡塔尔海洋划界坐标[1]

序号	纬度（北）	经度（东）
1	27°37′47″	51°24′21″
2	24°38′17″	51°26′08″
3	24°43′08″	51°35′00″
4	24°52′05″	52°15′54″
5	24°53′30″	52°18′52″
6	25°02′05″	52°18′52″
7	25°02′00″	52°28′05″
8	25°08′17″	52°34′56″
9	25°34′27″	53°00′45″

会议纪要第2条列明了海床自然资源的南部边界坐标点（第Ⅰ部分 表4），并规定该区域的自然资源归卡塔尔所有，卡塔尔当局对该区域的油井和设备具有保护义务。

第Ⅰ部分 表4　沙特—卡塔尔海底自然资源的南部边界坐标[2]

序号	纬度（北）	经度（东）
1	25°31′50″	53°02′05″
2	25°05′54.79″	52°36′50.98″
3	24°48′40″	52°16′20″
4	24°38′20″	51°28′05″

会议纪要第3条规定，如果有船舶无法在会议纪要第1条所划定的海域通航，在两国共同成立的联合技术委员会指定了必要的航道后，卡塔尔当局应让该船舶离开，抵达沙特港口并通向公海。

会议纪要第4条规定，除了两国签订的1965年划界协定中已经划定的范

---

[1] Qatar and the Kingdom of Saudi Arabia, Joint Minutes on the Land and Maritime Boundaries to the Agreement of 4 December 1965 between the State of Qatar and the Kingdom of Saudi Arabia on the Delimitation of the Offshore and Land Boundaries, https：//treaties. un. org/pages/showDetails. aspx? objid = 0800000280227a9e, July 28, 2022.

[2] Qatar and the Kingdom of Saudi Arabia, Joint Minutes on the Land and Maritime Boundaries to the Agreement of 4 December 1965 between the State of Qatar and the Kingdom of Saudi Arabia on the Delimitation of the Offshore and Land Boundaries, https：//treaties. un. org/pages/showDetails. aspx? objid = 0800000280227a9e, July 28, 2022.

围，两国约定卡塔尔的海岸线从界点 H 开始延长到与 Khawral Al-Udaid 南部海岸平行的位置，该线应与所附地图和第 I 部分 表5 所示的坐标相一致。

第 I 部分 表5　卡塔尔海岸线坐标[1]

序号	纬度（北）	经度（东）
1	27°3′50.04″	50°59′57.12″
2	27°4′48″	53°10′47.999″
3	27°7′11.999″	53°42′
4	27°12′14.399″	54°11′24″
5	27°14′6.899″	54°4′1.200″

会议纪要第5条规定，按照《沙特阿拉伯王国与卡塔尔国关于海上边界与陆地边界的划界协定》第5条共同成立的联合技术委员会应尽快按要求对该会议纪要第4条列明的坐标设置界标。第6条规定，双方会议纪要中达成的共识以及所附的两份地图构成两国陆地边界和海洋边界的最终协定。第7条规定，双方达成的会议纪要以及经过双方签名的两份地图作为两国于1965年12月4日签订的《沙特阿拉伯王国与卡塔尔国关于海上边界与陆地边界的划界协定》的补充，并且是两国陆地边界和海洋边界协定不可分割的一部分。

4. 其他利益相关方的立场

阿联酋认为沙特和卡塔尔两国的海洋划界联合会议纪要侵犯其主权并违背了其与卡塔尔的划界协定。并且，上述联合会议纪要也违背了阿联酋、卡塔尔和阿曼于2004年签订的管道协定。因此，阿联酋于2009年6月向联合国秘书长致信抗议沙特和卡塔尔2008年的联合会议纪要。

阿联酋在信件中指出：第一，沙特和卡塔尔在2009年1月11日将两国发布的联合会议纪要登记于阿拉伯国家联盟（以下简称"阿盟"）时，阿联酋政府才知道该会议纪要的存在，在此之前阿联酋没有收到任何关于该联合会议纪要的通知。第二，沙特和卡塔尔于2008年7月5日的联合会议纪要违反了阿联酋和卡塔尔于1969年3月20日签订的《卡塔尔国和阿布扎比酋长国[2]关于海洋划界和岛屿主权的协定》（Agreement between Qatar and Abu Dhabi on

---

[1] Qatar and the Kingdom of Saudi Arabia, Joint Minutes on the Land and Maritime Boundaries to the Agreement of 4 December 1965 between the State of Qatar and the Kingdom of Saudi Arabia on the Delimitation of the Offshore and Land Boundaries, https://treaties.un.org/pages/showDetails.aspx?objid=0800000280227a9e, July 28, 2022. 为方便查阅，本书将照会中经纬度做了转换整理。参见 http://www.minigps.net/fc.html, 最后访问日期：2018年11月2日。

[2] 1971年12月2日，阿布扎比酋长国与迪拜、沙迦、富查伊拉、乌姆盖万和阿治曼等5个酋长国一起组成阿拉伯联合酋长国。

the Settlement of Maritime Boundaries and Ownership of Islands)（该协定于 2006 年 12 月 14 日登记于联合国秘书处，登记号为 43372）。上述会议纪要也违反了阿联酋和卡塔尔于 2004 年 9 月 26 日签订的《海豚管道线协定》（Dolphin Pipeline Agreement)[1]（该协定于 2006 年 4 月 5 日在联合国秘书处登记，登记号为 42574）。此外，该联合会议纪要还侵犯了阿联酋对 Al-Dayyinah 岛[2]及其领海的主权，以及 Makasib 岛的部分领海主权。第三，阿联酋根据 1969 年 3 月 20 日签订的《卡塔尔国和阿布扎比酋长国关于海洋划界和岛屿主权的协定》和 2004 年 9 月 26 日签订的《海豚管道线协定》所享有的权利是合法的。阿联酋保留其根据国际法享有的所有权利，不承认沙特和卡塔尔联合会议纪要中侵犯阿联酋上述权利的有关内容。第四，根据国际法原则，沙特和卡塔尔的联合会议纪要对上述两个文件中规定的权利义务不产生任何影响。

沙特在 2009 年 11 月 16 日致信联合国秘书长，对阿联酋反对其与卡塔尔的 2008 年联合会议纪要作出回应。第一，沙特在 2007 年 4 月 11 日致信联合国秘书长时就指出沙特不承认阿布扎比和卡塔尔在 1969 年 3 月 20 日签订的划界协定，因为该协定涉及沙特位于卡塔尔和阿联酋海岸附近的海域。从 1969 年开始，沙特就持续与两国沟通表示其反对该协定。此外，因为沙特并非该协定的缔约方，所以该协定对沙特在其海域享有的管辖权不产生影响。第二，按照 1974 年 8 月 21 日签订的《沙特阿拉伯王国与阿拉伯联合酋长国划界协定》（Agreement on the delimitation of boundaries）第 5 条，两国代表应尽快划分两国的海上边界。此外，根据上述协定，沙特对 Makasib 岛享有一定权利。沙特政府曾多次呼吁阿联酋执行两国划界协定中第 5 条的规定尽快完成两国划界，并迫切希望尽快解决划界问题。

（三）与阿联酋的划界协定

1. 签订背景

沙特和阿联酋的边界争端是因位于阿拉伯半岛东北部的艾因绿洲[3]（Al Buraimi）归属问题而引起的，两国迟迟未对该绿洲的归属以及附近的边界进

---

[1] Emirates News Agency,"UAE and Qatar Sign Gas Pipeline Accord", http：//wam. ae/en/details/1395227283647, November 3, 2018.
[2] 《卡塔尔国和阿布扎比酋长国关于海洋划界和岛屿主权的协定》第 1 条规定 Al-Dayyinah 岛屿主权归阿布扎比酋长国所有。
[3] 艾因绿洲，旧称布赖米绿洲，位于阿布扎比酋长国内陆，紧靠阿曼边界，土地肥沃，地下水源丰富。参见《艾因，阿联酋第一酋长的故乡，阿布扎比沙漠中的绿洲》，载搜狐网，https：//m. sohu. com/a/236119365_ 587329/? pvid = 000115_ 3w_ a，最后访问日期：2020 年 12 月 13 日。

行划分，导致沙特与阿联酋多次在该区域发生军事冲突。1950年，作为阿联酋地区保护国的英国和沙特开始就上述问题进行谈判，但未取得实质性进展。1971年12月阿联酋成立，继续与沙特就边界问题进行谈判。两国最终于1974年8月21日秘密签订了《沙特阿拉伯王国与阿拉伯联合酋长国划界协定》，协定承认阿联酋对艾因绿洲享有主权，阿联酋则同意给予沙特一块通往海湾的走廊地区，[1] 从而结束了两国长达40年之久的绿洲争端。该协定于1974年8月21日在沙特吉达签订并生效。双方拒绝出版任何有关协定的内容，直到1993年该份协定被送交联合国秘书处登记后才得以公开。

2. 主要内容

协定第2条确定了沙特与阿联酋陆地边界的各个坐标点（第Ⅰ部分 表6），其中划界线连接点j、k和l后，三个位于k点东侧的村庄落入沙特的领土范围内。从l点开始延伸到沙特、阿联酋以及阿曼三国边界交会点，该点由三国协商确定。前述坐标点应以比例尺为1∶500000的地图形式呈现并经双方签字。沙特政府称，该地图不属于协定内容的一部分。

第Ⅰ部分 表6 沙特与阿联酋划界的坐标[2]

坐标点	纬度（北）	经度（东）
a	24°14′58″	51°35′26″
b	24°07′24″	51°35′26″
c	26°56′09″	52°34′52″
d	22°37′41″	55°08′14″
e	22°42′02″	55°12′10″
f	23°32′11″	55°30′00″
g	24°01′00″	55°34′10″
h	24°01′00″	55°51′00″
i	24°13′00″	55°54′00″
j	24°11′50″	50°50′00″
k	23°13′45″	50°45′
l	23°19′	50°50′

---

[1] See Art. 2, Art. 3 and Art. 5 of Agreement on the Delimitation of Boundaries (with exchange of letters and map). Signed at Jeddah, Saudi Arabia, on 21 August 1974, https：//treaties. un. org/doc/publication/unts/volume% 201733/i-30250. pdf, July 28, 2022.

[2] See Art. 2, Art. 3 and Art. 5 of Agreement on the Delimitation of Boundaries (with exchange of letters and map). Signed at Jeddah, Saudi Arabia, on 21 August 1974, https：//treaties. un. org/doc/publication/unts/volume% 201733/i-30250. pdf, July 28, 2022.

协定第 3 条对谢巴油田（Shaybah-Zarrarah field）的归属和开采事宜作出规定。该条第 1 款规定沙特拥有谢巴油田的所有碳氢化合物。第 2 款规定阿联酋同意并保证不参与或不干涉谢巴油田位于边界线以北区域的任何勘探、钻探和开采碳氢化合物的行为。第 3 款规定沙特或任何获得开采许可权的公司仅限于在边界线以北的谢巴油田区域对碳氢化合物进行开采，开采方式应由双方通过后续协定确定。

协定第 4 条规定，双方都承诺不参与、不批准开采碳氢化合物主要位置不在本国领土范围内的油气资源。

协定第 5 条对岛屿主权和岛礁设施建设作出规定。该条第 1 款规定，阿联酋承认沙特对 Huwaysat 岛拥有主权，沙特承认阿联酋对位于波斯湾并与沙特大陆相对的其他岛屿拥有主权。第 2 款规定，阿联酋同意沙特可以在 Al-Qaffay 岛和 Makasib 岛建立一般岛屿设施。第 3 款规定，双方代表应尽快划定沙特领土与阿联酋领土之间的陆上边界以及各自主权管辖的岛屿之间的近海边界。划界应在公平的基础上进行，以确保能从邻近阿联酋的沙特领海区域和 Huwaysat 岛的领海自由地直接驶入公海，并考虑公海与沙特领土之间深水航行的适航性。两国对连接沙特领海和公海的水域享有共同主权。

协定第 6 条规定，两国应选定有资质的国际公司按照上述第 2 条规定的边界点和边界线进行调查和划界，并编制两国陆地边界的地图以及核实其他相关数据。该地图经两国代表签字后，应为两国边界的官方地图，并作为本协定的组成部分附于协定之后。

协定第 7 条规定，由两国各选择 3 名成员组成联合技术委员会，为第 6 条所述国际公司制订工作规范，按照本协定的规定确定两国之间的边界点和边界线，监督划界工作的实施并验收成果。

3. 协定的实施

本次划界协定未能执行，原因是两国对协定第 5 条内容意见不一。沙特强烈要求阿联酋按照协定第 5 条执行，而阿联酋则表示其在 1975 年频繁和沙特沟通，认为 1974 年的协定必须进行必要的修改，否则无法执行。截至目前，两国的海洋划界问题仍未取得实质性的进展。

本次划界协定并未涉及具体的海洋划界问题，仅涉及某些岛屿的主权以及航行问题。尽管两国都在相关照会中透露出双方都曾呼吁对方尽快完成划界工作，但目前仍纷争不断。例如沙特和卡塔尔划界时双方对 Makasib 岛相关的权利义务存在争议，沙特公布 Huwaysat 岛附近领海基点时遭到阿联酋的反对等。

(四) 与伊朗的划界协定

1968年10月24日，沙特和伊朗就阿尔阿拉比亚（Al-'Arabiyah）和法尔西（Farsi）两岛的主权争议以及大陆架划界问题签订了《沙特和伊朗关于阿尔阿拉比亚和法尔西两岛的主权和海底区域划界的协定》（Agreement concerning the sovereignty over the islands of Al-'Arabiyah and Farsi and the delimitation of the boundary line）。依协定所载生效要件[1]，该协定于1969年1月29日在双方交换批准书后生效。其于1969年10月27日在联合国秘书处登记，登记编号为9976。该协定的签订背景和主要内容详见《伊朗、伊拉克、科威特海洋法律体系研究》"伊朗海洋法律体系研究"中"五、海洋争端解决"部分。

(五) 与科威特的划界协定

沙特与科威特的海洋争端可分为两类，一是在陆地边界争端辐射下的领海边界划分争端，二是纯粹的海洋边界争端。前者的典型代表是"科威特—沙特中立区案"，处于争端中心的概念"中立区"源自1922年的乌凯尔会议。英国为划定海湾地区永久的边界而设立两个中立区，沙特与科威特两国在中立区拥有联合主权，即平等地享有所有自然资源。20世纪50年代末，石油设施和工人数量激增使得中立区管理问题日益突出。历经十余年的波折，两国于1965年7月7日草签了一份关于分割中立区的协议，并对平分后与陆地毗连的领海享有同等权利。1968年12月18日，两国正式签署关于平分中立区的边界协议。1970年，两国最终划定分界线，"分隔区"概念正式取代"中立区"。而纯粹的海洋边界争端以卡鲁与乌姆马拉迪姆两岛归属问题为代表。1995年，两国开始研究两国间海洋大陆架边界的划分问题，至2001年1月30日，两国在由一家瑞士测绘公司完成的、标明两国海上边界线的地图上签字，解决了两国长期以来悬而未决的边界问题。关于沙特与科威特的海洋争端内容详见《伊朗、伊拉克、科威特海洋法律体系研究》"科威特海洋法律体系研究"中"五、海洋争端解决"部分。

(六) 与约旦的划界协定

1. 签订背景

沙特和约旦曾于1965年8月9日签署边界重新调整和划界协定。该协定

---

[1] 根据该协定第5条，协定在批准书交换之日生效。

约定沙特将6000平方千米的陆地和亚喀巴湾的部分区域让与约旦，从而约旦在亚喀巴湾的海岸线向南移动了约19千米。作为交换，约旦让与沙特一块大约7000平方千米的土地。[1]但该协定没有完全解决两国的海上划界问题。两国于2007年12月16日签订《关于沙特阿拉伯王国和约旦哈希姆王国之间在亚喀巴湾划界的协定》（Agreement on the delimitation of the maritime boundaries in the Gulf of Aqaba between the Kingdom of Saudi Arabia and the Hashemite Kingdom of Jordan of 16 December 2007），划定两国在亚喀巴湾的海上边界。协定于2010年6月10日生效，并于2010年11月22日递交联合国秘书处登记。

2. 主要内容

协定第1条规定了两国于亚喀巴湾海上划界的坐标（第Ⅰ部分 表7）。其中点1为陆地延伸向亚喀巴湾的线与海岸低潮线的交点，边界线的连接规则为从点1出发连接点2和点3，直至两国之间海洋边界线的终点。按此规则连接各点所形成的线即为沙特和约旦在亚喀巴湾的海上边界线。

第Ⅰ部分 表7 沙特和约旦在亚喀巴湾的海上划界坐标[2]

坐标点	纬度（北）	经度（东）
1	29°21′26.599″	34°57′38.486″
2	29°21′32.735″	34°56′57.915″
3	29°22′28.257″	34°53′17.136″

协定第2条第1款规定，协定的附件是一幅双方签署的比例尺为1∶25000的说明性地图。该地图显示两国边界点的位置和地理坐标以及亚喀巴湾海洋边界线，是协定不可缺少的一部分。该条第2款规定，划定海洋边界以协定第1条所设边界点的地理坐标为基础。

协定第3条规定，协定于2007年12月16日签订，在双方交换批准书30天后生效。

约旦系发展中国家，经济基础薄弱，海洋并不是约旦发展经济的重心。约旦国民经济主要支柱为侨汇、旅游和外援，沙特是约旦第一大援助国。海

---

[1] The Geographer Office of the Geographer Bureau of Intelligence and Research, "Jordan-Saudi Arabia Boundary", http://fall.fsulawrc.com/collection/LimitsinSeas/IBS060.pdf, November 21, 2018.

[2] See Art. 1 of Agreement on the Delimitation of the Maritime Boundaries in the Gulf of Aqaba between the Kingdom of Saudi Arabia and the Hashemite Kingdom of Jordan, https://www.un.org/depts/los/LEGISLATIONANDTREATIES/PDFFILES/TREATIES/JOR_SAU_2007MB_e.pdf, July 28, 2022.

湾危机发生后，由于约旦支持伊拉克，与埃及、叙利亚、沙特及科威特等国立场相悖，同这些国家的关系一度趋冷。海湾战争后，约旦主动改善同这些国家的关系。[1] 目前，沙特和约旦的关系较好，加之上述划界协定为两国基于合意达成，因此该划界协定得到较好的遵守。

（七）与也门的划界协定

1. 签订背景

沙特与也门之间的陆海边界矛盾重重，历史复杂。自1934年沙也战争以来，两国就边界争端进行了多次谈判，签署了多份协议，但都未彻底解决争端。直到2000年签署《沙特阿拉伯王国与也门共和国之间的国际边界协定》[2]（International Border Treaty between the Republic of Yemen and the Kingdom of Saudi Arabia, 12 June 2000）才最终确定了两国陆上及海上边界。

1934年，也门在沙也战争中失败，两国在沙特塔伊夫签署了《塔伊夫条约》[3]（The Treaty of Taif, 1934）。在该条约中，也门虽承认沙特对奈季兰省、阿西尔省和吉赞省的领土享有20年的控制权，但未明确划定边界。同时，第22条规定该条约的有效期为20年，20年后可以展期、修正或终结。条约还附带一份划界报告。

1990年也门共和国政府成立，新总统表示本届政府的首要议题是解决与周边国家的领土问题。1990年，海湾危机爆发，沙特对也门在危机中的表现不满与其发生摩擦。在美国的斡旋下，1992年7月，沙特和也门举行了首次正式边界谈判，沙特建议红海的海洋边界应通过两国之间单独的谈判和协商来划定。此次谈判中，双方都明确表示愿意在国际海洋法的框架下划定海洋边界。由于双方在边界争端解决方案立场上的巨大分歧，谈判虽然持续了两年，但是并没有缩小分歧。1995年2月26日，双方在麦加签署了《谅解备忘录》，又称《麦加协议》。《谅解备忘录》确认《塔伊夫条约》的有效性以及对两国关系的约束力，并第一次提出也门与沙特陆海边界问题的解决方

---

[1] 《约旦国家概况》，载中华人民共和国外交部网站，https：//www.fmprc.gov.cn/web/gjhdq_676201/gj_676203/yz_676205/1206_677268/1206x0_677270/，最后访问日期：2020年12月13日。

[2] International Boundary Treaty Between the Republic of Yemen and the Kingdom of Saudi Arabia, https：//www.un.org/depts/los/LEGISLATIONANDTREATIES/PDFFILES/TREATIES/JOR_SAU_2007MB_e.pdf, July 28, 2022.

[3] 该条约的签订源于也门在20世纪30年代的沙也战争中战败，条约初步确定了沙特和也门的边界。See "The Treaty of Taif, 1934", Al-bab.com, https：//al-bab.com/treaty-taif-1934, November 26, 2018.

案。《谅解备忘录》签署后不久，也门总统发表公开声明称也门不认为《谅解备忘录》是一个协定，它仅仅是双方在解决边界争端的基础和原则问题上向着正确的方向迈出了第一步。1997年，双方在科莫举行了秘密的边界会谈，达成了一项由也门提出并得到沙特同意的临时性的《科莫协定》。《科莫协定》是2000年《沙特阿拉伯王国与也门共和国之间的国际边界协定》的基础，[1]它的相当一部分条款在稍作修改之后被写入后者。1998年7月，沙特和也门对1934年边界线的确切起止位置产生分歧并迅速演变成军事对抗。[2]为了缓解两国间的紧张形势，1998年7月29日，也门和沙特代表签署了一个联合声明，即《萨那议定书》，再次确认双方对《塔伊夫条约》和《谅解备忘录》有效性的承认。2000年6月11日，沙特与也门在吉达进行正式的边界谈判。

经过谈判，两国最终于2000年6月12日签订《沙特阿拉伯王国与也门共和国之间的国际边界协定》。依协定生效要件，该协定于2000年6月26日得到两国批准，并于2000年7月4日在双方交换批准书之后生效。该条约的签订解决了沙特和也门持续了约76年的边界争端，具有历史性意义。

2. 主要内容

《沙特阿拉伯王国与也门共和国之间的国际边界协定》主要由两个部分组成。第一部分两国确认了《塔伊夫条约》、划界报告及《谅解备忘录》的效力。第二部分确定了两国的陆海边界线。该协定所涉划界的海域主要是红海海域。协定后附四个附件，其中前三个附件列明了一系列相关的地理信息，第四个附件主要处理东部边界地区的部落摩擦和水权利问题。

协定第1条确认《塔伊夫条约》及其附件，包括该条约所附边界报告的有效性及对双方的约束力。两国还肯定了双方于1995年2月26日签署的《谅解备忘录》的承诺。协定第2条划定了两国之间最终的且永久的陆海分界线。该分界线具体可分为三个部分。第一部分划定了两国陆地部分的边界，陆地边界始于红海海岸的界标[3]（北纬16°24′14.8″、东经42°46′19.7″），终于Jabal al-Tha'r的界标（北纬17°26′00.0″、东经44°21′58″）。第二部分是两国尚未划界的地区。第三部分划定了两国海洋部分的边界，海洋边界始于红海海岸的界标，终于两国海洋边界线的尽头。协定第3条规定了划界的程

---

[1] Askar H. Al-Enazy, *The Long Road from Taif to Jeddah: Resolution of a Saudi-Yemeni Boundary Dispute*, Abu Dhabi, Emirates Center for Strategic Studies, 2005, p. 35.

[2] "Saudi Arabian-Yemeni Relations: Implications for U. S. Policy", Middle East Policy Council, https://mepc.org/journal/saudi-arabian-yemeni-relations-implications-us-policy, December 13, 2020.

[3] 该界标位于Radif Qarad出口北面的Ra's al-Mu'wajj Shami海堤上。

序。为了在以两国与阿曼相交点（北纬19°、东经52°）为起点，红海海岸界标为终点的边界线上设置界桩，两国应委托国际勘界公司来划定整个陆地和海洋的边界线。相关公司和两国的联合小组应严格遵守《塔伊夫条约》所附划界报告中规定的标志点的距离和方位及其他描述。该划界报告对双方均具有约束力。

该协定关于红海海域划界的前三个附件，分别列明了协定中所涉坐标信息。其中，附件三列举了两国海洋部分的边界线信息。附件三规定边界线始于红海海岸上的点1，该点位于 Ra's al-Mu'wajj Shami 海堤，Radif Qarad 出口处。这条直线与纬线平行并延伸至坐标点2（北纬16°24′14.8″、东经42°09′00.0″），之后该线转向西南方的坐标点3（北纬16°17′24.0″、东经41°47′00.0″），然后该线沿着与纬度平行的线向西延伸至两国海洋边界线的终点。

《沙特阿拉伯王国与也门共和国之间的国际边界协定》的签订和生效对沙特和也门有重要的意义。清晰的边界划分解决了两国之间长达70多年的边界问题，消除了长期以来阻碍两国关系发展的一个冲突点，不仅为边界人民带来安宁，也为沙特和也门两国维护国家安全提供了良好的外部环境。

（八）与埃及的划界协定

1. 签订背景

从20世纪50年代以来，沙特与埃及两国间的关系起伏不定，忽冷忽热。[1] 2013年7月3日，埃及武装部队最高委员会主席阿卜杜勒·法塔赫·塞西（Abdel Fattah al Sisi）发动政变（2013 Egyptian coup d'état），宣布解除

---

[1] 纵观20世纪50年代以来埃及和沙特的关系，我们可以观察到两国间兄弟情怀和内在竞争共存。两国拥有共同的民族、语言和宗教文化，都视维护阿拉伯民族的利益为己任。但在另一方面，两国国情不同，意识形态和利益考量也不同，同时均有在阿拉伯世界争当盟主的意愿，这也使两国的对外战略不可避免地发生冲突。在纳赛尔执掌埃及初期，埃及与沙特两国面临相似的处境，追求的利益也大致相同，在地区事务上趋于合作。两国均反对新旧殖民主义，推行中立和不结盟政策，同时主张加强阿拉伯国家团结，共同对抗以色列。但是随着埃及和苏联结盟而沙特转向美国，埃沙两国的关系渐行渐远。尽管埃及和沙特在20世纪60年代交恶，但仍然合作，在道义和物质上支持巴勒斯坦事业。随着"阿拉伯之春"的爆发，埃及陷入长达数年的政治混乱，沙特逐渐取而代之成为阿拉伯世界的领袖。随之，埃及和沙特的关系也发生了转变。当2013年埃及军方发动政变推翻前总统穆尔西时，沙特第一时间表示了支持，以沙特、阿联酋和科威特为代表的海湾国家向塞西政府给予了数百亿美元的援助，海湾商人也纷纷前往埃及投资。事实上，沙特期待埃及能够在军方通知下恢复稳定，并成为沙特在国际和地区事务上的得力盟友。参见中东学人：《兄弟阋墙：埃及和沙特为何闹僵？》，载知乎，https://zhuanlan.zhihu.com/p/23007102，最后访问日期：2020年12月13日。

穆罕默德·穆尔西的总统职务，任命阿德里·曼苏尔为临时总统。[1] 沙特国王向阿德里·曼苏尔表示祝贺，其也是第一个发出祝贺的阿拉伯国家。[2] 2016年3月，时任埃及总统塞西访问沙特。同年4月，沙特国王萨勒曼访问埃及，成为首位在埃及议会发表演讲的阿拉伯国家领导人，同时埃及内阁宣布将向沙特移交位于红海的蒂朗岛（Tiran）和塞纳菲尔岛（Sanafir）。两国于2016年4月8日签订《沙特阿拉伯王国与埃及共和国在红海和亚喀巴湾划界协定》[3]（Agreement on the Demarcation of Maritime Boundaries between the Kingdom of Saudi Arabia and the Arab Republic of Egypt）。该协定于2017年7月2日生效后，引起了轩然大波。两国对于红海地区的海洋边界划分遭到了苏丹共和国（Republic of the Sudan，以下简称"苏丹"）的强烈反对，对于两国在亚喀巴湾地区的划分则遭到了埃及国内人民的强烈反对。目前从公开渠道无法获得协定的具体内容，但可以判断上述两岛的归属被写进了协定当中。

2. 无人岛屿的归属问题

在《沙特阿拉伯王国与埃及共和国在红海和亚喀巴湾划界协定》中两国约定蒂朗岛和塞纳菲尔岛的岛屿主权归沙特所有。该协定的签署，在埃及国内引发了罕见的抗议活动。总统被指控"出售"这些岛屿以换取沙特的经济援助，部分抗议者因此被拘捕。[4]

除了普通民众示威游行抗议，埃及国内反对人士还向行政法院起诉，[5] 认为埃及总统、总理和议会发言人错误地处分两岛主权，主张其对外签署的协定无效。埃及行政法院在两次诉讼中都裁定政府签署的协定无效，因其违

---

[1]《埃及军方宣布罢免总统穆尔西》，载BBC，https：//www.bbc.com/zhongwen/simp/world/2013/07/130703_egypt_army_tvspeech，最后访问日期：2018年11月18日。
[2] 王晓易：《沙特国王向埃及新领导人祝贺》，载网易财经，https：//money.163.com/13/0704/08/92U7460200254TI5.html，最后访问日期：2020年12月13日。
[3] 根据双方的照会可以找到该文件的部分信息，但是暂时无法通过联合国网站以及其他途径找到协定原文。
[4] "Egypt's Parliament Approves Islands Deal to Saudi Arabia"，BBC，https：//www.bbc.com/news/world-middle-east-40278568，November 19，2018.
[5] 埃及政府在辩论时出示了一系列历史证据证明这两个小岛为沙特所有，埃及在过去只是基于代管地位管理着这两座无人居住的小岛。而沙特称1949年第一次中东战争结束后，考虑到本国海军力量薄弱，其在1950年请求埃及保护蒂朗岛和塞纳菲尔岛以防止以色列当时可能发动的袭击。1956年苏伊士战争（The Suez War）之后，以色列最终还是占领了上述岛屿。而后根据《1978年戴维营协定》（1978 Camp David Agreements），以色列于1982年将整个西奈半岛归还埃及。沙特和埃及政府均称自始至终上述两座小岛的主权从未转移给埃及。

反了《1971年阿拉伯埃及共和国宪法》第151条的相关规定。[1]后政府将行政法院的裁决上诉至宪法法院（Constitutional Court）。2018年3月3日，埃及宪法法院即最高法院，驳回原行政法院的判决，裁定政府对外签署的协定有效。[2]

值得注意的是，该裁定是沙特国王到访埃及前一天作出的。据悉，沙特国王萨勒曼在访问埃及期间承诺为埃及提供数十亿美元的投资和软贷。[3]

3. 其他利益相关方的立场

苏丹极力反对上述协定的内容，主要原因是它涉及哈拉伊卜三角区（Hala'ib Triangle），该区是埃及与苏丹之间长期存在主权争议的区域。1899年，因为英国的干涉，英埃共管苏丹的边界被设定在北纬22度。但在1902年英国划了另一条行政界限，把北纬22度以南的比尔泰维勒划归埃及管辖，并把该线以北包括哈拉伊卜在内的区域划归苏丹管辖。1956年苏丹独立，苏丹宣称两国边界线为1902年的行政边界，而埃及宣称两国边界线为1899年的边界，因此两国都声称对哈拉伊卜三角区享有主权。而北纬22度以南的比尔泰维勒则成为无主地[4]，两国都不声称拥有该地主权。[5]

苏丹曾在2017年4月17日发表声明，极力反对埃及在哈拉伊卜三角区所主张的海洋边界。苏丹在该份声明中指出，根据2017年3月2日《关于苏丹共和国海洋区域基线的第148号（2017）总统令》[Decree of the President of the Republic of the Sudan No. 148 (2017) of 2 March 2017 concerning the Baselines of the Maritime Zones of the Republic of the Sudan]以及联合国海洋事务和海洋法司（Division for Ocean Affairs and the Law of the Sea）的相关文件，拒

---

[1]《1971年阿拉伯埃及共和国宪法》第151条规定："共和国总统代表国家在对外关系中缔结条约，并在众议院通过后批准这些条约……关于任何和平与联盟条约以及与主权有关的条约，必须召集选民进行公民投票，未经公民投票通过的条约不得批准。在任何情况下，都不得缔结任何违反宪法规定或导致国家领土让步的条约。"

[2] "Tiran and Sanafir Islands", Global Security, https://www.globalsecurity.org/military/world/war/tiran.htm, November 20, 2018.

[3]《埃及最高法院坚持"还岛"沙特》，载半岛电视台，http://chinese.aljazeera.net/news/2018/3/4/egypt-court-upholds-tiran-sanafir-transfer-to-saudi-arabia，最后访问日期：2018年11月26日。

[4] 2014年7月15日，美国人希顿为了圆女儿埃米莉的公主梦，在埃及和苏丹边界的这块"无主地"插旗，建立"北苏丹王国"，希顿自封"国王"，埃米莉如愿当了"公主"。参见王秀：《美国男子为圆女儿公主梦 在埃及苏丹边界"建国"》，载新华网，http://www.xinhuanet.com/world/2014-07/14/c_126751984.htm，最后访问日期：2020年12月13日。

[5] Daniel J. Dzurek, Parting the Red Sea: Boundaries, Offshore Resources and Transit, Durham, International Boundaries Research Unit, 2001, p. 4.

绝承认 1990 年 1 月 9 日《关于埃及共和国海域基线的第 27 号（1990）总统令》[1]［Decree of the President of the Arab Republic of Egypt No. 27（1990）Concerning the Baselines of the Maritime Areas of the Arab Republic of Egypt, 9 January 1990，以下简称《埃及第 27 号总统令》］中涉及北纬 22 度以北的苏丹海上边界及其关于红海海域内的海上坐标点的相关内容（具体的坐标详见第 I 部分 表 8）。

第 I 部分 表 8 《埃及第 27 号总统令》规定的坐标

序号	纬度（北）	经度（东）
50	22°53′12″	36°20′06″
51	22°36′30″	36°35′12″
52	22°20′18″	36°39′24″
53	22°16′12″	36°48′54″
54	22°03′48″	36°53′54″
55	22°01′30″	36°53′48″
56	22°00′00″	36°52′54″

上述坐标点位于哈拉伊卜三角区的海上边界内，属于苏丹的红海海域。但是该三角区及其海上边界自 1995 年以来一直被埃及军事占领。苏丹方面认为，哈拉伊卜三角区是位于苏丹政治和地理边界内的领土。历史上，包括在英国—埃及共管期间，国际社会承认苏丹享有该地区的主权。苏丹在 1956 年独立后继承了这些领土，联合国的相关记录和地图也证明了这一点。因此苏丹对该地区的主权无可争议。1958 年以来，苏丹每年都向安理会写信说明这个问题，并于 2017 年 1 月 5 日再次向安理会提出申诉，重申其反对埃及军事占领，反对埃及政府所采取行动的立场。

对于沙特和埃及的划界协定中涉及的哈拉伊卜三角区附近的红海区域的划界，苏丹亦强烈反对。因此，苏丹和埃及两国就上述区域又连发了几封照会。两国最主要还是围绕该海洋区域的陆地领土——哈拉伊卜三角区的主权归属展开争论。

埃及认为，根据 1899 年《英埃共管苏丹协定》[2]［Agreement Between

---

[1] 法令全文参见"Decree of the President of the Arab Republic of Egypt No. 27（1990）Concerning the baselines of the maritime areas of the Arab Republic of Egypt, 9 January 1990", United Nations, http：//www.un.org/Depts/los/LEGISLATIONANDTREATIES/PDFFILES/EGY_1990_Decree.pdf, November 19, 2018.

[2] 协定全文参见"Sudan Convention（1899）", WIKISOURCE, https：//en.wikisource.org/wiki/Sudan_Convention_（1899）, November 6, 2018.

Her Britannic Majesty's Government and the Government of His Highness the Khedive of Egypt, Relative to the Future Administration of the Soudan (1899)］第1条,"苏丹"一词是指北纬22度以南的所有地区,1956年苏丹独立后继承了该边界线。埃及认为上述协定具有永久划界的效力,并且从1899年后,埃及一直管辖着位于苏丹北部的哈拉伊卜三角区和沙拉丁(Shalatin)地区,其缔结和加入的所有国际条约均适用于该地区。因此,国际社会承认埃及对北纬22度以北的所有领土享有主权。[1] 此外,根据"以陆定海"的国际法原则,埃及当然有权对该地区的海域进行划分。1990年《埃及第27号总统令》也已经确定埃及的领海基点和基线,其中涉及红海的坐标点为北纬22°00′00″、东经36°52′54″。因此,埃及和沙特在此区域进行的海洋划界是具有效力的。综上,埃及认为其有权对该区域进行陆上以及海洋划界,苏丹所称的"非法占领"于法无据。

苏丹则认为,其对哈拉伊卜三角区的陆地和海洋均享有历史性权利。按照1964年7月《中美英三国开罗宣言》的规定,非洲国家必须遵守它们在获得独立时继承的边界。苏丹独立后这部分地区的主权应为苏丹所有。在1995年埃及未占领该地区之前,埃及不曾对该地区有过管辖权。而苏丹自1902年后就管辖此地,埃及目前对该地区完全属于非法占领。依据1949年《日内瓦公约》以及其他人道主义的法律,埃及必须避免改变该地区的土地或居民的人口数据,不能伤害生活在哈拉伊卜三角区的苏丹公民或其财产,不能剥夺这些公民包括生命权,言论自由和免遭酷刑、任意拘留等在内的基本权利。苏丹呼吁埃及政府同意尽快达成仲裁协议,并根据国际法原则和《联合国宪章》和平解决两国矛盾。

---

[1] Letter Dated 17 April 2017 from the Permanent Representative of Egypt to the United Nations Addressed to President of the Security Council, https://digitallibrary.un.org/record/1293713/?ln=zh_CN #record-files-collapse-header, July 28, 2022.

六、国际海洋合作

(一) 对争议区域的共同开发

1. 沙特与苏丹共同开发案

沙特与苏丹共同开发案是为了解决双方对红海资源开发产生的争议所提出的。20世纪60年代,人们在红海深海底发现多金属矿物资源,红海多金属热卤水中有铁、银、铜、锌等有价值的金属物质。1968年沙特发布皇家法令通过《关于红海资源所有权的规定》。该法规定沙特拥有邻接其大陆架扩展到红海海底的海床中的所有油气资源和矿物资源,沙特独有勘探和开采这些资源的权利。此外,沙特在勘探和开发资源时将与海岸线相邻或相向具有同样权利的国家,按照公平原则联合开发。而1970年,苏丹发布其《领海和大陆架法》,规定苏丹的大陆架为苏丹领海之外,到水深200米或超过这一深度直到其上覆水域容许开发自然资源的海底区域的海床和底土。含有红海热卤水的深渊宽度为140海里,按苏丹的观点,红海的热卤水处于其管辖之下,而沙特认为某些含矿热卤水深渊处于沙特海岸或位于红海中央。

面对此种分歧,沙特与苏丹决定在保持双方传统友谊和友好邻邦的基础上建立一种资源共同开发制度以解决争端。经过几年谈判,1974年沙特与苏丹签署了《苏丹和沙特阿拉伯关于共同开采共有区域内的红海海床和底土的自然资源的协定》(Agreement between Sudan and Saudi Arabia Relating to the Joint Exploitation of the Natural Resources of the Sea-bed and Subsoil of the Red Sea in the Common Zone)。根据该协定,两国相互承认对方拥有邻接其海岸直至1000米水深海底的排他性主权权利。若超过这一深度,两国将在介于相互承认的国家区域之间建立"共同区",以便共同开发资源。据此,红海分成3个区域,即沙特区、苏丹区和共同区。沙特区和苏丹区均为从两国海岸向红海中央延伸直达水深1000米的海底。共同区介于两个国家区之间,即红海两侧1000米水深线之间。作为两国的共同区,两国对该区域内的所有资源享有同等的主权权利。[1] 尽管该协议涵盖了所有自然资源,但其主要目标是允许联合勘探和开采海底矿物资源,特别是已知存在于红海深处,尤其是苏丹海域富含重金属的沉积物,如

---

[1] 马俊驹主编:《清华法律评论》(第四辑),清华大学出版社2002年版,第231页。

铜、锰、锌、铁和银。[1] 故而，两国在没有划定任何清楚的和国际承认的边界的情况下，通过综合性资源联合开发制度，解决了彼此在红海的边界争端。

2. 沙特与科威特共同开发案

沙特与科威特在1922年缔结了《乌吉尔条约》[2]（Ugair Convention），根据该条约，在科威特南部划出了一个面积为2000平方英里（约5180平方千米）的中立区，两国对该中立区有平等权利，该中立区包括陆上部分和向海部分。1965年7月7日，两国在吉达草签了一份关于分割中立区的协议，该协议于1966年7月25日生效。协议确立了两项原则，一是相互承认协议所规定的两国的领土管辖权，二是相互承认共同分享区域内的油气资源。协议规定陆上部分由两国平均划分，向海部分包括从海岸至6海里的领海区和6海里以外的大陆架区[3]，以及包括卡鲁、乌姆马拉迪姆小岛在内的区域由两国共同开发，共同管理，两国对其内的石油资源享有平等权利，并规定了共同开发制度不影响今后边界划分。[4] 正式的关于平分中立区的划界协议于1969年12月18日在科威特交换文书和签署后生效，1970年1月25日在科威特第762号官方公报上发表后，中立区不复存在，改称"分隔区"。[5]

关于海洋大陆架边界的划分问题，两国一直未达成最终协议。2000年1月，伊朗单方面对位于科威特、沙特和伊朗三国交界的海洋大陆架内的油田进行勘探，引发海洋边界主权争议，加速了科威特与沙特就海洋边界划分问题的谈判。2000年7月2日，科威特和沙特签署了两国海洋边界划界协议[6]，该协议规定科威特对卡鲁、乌姆马拉迪姆两岛及周围半径约1609米范围内的海

---

[1] Clive Schofield, "Defining Areas for Joint Development in Disputed Waters", in Wu Shicun and Hong Nong, *Recent Developments in the South China Sea Dispute: The Prospect of a Joint Development Regime*, London: Routledge, pp. 78-98.

[2] 又被称为《乌凯尔条约》。该条约的缔结，离不开英国的推动。英国当时致力于划定海湾地区永久的边界，并在1922年的乌凯尔条约会议上决定成立两个中立区，一个在伊拉克和内志（后来的沙特）之间（根据伊拉克—内志协议），一个在内志和科威特之间。这是阿拉伯半岛上首次设立中立区。参见谢立忱：《当代中东国家边界与领土争端研究》，中国社会科学出版社2015年版，第94页。

[3] 参见1965年《沙特阿拉伯王国—科威特国划分中立区的协定》第7条、第8条。

[4] 马俊驹主编：《清华法律评论》（第四辑），清华大学出版社2002年版，第226页。

[5] The Geographer Office of the Geographer Bureau of Intelligence and Research, "Kuwait-Saudi Arabia Boundary", http://fall.fsulawrc.com/collection/LimitsinSeas/IBS103.pdf, November 18, 2018.

[6] "Agreement between the Kingdom of Saudi Arabia and the State of Kuwait concerning the submerged area adjacent to the divided zone 2 July 2000", United Nations, http://www.un.org/Depts/los/LEGISLATIONANDTREATIES/PDFFILES/TREATIES/SAU-KWT2000SA.PDF, November 18, 2018.

域享有主权,海底的天然气储藏继续由两国分享。2001年1月30日,科威特和沙特在由一家瑞士测绘公司完成的、表明两国海上边界线的地图上签字。至此,科威特与沙特解决了两国间长期悬而未决的海上边界问题,两国在海上的争议不复存在。[1]

(二)海洋研究合作

1. 与中国的海洋研究合作

在海洋研究领域,沙特和中国开展了多方面、多层次的合作。

在海水提铀方面,沙特科技城与核工业北京化工冶金研究院[2]合作开展了"海水提铀联合研究项目"。该项目已于2017年8月21日正式启动,为期两年,主要研究内容为海水中铀资源的开发利用。该项目将促进中沙双方在海水提铀研究领域科技、人才、资源等方面的优势互补,为海水提铀的应用提供技术储备,为双方在铀水冶领域的深层次合作奠定基础。沙特和中国的有关方面也正在积极推进铀资源、核电、核燃料循环、人力资源开发、核能海水淡化、核技术应用等领域的合作。[3]

在海水淡化方面,2018年6月,沙特国际电力和水务公司与中国能源建设集团就全球电力和海水淡化事务在阿联酋迪拜签署战略合作协议。根据协议,双方将发挥各自专业优势,在全球电力和海水淡化等领域中,就投资开发、咨询设计、建设运营等方面开展广泛深入的合作,实现合作共赢、共同发展。[4] 沙特国际电力和水务公司董事会主席穆罕默德·阿布纳扬表示对中国能源建设集团强大的综合实力高度认可。他希望进一步深化双方在火电、光伏发电、海水淡化等多个领域的务实合作,达到强强联合,实现互利共赢。[5]

在海洋地质研究方面,2017年9月9日,中国地质调查局中国—阿拉伯

---

[1] 谢立忱:《当代中东国家边界与领土争端研究》,中国社会科学出版社2015年版,第96页。
[2] 核工业北京化工冶金研究院(简称"核化冶院")隶属于中国核工业集团公司。
[3] 郎哲思:《中核集团与沙特海水提铀联合研究项目正式启动》,载北极星电力网,http://news.bjx.com.cn/html/20170821/844621.shtml,最后访问日期:2018年11月21日。
[4] 中国能源建设集团有限公司:《中国能建与沙特国际电力和水务公司签署战略合作协议》,载国务院国有资产监督管理委员会网站,http://www.sasac.gov.cn/n2588030/n2588949/c9116893/content.html,最后访问日期:2018年11月21日。
[5] 葛洲坝国际:《中国能建与沙特国际电力和水务公司签署战略合作协议》,载搜狐网,https://www.sohu.com/a/235194986_660861,最后访问日期:2020年12月13日。

国家地学合作研究中心[1]在银川揭牌成立。该中心的研究区域包括沙特等22个阿盟国家和地区，旨在推动"一带一路"倡议，打造中阿地学共同体，提升环境治理能力，促进中阿经济社会可持续发展，提升区域地学研究水平，解决重大资源环境问题。中心确立了包括加强水文地质、环境地质、灾害地质和海洋地质领域的合作，服务中阿区域绿色经济发展，以及共同搭建地质矿产信息共享平台在内的六方面合作愿景。[2]

此外，2017年10月27日，阿美石油公司与上海海事大学以签署合作谅解备忘录为契机，在国际采购、国际物流、自由贸易港建设等领域开展合作，并就物流工程、海洋工程等领域的新技术研发与应用探讨合作。阿美石油公司是首个与上海海事大学建立正式合作关系的沙特企业，此次双方"牵手"，也是上海海事大学响应国家"一带一路"倡议的最新实践。[3]

2. 与其他国家的海洋研究合作

除了与中国开展海洋研究合作，沙特还与阿联酋、日本、法国、美国、韩国、西班牙和丹麦等国开展了不同领域的海洋研究合作。

沙特在海水淡化领域与阿联酋、日本开展合作。沙特—阿联酋协调委员会通过决议，实施一项战略，该战略强调在海洋研究领域建立研究中心，开发海水淡化技术，并实现技术的本地化，研究海水淡化技术的应用，利用可再生能源，并考虑利用热能进行蒸发和海水淡化。双方拟建立海水淡化技术发展联合中心，开展基础设施项目管理合作。[4] 此外，沙特国家海水淡化公司与日本新能源产业的技术综合开发机构（The New Energy and Industrial Technology Development Organization）在节能型海水淡化技术实证项目实施领域进行合作。双方于2017年12月11日签署备忘录，又以2018年1月14日在沙特利雅得召开的"展望2030商务论坛"为契机，举行了备忘录的交换仪式，

---

[1] 该中心是中国地质调查局与省级地勘单位共建的第一个地学国际合作区域中心，中心由中国地质调查局发展研究中心和宁夏回族自治区地质局共同建设与管理。参见周铸、谷兰丁：《"一路"同行，共谋地学合作美好愿景——中国—阿拉伯国家地学合作推进交流会侧记》，载自然资源部中国地质调查局网站，https://www.cgs.gov.cn/xwl/ddyw/201709/t20170913_439525.html，最后访问日期：2020年12月13日。

[2] 王少勇：《中国地质调查局中国—阿拉伯国家地学合作研究中心成立》，载自然资源部中国地质调查局网站，http://www.cgs.gov.cn/ddztt/jqthd/alabo/hybd/201709/t20170911_439354.html，最后访问日期：2018年11月21日。

[3] 石立山：《我校与沙特阿拉伯石油公司签署合作谅解备忘录》，载上海海事大学网站，https://www.shmtu.edu.cn/spotlight/wo-xiao-yu-sha-te-la-bo-shi-you-gong-si-qian-shu-he-zuo-liang-jie-bei-wang-lu.htm，最后访问日期：2018年11月11日。

[4] UAE, "UAE, Saudi Arabia announce 'Strategy of Resolve'", https://gulfnews.com/uae/government/uae-saudi-arabia-announce-strategy-of-resolve-1.2233041, November 12, 2018.

进一步推进实证合作。日本新能源产业的技术综合开发机构在2009—2013年的日本内阁府"最先进研究开发支援计划"的"Mega-ton Water System"项目中,确立了节能型海水淡化技术——"低压多级、收获率高的海水淡化系统"。此次合作将灵活运用Mega-ton Water System技术,验证该海水淡化系统的优越性。与沙特传统的反渗透膜(RO膜)相比,该技术能节省将近两成的能耗并有效降低建设成本。有关实证设备的建设与运行,两国将在获取必要的商业数据的同时探索新型商业模式。[1]

2015年10月13日,沙特科技城与法国国有船舶制造企业DCNS集团合作创建了一个海军和海洋研究中心。双方达成了关于促进海军和海洋研究中心发展的合作协议。海军和海洋研究中心主要致力于三大领域:智能海洋系统、材料腐蚀和仿真与建模。沙特科技城与法国DCNS集团非常重视研发工作,并认为这会在发展技术和加强国家主权方面发挥关键作用。沙特科技城希望通过这些项目的成果,为海军和海洋研究提供新的解决方案,从而将技术本土化,以满足其国家需要并加强人才储备、促进经济发展。[2]

沙特阿卜杜拉国王科技大学与伍兹霍尔海洋研究所(Woods Hole Oceanographic Institution)合作在红海开展了海洋研究项目。伍兹霍尔海洋研究所是美国最大的独立海洋学研究所。[3] 两者的合作将促进对红海中北部沙特海岸的研究。双方合作设立的阿卜杜拉国王科技大学海洋与海事研究中心,将提供红海中北部沙特海岸的有关海洋生态系统、渔业和水循环的重要信息。[4]

2017年,沙特巴赫里公司与韩国现代重工集团在智能船舶领域开展合作,合作内容为联手研究开发智能船舶的相关技术和配套设备。此外,现代

---

[1]《日本NEDO与沙特SWCC合作开发一种节能型海水淡化系统》,载中国膜工业协会网站,http://www.membranes.com.cn/xingyedongtai/gongyexinwen/2018-03-09/32167.html,最后访问日期:2018年11月12日。

[2] "DCNS Signs a Cooperation Agreement in Saudi Arabia with KACST for Naval Research Centre", Navy Recognition, https://www.navyrecognition.com/index.php/news/defence-news/year-2015-news/october-2015-navy-naval-forces-defense-industry-technology-maritime-security-global-news/3172-dcns-signs-a-cooperation-agreement-in-saudi-arabia-with-kacst-for-naval-research-centre.html, December 13, 2020.

[3]《伍兹霍尔海洋研究所》,载维基百科,https://zh.wikipedia.org/wiki/%E4%BC%8D%E5%85%B9%E9%9C%8D%E5%B0%94%E6%B5%B7%E6%B4%8B%E7%A0%94%E7%A9%B6%E6%89%80,最后访问日期:2018年11月12日。

[4] "King Abdullah University of Science and Technology and WHOI Finalize Research Collaboration", WOODS HOLE OCEANOGRAPHICINSTITUTION, https://www.whoi.edu/press-room/news-release/king-abdullah-university-of-science-and-technology-and-whoi-finalize-research-collaboration/, December 12, 2020.

重工还将向巴赫里公司提供现有的智能船舶相关技术和配套设备，供其37艘超大型油船使用。沙特巴赫里公司与韩国现代重工集团的合作主要针对现代重工于2011年推出的智能船舶配套设备系统，该系统是现代重工的智能船舶一期的研发成果，如根据节省燃油费用和减少排放等原则，选择最佳航线、保持船舶的最佳航运状态，对船上的各种配套设备、部件进行"会诊"，诊断其是否存在不正常现象，从而降低船舶的日常保养和维修费用。该智能船舶配套设备系统已在300多艘商船上安装使用。巴赫里公司是目前全球拥有最多超大型油船的航运公司。现代重工与巴赫里公司将在船用发动机和发电机等各种船用电器设备的状态远程模拟技术、远程遥控技术领域展开合作，同时，还将共同研究船上的配套设备各自的保养维修时间节点，并告知船东和相关部门，以提前做好准备。[1]

2017年法赫德国王石油矿产大学（KFUMP／RI）研究所环境与水中心完成了一项与西班牙巴斯克地区的海洋和食品研究所AZTI-Tecnalia及丹麦科技大学（Technical University of Denmark）合作的渔业项目，该项目的目标是建立一个现代化的数据收集系统、生物和生态评估系统、库存评估模型和政府管理方案，以评估波斯湾沙特专属经济区的鱼类和无脊椎动物的开发状况并提高其可持续性。这项工作的总体原则是保障沙特的粮食安全，以及尽最大努力保证渔业资源的可持续开发。研究内容包括：估算鱼类种群的生长参数、进行产量分析、利用数据并应用随机库存生产模型进行库存评估、根据开采量估算最大可持续产量（MSY）和可持续性参考水平等。[2]

（三）岛屿、港口建设合作

1. 与中国的合作

沙特近年来在岛屿、港口建设领域加强了与中国的合作。已于2018年5月主体完工的沙特吉赞经济城人工岛工程项目，就是由中国港湾工程有限责任公司（以下简称"中国港湾"）总承包，中交天津航道局有限公司、中交第四航务工程局有限公司参建的。2013年8月，中国港湾中标该项目，主要建设内容包括吹填造陆、沙袋围堰、土工布铺设等。吉赞经济城人工岛项目

---

[1] 《现代重工与沙特船东签智能船合作协议》，载中国船舶与海洋工程网，http：//shipoffshore.com.cn/info/detail/59-24541.html，最后访问日期：2018年11月12日。

[2] "Tender for scientific support to the Saudi Arabian Fisheries Sector（Saudi Tender I）（39153）", DTU Orbit, http：//orbit.dtu.dk/en/projects/tender-for-scientific-support-to-the-saudi-arabian-fisheries-sector-sauditender-i-39153（f1c3ec44-c346-4cfc-96f7-a282d4e21142）.html, November 25, 2018.

的实施，将高效解决经济城港口疏浚弃土处理的难题，有力推动吉赞经济城的整体施工进度，同时进一步完善经济城的整体规划。[1]

2018年9月，沙特阿美公司与中国港湾签署合作协议，由中方为沙方承建两座人工岛，以支持在东海岸外的贝里海上油田（Berri offshore oilfield）的钻探。这家沙特国有石油巨头的两个岛屿分别为A和B，占地面积分别为16000平方米和260000平方米。该项目旨在每天额外生产25万桶原油，通过将贝里海上油田的原油产量提高1倍，达到每天50万桶，沙特阿美公司希望到2023年达到最大产能。该项目包括在阿布阿里岛建造一个气油分离厂，以及在Khursaniyah气厂（KGP）建造天然气处理设施，每天处理4万桶碳氢化合物凝析油。管道、注水设施、陆上钻探点、钻探岛屿和海上设施也包括在内。

沙特阿美公司与中国港湾还于2018年9月11日在阿美石油公司总部签订了沙特阿美贝里钻井岛工程合同。该项目工期为28个月，主要内容包括：航道疏浚、岛屿吹填、连接桥建设、管道拆除及护岸设施建设等。[2]

据悉，沙特与中国电力建设集团有限公司在2018年11月签下合同金额高达约30亿美元的港务设施项目建设大单。这是中国电力建设集团成立以来中标的单体合同金额最大的现汇项目。该项目由沙特国王萨勒曼奠基并命名，建成后有望带动沙特国内生产总值增长上百亿美元，创造数万个就业机会。[3]

2. 与其他国家的合作

2017年10月，总部位于迪拜的港口运营商迪拜环球港务集团（Dubai Ports World）宣布计划开发沙特的吉达港，以支持"沙特2030愿景"。该计划于在利雅得召开的未来投资计划会议上发布，迪拜环球港务集团董事长兼首席执行官Sultan Bin Sulayem表示该计划涉及使用创新技术方案提高效率，为沙特国民创造更多的技术岗位，并将港口转变为服务于5亿人口市场的重要门户，从而使沙特的港口和物流服务成为全球贸易市场的必然选择。沙特

---

[1] 王莉：《沙特吉赞经济城人工岛工程主体完工》，载国务院国有资产监督管理委员会网站，http://www.sasac.gov.cn/n2588030/n2588949/c9013190/content.html，最后访问日期：2018年11月21日。

[2] 《中国港湾签署沙特阿美建造两座人工岛建设合同》，载一带一路热点，http://www.bhi.com.cn/ydyl/gwdt/49183.html，最后访问日期：2018年11月21日。

[3] 王波、涂一帆：《中国电建签下沙特30亿美元港口建设大单》，载中华人民共和国中央人民政府网站，http://www.gov.cn/xinwen/2018-11/30/content_5344606.htm，最后访问日期：2020年12月13日。

港口管理局在2018年2月批准了迪拜环球港务集团的吉达港计划。[1]

沙特在2018年1月表示,将投资1.2亿美元用于开发阿曼Duqm港,使其成为大型的工业中心。沙特和阿曼同意建立一个联合投资基金,加强双边关系,以此削弱伊朗和卡塔尔在该地区的影响力。[2] 除此之外,沙特表示将向阿曼提供2.01亿美元的赠款,用于Duqm港的两个开发项目。沙特发展基金和阿曼政府还签署了两份谅解备忘录,为项目提供资金。资金分为两笔赠款,其中第一笔赠款价值5180万美元,将用于资助阿杜姆市中南部的一条公路。第二笔资金达到1.582亿美元,用于Duqm的渔港的建设,阿曼财政部长达尔维什·本·伊斯梅尔·本·阿里·巴鲁什(Darwish Bin Ismail Bin Ali Al-Balushi)解释说,这笔赠款将有助于发展Duqm的经济特区,并增加渔港的容量。这笔资金是沙特与阿曼之间发展经济合作以及海合会国家发展联合计划的一部分。[3]

(四) 海洋防务合作

1. 与中国的合作

沙特在海洋防务领域与中国开展的合作集中在军舰友好访问、护航以及引进无人机等方面。

在护航方面,2010年11月27日,中国海军第六批护航编队[4]完成亚丁湾、索马里海域的护航任务后,抵达沙特西部吉达港,对沙特进行了为期5天的友好访问。这是中国海军舰艇首次访问沙特。在执行本次护航任务期间,中国海军第六批护航编队曾护送11艘沙特籍商船安全驶过亚丁湾和索马里海域。[5] 2017年1月,中国海军第二十四批护航编队[6]在完成亚丁湾、索马里海域护航任务后,于9日抵达沙特吉达港,第二次对沙特进行为期5

---

[1] "DP World to Develop Saudi Arabia's Jeddah Port", GULF NEWS, https://gulfnews.com/business/dp-world-to-develop-saudi-arabias-jeddah-port-1.2113762, November 22, 2018.

[2] "Saudi Arabia and Oman Agree to Set up Joint Investment Fund", The National, https://www.thenational.ae/world/gcc/saudi-arabia-and-oman-agree-to-set-up-joint-investment-fund-1.696006, November 22, 2018.

[3] OFFSHOREENERGY, "Oman Gets Funding from Saudi Arabia to Develop Duqm Port", https://worldmaritimenews.com/archives/239819/oman-gets-funding-from-saudi-arabia-to-develop-duqm-port, November 22, 2018.

[4] 含昆仑山舰、兰州舰、微山湖舰。

[5] 王波:《中国海军第六批护航编队抵达沙特阿拉伯吉达港》,载中国政府网,http://www.gov.cn/jrzg////2010-11/28/content_1755136.htm,最后访问日期:2018年11月11日。

[6] 含哈尔滨舰、邯郸舰、东平湖舰。

天的友好访问。[1]

在无人机的使用方面，根据沙特在2017年2月庆祝新F-15SA战斗机入列服役时的活动照片，确认来自中国的无人机已经开始在沙特服役。沙特引进的"彩虹-4"无人机装备了卫星通信天线，挂载武器为AR-1激光制导近程空对地导弹与FT-9制导炸弹，均产自中国航天科技集团有限公司（China Aerospace Science and Technology Corporation）。"彩虹-4"无人机系统可搭载不同载荷，实现应急通信、航空物探、海洋维权、科学研究等。沙特科技城于2017年3月16日宣布，已与中国航天科技集团有限公司签署合作协议，引进中国无人机生产线，但并未透露协议的具体细节。作为此前沙特国王访华达成的成果之一，此协议旨在帮助中国、沙特两国建立战略关系。据《简氏防务周刊》报道，此前，沙特航空工业公司塔克尼亚（Taqnia）首席执行官曾在推特（Twitter）上表示，该公司与中国航天长征国际贸易有限公司签署了协议，将在沙特生产中国"彩虹"无人机。[2]

2. 与印度的合作

2006年1月25日，印度与沙特签署防务合作备忘录，同意就共同应对国际恐怖主义加强情报交流。为了维护阿拉伯海、印度洋海上交通线，共同打击海盗，双方海军开展了一些合作，并进行了舰艇互访。2008年7月，作为印度洋海军论坛的参与者之一，沙特海军派出"达曼"号和"雅布"号战舰，对印度进行首次访问。2009年5月25日，印度及沙特海军在红海举行了一场联合演习。印度海军派出"德里"号和"阿迪塔"号战舰，并进入沙特吉达港，对沙特进行为期3天的访问。2012年2月13日至14日，印度国防部长安东尼率领三军高级代表团首次访问沙特，两国国防部长在会晤后决定，将探讨联合研制武器装备的事宜。[3]

3. 与美国的合作

从2011年到2015年，海合会六国通过"对外军售"（foreign military sales）项目采购了总价为766亿美元的美国军事装备，其中以沙特采购最多（518亿美元）。正如布鲁金斯学会的布鲁斯·里德尔（Bruce Riedel）所言，在奥巴马执政期间，美国卖给沙特的军事装备远远超过了历史售出量的总和。据美国外交关系协会（Council on Foreign Relation）的计算，单沙特一国

---

[1] 王波：《中国海军护航编队访问沙特阿拉伯》，载新华网，http://www.xinhuanet.com/politics/2017-01/09/c_1120275972.htm，最后访问日期：2018年11月11日。

[2] 《英媒：中国无人机生产线落户沙特》，载俄罗斯卫星通讯社网站，http://sputniknews.cn/military/201703271022189532/，最后访问日期：2018年11月11日。

[3] 李益波：《试析印度与海合会的军事与安全合作》，载《国际展望》2012年第6期。

的军火订单就占了2011—2015年美国军火出口总量的近10%。[1]

2017年特朗普上台后，于2017年5月20日至23日首次访问沙特，并参加利雅得首脑会议。两国表示将努力加强海上安全合作，美国仍将致力于向沙特武装部队提供必要的设备，继续进行海军订单式培训计划，以保护沙特和该地区免受恐怖主义的破坏，抵制伊朗的影响以及其他威胁。[2] 5月20日，两国达成1100亿美元的军售协议，事实上，该订单在奥巴马任职期间已开始商谈。这一军售协议涵盖边境安全、反恐行动、海洋和海岸安全、防空和反导系统以及网络安全和通信技术等，具体装备除了坦克、直升机、"爱国者"导弹、"萨德"系统以及多用途军舰等，还包括此前因沙特轰炸也门被冻结出售的精确制导导弹。[3] 此军售协议被美国政府视为美国对阿拉伯国家尤其是沙特提供的安全保障。今后10年，两国还将达成总价值3500亿美元的军售协议。[4]

4. 与吉布提的合作

2017年4月26日，沙特和吉布提签署了军事领域的合作协议。该协议旨在加强两国之间的军事合作。作为两国战略联盟的一部分，吉布提将与沙特签署协议，允许其在吉布提海岸线上建立军事基地。[5] 吉布提位于曼德（Bab El-Mandeb）海峡，该海峡通过红海和苏伊士运河连接印度洋和地中海，具有一定的战略意义。沙特欲借此确保该航道上石油出口航线的安全。[6]

---

[1] ［德］马可·奥弗豪斯：《防务合作与政权安全——美利坚霸权在波斯湾的界限》，童欣译，载钝角网，http：//www.dunjiaodu.com/top/2018-06-25/3066_3.html，最后访问日期：2018年11月20日。

[2] "President Trump and King Salman Sign Arms Deal"，White House，https：//www.whitehouse.gov/articles/president-trump-king-salman-sign-arms-deal/，November 10，2018.

[3] 2016年，因沙特在也门展开的轰炸行动致平民死亡人数持续升高，同年12月，美国政府宣布对沙特进行限制，不再为其提供精密武器，并要求美国军方不得向沙特提供雷神公司生产的精确制导导弹。参见李姗岚：《美国解冻向沙特出售精密武器，曾因也门战事限制军售》，载环球网，https：//world.huanqiu.com/article/9CaKrnK2ty0，最后访问日期：2020年12月13日。

[4]《遭遇暗讽，美沙1100亿美元军售大单惊了谁?》，载新华网，http：//www.xinhuanet.com/world/2017-05/23/c_129613311.htm，最后访问日期：2020年12月13日。

[5] "The Strategic Relations Between Saudi Arabia and Djibouti"，ISRAEL DEFENSE，https：//www.israeldefense.co.il/en/node/29542，November 7，2018.

[6] "Djibouti Welcomes Saudi Arabia Plan to Build a Military Base"，Middle East Monitor，https：//www.middleeastmonitor.com/20171128-djibouti-welcomes-saudi-arabia-plan-to-build-a-military-base/，November 7，2018.

5. 与西班牙的合作

沙特军事工业公司（Saudi Military Industries Company）和西班牙国有企业Navantia成立了海军产业公司，为沙特国防部设计并建造5艘带有作战管理系统的Avante 2200轻型护卫舰。该合资企业将重点关注项目管理和海军作战系统集成、系统工程架构、硬件设计、软件开发、测试和验证、原型设计、仿真与建模、Avante 2200最后两艘轻型护卫舰上的作战系统的安装与整合，以及后勤支持和培训计划。[1]

6. 与法国的合作

2014年4月9日，沙特和法国发表联合公报，赞扬了两国国防领域的现有合作状况，并强调继续加强合作的重要性，特别是两国武装部队在海洋领域的合作。法国表示愿意用快艇支持沙特皇家海军部队，用运输机和多用途油轮支持沙特皇家空军，以提高沙特武装部队的能力。[2]

7. 与巴基斯坦的合作

沙特海军和巴基斯坦海军于1993年开始纳西姆·阿尔·巴尔（Naseem Al Bahr）系列军演。此系列的第11次联合军事演习于2018年2月在沙特水域进行，本次演习包括海港阶段和海上作战阶段，意图提高两国海军在不同领域的协作能力，增强两国海军的信任和联合作战能力。这一系列演习几乎涉及海军所有方面，已经成为具有先进水平的海军演习。[3]

除此以外，双方还有一项名为阿瓦苏海尔（Aff'aa Al Sahil）的年度双边演习，此演习始于2011年，最近的一次为2018年2月14日[4]。演习期间，巴基斯坦海军特种部队和沙特皇家海军部队举行了一系列陆地和港口演习，旨在提高作战能力，提高战术熟练程度和打击海上人口贩运、海盗和恐怖主义。[5]

8. 与英国的合作

2009年4月，英国皇家海军陆战队参加了在沙特举行的Exercise Red Al-

---

[1] "Saudi Military Industries, Spain's Navantia Launch Marine Joint Venture", ASHARQ AL-AWSAT, https：//aawsat.com/english/home/article/1453091/saudi-military-industries-spains-navantia-launch-marine-joint-venture, November 8, 2018.

[2] "Saudi-France Joint Communiqué", The Embassy of the Kingdom of Saudi Arabia, https：//www.saudiembassy.net/statements/saudi-france-joint-communiqu% C3% A9-0, November 10, 2018.

[3] "Saudi Arabia and Pakistan-strategic Alliance", IDC Herzliya, https：//www.idc.ac.il/en/research/ips/2018/Documents/ShaulShaySaudi% 20ArabiaPakistanEN17.4.2018.pdf, November 18, 2018.

[4] 该信息截至2018年12月1日。

[5] "1st Phase of Pak-Saudi Exercise Concludes", SAMAA, https：//www.samaa.tv/news/2018/02/1st-phase-pak-saudi-exercise-concludes/, November 20, 2018.

ligator海陆两栖训练演习。此次军演有40名英国皇家海军突击队队员，539名美国特种部队队员和沙特皇家海军、海军陆战队和空降部队参加。该军演的目的是加强协同作战和信息交流能力。[1]

9. 多国共同海上演习合作

2016年2月26日，包括沙特在内的20个国家的军队在沙特北部哈立德国王军事城集结，参加代号为"北方雷霆"的大规模军事演习。另外，海合会所属的半岛之盾（Peninsula Shield）部队也参加此次军演。沙特形容此次演习为中东地区历史上"规模最大、最为重要"的军演，许多尖端武器将依次亮相。沙特官方表示，"北方雷霆"演习科目涵盖陆海空军等各个兵种。据科威特通讯社报道，包括美国在内的西方国家军队未获邀参加。"北方雷霆"军演要发出一个明确的信号，即沙特及其盟友要团结面对一切挑战，维护地区和世界的和平与稳定。[2]

2018年4月9日，在沙特的组织下，以沙特为首，包括美国、英国、巴基斯坦、巴林、科威特、阿联酋、埃及、约旦、苏丹、马来西亚、印度和阿富汗在内的24个国家参加了东部省的大规模演习（"湾盾一号"联合军事演习）。[3] 各国在演习港口区域展开各式活动，包括联合作战规划、培训、示范、专业主题研讨会和文化活动。在海上演习区域的演习内容包括非正规战争、海岸防御、战斗搜救、海战演习和广泛的飞行作战。来自巴林、埃及、科威特、约旦、沙特、苏丹、阿联酋和美国的军舰也参加。根据参演国家和所用设备的数量，该演习被认为是该地区最大的军事演习。[4]

10. 在国际海事组织框架下的合作

国际海事组织成立于1959年1月，是联合国下属的负责全球海上航行安全、防止船舶污染的一个专门国际组织。国际海事组织的宗旨为促进各国间的航运技术合作，鼓励各国在保障海上安全、提高船舶航行效率、防止和控制船舶污染海洋方面采取统一标准，处理有关的法律问题。沙特1969年以来一直是国际海事组织成员，并积极支持国际海事组织的技术合作活动，包括

---

[1] "British Warships Join Saudi Arabian Counterparts in Exercise Red Alligator", Navaltoday, https://www.navaltoday.com/2013/09/19/british-warships-join-saudi-arabian-counterparts-in-exercise-red-alligator/, December 10, 2022.

[2] 刘水明、王云松：《沙特军演"剑指何方"》，载人民网，http://world.people.com.cn/n1/2016/0217/c1002-28128833.html，最后访问日期：2018年11月22日。

[3] "Boosting Regional Cooperation: Behind Gulf Shield 1", ISRAEL DEFENSE, https://www.israeldefense.co.il/en/node/33912, November 10, 2018.

[4] "23 countries take part in Gulf Shield-1 military drills in Saudi Arabia", ARAB NEWS, http://www.arabnews.com/node/1277021/saudi-arabia, November 10, 2018.

对国际海事组织海事安全基金及其综合技术合作计划的捐款。沙特也为马六甲海峡和新加坡海峡的海上安全和环境保护活动提供财政支持。此外，沙特还积极参与国际海事组织发起的海洋防务合作。

2009年1月29日，针对索马里及亚丁湾海域的海盗和海上武装抢劫行为，国际海事组织召集来自西印度洋、亚丁湾以及红海地区的17个国家在吉布提举行高层领导会议。会上通过了一项关于打击西印度洋及亚丁湾地区海盗和海上武装抢劫行为的守则，即《吉布提行为守则》。[1] 2010年3月12日，沙特交通部部长贾巴拉·本·伊德·苏来斯里（Jubarah Bin Eid Alsuraisry）代表沙特政府在对国际海事组织总部进行正式访问期间签署了该守则，成为第13个加入该守则的国家。[2] 该守则包括以下项目：第一，与联合国毒品和犯罪问题办公室合作对国家关于海盗的立法活动进行审查；第二，在吉布提建立培训中心，培训该地区的打击海盗的人员；第三，建立和运行信息共享中心；第四，举办培训国家联络点和信息共享中心的工作人员的讲习班；第五，培训海岸警卫队和其他负责执法任务的人员；第六，加强海上态势预警。[3]

11. 在阿拉伯国家联盟框架下的合作

阿拉伯国家联盟成立于1945年，是阿拉伯国家组成的地区性国际政治组织，成员国分布在亚洲和非洲。阿盟的宗旨是加强成员国间的协作，共同维护各国的主权和领土完整，广泛开展经济文化各个领域的合作。现有成员国22个[4]，总部设在开罗。2017年6月5日，以沙特为首的阿盟发表声明，宣布将卡塔尔排除出该组织。[5] 阿盟框架下各成员国开展了包括海洋运输、联合防务和环境保护等方面的合作。

---

[1] 《IMO在吉布提通过关于打击海盗及海上武装抢劫行为守则》，载《中国海洋法学评论》2009年第2期。

[2] "IMO：Saudi Arabia signs Djibouti anti-piracy Code"，UN ATLAS OF THE OCEANS，http://www.oceansatlas.org/item-details/en/c/321527/，November 6，2018.

[3] "Saudi Arabia signs Djibouti Anti-Piracy Code"，The Maritime Executive，https://www.maritime-executive.com/article/saudi-arabia-signs-djibouti-anti-piracy-code，November 11，2018.

[4] 22个成员国为：阿尔及利亚、阿联酋、阿曼、埃及、巴勒斯坦、巴林、吉布提、卡塔尔、科威特、黎巴嫩、利比亚、毛里塔尼亚、摩洛哥、沙特、苏丹、索马里、突尼斯、叙利亚、也门、伊拉克、约旦、科摩罗。《阿拉伯国家联盟》，载中华人民共和国外交部网站，https://www.fmprc.gov.cn/web/gjhdq_676201/gjhdqzz_681964/lhg_682830/jbqk_682832/，最后访问日期：2020年12月13日。

[5] 张筱璇：《阿拉伯联盟宣布开除卡塔尔，中东多国宣布与卡塔尔断交》，载中央人民广播电台网，http://china.cnr.cn/xwwgf/20170605/t20170605_523787016.shtml，最后访问日期：2018年11月6日。

关于防务，阿盟成立联合防务委员会（The Joint Defence Council）以管理阿盟防务事务。该委员会是在1950年签署《共同防务和经济合作条约》之后成立的，由所有成员国的外交部长和国防部长组成。[1] 根据《共同防务和经济合作条约》[2] 的规定，针对成员国的任何武装侵略行为都是针对阿盟的。因此，成员国应立即援助该国家，并采取必要行动，不排除使用武力击退侵略，恢复安全与和平。如果发生战争威胁或存在国际紧急情况，缔约国应视情况统一其军事计划和防御措施。

2015年，第26届阿拉伯联盟首脑会议在埃及举行，此次峰会决定组建阿拉伯国家联合部队。阿盟秘书长阿拉比在宣布组建联合部队这一决定时说，这将是以阿拉伯各国的名义运转的军事力量，是具有重要意义的历史性一步。这支部队将用于打击盘踞在阿拉伯国家的极端武装组织，由大约4万名精锐官兵组成，下设空军、陆军和海军。[3]

12. 在海湾合作委员会框架下的合作

海湾合作委员会也称海湾阿拉伯国家合作委员会或海合会（Gulf Cooperation Council），由波斯湾境内除伊拉克外的其他阿拉伯国家组成。具体来说，海合会成员包括：巴林、科威特、阿曼、卡塔尔、沙特和阿联酋。海合会成立于1981年5月25日，其目的是促进整个波斯湾国家在经济、社会、军事和文化领域的广泛合作。

沙特积极参加海合会项下包括海洋防务在内的各项合作。2000年12月，海合会国家签署了一项联合防务协议，规定任何针对成员国的威胁都将被视为对所有成员国的威胁，并予以解决。海合会的军事部门被称为"半岛之盾"[4]，其目的是阻止对任何成员国的军事行动，并在发生袭击时提供军事援助。[5] 在边防部队和海岸警卫队方面，海合会内政部长会议通过了几项决议，其中值得注意的是：第一，沙特边防卫队总局编制培训计划，用于培训

---

[1] "Arab League", International Democracy Watch, http://www.internationaldemocracywatch.org/index.php/arab-league-, November 26, 2018.

[2] "Treaty of Joint Defense and Economic Cooperation Between the States of the Arab League, June 17, 1950 (1)", Yale Law School, https://avalon.law.yale.edu/20th_century/arabjoin.asp, November 26, 2018.

[3] "Arab League Agrees to Create Joint Military Force", BBC, https://www.bbc.com/news/world-middle-east-32106939, November 26, 2018.

[4] "Peninsula Shield Force", Wikipedia, https://en.wikipedia.org/wiki/Peninsula_Shield_Force, November 8, 2018.

[5] "Arab/Muslim World: The Gulf Cooperation Council (GCC)", JEWISH VIRTUAL LIBRARY, https://www.jewishvirtuallibrary.org/the-gulf-cooperation-council, November 7, 2018.

海合会国家的边防警卫和海岸警卫队；第二，海湾警卫队与成员国边防警卫、海岸警卫队之间建立交换信息的统一模式；第三，秘书处编写处理成员国水域内渔船和捕捞的标准；第四，海合会国家木船检验和控制的标准；第五，实现成员国在海上搜救方面的协调与合作；第六，沙特与科威特之间、巴林与卡塔尔之间，以及阿联酋与阿曼之间进行双边海上联合演习，此外，海合会还举行所有成员国参加的联合海军演习。[1]

（五）海洋油气资源合作

1. 与中国的合作

2002年以来，沙特始终是中国最大的原油供应国，是中国对外石油合作的重要伙伴。中国与沙特能源企业的投资合作蓬勃开展。

2016年1月，中国石油集团东方地球物理勘探有限责任公司中标阿美石油公司S78大型三维过渡带地震采集项目，价值3.4亿美元。中国寰球工程有限公司和大庆钻探队伍也已成功跻身沙特市场。与此同时，沙特阿美—中国石化延布炼厂正式投产。该厂是中国在沙特最大的投资项目，总投资91.5亿美元，中国石油化工集团有限公司（以下简称"中国石化"）与阿美石油公司持股比例分别为37.5%及62.5%。延布炼厂设计加工能力达到40万桶原油/日（合2000万吨/年），拥有世界领先的炼化设施，健康、安全与环境管理体系（HSE）标准和生产运行管理标准均达到世界先进水平，生产的汽油、柴油质量可满足美国标准和欧V标准。阿美石油公司海外公司还和中国石化及埃克森美孚公司共同设立福建成品油营销合资公司。通过这些项目，中国获得了长期的原油供应，沙特原油则获得了长期的稳定市场，真正实现了双赢。[2]

2016年9月27日，中海油田服务股份有限公司（China Oilfield Services Limited，以下简称"中海油服"）的物探事业部"海洋石油751"船在沙特红海作业，单日完成3930有效炮，打破物探海底电缆勘探模式单日有效炮作业纪录；仅用53天完成112591炮，日均2124炮，打破用时最短达到11万炮的物探海底电缆勘探模式的纪录。该次作业是"海洋石油751"船交付投产后的首个项目，震源容量配置为双源10040立方英寸，为中海油服物探业

---

[1] "Achievements", Secretariat General of the Gulf Cooperation Council, http://www.gcc-sg.org/en-us/CooperationAndAchievements/Achievements/EconomicCooperation/CooperationintheFieldofEnergy/Achievements/Pages/1StrategicPetroleumGCC.aspx, November 8, 2018.

[2] 《中国与中东国家油气合作格局》，载新华丝路数据库，http://silkroad.news.cn/2017/1215/74930.shtml，最后访问日期：2018年11月8日。

务野外作业有史以来最大容量。[1]

　　沙特国王萨勒曼于 2017 年 3 月 15 日至 18 日对中国进行了国事访问，双方表示愿共同努力，拓展两国在政治、安全、军事、经济、投资以及卫生、教育、矿业等领域的合作，以服务于双方的共同利益，加强两国在经济与工业项目、电子政务应用、先进技术、基础设施、高科技和航天等优先领域的合作，增加两国在各领域的相互投资，其中包括石油、可再生能源、电力及和平利用核能，从而进一步提升中沙全面战略伙伴关系水平。[2]

　　2018 年 8 月 5 日，沙特阿美公司与中海油服首次合作，在沙特开展 2000HP 项目，该项目也是中国公司在沙特海洋钻井领域开展的首个作业项目，预计作业周期为一年。同日，COSL GIFT 钻井平台从大连锚地起航奔赴中东，实施上述项目。[3]

2. 与印度的合作

　　沙特与印度政治关系的提升为两国能源合作开辟道路。2006 年 1 月，沙特国王阿卜杜拉对印度进行国事访问，此为沙特国王 50 余年来第一次访问印度，具有深远意义。访印期间，阿卜杜拉和辛格总理签署了《能源战略合作伙伴关系协定》，即《德里宣言》。2006—2008 年，沙特外长费萨尔王子（Prince Saud Al Faisal）三度造访印度，每次都与印方就能源合作议题进行磋商。2008 年 4 月，印度内政部部长穆克吉访问沙特，具体探讨了两国间的能源合作事宜。2009 年 8 月，沙特商务部部长造访印度，并与印方领导人商谈能源合作问题。2010 年 2 月 27 日，印度总理辛格飞赴沙特首都利雅得，进行为期 3 天的访问，这是印度总理 28 年来首次访问沙特，[4] 标志着两国战略合作伙伴关系进入了新时代。双方签署的《利雅得宣言——新时代的战略合作》，勾勒了两国在安全、国防、政治和经济领域的合作路线图。2011 年，两国建立"印度—沙特联合商业委员会"，就包括能源在内的经贸关系举行高层次对话。同年 6 月 6 日，沙特同意将其出口到印度的原油数量翻番，这就意味着印度从沙特每天进口的原油超过 80 万桶。这是自 2010 年年初以来

---

[1]《"海洋石油 751" 沙特破两项纪录》，载国际船舶网，http://www.eworldship.com/html/2016/OperatingShip_0928/120305.html，最后访问日期：2020 年 12 月 13 日。

[2]《中华人民共和国和沙特阿拉伯王国联合声明（全文）》，载新华网，http://www.xinhuanet.com/world/2017-03/18/c_1120651415.htm，最后访问日期：2018 年 11 月 25 日。

[3] 参见中国海洋石油集团有限公司网站，http://www.cnooc.com.cn/art/2018/8/15/art_391_3030681.html，最后访问日期：2018 年 11 月 6 日。

[4] 王忠会：《印度总理 27 日将对沙特进行 28 年来首次访问》，载中国新闻网，https://www.chinanews.com/gj/gj-gjzj/news/2010/02-25/2139418.shtml，最后访问日期：2018 年 11 月 20 日。

印度和沙特在能源战略合作伙伴关系上迈出的一大步,双方还基于此关系签订了为期30年的《石油合作协定》。两国领导人强调在互补和相互依存的基础上加强战略能源伙伴关系。2010—2011年,沙特向印度供给了2700万吨原油,成为印度最大的原油供应国。

2012年2月,沙特王子、助理石油部长阿齐兹(Abdul Aziz Bin Salman Bin Abdulaziz)与印度石油与天然气部部长谢瑞·辛格(R. P. N. Singh)就石油和天然气领域的双边合作事宜举行会谈。印方领导谢瑞·辛格表示印度在未来几年里将不断加大对沙特的石油进口以及考虑扩大印度的炼油厂产能。印度邀请沙特对印度高低端石油行业进行投资,包括即将在印度芒格洛尔(Mangalore)启动的石化项目。沙特表示愿意与印度保持接触,满足印度的能源需求,将保证向印度提供大量的原油和液化天然气。同时,沙特也同意印度开展两国间的石油天然气贸易和投资的提议。[1]

3. 与科威特的合作

沙特石油公司在2009年决定与科威特海湾石油公司合作开发位于科威特与沙特交界的马卡苏迈地区油气田,计划在未来20年内持续投资110亿美元,以不断提高该油田的产量,满足国际市场的石油需求。与此同时,沙特石油公司和科威特海湾石油公司还合作开发天然气田,到2017年达到日产2200万—2830万立方米的水平。[2]

根据1992年的协议,沙特和科威特共同享有两国中立区内的油田。[3] 2014年10月,沙特声称因环境原因关停其与科威特中立区内的卡夫奇海上油田。自2015年始,由于科威特与沙特在开发中立区上的分歧,卡夫奇油田未能重启作业。[4] 2016年,科威特与沙特就两国存在争议的卡夫奇海上油田复产达成一致,双方将少量恢复该油田的生产,该油田产量将在导致其关停的环境问题得到解决后逐步增加。[5] 日本东洋工程公司于2018年7月2

---

[1] 肖军:《印度与沙特的能源合作:促因与挑战》,载《西南石油大学学报》(社会科学版)2015年第6期。

[2] 《沙特携手科威特合作开发油气资源》,载国际石油网,http://oil.in-en.com/html/oil-359270.shtml,最后访问日期:2018年11月6日。

[3] 参见中华人民共和国驻科威特大使馆经济商务参赞处网站,http://kw.mofcom.gov.cn/article/ztdy/200304/20030400084721.shtml,最后访问日期:2018年11月23日。

[4] 扑克投资家:《弹丸之地,大大储量:科威特油气行业全梳理》,载搜狐网,http://www.sohu.com/a/218252085_117959,最后访问日期:2018年11月23日。

[5] 《科威特与沙特将于12月重启两国中立区联合油田生产》,载新浪财经,http://finance.sina.com.cn/money/future/nyzx/2016-12-06/doc-ifxyicnf1700166.shtml,最后访问日期:2020年12月13日。

日表示，沙特和科威特共享的中立区的卡夫奇油田于 2019 年重新开始生产，其已同意与卡夫奇联合运营公司续签通用工程服务协议，进行项目规划可行性研究，为油田的运营提供资金和技术支持。[1]

4. 与阿联酋的合作

2016 年，沙特阿美公司海上项目部与阿联酋阿布扎比国家石油公司（National Petroleum Company）签署了一项长期协议，授权其进行海上开发项目。根据该协议，承包商将受托安装大量的海上油气生产平台、连接平台、管道、电缆以及所有沙特阿美海上油田当前总体规划要求下的油田相关设施。该协议期限为 6 年，总期限可延长至 12 年。[2]

5. 与美国的合作

沙特阿美公司在纽约举行"沙特—美国首席执行官论坛"期间宣布与 14 家美国公司签订价值超过 100 亿美元的商业合同，旨在促进两国之间的业务合作。其中，阿美公司签订的有关石油和天然气的合作清单如下：与 Schlumberger 公司的井下设备和服务以及井口和地面控制设备的企业采购协议；与 Baker Hughes 公司的井下设备和服务的企业采购协议；与 Halliburton 公司的井下设备和服务、井和钻机服务的企业采购协议；与 Weatherford 公司的井下设备企业采购协议和油井测试服务协议；与 ARO Drilling 公司的海上钻井服务协议。[3]

Marjan 油田扩建项目是沙特三大海上扩建项目中的第一个，是 2018 年沙特阿美公司最大的上游开发项目。沙特阿美公司将其 Marjan 油田的综合服务合同给了通用电气公司的子公司贝克休斯公司。根据合同条款，通用电气公司将在 Marjan 提供钻井服务、连续油管服务和钻井液工程服务。[4]

2018 年，美国巨头雅各布工程集团（Jacobs Engineering Group）中标了沙特阿美公司的 Zuluf 石油和天然气大型项目的合同，由其提供工程和项目

---

[1] "Saudi-Kuwait Neutral Zone's Khafji Oil Field to be Restarted in 2019: Toyo", S&P Global Platts, https://www.spglobal.com/platts/en/market-insights/latest-news/oil/070218-saudi-kuwait-neutral-zones-khafji-oil-field-to-be-restarted-in-2019-toyo, November 23, 2018.

[2] "Saudi Aramco Picks Abu Dhabi's NPCC for Offshore Project", OFFSHOREENERGY, https://www.offshore-energy.biz/saudi-aramco-hires-abu-dhabis-npcc-for-offshore-project/, December 13, 2020.

[3] "Saudi-US Companies Sign Oilfield Services Deals in Bilateral Cooperation push", Offshore Energy Today, https://www.offshoreenergytoday.com/saudi-us-companies-sign-oilfield-services-deals-in-bilateral-cooperation-push/, November 10, 2018.

[4] "Saudi Aramco Awards Contract to Baker Hughes for Marjan Oil Field", Offshore technology, https://www.offshore-technology.com/news/saudi-aramco-awards-contract-baker-hughes-marjan-oil-field/, November 22, 2018.

管理服务，其中包含陆上中央处理工程、石油和天然气分离工厂、气体压缩设施、注水工厂和连接管道等。除此以外，同年雅各布工程集团还中标了一份沙特延布阿美中石化炼油有限公司（Yanbu Aramco Sinopec Refining Company）炼油厂工程合同。合同内容包括提供工程服务、前端工程设计（FEED）、采购、施工管理、调试支持和移交工作。[1]

6. 在石油输出国组织框架下的合作

石油输出国组织（OPEC）是一个常设性的政府间组织，由伊朗、伊拉克、科威特、沙特和委内瑞拉于1960年9月10—14日在巴格达会议上成立。后来加入了其他11位成员：卡塔尔（1961年）、印度尼西亚（1962年）、利比亚（1962年）、阿联酋（1967年）、阿尔及利亚（1969年）、尼日利亚（1971年）、厄瓜多尔（1973年）、加蓬（1975年）、安哥拉（2007年）、赤道几内亚（2017年）和刚果（2018年）。石油输出国组织的总部在其成立的前五年设在瑞士日内瓦，但于1965年9月1日移至奥地利维也纳。[2] 石油输出国组织的使命是协调和统一其成员国的石油政策，确保石油市场的稳定，保证成员国的经济效益和稳定的石油供应。石油输出国组织成员国对当前形势和市场走向加以分析和预测，明确经济增长速度和石油供求状况等多项基本因素，然后据此磋商并对其石油政策进行适当的调整。石油输出国组织成立后，油价一直保持持续上升，这种成功大部分归功于沙特的弹性调整。该国容许其他成员国产量的变动，更通过减少自己的产量来满足其他成员超出配额的需求，因此其他的成员均可全力生产。其中，沙特是唯一拥有充裕存储空间的成员国，亦有在需要时增产的能力，能够控制流入市场的原油的数量。[3]

7. 在海湾合作委员会框架下的合作

沙特参与的海合会主要由最高理事会公布石油合作战略。1988年12月，最高理事会在第9届会议上达成了石油方面的长期统一战略。该战略考虑了海合会成员国内部和外部石油关系，提出对海合会成员采用统一的石油战略是开发油气资源的最佳途径，通过这种方式稳定石油价格，提高海湾国家的

---

[1] "Jacobs Wins Engineering Contract for Saudi Oil Refinery", Construction Week Online, http://www.constructionweekonline.com/article-49627-jacobs-wins-engineering-contract-for-saudi-oil-refinery/, November 23, 2018.

[2] "Brief History", Organization of the Petroleum Exporting Countries, https://www.opec.org/opec_web/en/about_us/24.htm, November 8, 2018.

[3] "OPEC Ministers Agree to Raise Oil Production but Don't Say by How Much", CNBC, https://www.cnbc.com/2018/06/22/opec-ministers-strike-deal-on-oil-production-levels.html, November 8, 2018.

话语权。

最高理事会第19届会议（1998年12月）通过了关于无铅汽油和降低柴油硫含量的决定。海合会国家决定在当地市场引入国家石油公司的无铅汽油标准，以保护环境和人类健康。

最高理事会第23届会议（2002年12月）制订了海合会国家石油产品区域应急计划，旨在确定成员国之间集体行动的机制，以便更好地处理一个成员国由于供应短缺或完全中断而可能遇到的紧急情况，保障成员国国内石油产品的供给。[1]

8. 在阿拉伯石油输出国组织框架下的合作

科威特、利比亚和沙特于1968年1月9日在贝鲁特签署协议建立阿拉伯石油输出国组织（OAPEC）。三位创始成员同意将该组织设在科威特。到1982年，该组织的成员国增加至11个：阿尔及利亚（1970年）、巴林（1970年）、埃及（1973年）、伊拉克（1972年）、科威特（1968年）、利比亚（1968年）、卡塔尔（1970年）、沙特（1968年）、叙利亚（1972年）、突尼斯（1982年）和阿联酋（1970年）。[2] 该组织的主要目标是促进成员国在石油工业中开展各种形式的经济活动，在这一领域实现最密切的联系，维护其成员国的合法利益，努力确保石油以公平合理的条件流入其消费市场，并为成员国投资石油工业提供专业知识，创造适当的环境。[3] 该组织采取适当措施协调其成员国的石油经济政策；协调成员国现行法律制度，使该组织能够开展活动；与此同时促进成员国之间的合作，以解决它们在石油工业中面临的问题；利用成员国的资源和共同潜力，在石油工业的各个阶段建立联合项目。[4]

（六）渔业合作

沙特是继埃及、伊朗之后的中东地区第三大水产养殖国，渔业是"沙特

---

[1] "Achievements", Secretariat General of the Gulf Cooperation Council, http：//www.gcc-sg.org/en-us/CooperationAndAchievements/Achievements/EconomicCooperation/CooperationintheFieldofEnergy/Achievements/pages/Home.aspx, November 8, 2018.

[2] "Organization of Arab Petroleum Export Countries—OAPEC", Ministry of Foreign Affairs ofthe People's Republic of China, https：//www.fmprc.gov.cn/mfa_eng/gjhdq_665435/dqzzywt_665451/2633_665453/2634_665455/t15532.shtml, November 8, 2018.

[3] "The Objective of the Organization", Organization of Arab Petroleum Exporting Countries, http：//oapecorg.org/Home/About-Us/Objective-of-the-Organization, November 8, 2018.

[4] "The Objective of the Organization", Organization of Arab Petroleum Exporting Countries, http：//oapecorg.org/Home/About-Us/Objective-of-the-Organization, November 8, 2018.

2030愿景"框架下重点发展的产业之一。沙特计划在自2016年起的15年内,改变过度依赖石油收入的现状,实现经济的多元化。为了把渔业打造成具有核心竞争力的本国特色产业,沙特积极与中国、印度尼西亚、乌兹别克斯坦、挪威、荷兰、保加利亚、新西兰等国家开展渔业合作,并积极参加联合国粮食及农业组织框架下的渔业合作项目。

1. 与中国的合作

2018年11月10日,沙特环境、水和农业部副部长艾哈迈德·本·萨利赫·阿尔·伊雅德(Ahmed bin Saleh Al Eyadh)与中国海关总署副署长李国在上海签署了沙特向中国出口水产养殖产品的协议,艾哈迈德·本·萨利赫·阿尔·伊雅德表示该协议将简化两国鱼产品进出口的海关手续,促进沙特鱼产品向中国的出口。根据该协议,到2018年年底,沙特预计向中国出口4.5万吨鱼产品,价值超过10亿里亚尔,预计到2020年将出口8万吨鱼产品,总价值20亿里亚尔。[1]

2017年10月,沙特王子阿卜杜勒·本·米沙勒·本·阿卜杜勒阿齐兹·阿勒沙特(Abdulaziz bin Mishaal bin Abdulaziz Al Saud)与恒兴陈丹董事长签订了《合资合作协议》。双方将在未来携手开展包括渔业在内的沙特农业发展项目。2018年11月7日,沙特国家渔业养殖发展协会主席阿里·穆罕默德·谢赫(Ali Mohammed Alshaikhi)和秘书长穆罕默德·欧代比(Mohammad I. Odaibi)参观了恒兴企业文化展厅。阿里·穆罕默德·谢赫主席详细介绍了沙特水产养殖情况、沙特国家渔业养殖发展协会对水产养殖项目的管理规范以及与恒兴合作的养殖项目的选址情况。恒兴与沙特项目小组就项目的实施细节进行了深入的交流。阿里·穆罕默德·谢赫主席希望恒兴的专家团队尽快到沙特渔业水产养殖项目的现场进行考察,推进项目的进程。[2]

2. 与印度尼西亚的合作

2017年3月,印度尼西亚政府与沙特政府签订谅解备忘录,两国在海洋和渔业部门层面建立了合作关系。两国代表在西瓜哇茂物总统府举行双边会晤后,沙特环境、水和农业部部长阿卜杜勒拉赫曼·法德利(Abdurrahman Abdul Mohsen al-Fadhil)与印度尼西亚海洋事务和渔业部部长苏茜·普吉亚斯图提(Susi Pudjiastuti)签署了该备忘录。苏茜·普吉亚斯图提部长表示这

---

[1] 参见沙特水产养殖协会网站,http://www.sas.org.sa/en/news/details/216/2018-11-10,最后访问日期:2018年11月20日。
[2] 招艺珊:《恒兴董事长陈丹率领中国企业代表团访问沙特推进全方位合作》,载广东恒兴集团有限公司网站,http://www.hx888.com/gsxw/670.jhtml,最后访问日期:2020年12月13日。

次是在鱼类检疫和保护的信息交流方面进行合作。考虑到沙特对进口商业产品标准非常高，所以印度尼西亚首先必须明确鱼类检疫的标准，这需要通过两国相关领域专家的交流和相关技术的共享来实现。印度尼西亚海洋事务和渔业部部长邀请沙特的进口商和企业家参加每月定期由该部举行的海洋商业论坛。苏茜·普吉亚斯图提部长希望通过该合作促进印度尼西亚渔业产品面向中东地区销售。[1]

3. 与乌兹别克斯坦的合作

2018年5月3日，在位于利雅得的环境、水和农业部的办公室，沙特渔业总局局长兼国家渔业发展计划首席执行官阿里·本·穆罕默德·谢赫（Ali Bin Mohammed Al Shaikhi）与乌兹别克斯坦共和国临时代办 Esmatallah Fezallah、使馆第一秘书 Alyad Oyabem Mamatov 进行了会谈。会谈期间，双方就合作事宜进行了讨论，乌兹别克斯坦方面表示希望学习沙特在水产养殖领域的专业知识，并高度赞扬该国水产养殖业的发展。双方还讨论了将沙特水产品出口到乌兹别克斯坦市场的可能性。阿里·本·穆罕默德·谢赫强调，双方已达成协议，举办由私营部门出席的研讨会。另外，乌兹别克斯坦方表示希望通过研讨会为本国的水产养殖业创造投资机会。[2]

2018年10月，乌兹别克斯坦抵押银行（Ipoteka Bank）与沙特 Al-Qalzam Sea Global Co. Ltd. 举行会谈并签署合作协议。双方讨论了在乌兹别克斯坦进行渔产投资合作的前景，促进鱼产品加工（清洁、冷却、冷冻、干燥、切片和装罐）技术的开发和掌握，孵化场和养鱼场的建立。这次会谈为两国在渔业领域的投资、有效利用现有水体、建立鱼类孵化场、基于集约化技术培育鱼类以及合作建立饲料基地提供平台。[3]

4. 与挪威的合作

沙特国家对虾公司（National Prawn Company）寻求通过生产各种经济价值高的水生生物，如鱼、海参、经济藻类和甲壳类来实现其成为世界上最综合的水产养殖公司之一的目标。2013年，沙特国家对虾公司与挪威 Akva 公司签订向沙特提供红海的浮箱项目设备的协议，该合同是 Akva 在中东地区

---

[1] "Minister Susi Signs Maritime, Fishery Cooperation with Saudi", Neutral English, http://www.en.netralnews.com/news/business/read/2167/minister.susi.signs.maritime.fishery.cooperation.with.saudi, November 18, 2018.

[2] 参见沙特水产养殖协会网站，http://www.sas.org.sa/en/news/details/202/2018-05-04，最后访问日期：2018年11月19日。

[3] "Saudi Company to Invest in Fishing Industry of Uzbekistan", AZERNEWS, https://www.azernews.az/region/138666.html, November 19, 2018.

数额最大的合同,标的额为4000万瑞典盾。

沙特计划到2030年实现一年60万吨的水产养殖总产量。2018年5月,挪威表示愿意帮助沙特推动水产养殖部门的总体发展。驻沙特挪威大使馆努力营造适当的商业环境并为挪威的公司提供帮助,以促进挪威的公司与沙特渔业部门和沙特水产养殖协会合作,发现更多沙特水产养殖业的投资机会。沙特渔业总局局长兼国家渔业发展计划首席执行官阿里·本·穆罕默德·谢赫于2011年5月15日在利雅得与挪威驻沙特大使Oivend Stoke进行会晤。会议讨论了沙特与挪威在水产养殖方面的合作前景,如浮箱、封闭系统、鱼类加工和开辟新市场方面的合作。挪威大使表示,挪威的公司希望与该部门合作,并愿意向沙特转让浮箱养殖技术。[1]

5. 与荷兰的合作

2018年5月2日,沙特渔业总局局长兼国家渔业发展计划首席执行官阿里·本·穆罕默德·谢赫主持关于沙特与荷兰水产合作的会议。出席会议的人员主要有沙特水产养殖协会代表和荷兰官方和私营企业代表,双方讨论了关于两国生产海藻新技术的开发和转让。在会议上,沙特同意荷兰方面提出的与环境、水和农业部下的吉达渔业研究中心[2]合作建设研究基地的提案。

6. 与保加利亚的合作

2017年11月,保加利亚农业、粮食和林业部与沙特环境、水和农业部签订协议开展两国在农业、畜牧业和渔业领域的合作,为农业、畜牧业和渔业领域引入新技术以及实施联合项目,促进农产品贸易,鼓励对农业、畜牧业和渔业的投资。[3]

7. 与新西兰的合作

2018年7月8日,沙特渔业总局局长兼国家渔业发展计划首席执行官阿里·本·穆罕默德·谢赫在利雅得的环境、水和农业部办公室接待了新西兰驻沙特大使James Monroe及其随行代表团。双方举行会议,并讨论了在水产养殖、鱼类加工、国家干部培训和新西兰水产养殖专业知识的利用等领域的联合合作。会议期间,双方回顾了沙特渔业部门扩展和水产养殖发展计划的各个阶段,并介绍了2020年国家转型计划,阿里·本·穆罕默德·谢赫表示

---

[1] 参见沙特水产养殖协会网站,http://www.sas.org.sa/en/news/details/205/2018-05-21,最后访问日期:2018年11月19日。

[2] 该研究中心是沙特最早种植藻类的机构之一。

[3] "Bulgaria will Cooperate with Saudi Arabia in Agriculture", Novinite group, https://www.novinite.com/articles/189720/Bulgaria+will+Cooperate+with+Saudi+Arabia+in+Agriculture, November 19, 2018.

欢迎新西兰政府和公司在沙特渔业发展项目中发挥作用。[1]

8. 在联合国粮食及农业组织框架下的合作

联合国粮食及农业组织是根据 1943 年 5 月召开的联合国粮食及农业会议的决议，于 1945 年 10 月 16 日在加拿大魁北克正式成立的国际组织。1946 年 12 月，联合国粮食及农业组织成为联合国的一个专门机构。截至 2018 年 8 月，该组织共有 197 个成员，其中包括 194 个成员国，1 个成员组织和 2 个准成员。沙特于 1948 年 11 月 23 日加入联合国粮食及农业组织。[2]

沙特与联合国粮食及农业组织的合作历史已达 60 多年，其中渔业合作方面取得的成果尤为突出。为了应对石油价格大幅下降以及增强海洋渔业和水产养殖业的可持续发展，帮助沙特发展多样化的经济结构，联合国粮食及农业组织和沙特环境、水和农业部达成合作。合作旨在加强水产养殖业的可持续发展、实现海洋渔业和水产养殖生产力的可持续增长。沙特与联合国粮食及农业组织达成多个合作计划，旨在达成如下目标：发展符合生态系统的渔业捕捞技术；发展在沙特领海以外的合法捕捞活动；发展商业鱼类养殖专用鱼苗培育，引入和采用高价值、低转化率和高成活率的鱼苗计划；改进水产养殖程序以减少海产品消费；增加沙特国内鱼的种类等。[3] 此外，如前文所述，沙特环境、水和农业部与联合国粮食及农业组织还成立了吉达渔业研究中心以促进沙特渔业的发展。

（七）海洋运输合作

1. 与中国的合作

2016 年 8 月 31 日，中国远洋海运集团有限公司与沙特朱拜尔和延布皇室委员会在北京签署谅解备忘录。双方一致同意充分利用各自资源优势和专业能力，在平等互利原则基础上推动双方在航运、物流、港口运营等领域的密切合作。中国远洋海运集团负责人与延布皇室委员会主席在谅解备忘录上签字。谅解备忘录约定，双方将探讨以沙特吉赞经济城为中心，在航运、物流、港口运营以及建设等方面加强合作，以促进和实现中国公司在沙特国内的本地化并增加投资机会。沙特吉赞经济城西临红海，占据全球重要航道的战略位置，地

---

[1] 参见沙特水产养殖协会网站，http://www.sas.org.sa/en/news/details/208/2018-07-08，最后访问日期：2018 年 11 月 19 日。

[2] "Food and Agriculture Organization", Wikipedia, https://en.wikipedia.org/wiki/Food_and_Agriculture_Organization, November 26, 2018.

[3] "Saudi Arabia and FAO", Food and Agriculture Organization of the United Nations, http://www.fao.org/3/a-ax278e.pdf, November 26, 2018.

理优势明显,市场条件优越,不仅能使沙特进一步成为连通世界贸易的海上运输要塞,更有望在中国实施"一带一路"倡议中发挥重要作用。[1]

2. 与韩国的合作

韩国与沙特于2015年3月3日签署了海运协定,该协定旨在增强两国的海运合作,提高资源运输的稳定性。协定主要内容包括保障两国船舶自由运输和在对方国家港口享受国民待遇,并相互认可船员的身份证明材料。韩国海洋水产部表示,韩国每年从沙特进口2.86亿桶原油,占韩国原油进口量的33.5%,通过签署此协定可降低韩国船舶运输资源时的风险。[2]

3. 与马耳他的合作

2016年7月1日,沙特和马耳他签署了促进海上运输合作的协议。该协议主要包括以下内容:使双方商业船只的货运和客运便利化、加强海上运输领域的技术和培训合作以及信息交流、发展航运机构之间的联系、鼓励学习海事知识和加强海事训练、为海事人员提供奖学金以及提供造船和维修设施等。[3]

4. 与吉布提的合作

2017年12月22日,沙特和吉布提在利雅得签署经济合作协议,该协议主要涉及能源、矿产、电信、信息技术、住房、保健、农业、水和环境保护等领域的合作,该协议包括加快两国航空运输发展的措施以及通过改善海运来增加贸易的方法。[4]

5. 与埃及的合作

沙特国家航运公司(Bahri)与苏伊士运河管理当局共同成立了合资的埃及-沙特航运公司,两国于2016年1月达成了海上运输战略合作协议。根据该协议,双方决定进行设立合资企业的可行性研究。合资企业总部设在埃及,将主要为苏伊士运河轴线发展项目运输需要的产品和材料,还将为穿过苏伊士运河的船舶提供集成的船舶服务。此外,沙特国家航运公司还宣布,该公司已接收2艘在2015年12月购买的二手超大型油轮。其中的"Voss Spirit"号已于2016年1月19日过户至沙特国家航运公司名下,并更名为"Arsan"号。

---

[1] 远洋航务e刊:《中远海运和沙特签署谅解备》,载国际船舶网,http://www.eworldship.com/html/2016/ShipOwner_ 0901/119308.html,最后访问日期:2018年11月26日。

[2] 高苑可、李小飞:《韩与沙特签署海运协定 资源运输稳定性获保障》,载环球网,http://world.huanqiu.com/exclusive/2015-03/5815292.html,最后访问日期:2018年11月27日。

[3] "Malta and Saudi Arabia sign an Agreement on Cooperation in Maritime Transport", foreignandeu.gov.mt, https://foreignandeu.gov.mt/en/Embassies/ME_ Riyadh/Pages/News/Malta-and-Saudi-Arabia-sign-an-Agreement-on-Cooperation-in-Maritime-Transport.aspx, December 13, 2020.

[4] "Saudi, Djibouti sign economic cooperation agreement", ARABNEWS, http://www.arabnews.com/node/1212961/saudi-arabia, November 26, 2018.

另一艘"Hemsedal Spirit"号也已过户,更名为"Dilam"号。[1]

6. 在阿拉伯国家联盟框架下的合作

阿盟交通部长理事会(Council of Arab Transport Ministers)主要负责决定阿盟交通运输和建设等工作,历届交通部长理事会都对港口和海上运输的有关问题进行了讨论。2018 年 4 月 15 日,阿盟交通部长理事会讨论了阿盟各运输部门的合作问题,制订了阿盟成员国运输战略和促进阿拉伯国家间运输问题解决的方案。理事会还讨论了在阿拉伯国家建立两个私营公司,负责海运和物流服务。阿拉伯科学、技术和海运学院(Arab Academy for Science, Technology & Maritime Transport)是一所由阿盟运营的地区性大学,根据阿盟会议的决定于 1970 年 3 月 11 日成立。[2] 该校与海洋有关的专业主要包括海运与技术、国际运输与物流、渔业技术与水产养殖等。[3]

7. 阿拉伯联合国家轮船公司

阿拉伯联合国家轮船公司(United Arab Shipping Company)于 1976 年由巴林、伊拉克、科威特、卡塔尔、沙特和阿联酋共同建立。该公司是世界第 18 大集装箱运输公司,拥有 53 艘船,总装机容量约为 400000 标准箱。该公司为亚洲、欧洲、北非、美洲等地区提供服务,是中东地区最大的航运公司。[4]

(八)海洋环境保护合作

1. 海洋环境保护区域组织

海洋环境保护区域组织成立于 1979 年。其成员国有巴林、伊朗、伊拉克、科威特、阿曼、卡塔尔、沙特和阿联酋。该组织的目标是保护成员国海洋地区的水质量,以及保护海洋环境系统和海洋生物,减少成员国开发活动导致的污染。[5] 此外,该组织还要求成员国尽最大努力保护海洋资源,从源

---

[1] 《沙特阿拉伯国家航运公司(Bahri)和苏伊士运河(SCA)将开展合作》,载通用运费网,https://www.ufsoo.com/news/detail-03fd32f2-d01c-49d6-bfe3-c229f9df5dcb.html,最后访问日期:2018 年 11 月 27 日。

[2] "Arab Academy for Science, Technology and Maritime Transport (AASTMT)", TOP UNIVERSITY, https://www.topuniversities.com/universities/arab-academy-science-technology-maritime-transport-aastmt, November 7, 2018.

[3] "Arab Academy for Science, Technology & Maritime Transport", Wikipedia, https://en.wikipedia.org/wiki/Arab_ Academy_ for_ Science,_ Technology_ %26_ Maritime_ Transport, November 7, 2018.

[4] "United Arab Shipping (UASC)", JOC, https://www.joc.com/maritime-news/container-lines/united-arab-shipping, November 6, 2018.

[5] "Who We Are", Regional Organization for the Protectionof the Marine Environment, http://ropme.org/1_ WhoWeAre_ EN.clx, November 9, 2018.

头上阻止污染。

2. 红海及亚丁海环境保护地区性组织

红海及亚丁海环境保护地区性组织成立的法律依据为1982年签署的《保护红海和亚丁湾环境的区域公约》第16条，但直到1995年9月，在埃及第一届理事会会议期间签署《中美英三国开罗宣言》，才正式宣布红海及亚丁海环境保护地区性组织的成立，沙特是发起国之一。红海及亚丁海环境保护地区性组织是一个政府间机构，致力于保护红海、亚喀巴湾、苏伊士湾、苏伊士运河、亚丁湾、索科特拉群岛附近的海洋环境。该组织制订了多项海洋保护计划。[1]

（1）生物多样性和海洋保护区计划。该计划是为了执行2005年签署的《保护生物多样性和在红海和亚丁湾建立保护区网络的议定书》[2]，旨在维护生态系统的安全和完整性、保护生物多样性、保护红海和亚丁湾地区受威胁物种的栖息地，建立联合保护机制，实施与重要自然栖息地管理有关的计划，重点保护如珊瑚礁、红树林、海草、海龟、鸟类和海洋哺乳动物等关键物种。

（2）环境监测计划。环境监测计划旨在确定和记录自然和人为因素可能对生态系统产生的影响。为了更好地管理海洋和沿海资源，红海及亚丁海环境保护地区性组织开展抽样和分析技术培训课程，以培养环境监测人才和提高对该地区进行环境监测的技术能力。

（3）海洋生物资源计划。该计划与联合国粮食及农业组织、联合国环境规划署（UN Environment Programme）等专门国际机构协调，建设全球渔业示范地，旨在协调管理该地区涉及海洋渔业的法律、法规和国家行动计划。该计划还开设技术培训课程，以建立数据收集和海洋渔业统计分析领域的机构和提高相应渔业工作人员的能力。

（4）适应气候变化影响的计划。红海及亚丁海环境保护地区性组织计划建立一个适应气候变化的动态区域系统，通过评估沿海和海洋环境的指标，提高环境保护能力，增强公众意识，促进信息传播和建立有效的观测系统，协助制订具体的方案并通过示范项目支持其实施。

---

[1] "About", PERSGA, http://www.persga.org/page/About, December 13, 2020.
[2] Protocol Concerning the Conservation of Biological Diversity and the Establishment of Network of Protected Areas in the Red Sea and Gulf of Aden, https://persga.org/wp-content/documents/Conservation-Biodiversity-Protocol.pdf, July 28, 2022.

七、对中国海洋法主张的态度

(一) 对"一带一路"倡议的积极响应

沙特是"一带一路"重要的沿线国家,中国与沙特在经贸、能源、基础设施建设等领域一直保持着长期、稳定的合作。沙特一直是中国在中东地区最大的贸易伙伴,[1] 也是最早积极回应"一带一路"倡议的国家之一。[2]

2016年中国领导人访问沙特期间,两国发表了《中华人民共和国和沙特阿拉伯王国关于建立全面战略伙伴关系的联合声明》,签署了《中华人民共和国政府与沙特阿拉伯王国政府关于共同推进丝绸之路经济带和21世纪海上丝绸之路以及开展产能合作的谅解备忘录》,以及能源、通信、环境、文化、航天、科技等领域的双边合作文件。[3] 在2018年7月10日于北京召开的中国—阿拉伯国家合作论坛第八届部长级会议上,中国和阿拉伯国家签署了合作共建"一带一路"行动宣言。宣言重申推动各合作领域的政策协调,继续致力于推进中阿"1+2+3"合作格局,[4] 强调应按照共商、共建、共

---

[1] "Prospects for Real Estate Along the Belt and Road Initiative for Saudi Arabia-beyond Oil", Saudi Gazette, http://saudigazette.com.sa/article/527979/BUSINESS/Prospects-for-real-estate-along-the-Belt-and-Road-Initiative-for-Saudi-Arabia-ndash-beyond-oil, November 9, 2018.

[2] 王储、吴中敏:《沙特驻华大使:"一带一路"倡议推动实现"沙特2030愿景"》,载中华人民共和国国务院新闻办公室网站,http://www.scio.gov.cn/31773/35507/35515/35523/Document/1544925/1544925.htm,最后访问日期:2020年12月13日。

[3] 陈赞、霍小光、王丰丰:《习近平同沙特阿拉伯国王萨勒曼举行会谈,两国元首共同宣布建立中沙全面战略伙伴关系》,载新华网,http://www.xinhuanet.com/world/2016-01/20/c_1117828230.htm,最后访问日期:2018年11月9日。

[4] 习近平指出:"1"是以能源合作作为主轴,深化油气领域全产业链合作,维护能源运输通道安全,构建互惠互利、安全可靠、长期友好的中阿能源战略合作关系。"2"是以基础设施建设、贸易和投资便利化为两翼。加强中阿在重大发展项目、标志性民生项目上的合作,为促进双边贸易和投资建立相关制度性安排。中方将鼓励中国企业自阿方进口更多非石油产品,优化贸易结构,争取中阿贸易额从2013年的2400亿美元在未来10年增至6000亿美元。中方将鼓励中国企业投资阿拉伯国家能源、石化、农业、制造业、服务业等领域,争取中国对阿非金融类投资存量从2013年的100亿美元在未来10年增至600亿美元以上。"3"是以核能、航天卫星、新能源三大高新领域为突破口,努力提升中阿务实合作层次。双方可以探讨设立中阿技术转移中心,共建阿拉伯和平利用核能培训中心,研究中国北斗卫星导航系统落地阿拉伯项目。参见何奕萍、张媛:《习近平:做好顶层设计,构建"1+2+3"中阿合作格局》,载新华网,http://www.xinhuanet.com//politics/2014-06/05/c_1111000667.htm,最后访问日期:2020年12月14日。

享原则合作建设"一带一路"。[1] 2017年3月15日至18日,沙特国王萨勒曼对中国进行了为期3天的国事访问,习近平主席与沙特国王在双边会谈中就两国发展中的合作问题达成共识,双方发表联合声明:沙方愿成为"一带一路"的全球合作伙伴及其在西亚的重要一站,支持中方主办"一带一路"国际合作高峰论坛。[2] 在沙特国内,国际性阿拉伯文报纸中极具影响力的报纸——《中东报》也曾这样表述:"'一带一路'是一项具有前所未有的成功潜力的倡议。"[3]

结合两国现实国情来看,中国与沙特交往历史悠久,经济互补性强,具有广泛的共同利益。两国在现阶段都根据各自国内情况,制订了未来几年的发展规划,中国"一带一路"与"沙特2030愿景"[4] 不谋而合。沙特外交大臣阿德尔·本·艾哈迈德·朱拜尔(Adel bin Ahmed Al Jubeir)曾表示:中国作为一个经济大国,能够在"沙特2030愿景"中发挥重要作用。作为最大的石油出口国,沙特在伊斯兰世界具有重要的战略地位,将有助于实施"一带一路"倡议。[5]

(二)在"一带一路"框架下与中国合作的态度

伴随着沙特对"一带一路"的积极响应,两国在"一带一路"框架下开展的合作也不断取得实质性进展。如在2017年沙特国王访华期间,两国签署了总额约650亿美元的双边合作备忘录和意向书,涉及经贸、能源、产能、文化、教育、科技等领域;[6] 沙特同意加入中巴经济走廊项目,向中巴经济走廊投资100亿美元建设瓜达尔港;[7] 2016年12月19日,中国和海合会在

---

[1] 何奕萍、张媛:《习近平:做好顶层设计,构建"1+2+3"中阿合作格局》,载新华网,http://www.xinhuanet.com//politics/2014-06/05/c_1111000667.htm,最后访问日期:2020年12月14日。
[2] 《中华人民共和国和沙特阿拉伯王国联合声明(全文)》,载新华网,http://www.xinhuanet.com/world/2017-03/18/c_1120651415.htm,最后访问日期:2020年12月14日。
[3] "China-Arab Cooperation Forum", ASHARQ AL-AWSAT, https://aawsat.com/english/home/article/1325601/ahmed-abul-gheit/china-arab-cooperation-forum, November 9, 2018.
[4] "Vision 2030", KINGDOM OF SAUDIARABIA, http://vision2030.gov.sa/en, November 9, 2018.
[5] "King's Visit Fuses Saudi Vision 2030 and Belt and Road Initiative", GLOBAL TIMES, http://www.globaltimes.cn/content/1037955.shtml, November 9, 2018.
[6] "Saudi Arabia the Next Stop on China's Maritime Silk Road", EAST ASIA FORUM, http://www.eastasiaforum.org/2017/03/22/saudi-arabia-the-next-stop-on-chinas-maritime-silk-road/, November 9, 2018.
[7] 孟梓雨:《沙特阿拉伯"向中巴经济走廊投资100亿美元"》,载巴基斯坦日报,http://cn.dailypakistan.com.pk/story/pakistan/5065/,最后访问日期:2018年11月9日。

沙特首都利雅得举行第九轮自贸区谈判等。[1]

从两国具体合作项目来看，中沙签订了诸多涉及海洋领域的合作项目：目前主体已完工的沙特吉赞经济城人工岛工程项目；中国能源建设集团与沙特国际电力和水务公司在全球电力和海水淡化领域的战略合作项目；阿美公司与中国港湾合作的人工岛建设项目和阿美贝里钻井岛工程合作项目；中国核工业集团核化冶院与沙特科技城合作开展的海水提铀联合研究项目。这些都体现了我国与沙特之间存在众多的利益交汇处，合作是实现双方共赢的选择。

除以上合作之外，为落实中沙两国政府间协议，促进海上丝绸之路沿线国家文化交流，推动有关古代中国文明与波斯文明、伊斯兰文明交流的考古学研究，2016年1月19日，中沙共同签署文化遗产领域《合作谅解备忘录》。同年12月21日，中沙签署了《中国—沙特塞林港遗址考古合作协议书》。根据该协议，中沙将联合对红海之滨的塞林港遗址开展持续五年的考古工作，对塞林港遗址作进一步的联合发掘，并适时开展红海海域的水下考古合作。红海是古代海上交通要道，也是东西方文明交流的纽带，在阿拉伯语境中，红海意即"东方的海"，是通往东方的重要通道。目前，中沙考古队已在塞林港发现中国瓷器，表明早在元明时期，中国瓷器已经行销红海地区。此次考古发现亦可与史籍记载相印证，证实古代中国与阿拉伯半岛、红海地区有着密切的海上交往。考古还证实了塞林港是海上丝绸之路上的一处贸易港遗址，特别是在遗址多个地点发现了分属不同时期的中国瓷器残片，为海上丝绸之路考古研究提供了十分珍贵的实物资料。[2]

（三）对中国南海主张的态度

沙特对我国在菲律宾"南海仲裁案"上的立场持支持态度。具有典型意义的事件是在2016年5月12日举行的中阿合作论坛第七届部长级会议上，中国与阿拉伯国家联盟签署《多哈宣言》（Doha Declaration）。《多哈宣言》中提到了中国海洋争端问题，包括沙特在内的阿拉伯国家表示支持中国同相关国家根据双边协议和地区有关共识，通过友好磋商和谈判，和平解决领土和海洋争议问题，并强调应尊重主权国家及《公约》缔约国享有的自主选择

---

[1] 王波：《中国与海合会开始第九轮自贸区谈判》，载中华人民共和国中央人民政府网站，http://www.gov.cn/xinwen/2016-12/19/content_5150270.htm，最后访问日期：2020年12月14日。

[2] 中沙联合考古队：《中沙合作在红海之滨开展港口考古》，载中国社会科学院考古研究所网站，http://www.kaogu.cn/cn/xccz/20180518/62006.html?1526885902，最后访问日期：2018年11月13日。

争端解决方式的权利。[1] 会后，阿拉伯国家联盟秘书长纳比勒·阿拉比（Nabil el-Araby）再次表示，阿拉伯国家支持中国维护国家主权和领土完整，支持中国在《公约》相关问题上的立场。[2]

除了有阿拉伯国家联盟的统一表示，沙特在会议期间，也向我国单独表示了其支持我国的立场。沙特外交事务国务大臣迈达尼表示，沙方赞赏中方在南海问题上坚持通过和平方式解决争议。[3] 2017年，沙特国王对中国进行国事访问。在访问期间，中沙双方在《中华人民共和国和沙特阿拉伯王国联合声明》中，重申2016年5月发表的《多哈宣言》中关于"应尊重主权国家及《公约》缔约国享有的自主选择争端解决方式的权利"的表述。这与沙特在解决其与周边国家海洋争端时，坚持对话与谈判方式的立场一致。

除以上明确表示外，沙方的一些行为也间接表明了其在南海问题上的立场。如中国驻沙特大使李华新于2016年7月14日赴《利雅得报》总部与报刊总编座谈。在座谈中，李大使指出，中国对南海的主权有着充分的历史和法律依据，赞赏沙特等阿拉伯国家在《多哈宣言》中支持中国同相关国家通过友好磋商和谈判和平解决领土和海洋争议问题等立场，强调中方将坚持与直接有关当事国在尊重历史事实的基础上，根据国际法，通过谈判协商解决南海有关争议，维护南海和平稳定。《利雅得报》作为沙特发行量最大的阿拉伯文报纸，对相关内容进行了整版刊登。2015年10月，沙特海军司令苏尔坦率代表团一行10人，首次对南海舰队进行了为期3天的友好访问。[4] 此外，沙特国际问题专家哈里希等表示，"南海仲裁案"所谓的仲裁结果无法改变中国对南海岛礁有效控制的事实，不仅无助于解决争端，还会在未来一段时间内进一步加剧地区内的紧张局势。[5]

---

[1] 王雪、孟涛：《〈多哈宣言〉：阿拉伯国家支持中国南海问题立场》，载人民日报海外网，http：//m. haiwainet. cn/middle/3541083/2016/0513/content_ 29918345_ 1. html，最后访问日期：2020年12月14日。

[2] 《阿盟秘书长：支持中国维护主权和领土完整》，载中华人民共和国外交部网站，https：//www. fmprc. gov. cn/web/gjhdq_ 676201/gjhdqzz_ 681964/lhg_ 682830/xgxw_ 682836/t1362763. shtml，最后访问日期：2018年11月9日。

[3] "Arab States Praiseworthy for Stance on South China Sea issue-Chinese Envoy", GLOBAL TIMES, http：//www. globaltimes. cn/content/983028. shtml, November 9, 2018.

[4] 高毅、唐若胜：《沙特阿拉伯海军代表团首访南海舰队》，载中华人民共和国国防部网站，http：//www. mod. gov. cn/topnews/2015-10/22/content_ 4626119. htm，最后访问日期：2018年11月9日。

[5] 梁桐、刘键、宋博奇等：《中国不接受不承认仲裁结果合理合法》，载中国网，http：//opinion. china. com. cn/opinion_ 6_ 151306. html，最后访问日期：2018年11月9日。

结　语

　　沙特拥有丰富的海洋资源，海洋事务主管部门众多，行政隶属关系复杂。沙特的国内海洋法体系并不完善，国内海洋立法数量较少。其中只有《2011年皇家法令》涉及全部的海域划分的规定。由于其为《公约》的缔约国，其国内海洋法律制度与《公约》大体一致。沙特与周边国家多有海洋争端，目前已经基本通过划界协定解决，但实施上述划界协定的效果不一。沙特解决海洋争端并不诉诸第三方，这与我国对解决南海问题以及其他海洋问题的立场不谋而合。从实践来看，沙特也以积极的态度支持我国拒绝强制性仲裁的立场。此外，沙特对外积极开展海洋油气资源、防务、科学研究、渔业、基础设施建设和环境保护等领域的合作。其中与我国的合作也随着沙特响应"一带一路"倡议不断覆盖至更广的领域。

　　目前，沙特作为世界产油大国，有意在海外建设石油仓储中心，特别是在亚太地区，以增加其贸易灵活性。这一战略与作为世界原油消费大国的我国高度契合。我国可与沙特探索在我国东南沿海联合建立商业储备中心的可能性，在提升我国能源供应安全水平的同时，还可共同调节亚太石油市场。[1]

　　未来，在充分考量国际形势、尊重沙特国内海洋法律法规以及相关政策的情况下，我国定可以与沙特进行海洋领域的深入合作。

---

[1]《六、沙特阿拉伯与"一带一路"的关系》，载商务历史网，http://history.mofcom.gov.cn/? bandr=stalbyydyldgx，最后访问日期：2018年11月25日。

第Ⅱ部分

巴林海洋法律体系研究

一、巴林海洋基本情况

(一) 地理位置

巴林,全称为巴林王国(The Kingdom of Bahrain),国土狭小,如同漂浮在波斯湾上的一叶扁舟。它地处波斯湾西南部,是由36个岛屿组成的岛国。其中最大的岛屿是巴林岛(Bahrain Island)。该岛面积578平方千米,地势由沿海向内地逐渐升高,最高点海拔135米,其他岛屿地势低平。巴林陆地面积为741.4平方千米[1],海岸线长161千米。巴林位于卡塔尔和沙特阿拉伯之间的波斯湾水域中,东距卡塔尔西海岸约28千米,西距沙特阿拉伯东海岸约24千米,北与伊朗隔湾相望。[2]

(二) 建国历史

巴林在公元前3000年就建有城市,公元前1000年腓尼基人在此定居,公元7世纪,巴林成为阿拉伯帝国的一部分,隶属巴士拉省。从1507年起,巴林先后被葡萄牙、波斯帝国和英国占领和统治。其中,巴林在1507—1602年遭葡萄牙占领,1602—1782年处于波斯帝国的统治之下。1783年,逊尼派阿勒哈利法家族[3](Sunni Al-Khalifa family)占领了巴林,为了维护统治,

---

[1] 《巴林概况 地理概况》,载中华人民共和国驻巴林王国大使馆经济商务处网站:http://bh.mofcom.gov.cn/article/ddgk/201104/20110407497601.shtml,最后访问日期:2019年1月17日。与中国外交部、美国中情局和巴林政府网站的数据不同。中国外交部官网数据为780平方千米,参见《巴林王国国家概况》,载中华人民共和国外交部网站,https://www.fmprc.gov.cn/web/gjhdq_676201/gj_676203/yz_676205/1206_676356/1206x0_676358/,最后访问日期:2020年12月12日。

[2] 《巴林》,载中国社会科学院西亚非洲研究所网站,http://iwaas.cass.cn/webpic/web/cns/uploadfiles/gjgk/zhongdong/20130801095156953.pdf,最后访问日期:2019年1月24日。

[3] 哈利法家族属乌特白部落的一个原始阿拉伯家族,生活在沙特内志的哈达尔地区。17世纪末,由于干旱,乌特白部落中的一部分开始从该地区向阿拉伯海湾沿岸地区迁移,先后抵达卡塔尔、伊拉克巴士拉及科威特。后来,哈利法家族从科威特移居祖巴拉,并于1783年占领了巴林,将麦纳麦定为巴林的首都。参见《巴林》,载中国社会科学院西亚非洲研究所网站,http://waas.cssn.cn/webpic/web/waas/upload/2011/06/d20110629152011484.pdf,最后访问日期:2019年1月24日。

其在19世纪被迫与英国签订了一系列条约,[1] 从而使巴林成为英国的保护国。在独立前的这段时间,巴林未有相关的海洋立法活动。值得注意的是,巴林和沙特阿拉伯于1958年通过双边协定划分了两国间的大陆架。

1971年8月15日,巴林宣告独立并建立巴林国,2002年更改国名为巴林王国,巴林由传统世袭制酋长国转变为君主立宪制国家。但即便如此,哈利法家族依然掌握着对巴林的实际控制权,在有限民主的基础上实施其威权统治。[2] 独立后的巴林建立了自己的海洋法制度,缔结和加入了与海洋有关的国际条约。但与伊朗等波斯湾国家相比,其海洋法体系尚不成熟。

巴林的总人口约150万,其中,约55%的人口是外来移民。在人口的宗教分布上,85%的居民信奉伊斯兰教,其中什叶派占70%,逊尼派占30%。[3] 在海湾君主国中,巴林是唯一的什叶派占人口多数而由逊尼派君主掌权的国家。[4]

(三) 行政区划

巴林有4个省,分别是首都省（Capital Governorate）、穆哈拉克省（Muharraq Governorate）、北方省（Northern Governorate）和南方省（Southern Governorate）。首都省是巴林工商业中心,穆哈拉克省是巴林主要港口和民用机场所在地。此前,巴林的行政区划几经变更。巴林在1971年独立时设有6个市,1991年发展为12个区[5],2002年调整为首都、中央、穆哈拉克、北

---

[1] 19世纪初,英国开始入侵海湾。1820年,巴林被迫加入英国在海湾地区策划的《和平总条约》（General Peace Treaty）,该条约确立了英国在海湾地区军事及贸易活动的合法地位。1856年,巴林被迫与英国签订《关于取缔奴隶贩卖的更有效措施的条约》（More Effective Measure Against Slave Trade）,确立了英国在巴林的政治特权及一些经济特权。1861年,英国与巴林签订了《英国巴林专约》（British Bahraini Treaty）,确认了英国的领事裁判权。1892年,英国迫使巴林签订了《特别协定》（Special Agreement）,巴林沦为英国的保护国。参见《巴林》,载中国社会科学院西亚非洲研究所网站,http://waas.cssn.cn/webpic/web/waas/upload/2011/06/d20110629152011484.pdf,最后访问日期:2019年1月24日。

[2] 参见张瑞:《巴林哈利法家族的威权统治与未来政治选择》,载《郑州大学学报》2018年第6期。

[3] 《巴林王国国家概况》,载中华人民共和国外交部网站,https://www.fmprc.gov.cn/web/gjhdq_676201/gj_676203/yz_676205/1206_676356/1206x0_676358/,最后访问日期:2020年12月12日。

[4] 魏亮:《中东巨变中的巴林动乱》,载《阿拉伯世界研究》2015年第1期。

[5] 12个区分别为:哈德（Al Hidd）、麦纳麦（Manama）、西部（Western Region）、中部（Central Region）、北部（Northern Region）、穆哈拉克（Muharraq）、里法和南部（Rifa and Southern Region）、吉达哈法（Jidd Haffs）、哈马德城（Hamad Town）、伊萨城（Isa Town）、哈瓦尔群岛（Hawar Islands）、锡特拉（Sitra）。"Bahrain", Wikipedia, https://en.wikipedia.org/wiki/Bahrain, January 27, 2019.

方、南方共 5 个省。2014 年，调整为 4 个省，中央省被撤销，并入首都省、北方省和南方省。[1] 掌权的逊尼派通过行政区划的变更，调整了选区范围，减少了什叶派议员数量。[2]

（四）海洋资源

1. 油气资源

巴林的石油主要分布在陆上的巴林油田（Bahrain Field），以及和沙特阿拉伯共享的海上阿布萨法（Abu Safah）油田。巴林油田每天生产约 50000 桶原油。根据 1958 年巴林与沙特阿拉伯就阿布萨法油田收益分配达成的协议，沙特阿美公司负责阿布萨法油田的开采，并拥有开采量 50% 的份额。巴林每年可从沙特阿拉伯获得原油约 150000 桶。[3] 2018 年 4 月，巴林宣布发现一座新油气田，预估储量达 800 亿桶石油和 2830 亿至 5660 亿立方米天然气，为巴林发现的最大油气田。[4] 尽管油气田的规模巨大，由于技术和开发成本的原因，其中可作商业利用的资源也许只有一小部分。巴林的天然气绝大部分为非伴生气，主要集中于库夫（Khuff）气田，伴生气则主要集中于巴林油田。与邻国沙特阿拉伯相比，巴林的油气资源如九牛一毛，但与其他油气资源贫乏的国家相比，巴林油气资源又算比较丰富。

巴林是海湾地区第一个进行商业性石油开采的国家，自 20 世纪 30 年代初期开始开采石油起，石油工业一直是巴林经济的支柱。20 世纪 70 年代以后，大量开采使探明石油储量下降。即使勘探技术不断进步，截至 2017 年年底，巴林的探明石油储量从 1985 年的 1.6 万亿桶下降到 1.246 亿桶。[5] 巴林的石油产量在海湾国家中最小，但其充分利用波斯湾地理优势，积极发展国际炼油业。其代邻国炼油，以出口石油产品替代出口原油，成为海湾地区炼油能力超过生产能力的国家。[6]

---

[1]《巴林》，载行政区划网，http://www.xzqh.org/old/waiguo/asia/1028.htm，最后访问日期：2019 年 1 月 12 日。

[2] 魏亮：《中东巨变中的巴林动乱》，载《阿拉伯世界研究》2015 年第 1 期。

[3] "International Bahrain", U.S. Energy Information Administration, https://www.eia.gov/beta/international/analysis.php?iso=BHR, January 27, 2019.

[4]《巴林王国国家概况》，载中华人民共和国外交部网站，https://www.fmprc.gov.cn/web/gjhdq_676201/gj_676203/yz_676205/1206_676356/1206x0_676358/，最后访问日期：2020 年 12 月 12 日。

[5] "The World Factbook: Bahrain", Central Intelligence Agency, https://www.cia.gov/library/publications/the-world-factbook/geos/ba.html, December 12, 2020.

[6] 王猛：《巴林经济转型的回顾与反思》，载《郑州大学学报》2009 年第 6 期。

20世纪80年代以来，巴林的天然气产量呈增长趋势。2017年，巴林的天然气产量为151亿立方米。与此同时，巴林的天然气探明储量从1997年的1000亿立方米增加到2017年的2000亿立方米。尽管目前天然气的产量和探明储量都呈增长趋势，但储量有限，探明储量的增长跟不上产量的增长，巴林的天然气资源面临枯竭。[1] 巴林生产的天然气用于国内消费，没有进口和出口。[2]

由于石油和天然气面临枯竭，巴林着力于发展多元化经济，除了炼油、石化产业，还大力发展铝制品工业、旅游业、金融业。巴林是海湾地区金融中心之一，金融业产值约占国内生产总值的15%，是巴林第二大产业。尽管如此，油气产业仍是巴林政府最主要的收入来源，近年来对巴林财政的贡献率稳定在80%左右。[3]

2. 渔业资源

巴林曾有丰富的渔业资源，其周围的水域有200多种鱼类。巴林渔场大多位于沿海浅水地带和海岸附近，主要出产金枪鱼、鲕鱼、沙丁鱼等。石油工业兴起之前，巴林的多数男性从事捕鱼活动。1935年以后，渔民数量逐步下降。20世纪70年代初，渔民数量不到1000人。1981年，巴林政府通过引进拖网渔船、扩建码头、建造冷藏设施以及提供有关现代捕鱼设备使用和维护的培训课程来振兴渔业。巴林政府振兴渔业的措施效果显著，1989年，巴林鱼类捕捞总量为9200吨。[4] 20世纪90年代以来，由于石油开采等造成的污染，巴林的鱼类产品越来越少，需要依赖进口才能满足国民对鱼类产品的需求。

3. 珍珠资源

巴林拥有丰富的珍珠资源。波斯湾西侧距海岸100千米的水下礁石上生长有大量珍珠牡蛎，尤以巴林诸岛周围最为丰富。[5] 巴林附近海域的海床表层流淌着富含矿物质的甜味海底泉水，潮汐和洋流使珍珠母贝同时接触海底

---

[1]《世界能源统计年鉴（2018.6）》，载BP全球网站，https://www.bp.com/content/dam/bp-country/zh_cn/Publications/2018SRbook.pdf，最后访问日期：2019年1月27日。

[2]《巴林》，载中国社会科学院西亚非洲研究所网站，http://waas.cssn.cn/webpic/web/waas/upload/2011/06/d20110629152011484.pdf，最后访问日期：2019年1月23日。

[3] 商务部《对外投资合作国别（地区）指南》编制办公室：《对外投资合作国别（地区）指南：巴林》，载"走出去"公共服务平台，http://www.mofcom.gov.cn/dl/gbdqzn/upload/balin.pdf，最后访问日期：2020年12月13日。

[4] The Library of Congress Country Studies, "Bahrain Agriculture and Fishing", https://photius.com/countries/bahrain/economy/bahrain_economy_agriculture_and_fish~87.html, January 13, 2019.

[5]《迪拜2020世博会 巴林场馆——船小好调头》，载搜狐网，https://www.sohu.com/a/318000593_175013，最后访问日期：2020年12月13日。

矿物甜水和高盐海水，出产的珍珠更加晶莹圆润、色泽艳丽。[1] 巴林所产的天然珍珠世界闻名，受到众多皇室的追捧，伊丽莎白女王一世，拿破仑皇帝以及众多的王公贵族都是巴林珍珠的拥趸。

巴林曾是海湾地区珍珠采集和贸易的中心。公元2世纪到20世纪30年代，珍珠捕捞业是巴林的经济支柱。[2] 巴林的采珠业在20世纪30年代受到了全球金融危机和日本珍珠养殖业的严重冲击。日本出产的人工养殖珍珠个大、形状规则，尤其是价格比波斯湾的天然珍珠低很多，因此很快以压倒性的优势占领了市场。再加上受石油工业污染的影响，巴林珍珠的品质下降。几年之内，巴林流传了2000多年的采珠业迅速衰落。[3]

虽然采珠业在巴林的经济中不再占据重要地位，但是珍珠没有彻底淡出人们的视野。巴林发展起潜水采珍珠的旅游项目。如果游客潜水时拾到天然珍珠，这些珍珠无论大小，都归游客所有。巴林的采珠业遗址位于穆哈拉克省穆哈拉克市，是世界上保护最完整的采珠业遗址，2012年被联合国教科文组织列为世界遗产名录。[4]

---

[1] "Bahraini Pearls", NANAT, https：//www.nanat.bh/bahraini-pearls/, January 26, 2019.
[2] 《巴林邀约中国：两河遗珠、海丝新光》，载新华网，http：//www.xinhuanet.com/travel/2017-05/31/c_1121062484.htm，最后访问日期：2019年1月12日。
[3] Julia Stuart, "THE PEARL FISHERS：THE WATERS SURROUNDING THE ISLAND OF BAHRAIN HARBOUR UNTOLD HIDDEN WEALTH", https：//www.independent.co.uk/travel/middle-east/the-pearl-fishers-the-waters-surrounding-the-island-of-bahrain-harbour-untold-hidden-wealth-1869100.html, January 27, 2019.
[4] "Bahraini Pearls", NANAT, https：//www.nanat.bh/bahraini-pearls/, January 26, 2019.

二、海洋事务主管部门及其职能

(一) 立法机构

根据《巴林宪法》[1]，巴林的政治制度为"形式上三权分立"，其中立法权属于国王和国民议会。国民议会由舒拉会议和众议院（Council of Representatives）组成。在历史上内阁也曾被国王授予立法机构职能，即以内阁（执行机构）取代了国民议会（立法机构）。[2]

1. 国王

巴林国王由哈利法家族世袭，掌握着政治、经济和军事大权。巴林国王有权决定批准通过国民议会呈上的法律草案。国王应通过法令方式缔结包括海洋相关的条约，同时通知舒拉会议和众议院。条约一经缔结、批准并在巴林官方公报上公布，即具有法律效力。巴林现任国王为哈马德·本·伊萨·阿勒哈利法（Hamad bin Isa Al-Khalifa），是巴林独立以来的第二任国王。[3]

2. 国民议会

1970年，巴林组成咨询性质的12人国务委员会，负责内政和外交事务。1972年成立由30人组成的制宪议会，其中22人经选举产生。1973年12月，经选举成立国民议会，1975年因议会拒绝内阁提出的安全法被时任埃米尔（国王旧称）解散。1992年12月，由埃米尔任命成立由30人组成的舒拉会议，职能是辅助埃米尔和内阁执政。国王哈马德1999年即位后，实行一系列民主改革。2002年10月，巴林成立两院制国民议会，由众议院和舒拉会议组成。[4]

---

[1] 巴林一共颁布了两部宪法以及一个宪法修正案，分别是《1973年宪法》、《2002年宪法》和《2012年修正案》。现行宪法为《2002年宪法》。《巴林王国国家概况》，载中华人民共和国外交部网站，https://www.fmprc.gov.cn/web/gjhdq_676201/gj_676203/yz_676205/1206_676356/1206x0_676358/，最后访问日期：2020年12月12日。

[2] 《巴林》，载中国社会科学院西亚非洲研究所网站，http://waas.cssn.cn/webpic/web/waas/upload/2011/06/d20110629152011484.pdf，最后访问日期：2019年1月23日。

[3] 巴林独立后的第一任国王是伊萨·本·萨勒曼·阿勒哈利法（1971—1999年）。"King of Bahrain", Wikipedia, https://en.wikipedia.org/wiki/King_of_Bahrain, January 13, 2019.

[4] 《巴林》，载中国社会科学院西亚非洲研究所网站，http://waas.cssn.cn/webpic/web/waas/upload/2011/06/d20110629152011484.pdf，最后访问日期：2019年1月23日。

(1) 众议院

众议院由40名直选议员组成，议长由议员选出。众议院最重要的作用是起草规范国家职能的相关立法。众议院议员可以通过以下方式行使其提案权：15名以上议员可联名提交修改宪法或其中部分条款的提案；不超过5名的议员可联名提出法律草案；同意或者反对法令；批准、拒绝或推迟审查国际协定；审议政府提交的法律草案，并通过增加、删除或修改其条款的方式进行必要的修改和补充。对于众议院议员提交的法律草案，由众议院主管部门根据众议院规则规定的程序进行审议和讨论。讨论通过后的法律提案将提交给政府，由政府制定相关的法律草案，之后再由国民议会讨论，最后由国王决定是否批准通过。[1]

2012年8月，巴林修改宪法，进一步扩大国民议会中众议院的权力，包括众议院有权否决首相提出的组阁名单并对副首相及内阁大臣进行质询，且有关官员本人必须接受询问；有权对首相提出不信任案动议，2/3议员同意即可通过；国民议会议长由舒拉会议主席兼任改为由众议院议长兼任；取消舒拉会议对内阁大臣的质询权，使其仅成为立法机构；每年审议下一年度政府财政预算，监督当年预算执行情况。[2]

(2) 舒拉会议

舒拉会议由国王任命的40名议员组成，主席由国王任命。舒拉会议议员任期为4年，可连任。巴林宪法规定了舒拉会议的权利和职能。首先，舒拉会议应当审议众议院提交的所有法律草案和法令。舒拉会议有权接受、修改或拒绝通过法律草案，有权接受或拒绝通过法令。在任何情况下，众议院议长在向首相提交法律草案或者法令并由首相提交给国王批准之前，该法律草案和法令必须经过众议院和舒拉会议的同意。其次，巴林宪法还授予舒拉会议的成员提出法律草案的权利，15名以上的舒拉会议成员有权提出修改宪法的提案。此外，舒拉会议成员也有权向部长提交书面问题，部长们也应作出答复。除了上述权利，舒拉会议还有权监督国家预算、代表巴林参加区域和国际论坛、会议等。

---

[1]《巴林王国宪法修正案》，载巴林王国宪法法院网站，http://www.ccb.bh/ccb/Pages_ar/pLaw03.aspx，最后访问日期：2020年12月13日。

[2]《巴林王国国家概况》，载中华人民共和国外交部网站，https://www.fmprc.gov.cn/web/gjhdq_676201/gj_676203/yz_676205/1206_676356/1206x0_676358/，最后访问日期：2020年12月12日。

（二）行政执法机构

巴林的行政执法机构主要为内阁领导的各个部委单位以及其他政府机构。其中，巴林内阁的成员由国王任命，内阁首相主持工作。内阁应在注重国家利益的基础上制定并贯彻政府的总体方针政策，监督内阁成员部门的事务运行。[1] 内阁主要包括外交部、发展与工业部、财政与国民经济部、内政部等17个部门。[2] 内阁成员可以从哈利法家族以外的人员中挑选，但是首相、外交部长等重要职位必须由哈利法家族的主要成员担任。[3] 内阁领导的部门中与海洋事务相关的主要有外交部（Ministry of Foreign Affairs）、交通与通信部（Ministry of Transportation and Telecommunications）、国防军（Bahrain Defense Force）、内政部（Ministry of Interior）、国家能源部（Ministry of Energy）、市政工程与城市规划部（Ministry of Works Municipalities Affairs and Urban Planning）以及教育部（Ministry of Education）等部门。而其他政府机构中与海洋事务紧密相关的部门为调查和土地登记局（Survey and Land Registration Bureau）以及最高环境委员会（Supreme Council for Environment）等。

1. 外交部

外交部负责协调和实施与国家外交政策有关的所有事项，处理巴林与其他国家和国际组织的关系以及保护海外巴林公民的利益。[4] 外交部下设19个部门，其中外交部副部长领导的议定书和公约局（Protocol and Conventions Directorate）负责海洋方面的议定书和公约事务。在处理海洋争端事务方面，外交部长谢赫·穆罕默德·宾·穆巴拉克·哈里发（Sheikh Mohammed bin Mubarak Al Khalifa）、外交部副部长加齐·戈赛比（Ghazi Al-Gosaibi）、一秘谢赫·哈立德·比利·艾哈迈德·哈里发（Sheikh Khalid biri Ahmed Al-Khalifa）以及外交部办公室主任尤瑟夫·马哈茂德（Yousef Mahmood）曾经代表巴林

---

[1] 2002年《巴林宪法》第47条。
[2] "Ministries Websites", Kingdom of Bahrain Ministry of Education, http://www.moe.gov.bh/ministry.aspx?lan=en, January 16, 2019.
[3] 《巴林》，载中国社会科学院西亚非洲研究所网站，http://waas.cssn.cn/webpic/web/waas/upload/2011/06/d20110629152011484.pdf，最后访问日期：2019年1月23日。
[4] "Organizational Structure", Kingdom of Bahrain Ministry of Foreign Affairs, https://www.mofa.gov.bh/Default.aspx?tabid=87&language=en-US, January 16, 2019.

参与卡塔尔诉巴林海洋划界和领土争端案[1]（Case concerning Maritime Delimitation and Territorial Questions between Qatar and Bahrain）。

2. 交通与通信部

交通与通信部是负责发展和管理巴林运输和电信基础设施与系统的政府机构，其下辖的港口与海事管理部门在调控、发展和促进港口和海运业方面发挥着关键作用。港口与海事管理部门致力于为海运业开发建设世界一流的基础设施，确保行业的法律框架、设施、服务和运营符合国际标准。港口与海事管理部门负责监督巴林港口内的海上作业，为港口运营商提供海洋技术支持和建议，并确保导航设备和其他设备在巴林港口附近的运行安全。港口与海事管理部门下设几个机构：港口事务办事处、海事事务办事处、物流区办事处以及安全保障办事处。[2] 巴林港口主要有哈利法·本·萨勒曼港（Port of Khalifa Bin Salman）以及私营码头（Private Jetties）。

（1）哈利法·本·萨勒曼港。哈利法·本·萨勒曼港于2009年4月1日开业，有望成为波斯湾北部地区的首要转运枢纽。该港口占地110公顷，包括一个900平方米的集装箱码头。哈利法·本·萨勒曼港位于波斯湾中部的战略位置，其能够接收最大的远洋集装箱船。该港可以直接通往沙特阿拉伯，并与卡塔尔的陆路连接。该港位于希德工业区，距巴林国际机场仅13千米，同时通过一条特建的5千米的堤道与旧港米娜萨勒曼港[3]相连。该港通过法赫德国王大桥（King Fahad Causeway）进入沙特阿拉伯仅30千米。为了促进港口私有化，巴林政府和A. P. 穆勒-马士基集团（A. P. Moller-Maersk Group）等当事方签署了一项为期25年的港口特许协议。哈利法·本·萨勒曼港在2009年建成后交付马士基码头公司（APM Terminals）管理。在马士基码头公司的管理下，该港口成为海湾地区最现代化的港口之一，处理集装

---

[1] 参见《卡塔尔诉巴林海洋划界和领土争端案判决书》，载国际法院官网，https://www.icj-cij.org/public/files/case-related/87/087-19940701-JUD-01-00-EN.pdf，最后访问日期：2020年12月13日。

[2] "The Ministry of Transportation and Telecommunications' Ports and Maritime Affairs Plays a Pivotal Role in Regulating, Developing, and Promoting the Ports and Maritime Industry", Kingdom of Bahrain Ministry of Transportation and Telecommunication, http://www.mtt.gov.bh/content/pma-overview, January 27, 2019.

[3] 米娜萨勒曼港自1960年以来一直担当沙特阿拉伯和巴林之间的主要海港门户之一，港口位于主岛东北部，占地超过0.8平方千米。在哈利法·本·萨勒曼港于2009年开业之前，米娜萨勒曼港一直负责巴林的进出口。目前，由哈利法·本·萨勒曼港负责处理巴林全部的集装箱和相关运输活动，而米娜萨勒曼港将侧重于商业运作、港口及海事监督，以满足经济不断变化的需求。参见《米娜萨勒曼港》，载通用费用网，https://www.ufsoo.com/port/mina%20salman/，最后访问日期：2019年1月11日。

箱船效率极高。港口与海事管理部门根据特许协议监督和管理港口。[1]

(2) 私营码头。私营码头分为客运码头（Passenger Transport Jetties）和工业私营码头（Industrial Private Jetties）。2017年，巴林首个海上客运码头获得运营牌照。港口与海事管理部门负责签发所有客运码头的牌照，确保设施及旅客的安全。这些客运码头主要集中在巴林湾、麦纳麦、阿尔达尔岛（Al Dar Island）等旅游胜地。

巴林拥有30多个获得许可的工业私营码头，为企业提供无障碍交通网络设施。目前巴林的工业私营码头服务于各种行业，包括制造业、海洋基础设施、建筑和航运等。这些码头主要集中在巴林的工业区，包括北部锡特拉工业区（North Sitra Industrial Area）、米娜萨勒曼工业区（Mina Salman Industrial Area）及萨勒曼工业区（Salman Industrial Area）等。这些私营码头所处的位置优越，不仅可以就地服务工业，同时为去往其他主要交通枢纽提供便利。[2]

3. 国防军

巴林国防军建于1969年2月5日，主要由改编的部落武装力量和陆续补充的"新式军队"组成。国王哈马德（当时为王储）为打造巴林现代化军队作出了极为重要的贡献。1971年巴林独立后，更加重视军队的建设，利用"石油美元"陆续购进了大批现代化军事装备。[3] 1981年12月，巴林与沙特阿拉伯签订安全合作协定。巴林作为海合会成员国，在军事上执行与其他成员国协调、统一的防务政策。[4] 巴林国防军下辖巴林皇家军队（Royal Bahraini Army）、巴林皇家海军（Royal Bahraini Navy）、巴林皇家空军（Royal

---

[1] "Khalifa Bin Salman Port", Kingdom of Bahrain Ministry of Transportation and Telecommunication, http://www.mtt.gov.bh/content/khalifa-bin-salman-port, December 13, 2020.

[2] "Private Jetties Ports and Maritime Affairs regulate and license all of Bahrain's private jetties, in addition to carrying out inspections to ensure compliance with international safety, security and environmental regulations", Kingdom of Bahrain Ministry of Transportation and Telecommunication, http://www.mtt.gov.bh/content/private-jetties, January 23, 2019.

[3] 1974年10月，巴林颁布了《国家安全法》。1977年6月，巴林宣布废除1971年美国与巴林签订的关于允许美国使用朱费尔海军基地设施的协定。但是美国的"中东部队"（当时由5艘舰只组成）仍在朱费尔海军基地停泊和再补给。实际上巴林与美国保持着十分密切的军事合作关系。据不完全统计，1955年到1988年，美国共向巴林提供武器装备价值约8.8亿美元。巴林目前是美国第五舰队司令部所在地。《巴林》，载中国社会科学院西亚非洲研究所网站，http://waas.cssn.cn/webpic/web/waas/upload/2011/06/d20110629152011484.pdf，最后访问日期：2019年1月23日。

[4]《巴林》，载中国社会科学院西亚非洲研究所网站，http://waas.cssn.cn/webpic/web/waas/upload/2011/06/d20110629152011484.pdf，最后访问日期：2019年1月12日。

Bahraini Air Force）和巴林皇家防空兵部队（Royal Bahraini Air Defense Force）。[1] 巴林国王哈马德任国防军最高统帅，萨勒曼王储任武装部队副统帅。国防军部队总兵力11800人，其中海军1000人，陆军8500人，空军1500人，国民卫队等其他人员800人。[2]

国防军部队由皇家海军负责保护巴林海域安全和捍卫巴林海洋权益。巴林有两个海军基地，一个是巴林和美军第五舰队共享的米娜萨勒曼海军基地（Mina Salman Naval Base），这是巴林海军的主要基地。另一个海军基地是麦纳麦海军基地（Manama Naval Base），该基地是美军重要的海军设施基地且巴林皇家海军并不使用该基地。[3]

4. 内政部

内政部成立于1971年，主要负责维护巴林国家安全、秩序以及进行执法。内政部下设公安局（Public Security Directorate）、民防总局（General Directorate of Civil Defence）、海关总局（Customs Affairs Directorate）、公共关系局（Public Relations Directorate）以及海岸警卫队司令部（Coast Guard Command）等12个部门。[4] 在内政部下辖的部门中与海洋事务紧密相关的部门为海岸警卫队司令部和海关总局。

海岸警卫队司令部负责监测通过海路进出巴林的货物并打击运输爆炸物、武器和恐怖分子等恐怖活动。海岸警卫队司令部此前已经成功地拦截和扣押爆炸物并逮捕涉案的恐怖分子。2015年6月，海岸警卫队司令部在一艘前往伊朗的船上发现了8名恐怖分子。海岸警卫队司令部还经常与其他安全部门合作。2015年7月，海岸警卫队司令部与巴林皇家海军部队一起拦截了一艘前往巴林的船只。该艘船上的人员为恐怖分子，一些人员接受过爆炸物的培训。[5]

由于巴林独特的地理特征，货物和人员流动安全至关重要，而海关总

---

[1] "The World Factbook: Bahrain", Central Intelligence Agency, https://www.cia.gov/library/publications/the-world-factbook/geos/ba.html, December 12, 2020.

[2] 《巴林王国国家概况》，载中华人民共和国外交部网站，https://www.fmprc.gov.cn/web/gjhdq_676201/gj_676203/yz_676205/1206_676356/1206x0_676358/，最后访问日期：2020年12月13日。

[3] "Royal Bahrain Naval Force", Wikipedia, https://en.wikipedia.org/wiki/Royal_Bahrain_Naval_Force, January 12, 2019.

[4] "Ministry of Interior Directorate Websites", Ministry of Interior, https://www.interior.gov.bh/en/directorates, January 12, 2019.

[5] "Bahrain Coast Guard", Action on Armed Violence, See https://aoav.org.uk/2016/bahrain-coast-guard/, and, https://en.wikipedia.org/wiki/Royal_Bahrain_Naval_Force, January 12, 2019.

局的任务就是确保进出巴林的货物和人员的安全。海关总局下设海关海港管理局（Directorate of Sea Ports of Bahrain Custom）管理巴林的港口海关事务。巴林所有的港口和相关企业必须接受海关海港管理局的行政管理，包括哈利法·本·萨勒曼港、米娜萨勒曼港、锡特拉码头、阿拉伯造船修船厂等。[1]

5. 国家能源部

国家能源部由国家石油和天然气管理局（National Oil & Gas Authority, NOGA）与水电局（Electricity and Water Authority）两个部门构成。前者与海洋事务联系较为紧密，负责监管和发展巴林的碳氢化合物行业，并负责向第三方颁发许可证等事项。国家石油和天然气管理局的目标主要有：第一，通过鼓励石油公司根据勘探和生产共享协议（exploration and production sharing agreements, EPSA），勘探海上区块，努力增加石油储量；协调运营公司，发展炼油厂、液化石油气厂和其他石油项目，实现长期财务增长。第二，执行与石油和天然气有关的法律法规，协调当地石油产品的定价政策，参与石油部门的安全和环境保护政策的制定与实施，与其他海合会成员国以及在巴林运营的公司协调和评估石油工业的发展环境。第三，与包括巴林石油公司（Bahrain Petroleum Company, BAPCO）在内的公司协调，制订石油和天然气钻井计划，以确保与既定的生产计划保持一致等方式增加石油部门在经济方面的贡献。第四，与运营公司协调，与海合会、地区或国际公司合作开展下游项目，鼓励建立合资企业以增加石油投资。第五，通过国内外培训机构提供的培训机会，尽最大努力发展国家人力资源。第六，与海合会成员国以及其他国家协调，加强与这些国家在石油和天然气方面的合作。第七，根据当地和国际要求的规格，提供合格的石油和天然气产品。

国家石油和天然气管理局的核心投资和开发部门——石油和天然气控股公司（Oil & Gas Holding Company）负责管理巴林的石油和天然气相关企业，因此该公司也被称为巴林石油和天然气控股公司（Nogaholding）。它根据2007年8月15日颁布的第77号皇家法令成立，并在执行政府对巴林石油公司、巴林国家天然气公司（Bahrain National Gas Company）、巴林国家天然气扩建公司（Bahrain National Gas Expansion Company）、巴林航空燃料公司

---

[1] "All of the sea ports come under the administrative umbrella of the Directorate of Sea Ports of Bahrain Customs", Kingdom of Bahrain Ministry of Interior Customs Affairs, http://www.bahraincustoms.gov.bh/sea_ports.php, January 12, 2019.

（Bahrain Aviation Fuelling Company）、巴林润滑油基础油公司（Bahrain Lube Base Oil Company）、海湾石化工业公司（Gulf Petrochemical Industries Company）、塔特维尔石油公司（Tatweer Petroleum）、考根湾佩切姆运输公司（Skaugen Gulf Petchem Carriers Company）和巴林液化天然气公司（Bahrain LNG Company）的投资和管理中发挥着重要作用。[1] 上述公司中，除了陆上油田作业公司塔特维尔石油公司[2]以及为巴林国际机场提供燃料储存等服务的巴林航空燃料公司，其余的公司均与海洋石油和天然气直接相关。

（1）巴林石油公司

巴林石油公司是一家综合性石油公司，其业务范围涵盖从勘探和生产到精炼和营销的整个供应链。[3] 1932年6月1日，加利福尼亚标准石油公司（现为美孚石油公司）在巴林发现了石油。1934年12月29日，加利福尼亚标准石油公司在加拿大注册成立了巴林石油公司。巴林石油公司于1934年开始出口石油，于1936年进行炼油。1973年1月，巴林政府收购了该公司25%的油田生产和勘探权。1974年，这个比例扩增到60%。1980年，巴林政府掌握该公司全部的生产和勘探权并收购了该公司60%的石油冶炼权。1997年，巴林政府对巴林石油公司进行了重组，并获得了该公司的全部所有权。[4]

巴林石油公司推动了巴林现代化进程，它不仅帮助巴林创造财富，还发展了巴林的人才培养体系。巴林石油公司目前为巴林政府的全资企业，由巴林财政部提供运营资金。巴林石油和天然气控股公司负责帮助治理巴林石油公司，包括帮助探索该公司最佳运营模式和最佳实践方式、提供技术服务、任命外部审计师并确定其薪酬和董事会薪酬、审批财务报表、与运营公司协调以发展炼油厂的能力等事项。而国家石油和天然气管理局对巴林石油公司也负有一定的责任，主要包括：在勘探和生产共享协议的基础上勘探海上区块以增加石油储量、调整当地石油产品价格、贯彻石油部门的安全和环境保

---

[1] "Oil & Gas Sector", Kingdom of Bahrain Ministry of Interior Narional Oil & Gas Authoriny, https：//www. noga. gov. bh/noga/company-details. aspx？id＝0，January 14，2019.

[2]《巴林油气产业概况》，载中华人民共和国驻巴林王国大使馆经济商务参赞处网站，http：//images. mofcom. gov. cn/bh/accessory/201109/1317197371888. pdf，最后访问日期：2019年1月23日。

[3] "Neste Oil and Bapco agree on building a joint base oil plant in Bahrain", Releases and news, https：//www. neste. com/neste-oil-and-bapco-agree-building-joint-base-oil-plant-bahrain, January 17，2019.

[4]《巴林投资环境和工业项目调查（2004年）》，载中华人民共和国驻巴林王国大使馆经济商务参赞处网站，http：//bh. mofcom. gov. cn/aarticle/ztdy/200408/20040800263806. html，最后访问日期：2019年1月14日。

护政策，特别是注意消除污染物和有毒气体对环境的影响、保证石油和天然气钻井符合既定生产计划、审查巴林石油公司的报告和财务报表、与其上级部门协商以及任命巴林石油公司董事会成员等。

巴林石油公司拥有一个每天产出 267000 桶的炼油厂、超过 1400 万桶的储存设施、营销终端和石油产品海运码头。其中巴林石油公司炼油厂的原油约 1/6 来自巴林油田，余下部分经过约 70 千米的输油管道（海底管道 28 千米和陆地输油管道 48 千米）从沙特进口。该公司 95% 的精炼产品是出口产品。巴林石油公司的主要原油和成品油客户来自中东、印度、远东、东南亚和非洲等地区。[1]

（2）巴林润滑油基础油公司

巴林润滑油基础油公司是生产润滑油基础油的公司，有三个股东，其中巴林石油和天然气控股公司与巴林石油公司共同拥有 55% 的股权，芬兰耐思特石油公司（Neste Oil Company）拥有 45% 的股权。该公司成立于 2009 年，于 2011 年 10 月投产。虽然巴林石油公司代表耐思特石油公司运营和维护该工厂，但销售产品事项由该公司自己负责。润滑油基础油工厂的生产能力为每年产出 400000 吨极高黏度指数的第 Ⅲ 类润滑油基础油。[2]

（3）巴林国家天然气公司

巴林国家天然气公司于 1979 年 12 月 17 日投产，总部位于巴林南部省。巴林国家天然气公司管理液化石油气工厂设施，从巴林油田的伴生气和炼油厂尾气中回收丙烷、丁烷和石脑油出口到世界各地，并为当地工业提供残余气体。该公司 75% 的股份由巴林政府拥有，其余 25% 的股份由科威特的 Boubyan 石化公司（Boubyan Petrochemical Company）和雪佛龙公司的巴林子公司巴林雪佛龙（Chevron Bahrain）拥有。目前公司员工超过 600 人，其中 83% 为巴林人。[3]

（4）巴林国家天然气扩建公司

巴林国家天然气扩建公司起初是巴林国家天然气公司的天然气扩展项目，后于 2008 年成为一家独立的公司。巴林国家天然气扩建公司的管理和运

---

[1] "Our Business", BAPCO, https://www.bapco.net/core-business.html#business, December 13, 2020.

[2] "Oil & Gas Sector BAHRAIN LUBE BASE OIL COMPANY", Kingdom of Bahrain Ministry of Interior Narional Oil & Gas Authoriry, https://www.noga.gov.bh/noga/company-details.aspx?id=7, January 15, 2019.

[3] "Introduction", Bahrain National Gas Company (B.S.C), http://www.banagas.com/index.php?option=com_content&view=article&id=47&catid=35&Itemid=58, January 14, 2019.

营事务仍由巴林国家天然气公司负责。该公司是巴林石油和天然气控股公司的全资子公司，公司的成立是为了满足不断增长的伴生气需求，以提高巴林油田的石油产量。[1]

（5）巴林液化天然气公司

巴林液化天然气公司是一家新成立的公司，主要负责哈利法·本·萨勒曼港港口内液化天然气储存和再气化码头项目。该公司由巴林石油和天然气控股公司持股30%，蒂凯液化天然气公司（Teekay LNG Partners）持股30%，三星C&T公司（Samsung C&T）持股16%，海湾投资公司（Gulf Investment Corporation）持股24%。巴林液化天然气码头将成为巴林能源基础设施的重要组成部分，主要体现在以下方面：第一，它供应天然气产品；第二，其还为大型工业项目提供燃料、发电和供水采油；第三，巴林液化天然气码头为巴林天然气提供保障，防止天然气短缺，并能够利用液化天然气补充国内天然气供应。

巴林液化天然气公司已获得该码头20年的特许经营权。巴林液化天然气码头根据标的为6.7亿美元的设计采购施工合同建造，该项目由韩国GS工程建设公司承建，该项目的资金27%来自股东，73%来自商业贷款，按计划该项目将进行为期40年的天然气输送作业。[2]

（6）海湾石化工业公司

海湾石化工业公司成立于1979年12月，是海湾合作委员会成员国之间用于制造化肥和石化产品的合资企业，该合资企业由巴林政府、沙特基础工业公司和科威特石化工业公司共同拥有，持股各1/3。海湾石化工业公司使用天然气作为生产氨、尿素和甲醇的原料。公司年产氨水40万吨，尿素60万吨及甲醇40万吨。从创办至2005年，该公司累计利润1.93亿巴林第纳尔（约合5.1亿美元），累计分红1.37亿巴林第纳尔（约合3.63亿美元）。诸如购买天然气、给予巴林籍员工就业培训、使用当地承包商及购买当地电力等经营活动和各种投入，该公司每年对巴林经济贡献值约为4亿巴林第纳尔（约合10.58亿美元）。[3] 此外，海湾石化工业公司在环境保护领域也成果

---

[1] "Oil & Gas Sector BAHRAIN NATIONAL GAS COMPANY", Kingdom of Bahrain Ministry of Interior Narional Oil & Gas Authority, https://www.noga.gov.bh/noga/company-details.aspx?id=2, January 20, 2019.

[2] "History and Background", Brunei LNG Sendirian Berhad, https://www.bruneilng.com/profile/history-and-background/, December 13, 2020.

[3] 《巴林石油工业发展动态》，载中华人民共和国驻巴林王国大使馆经济商务参赞处网站，http://bh.mofcom.gov.cn/article/ztdy/200704/20070404563258.shtml，最后访问日期：2019年1月17日。

颇多。海湾石化工业公司拥有国际认可的安全、健康和环境管理体系（Safety, Health and Environmental Managerment Systerm）。该公司赢得了许多荣誉，包括英国皇家事故预防协会（RoSPA）颁发的 Sit Seorge Earle 奖杯和美国国家安全委员会颁发的 R. W. Campbel 奖，以表彰其在安全、健康和环境管理体系中的卓越表现。公司还通过了 ISO 9001、ISO 14001、ISO 18001 和 ISO 27001 认证。[1]

（7）考根湾佩切姆运输公司

考根湾佩切姆运输公司成立于 2009 年，是巴林麦纳麦投资银行[Ibdar Bank BSC（c）]的子公司。该公司总部位于巴林麦纳麦，主要提供石化海洋运输服务。考根湾佩切姆运输公司拥有且经营数艘液化天然气和液化石油气运输船，主要业务为将液化天然气和其他石化产品以及天然气从巴林等生产区域运输到东南亚市场。[2]

6. 市政工程与城市规划部

市政工程与城市规划部旨在通过向每个家庭和商店提供各种服务，灵活协调有关当局以满足公众需求。该部下设渔业司管理巴林海洋渔业有关事项。[3] 渔业司由 1 名主任、4 名专业人员、18 名技术人员和 11 名辅助人员组成，他们参与渔业司下设的国家海水养殖中心（National Mariculture Center）开展的所有海水养殖活动。渔业司的主任和高级职员都有硕士及以上学位，所有技术人员都受过良好的海水养殖科学教育和培训，并在该领域有多年实践经验。其中技术人员在海水养殖研究的各个不同领域内工作，如育雏管理、孵化技术，活食生产，营养和鱼类病理学等。[4]

国家海水养殖中心建立于 1979 年。中心与联合国粮食及农业组织合作开展试点项目。国家海水养殖中心是水产养殖领域开展应用和科学研究的政府机构。其主要目标是：开展海洋生物和其他海洋资源海水养殖的科学研究项目和发展计划，开发适于巴林环境的培养系统，协助和鼓励私营部门投资商业鱼类养殖，大规模养殖适合养殖的重要鱼种，培训本国水产养殖技术人员，大规模生产鱼苗和鱼种来实施种群增殖计划，以保护当地濒临灭绝的海

---

[1] "COMPANY OVERVIEW", Gulf Petochemical Industiles Co., http://www.gpic.com/company/CompanyOverview/, January 15, 2019.

[2] Bloomberg, https://www.bloomberg.com/research/stocks/private/snapshot.asp?privcapId=225779428, January 17, 2019.

[3] "From Here We Start... Our Message", Ministry of Works, Municipalities Affairs and Urban Planning, https://www.mun.gov.bh/portal/pages/StrategyEn.jsp#St3, December 12, 2020.

[4] "National Aquaculture Sector Overview Bahrain", Food and Agriculture Organization of the United Nations, http://www.fao.org/fishery/countrysector/naso_bahrain/en, January 15, 2019.

洋资源等。该中心位于巴林东南海岸的 Ras Hayan。目前，国家海水养殖中心成功实现了长鳍篮子鱼（Siganus canaliculatus）、海鲷（Sea bream）、金头鲷（Sparus aurata）、棕点石斑鱼（Epinephelus fuscoguttatus）等重要商业鱼类的繁殖。多年来，国家海水养殖中心一直向海合会国家和区域渔业委员会（Regional Commission for Fisheries）的其他成员国提供海洋鱼种。巴林一直保持该地区领先的海洋鱼种生产国和出口国的地位。目前，巴林尚未开展商业海水养殖项目，海水养殖仅限于研究活动，包括营养、繁殖、孵化技术，以及上述物种的育苗和养成以及大规模生产等领域的研究。由于巴林淡水资源稀缺，巴林更为重视海洋物种的研究与培养。[1]

7. 教育部

在20世纪初，古兰经学校（Kuttab）是巴林唯一的教育形式，旨在教导儿童和青年诵读古兰经。1919年，几个商人组成的教育委员会在穆哈拉克北部建立了 Al-Hidaya Al-Khalifia 男子学校，该校是巴林第一所现代公立学校。1926年，教育委员会在麦纳麦开设了第二所男子公立学校。1928年，第一所女子公立学校在穆哈拉克市开办。由于教育委员会面临财政和行政方面的困难，学校在1930年受到政府的直接控制，由教育部管理。[2] 教育部管理的高校中，巴林理工学院（Bahrain Polytechnic）开设的课程与海洋事务紧密相关。

巴林理工学院由哈马德国王于2008年通过第65号皇家法令成立，该校开设的国际物流管理专业与海洋运输紧密相关。值得一提的是，运输和物流部是"巴林2030年经济愿景"的关键部门之一，具体涉及海运、港口、航空、公路、铁路、仓储和物流等行业。2017年，巴林理工学院和阿曼国际海运学院（International Maritime College of Oman）签署合作谅解备忘录，为双方开展教学合作，提高教学质量以及开展其他领域的合作特别是在工程和物流领域的合作奠定了基础。[3]

8. 调查和土地登记局

巴林调查和土地登记局成立于1924年，其前身为土地登记局（Land

---

[1] "National Aquaculture Sector Overview Bahrain", Food and Agriculture Organization of the United Nations, http://www.fao.org/fishery/countrysector/naso_bahrain/en, January 15, 2019.

[2] "History", KINCDOM OF BAHRAIN Ministry of Education, http://www.moe.gov.bh/history/index.aspx?lan=en, January 18, 2019.

[3] "Bahrain Polytechnic and International Maritime College of Oman Sign MOU", Bahrain Polytechnic, https://www.polytechnic.bh/news/bahrain-polytechnic-and-international-maritime-college-of-oman-sign-mou/, December 13, 2020.

Registration Bureau）。2003 年 4 月 19 日，国王颁布 2003 年第 34 号法令，将属于工程和住房部的调查局与土地登记局合并，成立调查和土地登记局。该局设在首府麦纳麦，负责土地、航空和水文调查。调查和土地登记局下设三个分局：地籍调查局（Cadastral Survey Directorate）、地形测量局（Topographic Survey Directorate）和水文调查局（Hydrographic Survey Directorate）。其中，水文调查局负责海洋水文测量事项。

巴林的领海面积相当其陆地面积的十倍之多，因此巴林非常注重海洋水文测绘工作和海上的航行安全。水文调查局为海湾地区水文测量领域最古老的官方机构之一，自成立以来该局的首要职责就是制作必要的海图，以确保巴林领海内船舶和海上航行的安全。此外，该局还不断捕获和生成海潮水平的必要信息。具体来说，水文调查局的主要职责有：参考 WGS-84 坐标系图标制作标准，制作用于定位和测量面积和距离的 GPS 坐标图表；使用电子测量设备测量水深，进行水文调查海上作业；连续记录和监测 12 个沿海站点的潮水位变化；通过从不同地区采集样本，研究海岸和珊瑚礁的生物多样性，并了解海床地形和地理特征；根据所获得的水和土地测量数据，创建数据库；测量海水温度及巴林领海的海流速度和方向，并将其全部存储在数据库中；制作导航纸和数字电子图表；与英美等国的外国专家签订合作协议，交流信息和经验并获取水文调查领域的国际组织成员资格等。目前，巴林加入了国际海事组织（International Maritime Organization）和国际海道测量组织（International Hydrographic Organization）。水文调查局在巴林履行上述国际组织义务中发挥了重要作用。截至目前，巴林出版的 5 张图表已被选为国际图表，得到大多数国际海道测量组织成员国的认可，并将其作为商船和海军使用的图表。[1]

9. 最高环境委员会

巴林最高环境委员会成立于 2012 年，负责制定巴林环境和可持续发展战略，并与巴林相关部委和机构一起贯彻执行该战略。最高环境委员会的任务还包括保护巴林的自然栖息地和人类环境，以实现环境的可持续发展。

最高环境委员会有三个附属机构：艾尔艾林野生动物园（Al Areen Wildlife Park）、阿拉德湾保护区和公园（Arad Bay Protected Area & Park）、国家溢油应急指挥中心（National Oil Spill Response Command Centre）。其中阿拉

---

[1] "Hydrographic Survey Directorate", Kingdom of Bahrain Survey & Land Registration Bureau, https：//www.slrb.gov.bh/about/DirectorateDetails/? PageId = 84&ChnlId = 59&PageId2 = 22&ChnlId2 = 56, January 15, 2019.

德湾保护区和公园与国家溢油应急指挥中心与海洋紧密相关。

阿拉德湾保护区和公园是小型鱼类、浮游生物和海藻的天然孵化器，附近海域的潮汐运动丰富了该地区的生物多样性。此外，阿拉德湾是巴林最重要的沿海红树林保护区之一。红树林为小型鱼类提供避风港，数百万对海洋环境很重要的小型生物和微生物生活在保护区的沙滩上。

为控制石油泄漏，最高环境委员会在锡特拉码头建立了国家溢油应急指挥中心。选择该地点是为了方便管理和快速响应操作，确保指挥中心的操作团队和中心的其他部门之间快速沟通。锡特拉码头附近有许多工业和石油设施，石油泄漏事故发生的可能性较大。该中心配备了打捞浮油所需的各种通信设施，从溢油现场播放实时图像，工作人员能够了解事故现场的状况并作出正确的决定。[1]

---

[1] "Supreme Council for Environment", Kingdom of Barin Supreme Council for Exirnment, http://www.sce.gov.bh/en/, January 12, 2019.

三、国内海洋立法

巴林法律体系发展历经四个时期：教法学家主导下的伊斯兰法时期、酋长管理下的部族法时期、英国控制下的混合法时期以及世俗和伊斯兰共生下的二元法时期。巴林法律体系的现代化呈现出多元化的理论形态与文化取向。[1] 但由于巴林海洋法律体系的内容不够丰富，其法律体系中的多元化特点在其海洋立法中未有突出体现。对于划定管辖海域的法，巴林没有过多关注，相反，在海洋环境、石油、渔业和海事领域，出于实际管理的考虑，巴林颁布了众多法令和条例。

（一）划定管辖海域的法

截至 2019 年 1 月，巴林只有一部划定管辖海域的法，即《1993 年 4 月 20 日第 8 号法令》（Decree-Law No. 8 of 20 April 1993）。该法仅对其领海和毗连区的宽度作出规定：巴林的领海宽度为 12 海里，毗连区的宽度为 24 海里。上述两个海域都是从依《联合国海洋法公约》确定的领海基线开始量起。

巴林没有主张专属经济区，其大陆架的外部界限是通过条约和国际法院判决确定的。1958 年 2 月 22 日，巴林与沙特阿拉伯签署了《巴林—沙特阿拉伯大陆架划界协定》（Bahrain-Saudi Arabia Boundary Agreement 22 February 1958），确定了巴林大陆架的西部和南部界限。1971 年 6 月 17 日，巴林与伊朗签订了《伊朗和巴林关于划定大陆架边界的协定》（Agreement concerning Delimitation of the Continental Shelf between Iran and Bahrain），确定了巴林大陆架的北部界限。[2] 2001 年卡塔尔诉巴林海洋划界和领土争端案的判决[3]确定了巴林东部和南部的大陆架外部界限。

---

[1] 韩志斌、温广琴：《从伊斯兰法到二元法：巴林法律体系的变迁轨迹》，载《阿拉伯世界研究》2009 年第 4 期。

[2] Division for Ocean Affairs and the Law of the Sea, Office of Legal Affair United Nations, "BAHRAIN LEGISLATIONANDTREATIES", http://www.un.org/Depts/los/LEGISLATIONANDTREATIES/STATEFILES/BHR.htm, January 11, 2019.

[3] 《卡塔尔诉巴林海洋划界和领土争端案判决书》，载国际法院官网，https://www.icj-cij.org/public/files/case-related/87/087-19940701-JUD-01-00-EN.pdf，最后访问日期：2020 年 12 月 13 日。

（二）海洋环境保护立法

巴林制定的与海洋环境保护有关的法律主要有 1996 年《环境法》（Environmental law）和《海洋财富法》（Law of Marine Wealth）。《环境法》是关于环境保护的综合性法律，其中涉及部分与海洋环境保护有关的条款。例如该法第 27 条规定，禁止破坏海洋和陆地动植物的栖息地。《海洋财富法》是一部保护海洋资源的专项法律。该法规定了渔业机械管理、许可证和海关检疫程序等方面的事项。[1]

（三）石油相关立法

巴林的石油相关法律法规可以分为两类：一类是设立石油和天然气监管机构的法律法规，例如，《2005 年第 63 号成立国家石油和天然气管理局的皇家法令》（Royal Decree Number 63 of 2005 in Respect of the Incorporation of the National Oil & Gas Authority）、《2015 年第 19 号重组国家石油和天然气管理局董事会法令》（Decree Number 19 of 2015 Restructuring National Oil and Gas Authority Board of Directors）等；另一类是关于石油和天然气监管规定的法律法规，例如，《2004 年第 36 号对走私补贴石油产品行为的打击和刑事定罪法》（Law Number 36 of 2004 Concerning the Criminalization and Combat of Smuggling of Subsidized oil Products）、《2006 年第 11 号关于禁止出口补贴的石油产品的部长令》（Ministerial Order Number 11 of Year 2006 which Banning the Export of Subsidized Petroleum Products）等。[2]

（四）渔业相关立法

与石油相关立法类似，巴林的渔业相关法律法规可以分为两类：一类是设立渔业相关监管机构的法律法规，例如，《1997 年第 6 号为发布和执行渔业财富决议设立委员会的决议》（Resolution No. 6 of 1997 Establishing the Com-

---

[1] eGOVERNMENT, "Progress in the Area of Sustainable Development to Protect the Environment and Natural Resources", https：//www. bahrain. bh/wps/portal/! ut/p/a0/hY7BbsJADER_ xZecvd-AK9Uql0gghcYCKsBdkgglbgh12nYjPZ1OpUm-9eTxvxkaPFXqhITRkQYXaUfvZoVy72WT6Nl267dfC-zdeb13L1Ub649wluWHD5H1ThPnzf736OvlYxfhhW3OjQaTRqDyyFO6sax8KxDCGq3FiyA13M23r8p-XB5biKnBEHALgwUmUDPkPpkFISOLcOJB261G9Ng-hv_ wf8UA8kJhKyP-USu1D7WnLC7fu6e7F-Hu8A!! /#3, January 11, 2019.

[2] "Energy and Natural Resources Global Guide 2018-Bahrain", STA, https：//www. stalawfirm. com/en/blogs/view/oil-and-gas-guide-bahrain. html? utm _ source = Mondaq&utm _ medium = syndication&utm_ campaign = View-Original, January 12, 2019.

mittee for Following the Issuance and Implementation of Resolutions on Fish Wealth）等；另一类是有关渔业具体规定的法律法规，例如，《2015年第12号禁止捕捞、狩猎、交易或销售螃蟹的决议》（Resolution No. 12 of 2015 Banning Crabs Fishing or Hunting or Trading or Selling）等。此外，由于巴林曾经珍珠业兴盛，与海湾其他国家相比，巴林关于珍珠产业的立法更多也更为具体，例如《1990年第10号关于控制珍珠和宝石的法令》（Legislative Decree No. 10 of 1990 Concerning the Control on Pearls and Precious Stones）等。巴林的渔业相关法律法规参见附录10。

（五）港口和海事相关立法

巴林关于港口和海事的立法十分丰富。其中，只有两部法制定于20世纪，即《船舶登记法》（Ship Registration Law）和《巴林海事法典》（Bahrain Maritime Code）。《船舶登记法》颁布于1978年，是关于船舶登记和确定安全条件的法。[1]《巴林海事法典》颁布于1982年，涉及船舶、船员、海上事故和保险等方面的规定。港口和海事管理部门在制定新的海事法，新法将涉及国际海事公约和港口运营等方面的问题。2022年该法典的修订已进入最后阶段。2000年后，巴林制定了大量港口和海事相关法规条例，具体内容参见附录11。

---

[1] "LAWS AND REGULATIONS", Kingdom of Bahrain Ministry of Transportation and Telecommunications, http：//mtt. gov. bh/content/pma-law-and-regulation%20, January 11, 2019.

四、缔结和加入的海洋法条约

（一）联合国框架下的海洋法公约

独立前的巴林没有加入《领海及毗连区公约》《大陆架公约》《公海公约》《捕鱼及养护公海生物资源公约》。独立后，巴林于1982年12月10日签署了《联合国海洋法公约》，并于1985年5月30日批准该公约。

（二）缔结和加入的海事条约

在国际海事组织框架下，巴林缔结和加入了众多海事条约。从数量上看，巴林缔结加入的海事条约的数量比其他波斯湾国家少。从时间上看，巴林缔结和加入这些条约存在一定规律。从1976年开始，巴林每隔10年都会缔结和加入一些新的条约。具体而言，巴林缔结和加入这些条约的时间集中在1985年、1996年、2005年和2015年等年份。巴林缔结和加入的海事条约参见附录13。

（三）海洋环境保护条约

巴林很重视对海洋环境的保护，缔结和加入了很多与海洋环境有关的区域性条约和全球性条约。其中，区域条约大多是在科威特签署或由其保管的、保护波斯湾环境免受污染的条约，例如《科威特海洋环境污染保护合作区域公约》（Kuwait Regional Convention for Cooperation on the Protection of the Marine Environment from Pollution）。而国际条约涉及的范围更广，除了防止海洋污染的条约，还包括保护生物多样性的条约，例如《生物多样性公约》（Convention on Biological Diversity）。巴林缔结和加入的海洋环境保护条约参见附录14。

五、海洋争端解决

由于巴林所处的地理位置，它与沙特阿拉伯、伊朗和卡塔尔这三个邻国有过海洋划界争端，但都通过双边协定或国际司法机构的判决解决了。1958年，巴林和沙特阿拉伯签署《巴林—沙特阿拉伯大陆架划界协定》划分了两国间的大陆架。1971年，伊朗和巴林签署《伊朗和巴林关于划定大陆架边界的协定》解决两国间大陆架划界问题。2001年3月16日，国际法院的判决解决了巴林和卡塔尔的海洋划界和领土争端问题。

（一）与沙特阿拉伯的大陆架划界协定

20世纪30年代末，沙特阿拉伯与巴林之间因为小伯纳岛、卢伯纳卡毕拉岛的岛礁主权以及法斯特布萨法沙洲主权问题产生分歧，巴林迫切希望早日解决与沙特之间的岛礁争端并确定两国间的海上边界，以便在不受干涉的情况下勘探油井和开采更多的石油。1950年11月，英国政府代表巴林和沙特政府就上述岛屿主权以及海床等问题达成一致，通过谈判解决上述问题。1958年2月22日，两国签署《巴林—沙特阿拉伯大陆架划界协定》，协定于同日生效。该协定主要内容参见本书"沙特阿拉伯海洋法律体系研究"中"五、海洋争端解决"部分。

（二）与伊朗的大陆架划界协定

1971年6月17日，伊朗与巴林就大陆架划界问题签订了《伊朗和巴林关于划定大陆架边界的协定》（Agreement Concerning Delimitation of the Continental Shelf between Iran and Bahrain）。依协定所载生效要件，该协定于1972年5月14日双方交换批准书之日生效。[1] 该协定主要内容参见本丛书《伊朗、伊拉克、科威特海洋法律体系研究》"伊朗海洋法律体系研究"中"五、海洋争端解决"部分。

（三）卡塔尔诉巴林海洋划界和领土争端案

1. 案件背景

巴林与卡塔尔的领土边界问题由来已久。早在18世纪初期，巴林哈利

---

[1] 根据该协定第5条规定，协定于交换批准书之日生效。

法家族（The House of Khalifa）统治着位于卡塔尔半岛（Qatar Peinsula）的萨尼（The House of Al Thani）、努埃姆（The House of Naim）等家族。因不堪忍受哈利法家族的苛政重税，萨尼家族和努埃姆家族联合起来反抗其统治，却遭哈利法家族的强势镇压，反抗无疾而终。在政治局面难以有所进展的情况下，奥斯曼帝国和大英帝国通过干预，实际上默认了萨尼家族脱离巴林哈利法家族统治的合法性。随后在西方势力的进一步干预下，巴林和卡塔尔签订了一系列条约，但仍未能对两国的领土边界作出清晰详尽的划分。

20世纪以来，随着各国势力范围的形成，领土纠纷愈演愈烈。1936年4月28日，巴林代表致函英国政治代表，宣称哈瓦尔群岛（Hawar Islands）是其领土的一部分；1937年，巴林占领哈瓦尔群岛，卡塔尔提出严正抗议；1938年，两国致函其保护国当局，即诉诸英国作出"决定"；1939年7月11日，英国作出决定，将该岛屿主权划归巴林。

在此期间，该争端历经多次调解，大致可分为两个阶段：一是卡塔尔未独立前，于1950年由作为保护国的英国居中调解；二是其独立并加入联合国以后，由沙特居中调解。而遗憾的是，这些调解均告失败。[1]故卡塔尔于1991年7月8日，正式向国际法院提起对巴林的诉讼。两国一致同意在案件实质问题审理之前应首先单独处理管辖权和可受理性问题。据此，法院先后在1994年7月1日和1995年2月15日就案件的管辖权和可受理性问题作出了两份判决，最后确定了法院对该案的管辖权。

该案于1995年4月进入书面审理阶段，并于2001年3月作出最终判决。在该案审理过程中，双方各执一词，卡塔尔主张：第一，卡塔尔对哈瓦尔群岛拥有主权；第二，沙特·迪贝尔（Fasht Al-Dibal）和吉塔特杰拉达（Qit'at Jaradah）为低潮高地，且卡塔尔对其拥有主权；第三，巴林对贾南岛（Janan Island）不拥有主权；第四，巴林对祖巴拉（Zubarah）不拥有主权。巴林主张：第一，巴林对祖巴拉拥有主权；第二，巴林对包括贾南岛和哈特贾南岛（Hartjanan Island）在内的哈瓦尔群岛拥有主权。

双方均同意遵循"陆地统治海洋"（The Land Dominates the Sea）原则，即运用习惯国际法[2]来解决两国间的领土争端。该案的争议焦点主要包括：卡塔尔半岛上的祖巴拉主权归属、两国之间的哈瓦尔群岛主权归属、贾南岛

---

[1] 张卫彬：《国际法院接受条约规则及相关问题研究——以领土边界争端为视角》，法律出版社2015年版。

[2] 此时的巴林和卡塔尔都不是1958年"日内瓦海洋法公约"的成员国。虽然巴林已批准了1982年《联合国海洋法公约》，但卡塔尔只是该公约的签字国，因此唯一适用两国领海划分的便是习惯国际法。

主权归属、两国间海洋上的小岛和礁石主权以及两国低潮高地在划界时所起的作用等。

2. 相关陆地和岛礁归属

（1）祖巴拉

祖巴拉位于卡塔尔半岛西北海岸，距离卡塔尔首都 105 千米。该地区面积为 193 平方千米，存在争议的面积约 1 平方千米。[1] 巴林哈利法家族在 18 世纪 60 年代占领了祖巴拉，之后该家族迁居巴林。

巴林认为：第一，1783—1937 年，按照尊重历史的符合比例原则的有效占领标准（the international standard of contextually proportionate effective occupation）和祖巴拉居民对巴林统治者的忠诚的地区标准，它对祖巴拉拥有国际公认的完全主权。第二，哈利法家族在夏季居住在巴林岛上，冬季居住在祖巴拉。18 世纪末，哈利法家族任命州长统治祖巴拉地区。第三，虽然 1878 年祖巴拉地区被萨尼家族摧毁，1895 年英国军事干预后哈利法家族一度失去对该地区的直接控制，但是通过巴林哈利法家族的下属——努埃姆家族领导的部落联盟，巴林仍然控制着该地区。第四，英国一直认为巴林在祖巴拉拥有主权。1937 年，卡塔尔萨尼家族驱逐了居住在祖巴拉的努埃姆家族。巴林坚持认为，卡塔尔对祖巴拉的侵略是非法使用武力，不会产生任何合法权利，因此即使卡塔尔从 1937 年到现在一直实际控制祖巴拉，这种事实上的占领并没有产生对祖巴拉的合法主权。

卡塔尔则主张：第一，卡塔尔否认巴林哈利法家族通过努埃姆家族在 19 世纪到 20 世纪早期统治祖巴拉；第二，1867 年巴林哈利法家族袭击卡塔尔的瓦克拉（Wakrah）和必达（Bida），英国认为该袭击违反了 1861 年英国与巴林统治者达成的协议；第三，1868 年 9 月 6 日，英国与巴林新统治者达成的协议解决了上述事件，后者承认其前任的行为是非法的，并承担了今后不再重复这一行为的义务，接受了它对卡塔尔半岛没有主权，特别是对祖巴拉没有主权。[2]

法院判定，1868 年后巴林的新统治者从未在祖巴拉行使过直接管辖。1868 年之后，卡塔尔酋长贾西姆·本·萨尼（Jassim Bin Al-Thani）对祖巴拉领土的管辖权逐步巩固，这种管辖权得到 1913 年《英国和奥斯曼帝国专约》的承认。该专约第 11 条指出："两国政府一致认为，所述半岛将如过去一样

---

[1] "Zubarah", Wikipedia, https://en.wikipedia.org/wiki/Zubarah, January 12, 2018.

[2] ICJ, "Maritime Delimitation and Territorial Questions Between Qatar and Bahrain (Qatar v. Bahrain), Judgment of 16 March 2001", paras. 73-78, https://www.icj-cij.org/public/files/case-related/87/087-20010316-JUD-01-00-EN.pdf, December 13, 2020.

由贾西姆·本·萨尼以及其继承者管治。"鉴于1868年英国政府与巴林酋长之间的协定、1913年《英国和奥斯曼帝国专约》的条款，法院判定卡塔尔对祖巴拉拥有主权。

(2) 哈瓦尔群岛

哈瓦尔群岛位于巴林东南方16千米处，距离卡塔尔本土只有1.1千米。该群岛由16个小岛组成。卡塔尔和巴林都主张对哈瓦尔群岛拥有主权。卡塔尔认为，就哈瓦尔群岛的整体地理位置而言，它与卡塔尔的领土有密切的联系。哈瓦尔群岛的大多数岛屿位于距离卡塔尔海岸3海里的卡塔尔领海范围内，并且其全部岛屿都位于卡塔尔12海里的领海范围内。因此哈瓦尔群岛是卡塔尔不可分割的一部分，这一点得到了地质学和地貌学的证实。巴林则主张：第一，它不认为卡塔尔在争议领土上使用毗邻原则是正确的；第二，巴林长期对这些岛屿行使主权；第三，1939年7月11日英国裁决该群岛主权属于巴林，该裁决应被视为仲裁裁决，具有既判力，或至少是一份具有拘束力的政治裁决。[1] 法院认为1939年英国裁决不构成国际仲裁裁决，但一项裁决不构成仲裁裁决并不等于没有法律效力，从裁决程序情况来看，1939年的裁决对双方是具有法律拘束力的，因此，巴林对哈瓦尔群岛拥有主权。

(3) 吉塔特杰拉达

吉塔特杰拉达是两国争议海域内的一个岛屿。巴林认为它是一个在涨潮时仍然处于干燥状态的岛屿，且属于巴林。卡塔尔认为它是一个低潮地。资料显示，20世纪40年代前吉塔特杰拉达只是个低潮地，随着时间的推移它成为一个完全意义上的岛屿。国际法院认为，吉塔特杰拉达是个小岛，且无人居住，无任何植物生长，如果将其低水位线用于确定等距离线构造的基点，并将该线作为划界线，将对不显著海洋特征产生不成比例的影响。[2] 因而法院裁决在海洋划界时不赋予该岛任何法律效力。

(4) 沙特·迪贝尔

沙特·迪贝尔是距吉塔特杰拉达2.08海里的一个珊瑚礁。这一地理位置使得迪贝尔可能成为影响海洋划界的领海基点。国际法院承认该珊瑚礁作为

---

[1] ICJ, "Maritime Delimitation and Territorial Questions Between Qatar and Bahrain (Qatar v. Bahrain), Judgment of 16 March 2001", paras. 99-103, https://www.icj-cij.org/public/files/case-related/87/087-20010316-JUD-01-00-EN.pdf, December 13, 2020.

[2] ICJ, "Maritime Delimitation and Territorial Questions Between Qatar and Bahrain (Qatar v. Bahrain), Judgment of 16 March 2001", paras. 99-103, https://www.icj-cij.org/public/files/case-related/87/087-20010316-JUD-01-00-EN.pdf, December 13, 2020.

低潮高地的法律地位。根据《公约》第47条第4款，除在低潮高地上筑有永久高于海平面的灯塔或类似设施，或者低潮高地全部或一部与最近的岛屿的距离不超过领海的宽度外，这种领海基线的划定不应以低潮高地为起讫点。因此，国际法院拒绝了巴林将沙特·迪贝尔作为领海基点的主张。

（5）贾南岛

贾南岛位于哈瓦尔群岛西南方向3千米处，岛长700米，宽175米，面积0.1平方千米。首先，国际法院注意到双方对"贾南岛"这一表述的理解存在分歧。卡塔尔认为该岛"是一个近700米长、175米宽、位于哈瓦尔主岛西南端外的一个岛屿"。巴林认为该岛是指"位于哈瓦尔主岛南岸外1到2海里，低潮时合为一个岛的两个岛屿"。考虑到巴林亦不反对低潮时为一个岛屿，国际法院据此认为它可以将贾南岛和哈特贾南岛作为一个岛屿处理。其次，国际法院注意到1939年英国裁决哈瓦尔主权属于巴林，随后英国在1947年12月23日的信件中声明："贾南岛不被视为包含在哈瓦尔群岛的岛屿中，英国不承认巴林对贾南岛拥有主权。"[1] 国际法院据此判定贾南岛主权属于卡塔尔。

3. 海域划界

（1）先前协定的争议

国际法院在审理两国领土争端前注意到，1947年12月23日，英国政府曾为了石油钻井划分过两国的海床，并与两国签署过协议。法院认为，英国的决定只涉及双方之间的海床分割，而法院的划界一部分是领海的划界，一部分是大陆架和专属经济区的划界。因此，1947年协议不能被认为与当前的划界有直接关系。[2]

（2）领海基线的争议

卡塔尔认为应该采用"大陆对大陆原则"（Mainland-to-mainland Method）以中间线的形式来确定两国海洋领土的分界线。它主张将巴林主岛的海岸线和卡塔尔的海岸线作为领海基线，不考虑争议海域内的岛屿、礁石、暗礁或低潮高地。在此基础上，它主张使用稳定的、客观的、相对不变的高潮线来完成平等的分界。

---

[1] ICJ, "Maritime Delimitation and Territorial Questions Between Qatar and Bahrain (Qatar v. Bahrain), Judgment of 16 March 2001", para. 153, https://www.icj-cij.org/public/files/case-related/87/087-20010316-JUD-01-00-EN.pdf, December 13, 2020.

[2] ICJ, "Maritime Delimitation and Territorial Questions Between Qatar and Bahrain (Qatar v. Bahrain), Judgment of 16 March 2001", para. 240, https://www.icj-cij.org/public/files/case-related/87/087-20010316-JUD-01-00-EN.pdf, December 13, 2020.

巴林主张它是一个群岛国家，因此低潮线决定着领海的宽度和重叠领水的分界。作为事实上的群岛国，巴林宣称自己有权按照《公约》第47条第1款，即"群岛国可划定连接群岛最外缘各岛和各干礁的最外缘各点的直线群岛基线"来绘制领海基线。巴林在与其他国家的外交关系中以及20世纪的多边谈判中，都曾坚持自己是群岛国。它宣称自己作为一个群岛国家的权利是自由作出的选择，既不视第三方的承认而定，也不受时间的限制。[1] 巴林提出，可以将巴林主岛东海岸外的各种海洋凸地等同于一系列岛屿，将这些凸地连接形成直线基线，此外，巴林提交给法院其对争端海域内低潮高地拥有主权的证据，想以此在划分中间线时让法院多做考虑。[2] 但是，法院认为巴林的这些相关岛屿在数量上很少，只能说是群岛系统（island system），因此巴林不属于群岛国，无权适用直线基线。[3]

巴林、卡塔尔尽管对领海基线判定有不同意见，但两国对《公约》中关于岛屿和低潮高地的法律定义表示认同，并且两国都认为小岛应有自己的专属领水。此外，巴林认为岛屿无论面积大小、是否有人居住或是否宜居，都应被赋予法律效力。

此外，法院认为，由于巴林无权适用直线基线，位于哈瓦尔群岛和其他巴林岛屿之间的水域不是巴林的内水，而是该国的领海。所以卡塔尔的船只与所有其他国家的船只一样，在这一水域内享有习惯国际法赋予的无害通过权。同样，巴林的船只与其他国家的船只一样，在卡塔尔的领海享有无害通过权。

（3）争议海域的划界方法

两国都请求国际法院为两国间的大陆架和专属经济区划定一条单一海洋边界。这种边界线在客观上便于管理。但是，1958年"日内瓦海洋法公约"和《公约》都未提及单一海洋边界的概念，法院指出："单一海洋边界的概念并非产生于多边条约法，而是源于国家实践，其原因在于国家希望确定一条不间断的边界来划分归属于它们管辖的各种不同的，且部分重叠的海域。

---

[1] ICJ, " Maritime Delimitation and Territorial Questions Between Qatar and Bahrain (Qatar v. Bahrain), Judgment of 16 March 2001", para. 199-210, https：//www. icj-cij. org/public/files/case-related/87/087-20010316-JUD-01-00-EN. pdf, December 13, 2020.

[2] 赵康圣：《巴林卡塔尔海域划界案的国际法探析》，载《山西师范大学学报》2014年第4期，第85—87页。

[3] ICJ, " Maritime Delimitation and Territorial Questions Between Qatar and Bahrain (Qatar v. Bahrain), Judgment of 16 March 2001", paras. 213-214, https：//www. icj-cij. org/public/files/case-related/87/087-20010316-JUD-01-00-EN. pdf, December 13, 2020.

两国要求国际法院划定一条同时划分大陆架和上覆水域的单一分界线。"[1]

根据《公约》第15条关于海岸相向或相邻国家间领海界限划定的规定，国际法院发现巴林、卡塔尔之间的争议海域存在众多岛屿、礁石、低潮高地，其中某些具有法律效力，某些不具有法律效力。法院认为应适用"等距离/特殊情况"规则（Equidistance/ Special Circumstances Rule）对两国海域进行划界。国际法院进一步指出，在适用该规则时，"最符合逻辑和广泛使用的方法是首先画一条临时等距离线，然后按照特殊情况考虑是否必须调整这条线"[2]。

（4）国际法院的判决

国际法院最终判定：边界线的起点是目前尚不能确定的沙特阿拉伯、巴林和卡塔尔各自的海洋边界的交叉点，此后划界线将沿着东北方向延伸，紧接着转向东，经过哈瓦尔和贾南岛之间，随后划界线将转向北，经过哈瓦尔群岛和卡塔尔半岛之间并继续向北，穿过低潮高地沙特·布·图尔（Fasht Bu Thur）和沙特·阿兹姆岛（Fasht Al-Azm），再穿过低潮高地吉塔·爱尔·额吉（Qita'ael Erge）和吉塔特·艾施·加拉（Qit'at ash Shajarah），最后，它将经过吉塔特杰拉达和沙特·迪贝尔之间。

4. 国际法院的判决和案件后续情况

国际法院于2001年3月16日判定：第一，卡塔尔对祖巴拉、包括哈特贾南岛在内的贾南岛和迪贝尔低潮高地拥有主权；第二，巴林对哈瓦尔群岛和吉塔特杰拉达岛拥有主权；第三，卡塔尔船舶在哈瓦尔群岛与其他巴林各岛的巴林领海内享有习惯国际法赋予的无害通过权；第四，两国海上边界是一条根据"等距离/特殊情况"规则划分的单一海上边界线。[3]

国际法院的判决发布后，两国都表示接受该判决。巴林埃米尔谢赫·哈迈德·本·伊萨·哈利法（Sheikh Hamad bin Isa Al-Khalifa）发表了电视讲话："我们向国际法院对领土争端英明的决断致以崇高的敬意，我们对于其裁定表示完全的同意。考虑到法院的判决能为卡塔尔和巴林两个兄弟国家共同增益，我们已下令采取必要的措施来履行法院的判决。我们已经共同赢得

---

[1] 史久镛：《国际法院判例中的海洋划界》，载《法治研究》2014年第4期。
[2] ICJ, "Maritime Delimitation and Territorial Questions Between Qatar and Bahrain（Qatar v. Bahrain）, Judgment of 16 March 2001", para. 231, https：//www.icj-cij.org/public/files/case-related/87/087-20010316-JUD-01-00-EN.pdf, December 13, 2020.
[3] ICJ, "Maritime Delimitation and Territorial Questions Between Qatar and Bahrain（Qatar v. Bahrain）, Judgment of 16 March 2001", para. 250, https：//www.icj-cij.org/public/files/case-related/87/087-20010316-JUD-01-00-EN.pdf, December 13, 2020.

了未来并开启了一个光明新开端,我们两国的关系开始了一个新篇章,我们完成了数代巴林人和卡塔尔人的梦想和愿望。"

卡塔尔埃米尔谢赫·哈迈德·萨尼（Sheikh Hamad Al-Thani）也发表了电视讲话："对于哈瓦尔群岛,我们很难接受对它的裁决,但国际法院最终结束了我们两国的领土争端。法院的判决一定意义上加强了海湾国家的安全和稳定,使得该地区的国家更加专注于为海合会作出贡献,提升海合会的声望。我们向巴林伸出一双饱含热诚和平等友谊的双手,以结束历史的上一篇章,开启新的篇章,此后两国人民将会像兄弟一样规划我们的未来,并加深彼此间的影响。"[1]

巴卡两国领土纠纷解决,两国迈入了双边关系发展的新篇章,也有利于海湾地区的稳定。不仅如此,巴卡两国通过国际法院妥善解决领土争端的做法也为海湾其他国家解决彼此间的领土争端提供了一个可资借鉴的范例。

---

[1] 赵康圣:《巴林卡塔尔海域划界案的国际法探析》,载《山西师范大学学报》2014年第4期,第85—87页。

六、国际海洋合作

(一) 海洋研究合作

巴林虽然国土面积狭小,但四面环海,海洋在其国民经济中有不可忽视的地位。因此,巴林注重海洋研究,在海水淡化、海洋环境保护、水文测量方面与其他国家和国际组织展开了一系列合作。

1. 海水淡化

巴林淡水资源极度匮乏,而石油资源相对丰富,其海水淡化产业高成本的缺陷并不突出,巴林非常重视海水淡化产业的发展,国内使用的淡水资源近80%来自海水淡化。[1] 巴林与很多拥有先进海水淡化技术的国家建立了密切的合作关系。

2006年,法国威立雅水务技术公司(Veolia Water Technologies)与巴林达成一份建设多效蒸馏海水淡化厂的合同,该工厂建成后每天能生产273000立方米饮用水。[2] 2008年,韩国现代重工集团赢得了巴林阿杜一期(Al-Dur 1)独立水电站项目的合同。[3] 该项目总投资17亿美元,由韩国现代重工集团的分包商法国燃气苏伊士集团(GDF SUEZ)负责设计和建造,[4] 水电站于2012年建成,每天可产1234兆瓦电和218000立方米水。巴林电力和水务局(Bahrain Electricity and Water Authority)根据20年的水电购买协议购买该项目的全部产能。[5]

---

[1] R. Al Hashemi, S. Zarreen, A. Al Raisi, F. A. Al Marzooqi, S. W. Hasan., "A Review of Desalination Trends in the Gulf Cooperation Counc il Countries", 1 *International Interdisciplinary Journal of Scientific Research* 2014, pp. 72-96.

[2] "Veolia Water Wins Contract To Build Largest Multiple Effect Distillation Desalination Plant", WATER ONLINE, https://www.wateronline.com/doc/veolia-water-wins-contract-to-build-largest-m-0001, January 19, 2019.

[3] Arabian Business, "Bahrain to build $1.7bn power plant", https://www.power-eng.com/articles/2008/10/hyundai-heavy-industries-to-build-1245-mw-power-plant-in-bahrain.html, January 16, 2019.

[4] "Al Dur Seawater Reverse Osmosis Desalination Plant (Bahrain)", SUEZ, https://www.suezwaterhandbook.com/case-studies/desalination/Al-Dur-seawater-reverse-osmosis-desalination-plant-Bahrain, January 19, 2019.

[5] "GDF Suez wins Al Dur 1", Modern Power Systems, https://www.modernpowersystems.com/news/newsgdf-suez-wins-al-dur-1, January 18, 2019.

2011年，巴林翡翠咨询公司（Jade Consultancy of Bahrain）与德国赛利系统有限公司（Synlift Systems GmbH of Germany）签署了一份关于合作开发风力海水淡化技术的谅解备忘录。通过此次合作，巴林翡翠咨询公司首次在海湾地区引入绿色海水淡化技术。[1] 2016年，巴林大学（University of Bahrain）与英国阿斯顿大学（University of Aston）签署了关于将可再生能源用于巴林的反渗透海水淡化厂的协议。2017年，巴林大学与英国牛津大学（University of Oxford）签署了一份关于合作研究低能耗海水淡化技术的协议，该协议规定巴林大学有权获得牛津大学在海水淡化领域降低能耗的专业知识与技术。上述合作有助于降低巴林和英国在海水淡化领域的能源消耗。[2]

2018年，由沙特阿拉伯水电公司（Acwa Power）和日本三井公司（Mitsui）牵头的财团被选为巴林阿杜二期（Al-Dur 2）独立水电站项目的优先投标人。该财团还包括巴林阿莫尔工程承包集团（Almoayyed Contracting Group）、德国西门子（Siemens）、山东电力建设第三工程有限公司（Secpo 3）和法国威立雅集团（Veolia Group）。巴林阿杜二期独立水电站项目包括独立电站和海水淡化厂。其中，电站项目装机容量为1500兆瓦。海水淡化厂项目采用海水反渗透技术，每天能生产5000万加仑淡水。项目建成后，不仅能提供源源不断的电力，还能满足日益增长的用水需求，对巴林的民生、经济发展具有重大意义。[3]

综上所述，巴林与其他国家的海水淡化合作呈现出以下特点：由于缺乏海水淡化技术，巴林需要与其他国家合作才能实现海水淡化；合作的方式多为竞标式合作，以项目的形式推进；海水淡化由国家主导，离不开巴林政府的财政支持。

2. 海洋环境保护

巴林面临海岸线后退、海水污染、海洋生物物种减少等日益严重的海洋环境问题。为了缓解海洋环境问题，促进海洋的可持续发展，巴林十分重视通过国际合作的方式解决海洋环境问题，与诸多国家和国际组织在海洋环境领域展开了合作。下文以巴林和美国、英国、海洋环境保护区域组织的海洋环境合作为例进行说明。

---

[1] "Bahrain MoU Signed for Wind-powered Desalination Technology", Eco-Business, https://www.eco-business.com/news/bahrain-mou-signed-wind-powered-desalination-techn/, January 16, 2019.

[2] "OXFORD AND BAHRAIN PARTNER ON DESAL RESEARCH", The Oxford Water Network, https://www.water.ox.ac.uk/oxford-and-bahrain-partner-on-desal-research/, January 16, 2019.

[3] "Bahrain selects preferred bidder for Al-Dur 2 IWPP", Middle East Business Intelligence, https://www.meed.com/bahrain-selects-preferred-bidder-al-dur-2-iwpp/, January 12, 2020.

2004年9月，巴林与美国签署了《美国和巴林环境合作谅解备忘录》（Memorandum of Understanding on Environmental Cooperation Between The Government of the United States of America and The Government of the Kingdom of Bahrain）。该备忘录规定，双方加强专业人员和技术人员的交流以推进环境政策和标准的制定，组织联席会议、研讨会、培训，支持联合研究项目，促进产研结合，制订行动计划，从而推进环境保护合作。该备忘录涉及的海洋环境保护领域有水资源保护、海岸环境和海洋资源保护、海洋濒危物种保护等。为了进一步加强环境合作，在原有的环境合作谅解备忘录和自由贸易协定框架的基础上，巴林和美国制定了"2017—2021年行动计划"（2017—2021 Plan of Action）。根据该计划，双方在环境执法能力提升、海洋资源和海洋环境保护等领域进一步加强合作。[1]

巴林与英国在"英国和海湾国家环境伙伴关系计划"（UK-Gulf Marine Environment Partnership Programme）下展开了海洋环境合作。该计划旨在加强英国环境渔业与水产养殖科学中心（CEFAS）、英国海洋科学咨询机构（Marine Science Advisory Agency）及海湾国家环境部门的合作，以应对海湾地区海洋环境恶化的挑战。目前，巴林的塔坡（Tubli）湾废水污染严重，巴林石油公司（BAPCO）炼油厂附近海域的石油污染和工业污染严重。英国环境渔业与水产养殖科学中心对上述海域进行了海洋污染调查，评估巴林最高环境委员会的监测数据，将调查和评估结果与未受污染海域的情况进行对比，从而为巴林海洋环境标准的制定和海洋环境监控计划的修正提出建议。[2]

海洋环境保护区域组织成立于1979年，海洋环境保护区域组织的成员国有巴林、伊朗、伊拉克、科威特、阿曼、卡塔尔、沙特和阿联酋。海洋环境保护区域组织的目标是协同成员国，以保护海洋水质，以及保护海洋环境系统和海洋生物，减少开发活动导致的污染。[3] 作为海洋环境保护区域组织的成员国，巴林积极参与推进该组织所倡导的海洋环境保护活动。

此外，巴林加入了一系列海洋环境保护相关的国际公约。例如，巴林于1996年加入《生物多样性公约》（Convention on Biological Diversity），于2005

---

[1] UNITED STATES GOVERNMENT INTERAGENCY COUNTERINSURGENCY INITIATIVE, "U. S. GOVERNMENT COUNTERINSURGENCYGUIDE", https：//www. state. gov/documents/organization/273263. pdf, January 17, 2019.

[2] CEFAS, https：//www. cefas. co. uk/media/201470/cefas-ukgmep-information. pdf, January 17, 2019.

[3] "Who We Are", Regional Organization for the Protection of the Marine Environment, http：//ropme. org/1_ WhoWeAre_ EN. clx, January 17, 2019.

年加入《控制危险废物和其他废物的海洋越境流动和处置的区域议定书》（Regional Protocol on the Control of Marine Trans-boundary Movements and Disposal of Hazardous Wastes and Other Wastes），于2015年加入《1990年国际油污防备、反应和合作公约》（International Convention on Oil Pollution Preparedness, Response and Co-operation, 1990）。巴林积极履行所加入的公约项下的义务，促进了其国内的海洋环境保护，也为国际海洋环境保护作出了贡献。

3. 水文测量

巴林于1992年加入国际水道测量组织。国际水道测量组织是关于水文测量的政府间国际组织，旨在通过协调各成员国水文主管机关的活动、推进海事测量的标准化、推广可靠高效的水文测量方法，从而促进海上航行安全、提高航行效率和净化海洋环境。作为国际水道测量组织的成员，巴林水文调查局根据国际水道测量组织的标准和规范，不断更新水文数据，积极提供有关最安全航线的信息。[1] 截至目前，5张巴林出版的航海图表入选国际排行榜。这些图表以字母"INT"开头，其后是国际航海图表索引中包含的四位数字以及巴林图表系列中的本地数字。这些具有特殊规格的图表得到国际水道测量组织成员的认可，供商船和军舰使用。[2]

（二）海洋油气资源合作

巴林海上油气资源主要来自近海处的巴林主产区油田（Bahrain Field），以及和沙特阿拉伯共享的阿布萨法（Abu Safah）油田。[3] 巴林并非石油输出国组织成员国，主要与沙特阿拉伯、科威特、中国、日本、俄罗斯、美国等国家开展海洋油气资源合作。

1. 与沙特阿拉伯的海洋油气资源合作

巴林和沙特阿拉伯共享海上油田阿布萨法。阿布萨法油田是世界上最大的油田之一，位于波斯湾海域，是波斯湾石油和天然气盆地的一部分。[4] 根据1958年《巴林—沙特阿拉伯大陆架划界协定》，巴林和沙特阿拉伯将日产

---

[1] "About the IHO", IHO, https://www.iho.int/srv1/index.php?option=com_content&view=article&id=298&Itemid=297&lang=en, January 16, 2019.

[2] "Hydrographic Survey Directorate", Kingdom of Bahrain Survey & Land Registration Bureau, https://www.slrb.gov.bh/about/DirectorateDetails/?PageId=84&ChnlId=59&PageId2=22&ChnlId2=56, January 19, 2019.

[3] 《巴林石油大臣：有望与中石油共同开发该国最大油气田》，载每经网，http://www.nbd.com.cn/articles/2018-05-10/1216003.html，最后访问日期：2020年12月16日。

[4] "ABU SAFAH", Mining Encyclopedia, http://mining-enc.com/a/abu-safah-/, January 23, 2019.

30万桶的阿布萨法海上油田的年收入分成两份。沙特国家石油公司（Saudi Arabian Oil Company）负责该油田的生产。巴林提炼并销售阿布萨法油田一半的产量，沙特国家石油公司通过管道与巴林的Sitra炼油厂相连。2015年，巴林每天从沙特阿拉伯获得15.1万桶的阿布萨法原油。[1]

2. 与科威特的海洋油气资源合作

2007年3月13日，巴林石油公司与科威特布尔干钻井公司（BURGAN）在巴林签订了3300万美元的石油开采合同。据此，科威特布尔干钻井公司于2007年4月和8月在巴林分别开采48口竖井和22口水平井。[2]

3. 与中国的海洋油气资源合作

海湾六国（阿曼、沙特、科威特、阿联酋、卡塔尔和巴林）与中国能源合作的格局从单一到多元。1989年，仅有阿曼是中国的供油国，而到1995年，海湾六国已全部是中国的供油国。[3] 作为海合会的一员，巴林在海合会的框架下与中国开展了合作。

2010年3月23日，为期两天的首届海湾国家和中国经贸论坛在巴林首都麦纳麦开幕，来自海湾阿拉伯国家合作委员会中6个国家的400位代表和中国的企业家、官员参加。此次论坛由海合会商工联合会、巴林商工会和中国贸促会联合举办，旨在为海湾国家和中国的企业家搭建一个交流平台，进一步加强和促进双方近年来迅猛发展的经贸友好合作关系。巴林商业和工业大臣、科威特工商大臣、巴林商工总会主席、中国贸促会副会长、中国驻巴林大使等出席了开幕式。巴林商工总会主席表示，海湾国家与中国在经贸领域互补性强，双方在原油贸易、油气勘探、石化、采矿、基础设施建设等方面合作良好且仍有巨大提升空间。他欢迎中国企业家借这次论坛的机会积极在海湾地区发掘商机，希望双方共同将互利共赢的经贸投资合作关系推向更高的水平。[4]

为落实中巴双方于2013年9月签署的《中国国家能源局和巴林王国国家油气署关于油气和石化部门相互合作的谅解备忘录》，2014年12月15日，中国国家能源局副局长和巴林国家油气署秘书长在北京共同主持了中国巴林油气合作委员会第一次会议，双方一致认为中巴在油气领域优势互补，存在

---

[1] "BAHRAIN", U.S. Energy Information Administration, https://www.eia.gov/beta/international-al/analysis.php?iso=BHR, January 27, 2019.

[2] 《巴林石油工业发展动态》，载中国石油新闻中心官网，http://center.cnpc.com.cn/bk/system/2007/04/17/001082641.shtml，最后访问日期：2019年1月23日。

[3] 王有勇：《中国与海湾六国的能源合作》，载《阿拉伯世界研究》2005年第6期。

[4] 《首届海湾国家和中国经贸论坛23日在巴林举行》，载中国政府网，http://www.gov.cn/jrzg/2010-03/24/content_1563201.htm，最后访问日期：2019年1月13日。

较大互利合作空间，中方可发挥技术优势，运用国际合作经验，参与巴林相关领域的项目。[1]

巴林政府于2018年4月1日宣布，在巴林西海岸以西的巴林湾盆地发现了新的致密油和深层天然气资源。作为巴林1932年以来发现的最大油气田[2]，其足以维持致密油和深层天然气的长期开采。[3] 但巴林的经济实力并不支持其自主开采、提炼原油，故巴林欲吸引外资外企共同开采原油。[4] 2018年5月10日，巴林石油大臣谢赫·穆罕默德·本·哈利法·阿勒哈利法对《每日经济新闻》记者表示，其所在部门已经与包括中石油、中石化及中海油在内的三家中国石油企业进行了商谈。虽然已先后与众多国家的石油企业进行过商谈，但阿勒哈利法表示，中石油是最有可能落地的合作对象。[5] 同年5月27日，驻巴林大使安瓦尔到任拜会巴林石油大臣。安大使祝贺巴林发现史上最大规模油气田，并表示中国企业在油气勘探和开发方面具有全球领先的技术优势，也拥有巨大能源消费市场，中方愿积极推动中国企业与巴方对接，进一步促进双方在石油和能源领域的合作，推动两国友好合作关系再上新台阶。巴林石油大臣表示，巴方高度重视对华合作，视中方为值得信赖的重要合作伙伴，愿进一步扩大与中方在油气产业和能源领域的交流与合作，实现互利共赢与共同发展。[6] 除此以外，巴林还向中国进口石油设备。

4. 与日本的海洋油气资源合作

日本前首相安倍晋三于2013年8月24日访问巴林，[7] 推进能源外交是

---

[1] 《中国巴林油气合作委员会第一次会议顺利召开》，载国家能源局网站，http：//www.nea.gov.cn/2014-12/31/c_133889762.htm，最后访问日期：2019年1月13日。

[2] 新发现的油田覆盖了巴林湾2000平方千米水域，其中还夹杂较大规模的天然气田。油田的储量约达800亿桶，是巴林已开采石油总量的数倍，天然气田的储量同样可观，约为2830亿至5660亿立方米。参见《巴林称发现储量800亿桶大油田》，载新华网，https：//baijiahao.baidu.com/s？id=1596876144488179947&wfr=spider&for=pc，最后访问日期：2020年12月14日。

[3] 《巴林发现"超级油气田"现有储量"相形见绌"》，载新华网，http：//www.xinhuanet.com/world/2018-04/03/c_129842752.htm，最后访问日期：2020年12月14日。

[4] 参见网易新闻，https：//www.163.com/dy/article/DJUB8PNL0519ADQ1.html，最后访问日期：2019年1月27日。

[5] 《巴林石油大臣：有望与中石油共同开发该国最大油气田》，载每经网，http：//www.nbd.com.cn/articles/2018-05-10/1216003.html，最后访问日期：2019年1月12日。

[6] 《驻巴林大使安瓦尔到任拜会巴林石油大臣穆罕默德》，载中华人民共和国外交部网站，http：//www3.fmprc.gov.cn/web/zwbd_673032/wshd_673034/t1562827.shtml，最后访问日期：2019年1月13日。

[7] 《总理动向》，载日本国首相官邸网站，https：//www.kantei.go.jp/cn/96_abe/actions/201308/24bahrain_day1.html，最后访问日期：2019年1月16日。

此次出访中东四国（巴林、科威特、卡塔尔、吉布提）的一大主线。2013年8月25日，巴林国王哈马德和日本首相安倍晋三举行了会谈[1]哈马德向安倍表示，巴林正在规划新的石油和天然气开发项目，这些项目为日本参与留下了空间，并将确保日本利益得以实现，希望日方认真考虑这个提议。[2] 在8月25日的日本、巴林两国经济界人士座谈会上，安倍称日本和巴林有着长久的友好关系，但是这种长久的友好关系若想获得飞跃性的发展则需要某种契机，巴林国王2012年访问日本正是实现日本与巴林关系产生飞跃性发展的契机。[3] 两国还确认了石油开发方面的合作问题，一致同意尽早恢复日本与海合会之间的贸易协定谈判。[4]

由6个海湾国家组成的海湾合作委员会轮值主席国巴林的首相哈利法·本·萨勒曼·阿勒哈利法，对于日本首相初次访问巴林作出"构建日本与海湾各国新型关系的历史性访问"的评价。2013年8月28日，安倍晋三表示："自1934年巴林首次将原油运至日本以来，长达80年的友谊，如今正结出更加丰硕的成果。"[5]

2016年1月26日，巴林国家天然气公司（BANAGAS）与日本天然气公司[6]（JGC Corporation）签署了一份价值3.55亿美元的协议，根据协议，日本天然气公司将扩建巴林的一个天然气处理厂。扩建完成后，该天然气处理厂用于加工天然气及巴林油田生产的石油，[7] 预计能提升对巴林油田991万立方米额外伴生气的处理量。此项目预计需要32个月准备试运转，而实际

---

[1] 关超：《巴林国王会见安倍 称日企有望参与能源开发项目》，载环球网，http：//world.huanqiu.com/exclusive/2013-08/4286699.html，最后访问日期：2019年1月17日。

[2] 《安倍结束中东行 能源经贸政治一箭三雕》，载第1财经网，https：//www.yicai.com/news/2974349.html，最后访问日期：2019年1月13日。

[3] 当时两国成立了商务经济交流协会。参见国际在线：《安倍访巴林 称巴林国王去年访日推动两国陷入"爱情"》，载新浪网，http：//news.sina.com.cn/o/2013-08-26/135128050305.shtml，最后访问日期：2019年1月17日。

[4] 国际在线：《安倍访巴林 称巴林国王去年访日推动两国陷入"爱情"》，载新浪网，http：//news.sina.com.cn/o/2013-08-26/135128050305.shtml，最后访问日期：2019年1月17日。

[5] 《安倍总理访问中东各国期间国内外记者招待会》，载日本国首相官邸网站，https：//www.kantei.go.jp/cn/96_abe/statement/201308/28kaiken.html，最后访问日期：2019年1月17日。

[6] 日本天然气公司是一家位于日本横滨的跨国工程及建筑公司，公司在全球拥有多个业务中心，并广泛承揽项目。参见《Shaw集团公司宣布获得卡特尔一家天然气处理及压缩厂的管道制造合同》，载Business Wire网，https：//www.businesswire.com/news/home/20050218005329/zh/，最后访问日期：2019年1月13日。

[7] 《2016年巴林石油行业发展情况》，载中华人民共和国驻巴林王国大使馆经济商务参赞处网站，http：//bh.mofcom.gov.cn/article/ztdy/201706/20170602592867.shtml，最后访问日期：2019年1月13日。

运作已于2018年9月开始。[1]

5. 与俄罗斯的海洋油气资源合作

2008年12月2日，巴林国家石油和天然气管理局和俄罗斯Gazprom公司（Gazprom Company）签署了《巴林王国与俄罗斯联邦在石油和天然气领域开展合作的意向书》[2]。2016年8月29日，巴林首相哈利法主持内阁每周例会，审议通过了巴林与俄罗斯关于液化天然气、油气勘探的合作备忘录。

2016年9月7日，俄罗斯总统普京与巴林国王哈马德举行会晤，讨论了军事合作、液化天然气、油气开采领域的合作，并签订4份相关协议。俄罗斯天然气工业股份公司（Public Joint Stock Company Gazprom）与巴林石油和天然气控股公司的领导人在有关扩大液化天然气领域互动的谅解备忘录上签字。俄罗斯国家地质公司（Rosgeo）与巴林石油和天然气控股公司签订为油气勘探开采加强地球物理学研究领域伙伴关系的备忘录。[3]

6. 与美国的海洋油气资源合作

巴林是迈向阿拉伯半岛的前哨阵地。美国加州美孚石油公司于1931年获得巴林的租让权，租让面积达4.046亿平方米。1932年6月，美国加州美孚石油公司在巴林发现了有商业开采价值的油田。1940年，巴林酋长又与美国签署补充协定，将租让期延长55年，租让范围扩大至66.53亿平方米，包括巴林全部陆地和沿海。美国加州美孚石油公司因此成为巴林石油资源的唯一拥有者。二战爆发之前，美国已通过获得勘探和开采阿拉伯石油租让权的策略，夺取了巴林和沙特全部、科威特50%，以及伊拉克23.75%的石油资源控制权。[4]

在中东地区，沙特、科威特、巴林、卡塔尔、阿联酋等国长年来一直受到美国的军事保护，这也为美国提供了可靠的原油供应渠道。2008年，美国用于从海外购买原油的资金已经达到当年其国内生产总值的3%。但是，页岩油在美国的出现大大改变了美国乃至全球原油供应格局。2009年，美国页

---

[1] 《日本JGC获巴林3.55亿美元扩建天然气厂协议》，载天然气工业网，http://www.cngas-cn.com/outNews/201602/26148.html，最后访问日期：2020年12月14日。

[2] "LETTER OF INTENT BETWEEN KINGDOM OF BAHRAIN AND THE RUSSIAN FEDERATION TO COOPERATE IN OIL AND GAS", Kingdom of Bahrain Narional Oil & Gas Authority, http://www.noga.gov.bh/noga/agreement-details.aspx?id=6, January 19, 2019.

[3] 《俄罗斯与巴林签署军事技术和天然气领域合作协议》，载俄罗斯卫星通讯网站，http://sputniknews.cn/russia/201609071020692633/，最后访问日期：2019年1月13日。

[4] 王有勇：《美国对阿拉伯能源战略的演变及其启示》，载《阿拉伯世界研究》2006年第6期。

岩油进入商业化开发阶段，美国原油的产能随之大幅增加，对中东地区原油进口的依赖逐步下降。[1]

2008年2月25日，巴林国家石油和天然气管理局和美国西方石油公司（Occidental Petroleum）签署了《第3和第4区块的勘探和产品分享协议》，以在第3、第4区块勘探石油（勘探期为7年），并挖掘30口井（包括第4区块的2座和第3区块的1座）。双方于2009年1月12日签署了《第1区块的勘探和产品分享协议》，在巴林海上第1区块进行勘探，从而增加巴林国家收入，提高公民的生活水平。[2]

2010年，美国西方石油公司获得了巴林推迟一年多才签订的深水天然气勘探合同。美国西方石油公司开始在巴林油田的陆上部分钻探天然气，巴林无须承担钻井所需费用。根据合同，前7年中的所有钻井费用将由美国西方石油公司承担，可能耗资1亿至2亿美元。如果发现天然气，双方将就开发一事举行谈判。如果没有发现天然气，巴林方面也不会有任何损失。[3]

7. 与荷兰的海洋油气资源合作

巴林国家石油和天然气管理局和荷兰壳牌天然气与能源公司（Shell Gas & Energy Company）于2009年2月2日签署的《巴林国家石油和天然气管理局、荷兰壳牌天然气与能源公司之间的谅解备忘录》，旨在探讨一系列机会，以支持巴林天然气的必要需求和要求。[4]

8. 与意大利的海洋油气资源合作

2019年，巴林国家石油和天然气管理局与意大利埃尼集团（Ente Nazionale ldrocarburi）签署了一份谅解协议，寻求在巴林北部领海1号区块进行深度从10米至70米不等的石油勘探。1号区块的近海面积超过2800平方千米。埃尼集团是一家意大利能源公司，主要经营石油、天然气和石化产品。意大利石油部长在谅解协议签署仪式上对媒体表示，埃尼集团将在获得自然资源高级委员会、内阁、舒拉会议和代表委员会的批准后，在2019年开始钻

---

[1] 樊志菁：《重挫近7%！原油远未见底？四年前恐慌杀跌一幕或重现》，载第1财经，https://www.yicai.com/news/100063604.html，最后访问日期：2019年1月17日。

[2] "AGREEMENTS", Kingdom of Bahrain Narional Oil & Gas Authority, http://www.noga.gov.bh/noga/agreements.aspx, January 19, 2019.

[3] 《美国西方石油获得巴林深水天然气合同》，载中国能源网，https://www.china5e.com/news/news-143752-1.html，最后访问日期：2019年1月17日。

[4] "MEMORANDUM OF UNDERSTANDING BETWEEN NOGA AND SHELL GAS & ENERGY COMPANY", Kingdom of Bahrain Narional Oil & Gas Authority, http://www.noga.gov.bh/noga/agreement-details.aspx?id=8, January 20, 2019.

探 1 号区块的第一口石油探井。[1]

9. 与马来西亚的海洋油气资源合作

在 2017 年 4 月 30 日至 2017 年 5 月 3 日巴林国王哈马德访问马来西亚期间，两国签署了 1 项协议和 3 项谅解备忘录，即马来西亚与巴林政府之间的航空运输协议、国防合作和交流谅解备忘录、中小企业合作谅解备忘录、国家石油公司与巴林油气企业巴林石油和天然气控股公司的合作谅解备忘录，以及大马全国总商会与巴林商工总会合作谅解备忘录。[2]

10. 与泰国的海洋油气资源合作

2007 年 12 月 11 日，巴林国家石油和天然气管理局与泰国 B. T. E. B 石油公司（B. T. E. B Oil Company）签署了《巴林王国与泰王国之间关于深北地区石油和天然气勘探的谅解备忘录》，授权泰国从深北地区勘探石油和天然气，以加强地球物理和地质研究以及石油和天然气勘探方面的合作，组建公开上市公司，并在培训和技能开发领域开展合作。此外，2008 年 2 月 25 日，巴林国家石油和天然气管理局与 B. T. E. B 石油公司签署了《第 2 区块的勘探和产品分享协议》，在第 2 号区块（面积为 2228 平方千米）探测原油，以促进巴林王国国家资源的开发利用、增加国家收入。[3]

（三）海洋防务合作

1. 与美国的防务合作

巴林在海湾地区的安全架构中发挥着重要作用，是美国的重要防务合作伙伴。1948 年以来，美国在波斯湾地区海军活动的总部一直都设在巴林。[4] 1991 年，巴林和美国正式签订有效期为十年的《军事合作协定》（Defense Cooperation Agreement），成为两国军事合作的历史转折点。该协定规定，巴林将为美军提供港口设施。1991 年海湾战争爆发后，以美国为首的多国部队

---

[1]《巴林与埃尼集团签署新的石油勘探协议》，载电缆网，http：//news. cableabc. com/enterprise/20190116190554_ all. html，最后访问日期：2019 年 1 月 23 日。

[2] Phin Hung Wong：《巴林国王首访我国，签订 3 备忘录及 1 协议》，载亚洲时报，http：//www. asiatimes. com. my/2017/05/04/ E5% B7% B4% E6% 9E% 97% E5% 9B% BD% E7% 8E% 8B% E9% A6% 96% E8% AE% BF% E6% 88% 91% E5% 9B% BD-% E7% AD% BE% E8% AE% A23% E5% A4% 87% E5% BF% 98% E5% BD% 95% E5% 8F% 8A1% E5% 8D% 8F% E8% AE% AE/，最后访问日期：2019 年 1 月 17 日。

[3] "AGREEMENTS", Kingdom of Bahrain Narional Oil & Gas Authority, http：//www. noga. gov. bh/noga/agreements. aspx, January 19, 2019.

[4] "Bahrain Protests A Worry for US and Its Fifth Fleet", THE GUARDIAN, www. theguardian. com/world/2011/feb/17/bahrain-protests-us-fifth-fleet, January 16, 2019.

1.75万人和作战飞机250架驻扎在巴林谢赫·伊萨（Shaykh Isa）空军基地；巴林是美国第五舰队的总部及母港，是美国海军在海湾地区重要的军事基地。战争结束后，美国在巴林长期维持大约1300人驻军、1.5万人海上军事力量、1个配有巡航导弹的航母战斗群、20余艘各类舰艇等武装人员和设施。美国第一海军陆战队派出的远征军也曾经部署在巴林。

截至1998年，美国海军在巴林部署的军事存在已维系了整整50年，双方领导人都重申重视彼此间的战略关系。1998年巴林第五舰队司令部新建项目竣工后，美国在巴林的军事基地扩大至25万平方米，价值3650万美元，此时共部署有103架美军各类战机、"乔治·华盛顿"号（George Washington）和"独立"号（USS Independence）2艘航母及20艘军舰，驻军人数增加至2万人。同美国在沙特军事基地严格遵守伊斯兰教法不同，美军在巴林的军事基地享有更多治外法权，如驻守巴林军事基地的美军可以饮酒而无须遵守伊斯兰教法。

2000年，美国"科尔"号（USS Cole DDG-67）在也门附近水域遭基地组织袭击，之后巴林成为美国对也门极端组织采取侦查和报复性军事打击措施的行动前沿阵地。2001年"9·11"事件发生前后，美国在巴林的独立军事设施增加至7处，同时美军还可以使用巴林军队在全国的110处军事设施，美国在巴林的驻军达4000人，美国海军第五舰队在巴林港一度部署了185艘军舰，巴林成为美国发动阿富汗及伊拉克战争的重要支持力量。

如今巴林境内的美军基地分别是穆哈拉克空军基地（Muharraq Air Base）、贾法勒海军基地（Jabal Naval Base）、谢赫伊萨空军基地（Isa Air Base）。其中贾法勒海军基地是美国海军在中东地区的大本营。该基地驻有美国海军第五舰队司令部、美军中央总部海军司令部、中央总部陆战队分遣队、特种作战指挥与控制分遣队等部门，统辖在波斯湾、红海、阿曼湾、亚丁湾和阿拉伯海等地活动的海军部队。该基地控制整个波斯湾及霍尔木兹海峡出入口，也可扼守曼德海峡、苏伊士湾和亚喀巴湾。可以说，一旦波斯湾和霍尔木兹海峡"有事"，贾法勒基地就是驻中东美国海上力量的作战指挥中心。[1] 美军还使用穆哈拉克机场，用于EP-3侦察机执行对伊拉克萨达姆政权的侦查任务。伊拉克战争期间，巴林政府允许美军部署驱逐舰，有力地保障了美国海上力量在波斯湾的安全。伊拉克战争结束后，美国第五舰队还以巴林基地为依托，在海湾地区举行军事巡逻，预防海湾地区的走私与恐怖袭击活动。

美国还以巴林的军事基地为平台，积极促进双方在其他领域的安全合

---

[1]《美海军在中东的大本营：贾法勒基地》，载新华网，www.xinhuanet.com/world/2017-06/15/c_129633326.htm，最后访问日期：2019年1月17日。

作。例如，作为巴林提供军事基地的回报，冷战结束后美国向巴林提供了安全保证，抵御包括恐怖主义、教派纷争和政变等内外部威胁。通过外国军事融资，美国从2011财年到2016财年共拨款6000万美元，以支持巴林对地区安全作出的持续努力。

巴林在阻止恐怖组织融资等方面也积极配合美国，并于2001年"9·11"事件后应美国要求冻结了恐怖组织和成员1800万美元的资金。2003年，巴林打击基地组织在其境内的分支机构，宣布逮捕5名基地组织成员，其中2人为巴林公民。两国在反恐领域的合作是双边军事合作的延伸。[1]

2017年，美国与巴林继续加强在海上安全、军事装备、武器转让、网络安全和反恐方面的合作。美国还与巴林进行了武器交易，2017年9月，美国发布了与巴林进行数次军售的信息，包括F-16V飞机、35米快速巡逻艇以及TOW导弹等。此外，美国将近65万美元的资源用于国际军事教育和培训计划，培训62名巴林学生。外国军事金融计划（Foreign Military Financing）、国际军事教育与训练计划（International Military Education and Training）为巴林武装部队成员提供与美国军事人员一起学习的机会。[2]

尽管如此，美国与巴林两国的关系发展也不是一帆风顺的。2010年中东剧变发生后，巴林出现什叶派反对逊尼派统治的街头政治，示威者曾经要求美国关闭在巴林的第五舰队总部并结束在海湾其他地区的军事部署。美国默许海合会出兵镇压巴林街头抗议活动的行为，恐将对美国在巴林的军事部署产生负面影响。此外，美国部分民主党参议员如俄勒冈的魏登（Ron Wyden）和马萨诸塞州参议员吉姆·麦考文（Jim McGovern）反对美国向巴林出售武器零件或设备，原因是所谓巴林王室政权残酷镇压游行示威者，美国放弃巴林王室政权的立场也引起巴林政府的不满。未来，如果巴林街头政治进一步发展和国内局势陷入动荡，美国在巴林的军事基地将具有不确定性。[3]

2. 与英国的防务合作

2014年12月，英国与巴林签署军事合作协议，在巴林米娜萨勒曼港建立海军基地。该军事基地被称为"HMS贾法勒海军基地"（HMS Jufair）。[4]

---

[1] 孙德刚：《美国在海湾地区军事部署的"珍珠链战略"》，载《阿拉伯世界研究》2015年第4期。
[2] 参见美国国务院网站，http://www.state.gov/t/pm/rls/fs/2018/279536.htm，最后访问日期：2019年1月16日。
[3] 孙德刚：《美国在海湾地区军事部署的"珍珠链战略"》，载《阿拉伯世界研究》2015年第4期。
[4] 参见半岛电视台，http://www.chinese.aljazeera.net/news/2018/4/20/western-military-bases-in-the-middle-east，最后访问日期：2019年1月17日。

这是英国43年前从中东撤军以后在中东地区建立的第一座永久军事基地。2016年11月，英国正式启用该基地，主要停靠英国皇家海军的驱逐舰、护卫舰及扫雷艇等，用于辅助针对极端组织"伊斯兰国"的军事行动，并防范有关国家对经过霍尔木兹海峡的英国商船进行阻挠，确保英国在这一地区的"战略灵活性"。[1]

该基地耗资4000万英镑，容纳士兵多达500名，配备了2个健身房，1个电影室和1个游戏室，并设有英国军队广播服务中东广播电台。该基地还将支持波斯湾的大型船舶的运营，包括新的航母"HMS伊丽莎白女王"号（HMS Queen Elizabeth）和"HMS威尔士王子"号（HMS Prince of Wales）。[2]

该基地使英国海军可在该地区永久驻军，以免海军舰艇每半年就需返回英国接受例行维护。此外，该基地还可为英国军队在阿富汗、伊拉克和叙利亚等地区执行任务时提供保障和支持。对于此次英国重返巴林，英国联合部队司令部克里斯托弗·德弗雷尔将军表示，基地正式投入使用是朝着"全球性英国"方向迈出的重要一步，"英国渴望为基于规则的国际秩序体系作出自己的贡献。我们需要以我们的行动来确保海上航道的畅通"[3]。

3. 在联合海上部队中的合作

联合海上部队（Combined Maritime Forces）是一个多国海军伙伴组织，于2001年成立，总部位于巴林，旨在促进828.7万平方千米的国际水域的安全、稳定和繁荣。联合海上部队的主要活动内容是打击恐怖主义，打击海盗，鼓励区域合作，营造一个安全的海上环境。联合海上部队一共有三个联合特遣部队：主要负责海上安全行动和反恐的CTF 150，主要负责打击海盗的CTF 151，主要负责波斯湾海上安全行动的CTF 152。目前联合海上部队共有33个成员国：澳大利亚、巴林、比利时、巴西、加拿大、丹麦、法国、德国、希腊、伊拉克、意大利、日本、约旦、韩国、科威特、马来西亚、荷兰、新西兰、挪威、巴基斯坦、菲律宾、葡萄牙、卡塔尔、沙特阿拉伯、塞舌尔、新加坡、西班牙、泰国、土耳其、阿联酋、英国、美国和也门。联合海上部队由美国海军副海军上将指挥，他还兼任美国海军中央司令部

---

[1] 方晓志、胡二杰：《印度洋视域下的中东海洋安全合作研究》，载《阿拉伯世界研究》2018年第1期。

[2] Peter Stubley, "UK Opens Permanent Military Base in Bahrain to Strengthen Middle East Presence", INDEPENDENT, http://www.independent.co.uk/news/uk/home-news/uk-bahrain-military-base-juffair-royal-navy-mina-salman-middle-east-hms-queen-elizabeth-a8291486.html, January 22, 2019.

[3] 《大国海外军事基地地图》，载新华网，http://www.xinhuanet.com/globe/2018-06/06/c_137212406.htm，最后访问日期：2020年12月15日。

（NAVCENT）和美国海军第五舰队司令。[1]

4. 在中东战略联盟下的合作

在第 14 届麦纳麦对话会上，与会高级官员表示海湾合作组织成员国和埃及、约旦等国将在 2019 年加快组建中东战略联盟（Middle East Strategic Alliance）。该联盟又被称为"阿拉伯北约"（Arab NATO）。巴林外长在会上表示，该联盟不针对任何第三国，以地区和平繁荣为宗旨，任何认同联盟原则的国家都可以加入。同时，他还表示，中东战略联盟不仅是一个防务联盟，还关注地区经济合作，将努力推动成员国之间的直接投资和贸易往来。[2]

中东战略联盟目前的目标十分明确，首先就是打击和限制伊朗。其次，该联盟将扼制俄罗斯在中东地区势力的进一步扩大。中东战略联盟现在包括沙特、约旦、阿联酋、阿曼、巴林、科威特、卡塔尔和也门 8 个国家。在这 8 个国家中，沙特和约旦的实力最为强大，而也门现在还处于战乱之中，实力是最弱的。

中东战略联盟成立之后，伊朗将完全被这个新的"八国联军"包围起来，除了里海方向和亲俄的叙利亚方向，伊朗已经没有任何出路。但是，从目前来看，这 8 个国家在步调上也没有保持所谓的"高度一致"。八国联盟中的卡塔尔和阿曼，甚至还在私底下与伊朗过从甚密。[3]

5. 在阿拉伯国家联盟框架下的合作

阿拉伯国家联盟简称"阿盟"，成立于 1945 年，是阿拉伯国家组成的地区性国际政治组织，成员国分布在亚洲和非洲。阿盟的宗旨是加强成员国间的协作，共同维护各国的主权和领土完整，广泛开展经济文化各个领域的合作。前阿盟成员国 22 个[4]，总部设在开罗。2017 年 6 月 5 日，以沙特为首的阿盟发表声明，宣布将卡塔尔排除出该组织。[5] 阿盟框架下各成员国开展了包括海洋运输、联合防务和环境保护等方面的合作。

---

[1] "About"，CMF，http：// www.combinedmaritimeforces.com/about/，January 23，2019.

[2] 中国驻巴林使馆经商处：《海湾国家加快组建"阿拉伯北约联盟"》，载福建省商务厅网站，http：//swt.fujian.gov.cn/zjswt/jgzn/jgcs/xyfzc/qyxx/201811/t20181106_4581261.htm，最后访问日期：2020 年 12 月 15 日。

[3] 《美完成对伊朗包围，组成新八国联军，阿拉伯版北约正式亮相!》，载搜狐网，https：//www.sohu.com/a/272150776_100234314，最后访问日期：2020 年 12 月 15 日。

[4] 22 个成员国为：阿尔及利亚、阿联酋、阿曼、埃及、巴勒斯坦、巴林、吉布提、卡塔尔、科威特、黎巴嫩、利比亚、毛里塔尼亚、摩洛哥、沙特、苏丹、索马里、突尼斯、叙利亚、也门、伊拉克、约旦、科摩罗。参见《阿拉伯国家联盟》，载中华人民共和国外交部网站，www.fmprc.gov.cn/web/gjhdq_676201/gjhdqzz_681964/lhg_682830/jbqk_682832/，最后访问日期：2019 年 1 月 23 日。

[5] 《外媒：沙特、巴林、埃及、阿联酋等宣布与卡塔尔断交》，载环球网，https：//world.huanqiu.com/article/9CaKrnK3feV，最后访问日期：2020 年 12 月 15 日。

防务方面，阿盟成立联合防务委员会（The Joint Defense Council）以管理阿盟防务事务。该委员会是在 1950 年签署《共同防务和经济合作条约》（The Treaty for Mutual Defense and Economic Cooperation）之后成立的，由所有成员国的外交部长和国防部长组成。根据 1950 年 6 月 17 日《共同防务和经济合作条约》的规定，针对成员国的任何武装侵略行为都是针对阿盟的。因此，成员国应立即援助该国家，并采取必要行动，不排除使用武力击退侵略，恢复安全与和平。如果发生战争威胁或存在国际紧急情况，缔约国应视情况统一其军事计划和防御措施。

2015 年第 26 届阿拉伯联盟首脑会议在埃及举行，此次峰会决定组建阿拉伯国家联合部队。阿盟秘书长阿拉比在宣布组建联合部队这一决定时说，这将是以阿拉伯各国的名义运转的军事力量，是具有重要意义的历史性一步。这支部队由大约 4 万名精锐官兵组成，下设空军、陆军和海军，用于打击盘踞在阿拉伯国家的极端武装组织。

6. 在海湾合作委员会框架下的合作

海湾合作委员会也称海湾阿拉伯国家合作委员会或海合会，由波斯湾境内除伊拉克外的其他阿拉伯国家组成。具体来说，海合会成员包括：巴林、科威特、阿曼、卡塔尔、沙特和阿联酋。海合会成立于 1981 年 5 月 25 日，其目的是促进整个波斯湾国家在经济、社会、军事和文化领域的广泛合作。

巴林积极参加海合会下包括海洋防务在内的各项合作。2000 年 12 月，海合会国家签署了一项联合防务协议，规定任何针对成员国的威胁都将被视为对所有成员国的威胁，并予以解决。海合会的军事部门被称为"半岛之盾"（Peninsula Shield），其目的是阻止对任何成员国的军事行动，并在发生袭击时提供军事援助。在边防部队和海岸警卫队领域，海合会内政部长会议通过了几项决议，其中值得注意的是：第一，沙特边防卫队总局编制培训计划，用于培训海合会国家的边防警卫和海岸警卫队；第二，海湾警卫队与成员国边防警卫、海岸警卫队之间建立交换信息的统一模式；第三，秘书处编写处理成员国水域内渔船和捕捞的标准；第四，海合会国家木船检验和控制的标准；第五，实现成员国之间海上搜救的协调与合作；第六，沙特与科威特之间、巴林与卡塔尔之间，以及阿联酋与阿曼之间进行双边海上联合演习，此外，海合会还举行所有成员国参加的联合海军演习。[1]

---

[1] 参见海湾合作委员会秘书长网站，http://www.gcc-sg.org/en-us/CooperationAndAchievements/Achievements/EconomicCooperation/CooperationintheFieldofEnergy/Achievements/Pages/1StrategicPetroleumGCC.aspx，最后访问日期：2019 年 1 月 23 日。

7. 多国共同海上演习合作

2016年2月26日，来自沙特、阿联酋、约旦、巴林、塞内加尔、苏丹、科威特、马尔代夫、摩洛哥、巴基斯坦、乍得、突尼斯、科摩罗、吉布提、阿曼、卡塔尔、马来西亚、埃及、毛里塔尼亚和毛里求斯的军队在沙特北部哈立德国王军事城集结，参加代号为"北方雷霆"（Northern Thunder）的大规模军事演习。据科威特通讯社报道，包括美国在内的西方国家军队未获邀参加。"'北方雷霆'军演要发出一个明确的信息，即沙特及其盟友要团结面对一切挑战，维护地区和世界的和平与稳定"。另外，海合会所属的半岛之盾部队也参加了此次军演。沙特形容此次演习为中东地区历史上"规模最大、最为重要"的军演，许多尖端武器依次亮相。

2018年4月9日，在沙特的组织下，以沙特为首，包括美国、英国、巴基斯坦、巴林、科威特、阿联酋、埃及、约旦、苏丹、马来西亚、印度和阿富汗在内的24个国家参加了东部省的"湾盾一号"（The Gulf Shield 1）联合军事演习。[1] 该演习在演习港口区域展开各式活动，包括联合作战规划、培训、示范、专业主题研讨会和文化活动。在海上演习区域的演习内容包括非正规战争、海岸防御、战斗搜救、海战演习和广泛的飞行作战。来自巴林、埃及、科威特、约旦、沙特、苏丹、阿联酋和美国的军舰参加。根据参演国家和所用设备的数量，该演习被认为是该地区规模最大的军事演习。[2]

（四）渔业合作

1. 与中国的合作

巴林在1990年与中国签订《中华人民共和国政府和巴林国政府经济、贸易和技术合作协定》，缔约双方鼓励在渔业等领域进行经济技术合作。[3] 2012年8月8日，驻巴林大使李琛到任拜会巴林市政与城市规划大臣朱马·卡阿比。李琛表示中巴两国在市政部负责的农牧渔业方面的合作颇有成果。

---

[1] "Boosting Regional Cooperation: Behind Gulf Shield 1", Israel Defense, http://www.israeldefense.co.il/en/node/33912, January 23, 2019.

[2] "23 Countries Take Part in Gulf Shield-1 Military Drills in Saudi Arabia", ARAB NEWS, http://www.arabnews.com/node/1277021/saudi-arabia, January 23, 2019.

[3] 《中华人民共和国政府和巴林国政府经济、贸易和技术合作协定》，载百度百科，https://baike.baidu.com/item/%E4%B8%AD%E5%8D%8E%E4%BA%BA%E6%B0%91%E5%85%B1%E5%92%8C%E5%9B%BD%E6%94%BF%E5%BA%9C%E5%92%8C%E5%B7%B4%E6%9E%97%E5%9B%BD%E6%94%BF%E5%BA%9C%E7%BB%8F%E6%B5%8E%E3%80%81%E8%B4%B8%E6%98%93%E5%92%8C%E6%8A%80%E6%9C%AF%E5%90%88%E4%BD%9C%E5%8D%8F%E5%AE%9A，最后访问日期：2019年1月18日。

中方愿继续在技术支持、人员培训等方面与巴方加强交流与合作。朱马·卡阿比积极评价巴中友好合作关系，赞赏中方专家为巴农牧渔业发展作出的贡献，希望与中方开展新一期技术合作，加强人员交往，学习中方在发展农牧渔业方面的成功经验。[1]

2013年9月16日，中国国家主席习近平同巴林国王哈马德在人民大会堂举行会谈，习近平提出，双方可以结合各自发展战略，推进渔业领域合作，中方愿为巴方培训更多专业人才。在中巴两国政府间渔业技术合作项目框架下，2013年有两名中国渔业专家在巴林国家海洋养殖中心进行鱼病检测及防治技术的相关工作。[2]

2018年，中国水产科学研究院渔业工程研究所援助巴林水产养殖项目第四期和第五期实施，进行了现场考察、渔业科技交流、工艺设计、总图设计、实验室设计、车间平面立面设计、设备选型等工作，主要内容包括石斑鱼病实验室建设、循环水车间设计、海水养殖等。[3]

除此之外，巴林还与我国台湾地区开展了部分合作。

2. 与英国的合作

在巴林王国的王储即第一副总理暨副总司令的推动下，巴林珍珠与宝石机构（DANAT）于2017年正式成立。巴林珍珠与宝石机构为巴林国家控股公司（Mumtalakat）旗下的全资子公司，隶属巴林主权财富基金。巴林珍珠与宝石机构的前身为巴林宝石及珍珠鉴定中心，鉴定中心于1990年成立，是该区域首家同类型的鉴定中心。[4] 亚洲博闻有限公司隶属于在伦敦股票交易所上市的博闻公司（UBM plc）。亚洲博闻主办的JNA大奖旨在表彰在珠宝业界内的最佳实践，以及推广展示了具有出色领导能力、创新思维的个人和实现可持续发展与社会责任策略的企业。2018年，巴林珍珠与宝石机构成为JNA大奖的首席合作伙伴，双方共同推广及鼓励业界的最佳商业实践和卓越表现。

---

[1]《驻巴林大使李琛拜会巴市政与城市规划大臣》，载中华人民共和国外交部网站，https://www.fmprc.gov.cn/web/gjhdq_676201/gj_676203/yz_676205/1206_676356/1206x2_676376/t959177.shtml，最后访问日期：2019年1月18日。
[2]《驻巴林使馆馆员参观海洋养殖中心》，载中华人民共和国驻巴林王国大使馆网站，http://bh.china-embassy.org/chn/xwdt/t1050646.htm，最后访问日期：2019年1月18日。
[3]《援助巴林水产养殖项目》，载中国水产科学研究院渔业工程研究所网站，http://www.feri.ac.cn/info/1024/1469.htm，最后访问日期：2019年1月18日。
[4]《巴林珍珠与宝石机构》，载JNA AWARDS，https://www.jnaawards.com/zh-tw/%E5%90%88%E4%BD%9C%E5%A4%A5%E4%BC%B4/2018/%E5%B7%B4%E6%9E%97%E7%8F%8D%E7%8F%A0%E4%B8%8E%E5%AE%9D%E7%9F%B3%E6%9C%BA%E6%9E%84，最后访问日期：2019年1月20日。

3. 与联合国粮食及农业组织的合作

联合国粮食及农业组织与巴林的三个优先合作领域是：战略规划、政策开发和升级农业信息系统，目的是加强国家在战略、计划和政策的设计、分析、监控及实施方面的能力。这将促成农业和渔业的可持续发展，保障粮食和营养安全；加强农业和渔业生产、食品安全、粮食和营养安全；农业和海洋自然资源的开发、保护、可持续管理和有效利用。该优先领域旨在通过加强公共机构、农民和渔民社区、民间社会组织和私营领域的合作，发展、管理和保护自然资源以及农业和海洋资源。[1]

巴林海洋资源保护总局于1979年建立国家海水养殖中心，国家海水养殖中心位于巴林东南部的 Ras Hayan，负责开展水产养殖领域的应用研究，是巴林海洋资源保护总局与联合国粮食及农业组织合作开展的试点项目。

国家海水养殖中心已经成功实现了下列重要本地苗种的大规模繁殖：银鲛（Chimaera phantasma）、银头鲷（Sparus aurata）、紫红笛鲷（Lutjanus argentimaculatus）、网纹石斑鱼（Epinephelus merra）、爪哇篮子鱼（Siganus javus）和短沟对虾（Penaeus semisulcatus）。在取得这些成就后，国家海水养殖中心开始向海湾合作理事会区域渔业委员会的其他成员国供应有鳍鱼类的苗种。巴林王国逐渐成为该地区具有潜力的海水鱼苗种的主要生产国和出口国。

除了国家海水养殖中心以应用研究为目的，对上述鱼种在营养、繁殖、孵化、培育和养成等领域开展的研究，巴林目前没有处于执行阶段的商业海水养殖项目。

除此以外，联合国粮食及农业组织总干事根据粮农组织理事会1999年第117届会议通过的第1/117号决议设立了区域渔业委员会（Regional Commission for Fisheries），目前成员为巴林、伊朗、伊拉克、科威特、卡塔尔、阿曼、沙特阿拉伯和阿联酋。区域渔业委员会拥有渔业统计工作组、水产养殖工作组两个特设工作组。区域渔业委员会实际上在地理区域方面取代了印度洋渔业委员会的附属机构——前海湾渔业资源开发及管理委员会。

区域渔业委员会的主要作用在于利用其核心优势，促进成员国海洋生物资源的开发、保护、合理管理和最佳利用，促进水产养殖的可持续发展；持续审查这些资源的状况，包括渔业开发的丰富程度和水平；为养护和合理管理海洋生物资源提出建议，并确保这些建议的执行等。

---

[1]《巴林》，载联合国粮食及农业组织网站，http://www.fao.org/countryprofiles/index/zh/?iso3＝BHR，最后访问日期：2019年1月19日。

（五）基础建设合作

1. 跨海大桥

巴林和沙特阿拉伯共建的法赫德国王大桥于 1981 年 7 月 8 日开工，于 1986 年 11 月 12 日建成。此桥是目前巴林与外界唯一的陆地连接，是增加海湾对外贸易的主要因素。就客运量而言，它是中东地区最繁忙的通道之一，2009 年的交通量统计超过 1800 万人次，两个方向平均都有 800 万辆车来往。[1]

巴林和卡塔尔跨海大桥（又称"卡塔尔巴林友谊大桥"）项目于 2005 年 2 月 28 日批准建设。建成后，该桥连接巴林的麦纳麦与卡塔尔的祖巴拉西北部。两国于 2006 年 6 月 11 日签署了正式协议，组建了一家能够筹集必要资金并运营建设的公司。2007 年 9 月 30 日两国宣布，施工将在 7 个月内开始，工期 48 个月。2008 年 11 月 15 日，卡塔尔-巴林铜锣基金会与总部设在休斯敦的工程公司凯洛格·布朗·路特公司（KBR 公司）签订合同，为卡塔尔—巴林公路和铁路提供设计、项目和施工管理服务。2009 年，两国讨论了该桥的相关设计事宜。2010 年 5 月，卡塔尔海岸警卫队使一名巴林渔民受伤，重新引发了两国对哈瓦尔群岛的争议。不断上涨的建造成本和随后发生的外交争议使该项目遭到搁置。[2] 2017 年 4 月 5 日，巴林交通与通信大臣透露，因财政部尚未批准项目预算，连接巴林与卡塔尔的跨海大桥已不可能在 2022 年世界杯之前建成。[3]

2. 输油管线

2018 年 11 月 27 日，巴林《海湾日报》报道：沙特阿拉伯王储访巴林期间，与巴林国王共同宣布正式开建连接沙特阿拉伯和巴林的第 4 条输油管线。该输油管线全长 112 千米，设计日输油量 35.8 万桶，工期为 4 年。建成后，该管线将用于替代已经运行 63 年，总长 65 千米的老输油管线，使巴林炼化产业进口沙特阿拉伯原油的总价值达到 100 亿美元/年。[4] 该输油管线

---

[1] "About", Kingdom of Bahrain Ministry of Interior Customs Affairs, http://www.bahraincustoms.gov.bh/king_ causeway.php, January 17, 2019.

[2] "Qatar-Bahrain Causeway", Wikipedia, https://en.wikipedia.org/wiki/Qatar%E2%80%93Bahrain_Causeway#cite_ note-14, January 17, 2019.

[3] 《巴林新闻》，载中华人民共和国驻巴林王国大使馆网站，http://bh.china-embassy.org/chn/blxw/t1451778.htm，最后访问日期：2019 年 1 月 18 日。

[4] 《沙特到巴林的第四条输油管线正式开建》，载中华人民共和国驻巴林王国大使馆经济商务参赞处网站，http://bh.mofcom.gov.cn/article/jmxw/201812/20181202 812400.shtml，最后访问日期：2019 年 1 月 17 日。

由沙特阿美公司和巴林国家石油公司合作建设。根据两家公司的声明，该管线将沙特东部城市布盖格的原油处理设施与巴林国家石油公司炼油厂相连接。[1]

3. 港口建设

2002 年 6 月，巴林政府决定将港口私有化，由财政部牵头成立一个由海关总局、港口和自由事务区、经济发展局等部门的代表组成的私有化委员会。2003 年，由毕马威会计师事务所牵头的一个顾问财团协助实施该项目。哈利法·本·萨勒曼港成为首个开展私有化项目的港口。

经过多轮竞标，巴林马士基码头公司最终于 2005 年 7 月 11 日竞标成功，成为哈利法·本·萨勒曼港私有化项目的经营者，拥有 25 年的特许经营权。巴林马士基码头公司是荷兰马士基码头公司（持股 80%）和巴林 Yusuf Bin Ahmed Kanoo 公司（持股 20%）的合资企业。其专长是港口、码头和陆地业务的设计、管理和运营。

马士基码头公司接管哈利法·本·萨勒曼港后对其进行了各项改造。除了提供 3 艘新拖轮、翻新办公楼、整改新建食堂等"硬件"，马士基码头公司还在港口塔身安装了自动识别系统、船舶操作系统。[2] 2018 年 9 月，巴林马士基码头公司已经建造了 3 个新的称重桥，以提高哈利法·本·萨勒曼港的总体质量。随着这些位于地下的称重设备和平台坑式称重架的建造，哈利法·本·萨勒曼港的集装箱卡车将能够轻松、安全地进入类似公路级别的地磅。[3]

---

[1] 《沙特和巴林开辟两国间的新输油管道》，载石油圈网，http：//www.oilsns.com/article/363755，最后访问日期：2020 年 12 月 15 日。

[2] "GATEWAY", Parsbahrain, https：//www.parsbahrain.net/GATEWAYNewsLetter1.pdf, January 19, 2019.

[3] "APM Terminals to Build Weighbridges at Bahrain Port", Trade Arabia, http：//www.tradearabia.com/news/IND_ 341210.html, January 19, 2019.

七、对中国海洋法主张的态度

自1989年建交以来，中巴两国关系保持良好发展势头，在政治、经济、文化、新闻等领域的合作稳步发展。目前，中国是巴林第二大贸易伙伴和最大进口来源国。[1] 巴林在涉及我国核心利益和重大关切问题上予以支持，支持中国在"南海仲裁案"上的立场，积极响应"一带一路"倡议。

（一）对"南海仲裁案"的态度

巴林对中国在"南海仲裁案"中的立场持支持态度。具有典型意义的事件是，在2016年5月12日举行的中阿合作论坛第七届部长级会议上，中国与阿拉伯国家联盟签署了《多哈宣言》。该宣言提到了中国海洋争端问题，包括巴林在内的阿拉伯国家表示支持中国同相关国家根据双边协议和地区有关共识，通过友好磋商和谈判，和平解决领土和海洋争议问题，并强调应尊重主权国家及《联合国海洋法公约》缔约国享有的自主选择争端解决方式的权利，这与我国的主张相一致。[2] 2018年7月，中国外交部长王毅会见来华出席中阿合作论坛第八届部长级会议的巴林外交大臣哈立德（Khalid）。哈立德表示，巴林坚定支持中国维护包括南海权益在内的国家核心利益的立场。[3]

（二）在"一带一路"框架下与中国合作的态度

巴林位于海上和陆上丝绸之路的交会点，自古为丝绸之路的重要节点。在"一带一路"倡议下，巴林积极寻找新的发展机遇，以期将巴林打造成中国与中东地区经贸合作的桥梁。"一带一路"倡议与"巴林2030年经济愿景"在发展理念、发展领域、发展模式上有许多契合之处，正切合巴林的当下之需。因此，倡议提出伊始，便得到了巴林的积极响应和拥护。早

---

[1] 《中国同巴林的关系》，载中华人民共和国外交部网站，https://www.fmprc.gov.cn/web/gjhdq_676201/gj_676203/yz_676205/1206_676356/sbgx_676360/t6264.shtml，最后访问日期：2020年12月15日。

[2] 《中阿合作论坛第七届部长级会议通过〈多哈宣言〉》，载中阿合作论坛网站，http://www.chinaarabcf.org/chn/zagx/ltdt/t1362947.htm，最后访问日期：2019年1月18日。

[3] 潘洁、曹轶：《王毅分别同出席中阿合作论坛第八届部长级会议的外方代表举行会谈、会见》，载人民网，http://cpc.people.com.cn/big5/n1/2018/0710/c64094-30137800.html，最后访问日期：2020年12月15日。

在2014年，巴林驻华大使就公开盛赞"一带一路"能使中国、巴林各自优势得到充分发挥，称"一带一路"成为有效促进两国人民在文化、社会等方面互联互通的重要推动力。[1] 巴林交通与通信部部长兼经济发展委员会（Bahrain Economic Development Board）代理首席执行官表示，巴林坚定支持中国提出的"一带一路"倡议，愿意推动阿拉伯世界与中国建立利益共同体。[2]

起初，巴林对"一带一路"的态度虽十分积极，但是仍有所顾虑，在项目对接上持观望态度。随着双方的积极努力和媒体的广泛宣传，加之沙特、阿曼等海合会国家已经与中国签署了政府间"一带一路"合作文件，巴林也加速推进与中国在"一带一路"框架下的合作进程。

2017年5月，巴林加入了亚洲基础设施投资银行（Asian Infrastructure Investment Bank）。巴林文化与文物局（Bahrain Authority for Culture and Antiquities）局长率团来华参加"一带一路"国际合作高峰论坛。在巴林首都麦纳麦举办了中国高新技术成果交易会巴林论坛，这是高交会首次在海湾地区举办。2018年7月，双方签署了政府间共建"一带一路"谅解备忘录。[3]

在"一带一路"框架下，中国和巴林的经济合作日益紧密。虽然巴林的常住人口只有150万，市场容量很小，但享有"海湾门户"盛誉，是中东海湾地区开放程度最高、营商环境最优的经济体之一。中国企业可以通过巴林，进入包括沙特阿拉伯、科威特、阿联酋等国在内的海湾市场。此外，由于巴林已经与美国签订自由贸易协定，一些被采取海外反倾销措施的中国企业，可以在巴林设立生产基地，从而有效地规避欧美市场的反倾销政策。华为等高科技企业在中东地区的总部设于巴林，传统制造业如重庆国际复合材料股份有限公司在巴林设立的阿巴桑玻璃纤维有限公司在当地的产能合作项目利润丰厚，金锣水务有限公司与巴林有关方面开展污水处理合作，中国机械设备进出口总公司参与巴林的保障房项目取得了很大的进展。中巴最大的商业合作项目——巴林龙城已成为双方经贸合作新平台，是巴林及周边国家民众购物、休闲、旅游的重要目的地。为吸引中国游客，巴林对中国因私护照

---

[1] 曾书柔：《巴林驻华大使："一带一路"能使中国、巴林各自优势得到充分发挥》，载人民网，http://world.people.com.cn/n/2014/1216/c1002-26219087.html，最后访问日期：2019年1月27日。

[2] 蒋洁：《巴林支持中国"一带一路"战略构想》，载人民网，http://world.people.com.cn/n/2014/1023/c157278-25897270.html，最后访问日期：2020年12月15日。

[3] 参见中华人民共和国外交部网站，https://www.fmprc.gov.cn/chn//gxh/cgb/zcgmzysx/yz/1206_5/1206x1/，最后访问日期：2019年1月18日。

持有者实行落地签。[1] 中国和巴林在"一带一路"框架下的城市间合作取得重大进展。2016年9月，时任深圳市市长许勤率深圳市代表团出访巴林，与巴林首都省省长签署了《深圳与麦纳麦友好交流合作备忘录》，为双方进一步深化经贸领域务实合作奠定了坚实的基础。[2]

中国和巴林在"一带一路"框架下的人文交流成果丰硕。2014年，巴林大学建立孔子学院。在过去四年多时间里，孔子学院已为巴林内政、国防、海关、外交等部门1000多名人士开设汉语培训班，推广中国传统文化。[3] 2016年，中国文化部与巴林文化与文物局正式签署在巴林建立中国文化中心谅解备忘录，这是在海湾地区建立的首座中国文化中心。[4]

---

[1] 朱丽娜：《专访中国驻巴林大使戚振宏：巴林积极对接"一带一路"中资企业陆续进入》，载21世纪经济报道网，http://epaper.21jingji.com/html/2017-12/20/content_76846.htm，最后访问日期：2019年1月14日。

[2] 《助力"一带一路"，深圳巴林再续中巴世纪之约》，载人民网，http://sz.people.com.cn/n2/2017/0302/c202846-29789747.html，最后访问日期：2019年1月14日。

[3] 王波：《专访：巴林成为海湾地区"一带一路"建设中的重要国家——访中国驻巴林大使戚振宏》，载新华网，http://www.xinhuanet.com/world/2017-05/11/c_1120954743.htm，最后访问日期：2019年1月14日。

[4] 《巴林成为海湾地区"一带一路"建设重要国家戚振宏大使在"一带一路"国际合作高峰论坛开幕之际接受新华社专访》，载中华人民共和国驻巴林王国大使馆网站，http://bh.china-embassy.org/chn/dssghd/t1461275.htm，最后访问日期：2020年12月15日。

结　语

　　巴林的海洋资源较为丰富，海洋事务主管部门众多，行政隶属关系复杂。虽然巴林国内海洋立法不够丰富，但其对海事等其他与海洋相关的条约态度相对积极。巴林与周边国家的海洋划界争端大多已经通过双边条约和国际法院判决解决。此外，它还在海洋油气资源、防务、科学研究、渔业、基础设施建设等领域与许多国家开展合作。中国和巴林的海洋法主张没有冲突，并且巴林对中国在"南海仲裁案"中的立场持支持态度。因此，在"一带一路"的框架下，中国和巴林可以继续加深海洋领域的合作。

第Ⅲ部分

卡塔尔海洋法律体系研究

一、卡塔尔海洋基本情况

（一）地理位置

卡塔尔国（The State of Qatar，以下简称"卡塔尔"）位于波斯湾（又称阿拉伯湾）西海岸的中部，是海湾水域里向北延伸的一个半岛，周围有几个岛屿。卡塔尔国土总面积11521平方千米，海岸线长563千米[1]，海洋战略位置相当重要。卡塔尔仅在南面与阿联酋和沙特阿拉伯接壤，其余三面临海，其中其西北部与巴林隔海相望，相距仅不到30千米，东北部与伊朗隔波斯湾相望，但相距较远。[2] 卡塔尔地势平坦，大部分地区为覆盖沙土的荒漠，靠近西海岸地势略高，Zikrit[3]向南存在大范围裸露石灰岩，卡塔尔的陆上石油也主要储藏在这个区域。[4] 该国属热带沙漠气候，夏季炎热漫长，最高气温可达50摄氏度；冬季凉爽干燥，最低气温7摄氏度。年平均降水量仅75.2毫米。[5]

（二）建国历史

公元7世纪，卡塔尔曾是阿拉伯帝国的一部分，1517年遭葡萄牙入侵。1846年，萨尼·本·穆罕默德（Mohammed bin Thani）建立了卡塔尔酋长国。1872年，卡塔尔被并入奥斯曼帝国版图，1916年成为英国的"保护国"。在作为英国的"保护国"时期，卡塔尔于1949年6月颁布了《关于波

---

[1] 参见《卡塔尔国家概况》，载中华人民共和国外交部网站，https://www.fmprc.gov.cn/web/gjhdq_676201/gj_676203/yz_676205/1206_676596/1206x0_676598/，最后访问日期：2019年3月4日。
[2] 《卡塔尔概况》，载中华人民共和国驻卡塔尔国大使馆经济商务参赞处网站，http://qa.mofcom.gov.cn/article/jmjg/200209/20020900041721.shtml，最后访问日期：2019年3月5日。
[3] Zikrit，又称Zekreet，位于多哈西北部约80千米处，是卡塔尔撒哈尼亚（Al Sheehaniya）市政区的一个人口聚居区。See "Al-Shahaniya", Wikipedia, https://en.wikipedia.org/wiki/Al-Shahaniya, March 5, 2019.
[4] 《卡塔尔》，载维基百科，https://zh.wikipedia.org/wiki/%E5%8D%A1%E5%A1%94%E5%B0%94，最后访问日期：2019年3月5日。
[5] 《卡塔尔国家概况》，载中华人民共和国外交部网站，https://www.fmprc.gov.cn/web/gjhdq_676201/gj_676203/yz_676205/1206_676596/1206x0_676598/，最后访问日期：2019年3月5日。

斯湾公海海床和底土的公告》[1]（Proclamation with Respect to the Seabed and the Subsoil of the High Seas of the Persian Gulf）。

1971年9月3日，卡塔尔宣布独立，艾哈迈德（Ahmad）任埃米尔（国王）。1972年2月22日，艾哈迈德堂弟哈利法出任埃米尔，哈利法之子哈马德任王储兼国防大臣。1995年6月27日，哈马德出任埃米尔。2013年6月25日，哈马德埃米尔让位于王储塔米姆。[2] 独立后的卡塔尔建立了自己的海洋法制度，缔结和加入了与海洋有关的国际条约。但与伊朗等波斯湾国家相比，卡塔尔现今的海洋法制度较为薄弱。

（三）行政区划

卡塔尔全境被分为8个市政区，分别为多哈（Doha Municipality）、赖扬（Al Rayyan Municipality）、乌姆锡拉勒（Umm Slal Municipality）、豪尔（Al Khor & Dhekra Municipality）、沃克拉（Al Wakrah Municipality）、戴扬（Al Daayen Municipality）、北部区（Al Shamal Municipality）和撒哈尼亚（Al Sheehaniya）。[3] 其中，多哈、豪尔、杜罕（Dukhan）、梅赛伊德（Mesaieed）为卡塔尔的几个主要的城市。多哈是卡塔尔首都，是经济、文化、商业及金融中心，拥有全国一半多的人口。多哈建有主要港口和国际机场，现代化的公路网已与国际公路网相连。豪尔是位于东部的海滨城市，距离多哈北部57千米，有一个港口和一个主要以石油化工和天然气液化为主[4]的拉斯拉凡（Ras Laffan）工业城。沃克拉距离多哈15千米，有一个小型海港，该市政区的梅赛伊德市是卡塔尔主要的工业城市和港口，是石油和烃类产品的出口基地。位于撒哈尼亚的杜罕地处西海岸线中心，为陆上石油生产基地。[5]

---

[1] 该公告全文参见联合国立法合集第1卷《关于公海制度的法律和法规》（Laws and Regulations on the Regime of the High Seas）。"Legal Resources"，United Nations Office of Legal Affairs，http：//legal.un.org/legislativeseries/documents/untlegs0001.pdf，March 4，2019.

[2]《卡塔尔国家概况》，载中华人民共和国外交部网站，https：//www.fmprc.gov.cn/web/gjhdq_676201/gj_676203/yz_676205/1206_676596/1206x0_676598/，最后访问日期：2019年3月4日。

[3] 参见卡塔尔市政与环境部网站，http：//www.mme.gov.qa/cui/view.dox? id = 585&siteID = 2，最后访问日期：2019年3月4日。

[4]《对外投资合作国别（地区）指南：卡塔尔（2017年版）》，载中展世贸国际会展网，https：//www.world-fairs.org/show-751.html，最后访问日期：2020年12月13日。

[5]《卡塔尔主要城市》，载中华人民共和国驻卡塔尔国大使馆经济商务参赞处网站，http：//qa.mofcom.gov.cn/article/ddgk/201411/20141100784791.shtml，最后访问日期：2019年3月7日。

（四）海洋资源

由于其本身地理条件限制，卡塔尔除石油天然气以外的陆地自然资源并不丰富。而海洋资源方面主要有石油、天然气、鱼类、珍珠以及淡化海水资源。卡塔尔是世界上最大的液化天然气出口国，该国出口的液化天然气、原油和石油产品占政府收入的很大一部分。

1. 油气资源

卡塔尔的油气资源多为海上油气资源，杜肯油田（Dukhan Oilfield）为唯一的陆上油气田。卡塔尔陆上油气开采较海洋油气资源开采早，其开采历史可追溯到20世纪20年代，真正产出石油是在1940年1月，"杜肯1号"油田（Dukhan No.1）产出石油。[1]在海上石油勘探方面，1949年8月，卡塔尔的新统治者谢赫·阿里·伊本·阿卜杜拉·阿勒萨尼（Shaikh Ali ibn Abdullah al-Thani）（前埃米尔的长子）授予国际海洋石油公司（International Marine Oil Company）在卡塔尔4.828千米以外的水域勘探近海石油的权利，但该公司没有发现合适的钻井结构，因此在1952年放弃了特许经营权。

后来，卡塔尔向壳牌海外勘探公司（Shell Overseas Exploration Company）授予新的离岸石油特许权，该特许权于1954年转移到一家卡塔尔壳牌公司的新子公司。该特许权可开采面积为25900平方千米，为期75年，双方约定该公司向卡塔尔支付初期款项26万英镑，以及生产后的利润对半分成（fifty-fifty profit sharing）。卡塔尔壳牌公司于1953年春开始在卡塔尔海域进行地震勘测，并于1955年和1956年钻探了两口探井，但遗憾的是两口井都是干的。直到1960年5月，卡塔尔壳牌公司发现了在多哈以东约85千米处的Idd al-Sharqi有石油和天然气。该区域由两个椭圆形圆顶组成，分别为较大的北部

---

[1] 早在1922年，弗兰克霍姆斯少校（Major Frank Holme）（也被称为"阿布纳夫特"，或"中东石油之父"）就开始关注卡塔尔的石油资源。弗兰克霍姆斯曾在20世纪20年代代表Eastern and General Syndicate公司获得沙特阿拉伯、科威特和巴林的石油开采特许权。弗兰克霍姆斯也于1923年在多哈会见了卡塔尔时任统治者谢赫阿卜杜拉·本·贾西姆·阿勒萨尼（Shaikh Abdullah bin Jassim al-Thani），但英国保护地办公室禁止在卡塔尔进行石油开采。之后，英国对地质学家在卡塔尔石油前期地质勘探工作限制上有所放宽，但一直未允许正式开采。直到1932年，美国加利福尼亚标准石油公司成功在巴林发现石油，英国才真正意识到在卡塔尔开采石油的可行性和必要性。同年，英国派英国波斯石油公司（Anglo-Persian Oil Company，即后来的英国石油公司）代表与卡塔尔埃米尔进行商谈，并于1932年8月在卡塔尔获得了为期两年的勘探许可证，由此拉开了开采石油的序幕。1935年5月17日，英国波斯石油公司通过与卡塔尔谈判获得了75年的石油开采特许权，开采范围包括卡塔尔的所有土地，该公司每开采1吨石油支付2印度卢比给卡塔尔。1940年1月，卡塔尔唯一的陆上油田——"杜肯1号"油田（Dukhan No.1）产出石油，之后每天生产约4480桶石油。

穹顶（North Dome）（该区域为首先被发现和开采石油的区域）和较小的南部穹顶（South Dome）。1963年，卡塔尔壳牌公司发现了另一个海上油田Maydan Mahzam，在Arab—D、Arab—C和Uwainat区都有产油层。该油田于1965年开始生产。1969年，Idd al-Sharqi油田产量为35000桶/天，Maydan Mahzam产量为10万桶/天。从这些海上油田开采的原油被储存在位于多哈东北约80千米处的哈卢尔岛（Halul Island），Idd al-Sharqi的北部穹顶油田生产的第一批石油于1964年2月1日从该岛出口。

目前，卡塔尔共有8个海上油田和1个与伊朗共享的北方气田（North Gas Field，伊朗方面称其为南帕尔斯气田）。其中8个海上油田分别为Maydan Mahzam油田、Bul Hanine油田、Al-Khalij油田、Idd al-Sharqi油田、Al-Karkara油田、Al Rayyan油田、Al Shaheen油田，以及在卡塔尔与阿联酋边界线附近并与阿联酋共同开发的El Bunduq油田（也被称为Al Bunduq油田）。[1]其中，高质量的原油多产自Maydan Mahzam油田和Bul Hanine油田，卡塔尔石油公司（Qatar Petroleum）在这两块油田搭建了PS-2和PS-3海上生产平台，这两个平台都生产原油、伴生气和凝析油。这些原油和凝析油通过管道输送到哈卢尔岛进行储存和出口。而伴生的天然气主要用于开采石油、用作生产站和哈卢尔岛的燃气，并供给梅赛伊德液化天然气设施。其他油田产出的原油也大都在哈卢尔岛进行储存、加工和出口。北方气田是卡塔尔唯一的气田，占地6000平方千米，相当于卡塔尔国土地面积的一半左右，该气田被认为是目前世界上最大的天然气田。该气田于1971年被发现，可采气总量超过25.485万亿立方米，产出的天然气主要用于供应当地市场，冷凝水用于炼油或出口。[2]

卡塔尔已经建立较为完善的油气运输管道网络。连接北方气田的输气管道最为密集，其中最引人注目的是连接卡塔尔与阿联酋、阿曼的液化天然气输送管道——海豚管道线（Dolphin pipeline）。卡塔尔从三个主要出口地出口石油和石油产品：梅赛伊德、哈卢尔岛和拉斯拉凡。其中，海上油田产出的原油运往哈卢尔岛加工或出口，陆上的大部分石油被送到梅赛伊德码头进行炼油或出口。[3]拉斯拉凡港则是目前世界上规模较大的处理液化天然气的港

---

[1] Rasoul Sorkhabi, "The Qatar Oil Discoveries", GEO ExPro Magazine, https：//www.geoexpro.com/articles/2010/01/the-qatar-oil-discoveries, March 8, 2019.

[2] "Oil & Gas Fields", Qatar Petroleum, https：//qp.com.qa/en/QPActivities/QPOperations/Pages/OilAndGasFields.aspx, March 8, 2019.

[3] "Qatar", U.S. Energy Information Administration, https：//www.eia.gov/beta/international/analysis.php？iso=QAT, March 7, 2019.

口。截至2013年，卡塔尔冷凝水管道为288千米，凝析油管道221千米，天然气管道为2383千米，液化石油气管道为90千米，原油管道为745千米，成品油管道为103千米。[1]

截至2017年年底，卡塔尔已探明石油（含凝析油）储量28亿吨，相当于262亿桶石油当量，居世界第13位；天然气储量约25.8万亿立方米，相当于1640亿桶石油当量，占世界天然气总储量的15.3%，仅次于俄罗斯和伊朗，居世界第3位。[2] 2017年石油产量为1916千桶/日，消费量为354千桶/日，原油加工量为379千桶/日，炼油产能为429千桶/日。2017年天然气产量为1757亿立方米，相当于151.1百万吨油，消费量为474亿立方米，相当于40.8百万吨油。[3]

2. 淡化海水资源

卡塔尔属热带沙漠气候，降雨少且沙尘暴多，这导致其淡水资源极为匮乏。为了满足人民生活、生产需要，政府不得不发展海水淡化技术以获取淡化水。虽然政府也努力抽取地下水，但大部分水资源还是通过海水淡化获得。淡化海水是卡塔尔人民最重要的水源，约占全国用水量的一半。在过去二十年中，淡化水的产量翻了两番，预计产量将会继续增加。卡塔尔共有十几个海水淡化厂，其中较为重要的三个海水淡化厂是：Ras Abu Fontas B-1、Ras Laffan-A 和 Ras Laffan-B。[4] 海水淡化和洁净水的问题已被视为"卡塔尔2030愿景"中最主要的问题之一。目前，卡塔尔正尝试从以往的能源密集型常规热淡化工艺转向更清洁的绿色膜工艺用于海水淡化生产。[5]

3. 渔业资源

卡塔尔海岸线相对周边的沙特、阿联酋等国家来说较短，其沿海水域的气象和水文条件都较为极端，气温从19摄氏度到32摄氏度不等，蒸发率高，

---

[1] "The World Factbook: Qatar", Central Intelligence Agency, https://www.cia.gov/library/publications/resources/the-world-factbook/geos/qa.html, March 13, 2019.

[2] 《对外投资合作国别（地区）指南：卡塔尔（2017年版）》，载中展世贸国际会展网，https://www.world-fairs.org/show-751.html，最后访问日期：2020年12月13日。

[3] 《2018年世界能源统计年鉴》，载BP集团网站：https://www.bp.com/zh_cn/china/home/news/reports/statistical-review-2018.html，最后访问日期：2020年12月13日。值得说明的是，根据该报告，卡塔尔2017年已探明石油储量（包括天然气凝析油、天然气液和原油）为26亿吨，已探明天然气储量为24.9万亿立方米。

[4] Qatar e-Government, "Environment and Agriculture", https://portal.www.gov.qa/wps/portal/topics/Environment + and + Agriculture, March 9, 2019.

[5] Hammadur Rahman and Syed Javaid Zaidi, "Desalination in Qatar: Present Status and Future Prospects", *Civil Engineering Research Journal* 6, 2018, p. 1.

盐度高，因此卡塔尔海域的海洋渔业资源相对较少。在发现石油之前，卡塔尔经济以渔业和珍珠养殖为主。[1] 发现石油之后，卡塔尔的经济重心几乎全部转移到石油开发上。但是从社会经济发展和传统文化角度来看，渔业部门仍然很重要，因为其为沿海社区带来经济效益并帮助解决附近地区的部分就业问题。渔民为当地社区和重要的城市供应鱼类。

卡塔尔1999年的捕捞总量为4400吨，2008年增加到历史最高捕捞量17700吨，但在2009年和2010年减少到约14000吨。2014年和2015年，总捕捞量再次分别增加至16213吨和15203吨。卡塔尔最常见的鱼类是经济价值较高的皇帝鱼类（emperor fishes，2013年捕捞量为3900吨），其次是身形狭窄的西班牙鲭鱼和石斑鱼类。卡塔尔尚未开始商业海水养殖，只进行了淡水养殖。自2013年以来，水产研究中心的现代化和大型设施的建设一直在进行。该中心将开展海洋有鳍鱼类和虾类的研发，以促进海水养殖。[2] 2013年卡塔尔人均鱼类年均消费量约为22.3千克，高于世界平均水平，其鱼虾类产品的消费基本可以自给自足。[3]

4. 珍珠资源

与巴林一样，卡塔尔也曾是海湾地区珍珠采集和贸易的中心。珍珠捕捞业在20世纪40年代初石油产业发展起来之前一直是卡塔尔的主要产业之一。20世纪30年代，日本人工养殖珍珠业的兴起和经济大萧条导致珍珠捕捞无利可图，珍珠市场供大于求，人们手中也无余钱购买珍珠，卡塔尔的珍珠捕捞业日渐衰落。但是，1939年，石油的发现彻底改变了卡塔尔人民的生活，这对陷入困境的卡塔尔人民来说是一个奇迹。尽管珍珠捕捞对卡塔尔的经济已不再重要，但它仍被视为卡塔尔文化的一部分。卡塔尔每年举行珍珠潜水比赛和文化庆祝活动。每年为期4天的Senyar珍珠潜水和钓鱼比赛吸引了几百名参赛者。一年一度的卡塔尔海洋节也举办珍珠潜水表演。[4]

---

[1] 参见中国网，http://www.china.com.cn/sports/zhuanti/15dh/txt/2006-12/05/content_7459057.htm，最后访问日期：2019年3月9日。

[2] "The State of Qatar", Food and Agriculture Organization of the United Nations, http://www.fao.org/fishery/facp/QAT/en, March 9, 2019.

[3]《卡塔尔国家概况》，载中华人民共和国外交部网站，https://www.fmprc.gov.cn/web/gjhdq_676201/gj_676203/yz_676205/1206_676596/1206x0_676598/，最后访问日期：2019年5月5日。

[4] Lily Verna, "History of Pearl Diving in Qatar", Thoughtco, https://www.thoughtco.com/qatar-pearl-industry-1434525, March 9, 2019.

二、海洋事务主管部门及其职能

根据《卡塔尔国宪法》第60条、第61条和第62条[1]，卡塔尔实行三权分立制度。埃米尔和舒拉委员会拥有立法权。埃米尔拥有行政权，内阁（Council of Ministers）协助埃米尔处理行政事务。相对其他海湾国家而言，卡塔尔的政治体制较为民主，埃米尔的权力受到较多的约束，这在海洋事务上也有所体现。

（一）立法机构

1. 埃米尔

卡塔尔是君主立宪制酋长国。埃米尔为国家元首兼武装部队最高统帅，由阿勒萨尼（Al Thani）家族世袭。塔米姆·本·哈马德·阿勒萨尼（Tamin Bin Hamad Al-thani）是卡塔尔的第八任埃米尔，于2013年6月正式继位。[2] 根据《卡塔尔国宪法》第67条，埃米尔的职能包括：在内阁的协助下制定国家总体政策；批准和颁布法律；为了公共利益的需要在必要的时候召集内阁会议；主持其所出席的内阁会议；任命和解除公务员和军人的职务；任命外交和领事使团团长；依法给予赦免和减刑；依法授予荣誉徽章；设立和管理各部委和其他政府机构并确定其职能；设立和组织咨询机构，协助埃米尔指引、监督和阐明国家政策等。

埃米尔拥有立法权，其立法权受到舒拉委员会的制约。根据《卡塔尔国宪法》第70条的规定，如果在特殊情况下需要颁布特别法，并且不在舒拉委员会的会议期间，则埃米尔可以发布具有法律效力（power of law）的相关法令。此类法令应提交给舒拉委员会。委员会可在提交之日起40日内，以其三分之二多数拒绝通过此类法令，或要求在规定的时间内对其进行修改。自委员会拒绝或实施修订的期限届满之日起，此类法令将不再具有法律效力。

2. 舒拉委员会

舒拉委员会（Shura Council, Al-Shoura Council, 又称"协商委员会"）

---

[1] 此处引用的条款出自卡塔尔于2004年生效的《卡塔尔国宪法》。1970年，卡塔尔颁布第一部临时宪法。1972年，卡塔尔对临时宪法进行了修改。2003年4月，卡塔尔举行全民公决，以96.6%的赞成票通过《国家永久宪法草案》。2004年6月，《卡塔尔国宪法》正式生效。《卡塔尔国宪法》的全文见附录15。

[2] 《对外投资合作国别（地区）指南：卡塔尔（2017年版）》，载中展世贸国际会展网，https://www.world-fairs.org/show-751.html，最后访问日期：2020年12月13日。

成立于1972年。该委员会由45名成员组成，其中30名成员通过不记名投票选举产生，埃米尔应从部长或其他任何人中任命其余15名成员。委员会成员全部由埃米尔任命，内阁大臣为该委员会法定成员。委员会成员任期6年，可以延长。委员会下设秘书处和立法、财经、公共服务、内政外交4个分委员会。

舒拉委员会的职能是协助埃米尔行使统治权力，有权审议立法和向内阁提出政策建议。[1]根据《卡塔尔国宪法》第76条，舒拉委员会拥有立法权，有权批准政府的政策和预算，并对其宪法规定的行政权力进行控制。舒拉委员会的立法权受到埃米尔的限制。根据《卡塔尔国宪法》第106条，舒拉委员会通过的任何法律草案应提交埃米尔批准。如果埃米尔拒绝批准该法律草案，他应在提交之日起3个月内将法律草案以及拒绝理由退还给舒拉委员会。如果法律草案在前一段规定的期限内退还给委员会，而舒拉委员会以其所有成员的三分之二多数再次通过该草案，则埃米尔应批准并颁布该法律草案。在该法律被批准时，埃米尔可下令在他认为有必要为该国的更高利益服务期间暂停执行该法律。但是，如果该法律草案未以三分之二多数再次通过，则不得在同一届会议期间重新审议。

（二）行政执法机构

1. 内阁

根据《卡塔尔国宪法》的规定，内阁应根据宪法和法律规定协助埃米尔履行职责并行使其权力。内阁被授予最高行政机关的权力，以管理宪法和法律规定确定的管辖范围内的所有内部和外部事务。内阁的职能包括：向舒拉委员会提交法律和法令草案，如果此提案获得舒拉委员会的批准，则应按照宪法的规定将其提埃米尔批准和颁布；批准各部委和其他政府机关制定的条例和决定；监督法律、法令、规章和决议的执行；根据法律提议设立和组织政府部门、公共机关和法人团体；控制行政机构的财务；在其职权范围内任命和解雇公务员；制定维护国家安全和公共秩序的规则；管理国家财政，根据宪法和法律规定制定预算草案；批准经济类项目及其实施办法；对国内外任务的完成情况进行调查，在每个财政年度开始时将调查结果编写成报告。该报告应附有实现国家全面发展的计划。此份报告的编写应为国家的繁荣和发展提供

---

[1]《对外投资合作国别（地区）指南：卡塔尔（2017年版）》，载中展世贸国际会展网，https://www.world-fairs.org/show-751.html，最后访问日期：2020年12月13日。

条件，应根据政策指导达到巩固国家的安全与稳定的效果等。[1]

2. 海洋法公约常设委员会

卡塔尔于2002年批准了《公约》。为研究《公约》，它成立了一个特设委员会。该委员会根据《公约》的规定确定卡塔尔的权利和义务。2009年该委员会变更为海洋法公约常设委员会（The Standing Committee of the Convention on the Law of the Sea）。该委员会的成员由埃米尔府[2]（Amiri Diwan）、外交部（Ministry of Foreign Affairs）、国防部（Ministry of Defense）、内政部（Ministry of Interior）、能源和工业部（Ministry of Energy and Industry）、市政和环境部（Ministry of Municipality and Environment）、交通和通信部（Ministry of Transport and Communications）、司法部（Ministry of Justice）及卡塔尔大学（Qatar University）的代表组成。外交部两名代表中的一名是该委员会的常务主席。

海洋法公约常设委员会的职责包括：就与《公约》有关的问题向国家提供咨询建议；研究与《公约》有关的技术规则和法律规定；审查和研究有关《公约》的立法；提出关于《公约》权利义务的国内立法建议和其他政策建议；代表国家参加《公约》和相关委员会的会议等。该委员会已成立两个小组委员会。其中一个小组委员会负责确定领海基线。另一个小组委员会负责确定相关海洋区域，并确定这些海域的国家权利和义务。小组委员会下设技术小组，负责研究常务委员会要求的专门事项。[3]

3. 外交部

卡塔尔于1969年颁布了《关于设立外交部的第11号法令》（Decree law No. 11 for 1969 on the Establishment of a Department for Foreign Affairs）。根据《1970年第8号决定》（Decision No. 8 for 1970），卡塔尔外交部设立具体的职能部门。外交部的主要职能包括：向全球传播卡塔尔的文化价值观和政策信息；保护卡塔尔的利益，提出外交政策和计划，并与其他机构协调实施；为缔结协议和公约组织进行会谈；与卡塔尔各部委、外国政府及其外交使团，以及区域和国际组织进行交流；起草并向埃米尔提出卡塔尔的外交政策以获得批准；保护卡塔尔人民在海外的利益等。

---

[1] 参见《卡塔尔国宪法》第120条、第121条。
[2] 埃米尔府是埃米尔的主体机构和行政办公室。See "Amiri Diwan of the State of Qatar", Wikipedia, https://en.wikipedia.org/wiki/Amiri_Diwan_of_the_State_of_Qatar, March 11, 2019.
[3] "Competences of the Committee", Ministry of Foreign Affairs the State of Qatar, https://mofa.gov.qa/en/the-convention-of-the-law-of-the-sea/the-competences/competences-of-the-committee, March 6, 2019.

外交部的事务由副总理兼外交部长[1]（Deputy Prime Minister and Minister of Foreign Affairs）、国务外交部长[2]（State Minister for Foreign Affairs）和秘书长[3]（Secretary General）负责。其中，外交部长统管的法律事务司负责为外交部缔结的海洋事务相关的协定提供法律咨询，秘书长统管的国际合作司负责推动包括海洋合作在内的国际合作。[4]

4. 内政部

卡塔尔内政部成立于1970年，下设19个部门[5]。其中与海洋事务有关的仅有海岸与边境安全总局（General Directorate of Coasts and Borders Security）。海岸与边境安全总局的前身是成立于20世纪50年代中期的海军警察（Naval Police）。该局的主要职责包括：监控、保护海岸和12海里的领海；

---

[1] 副总理兼外交部长统管外交部长办公室（Office of the Minister of Foreign Affairs）、法律事务司（Department of Legal Affairs）、政策与规划司（Department of Policy and Planning）、控制和审计司（Department of Control and Audit）、信息办公室（Information Office）。

[2] 国务外交部长下设国务外交部长办公室（Office of the State Minister of Foreign Affairs）。

[3] 秘书长负责秘书长办公室（Office of the Secretary General）、海湾合作委员事务司（Department of GCC Affairs）、阿拉伯事务司（Department of Arab Affairs）、亚洲事务司（Department of Asian Affairs）、非洲事务司（Department of African Affairs）、欧洲事务司（Department of European Affairs）、美国事务司（Department of American Affairs）、国际组织司（Department of International Organizations）、国际合作司（Department of International Cooperation）、人权司（Department of Human Rights）、领事司（Department of Consular Affairs）、议定书司（Department of Protocol）、人力资源司（Department of Human Resources）、财务和行政事务司（Department of Financial and Administrative Affairs）、信息技术司（Department of Information Technology）、工程事务和总务司（Department of Engineering Affairs and General Services）、档案和文件司（Department of Archiving and Documents）、外交学院（Diplomatic Institute）、安全事务办公室（Security Affairs Office）、值班办公室（Duty Office）、组织会议常设委员会（The Permanent Committee For Organizing Conferences）。

[4] "Homepage", Ministry of Foreign Affairs the State of Qatar, https://mofa.gov.qa/en, March 8, 2019.

[5] 内政部的下设部门包括：内政部办公室（Office of the Minister of Interior）、公安总局（General Directorate of Public Security）、交通总局（General Directorate of Traffic）、护照总局（General Directorate of Passports）、刑事调查总局（General Directorate of Criminal Investigation）、缉毒部门（Drug Enforcement Department）、民防总局（General Directorate of Civil Defense）、法律事务总局（General Directorate of Legal Affairs）、海岸与边境安全总局（General Directorate of Coasts and Borders Security）、物流和供应总局（General Directorate of Logistics and Supply）、信息系统总局（General Directorate of Information Systems）、中央理事会（Central Directorates）、紧急情况常设委员会（Permanent Committee for Emergency）、毒品和酒精委员会（Drugs and Alcohol Committee）、国家交通安全委员会（National Traffic Safety Committee）、阿布萨姆拉边境口岸管理常设委员会（Permanent Committee for the Management of Abu Samra Border Port）、国家指挥中心［National Command Centre（NCC）］、战略安全研究中心（Centre for Strategic Security Studies）、法医中心（Forensic Centre）。

打击发生在领海的非法活动；保护沿海企业；执行相关的海事法律法规；进行搜救和监视船舶；监测各种海洋污染；扣留违反法律的海上交通工具；调查海上事故和违规行为；打击和抓捕海盗；与卡塔尔武装部队协调执行上述任务。[1]

5. 能源和工业部

为建立坚实的工业基础，实现经济平衡增长，卡塔尔成立能源和工业部。该部的职能包括：以有助于国家收入来源多样化的方式发展和支持工业企业，努力使国家收入来源多样化；最大化中间材料的附加值；鼓励发展私营部门，增加该部门对工业发展的贡献；发展制造业；鼓励、支持和发展清洁能源和能源密集型产业；加强石油和天然气部门与制造业以及其他经济部门的配合等。该部的下设部门包括：能源事务司（Energy Affairs Department）、工业发展司（Industrial Development Department）、工业区司（Industrial Zones Department）、内部审计司（Internal Audit Department）、法律事务司（Legal Affairs Department）、规划和质量司（Planning and Quality Department）、公共关系与通信司（Public Relations & Communication Department）、共享服务司（Shared Service Department）。

负责石油和天然气产业的能源事务司下设能源战略规划科（Energy Strategic Planning Section）、许可和监督科（Licencing & Monitoring Section）。能源战略规划科负责制定卡塔尔新能源和可再生能源的相关政策、协调卡塔尔各地区的能源需求、发展能源领域的双边、区域和国际关系。许可和监督科负责颁发电力和海水淡化厂的建设许可证，许可电力和水的输送与分配活动并监督其业绩。[2]

6. 国防部

卡塔尔国防部统管卡塔尔武装力量（Qatar Armed Forces），包括海陆空三军。[3] 其中，卡塔尔埃米尔海军（Qatari Emiri Navy），也被称为卡塔尔埃米尔海军部队（Qatari Emiri Naval Forces），是卡塔尔的海上武装力量。在

---

[1] "Home", State of Qatar Ministry of Interior, https：//portal. moi. gov. qa/wps/portal/MOIInternet/ MOIHome/！ ut/p/a1/dc1BC4JAEAXgX-PVGTVEum0GrasRoaDtJVbYVslcWzcP _ fpMulVze4 _ vMcChAt6LqVXCtroX3Tvz8MzoNsEgx3SXhQGSPNvHfnxExBByYaAEvrCERCvqoZdGFKOZFazYHGIf 0fsA _ HMEgQFXna6XlyfS10GkgBt5kUYa92HmurF2GNcOOjhoY0Xn3nTrKj25d-Hgr1WjRwvVF4b-hyugzk-UL705q1w!！/dl5/d5/L0lHSkovd0RNQUprQUVnQSEhLzRKU0UvZW5fVVM！/，December 13，2020.

[2] See The Ministry of Energy and Industry, https：//mei. gov. qa/en/, March 9, 2019.

[3] "Qatar Armed Forces", Wikipedia, https：//en. wikipedia. org/wiki/Qatar_ Armed_ Forces#Navy, March 11, 2019.

1971年9月3日独立时，卡塔尔武装部队只有皇家卫队、少量装甲车和4架飞机，没有海军和船只。1992年，卡塔尔海军只有700名海军人员。由于规模太小，在两伊战争期间，卡特尔的海军无法保护其领海。2010年，卡塔尔的海军人员增加到1800名，其中包括一支海岸警卫队。卡塔尔的海军和其海岸警卫队的人员和装备都不充足。卡塔尔的海上石油和天然气平台很容易受到恐怖分子的攻击。为此，卡塔尔购买了轻型护卫舰以增加其海军的武装力量。2015—2016年，卡塔尔向意大利造船厂芬坎特里（Fincantieri）购买了多艘水面舰艇和护卫舰。[1]

7. 市政和环境部

市政和环境部的前身是卡塔尔于1972年成立的市政事务部。后几经变更，该部增加了农业、渔业和环境等方面的职权，于2016年更名为市政和环境部。该部的职能分为两个部分：市政事务（包括城市规划）和环境事务。在市政事务和城市规划领域，该部负责：制定城市规划，并与有关当局协调监督其实施；测量土地并绘制卡塔尔的地籍图；管理国家财产；根据政府当局的需要提供和分配土地；审查中央市政委员会[2]的建议并作出决定；为公共利益征收土地等。在环境事务方面，该部负责：保护环境，维持自然平衡；培养卡塔尔官员的环境保护意识；批准环境保护相关公约和议定书；与政府机构和非政府组织开展合作，以保护环境等。

市政和环境部下设部长行政单位（Minister Administrative Units）、副部长行政单位（Undersecretary Administrative Units）、城市规划事务助理副部长（Assistant Undersecretary Urban Planning Affairs）、环境事务助理副部长（Assistant Undersecretary Environmental Affairs）、农业事务和渔业助理副部长（Assistant Undersecretary Agriculture Affairs & Fisheries）、总服务事务助理副部长（Assistant Undersecretary for General Service Affairs）、公司服务事务助理副部长（Assistant Undersecretary for Corporate Services Affairs）。其中城市规划事

---

[1] "Qatar Emiri Naval Forces (QENF) -Modernization", Global Security, https://www.globalsecurity.org/military/world/gulf/qatar-navy-modernization.htm, March 11, 2019.

[2] 卡塔尔的第一个中央市政委员会（Central Municipal Council）成立于20世纪50年代初。独立后，卡塔尔于1999年3月8日举行了选举，选出了独立后第一届中央市政委员会成员。中央市政委员会由来自卡塔尔242个行政区划的29个选区选出的29名成员组成。中央市政委员会选举每4年举行一次。根据1998年《关于中央市政条例的第12号法律》第8条，中央市政委员会具有以下职责：监督属于中央市政委员会职责范围内的法律、法令和条例的执行情况，包括与城市和工业规划、基础设施和其他公共系统有关的法律、法令和条例；监督市政和农业的财政和行政管理等。See Government Communications Office, "Central Municipal Council", https://www.gco.gov.qa/en/about-qatar/municipal-council/, March 9, 2019.

务助理副部长、环境事务助理副部长以及农业事务和渔业助理副部长领导的下设机构负责相关海洋事务。

城市规划事务助理副部长主管副部长助理办公室（Assistant Undersecretary Office）、城市规划部门客户服务办公室（Customer Service Office Urban Planning Sector）、城市规划司（Urban Planning Department）、土地和调查司（Lands & Survey Department.）、基础设施规划司（Infrastructure Planning Department）、国有财产司（State Properties Department）。其中土地和调查司负责与有关当局协调，对领海进行调查，并编制有关海图。

环境事务助理副部长主管副部长助理办公室、环境运营司（Environmental Operations Department）、环境评估司（Environmental Assessment Department）、环境监测司（Environmental Monitoring Department）、辐射与化学品保护司（Radiation & Chemicals Protection Department）、环境保护储备和野生动物司（Environmental Protection Reserves & Wildlife Department）、工业检验和污染控制司（Industrial Inspection & Pollution Control Department）、气候变化司（Climate Change Department）。上述部门负责保护环境及监督相关公约的执行情况等方面的事务，其中也涉及与海洋环境有关的事务。

农业事务和渔业助理副部长主管副部长助理办公室、农业事务司（Agricultural Affairs Department）、畜牧司（Livestock Department）、渔业司（Fisheries Department）、农业研究司（Agricultural Researches Department）。上述部门与海洋有关的是渔业司和农业研究司。渔业司负责的事项包括：提出保护渔业资源的总体规划，监督渔业资源的开发；与有关当局协调，制订和实施渔业恢复和研究计划；与有关当局协调，制订和实施渔业资源可持续发展计划和方案，设立海洋资源研究中心；[1] 与有关当局协调，建立和监测实验性养鱼场，为卡塔尔的渔业活动提供技术支持；根据法律规定，发放渔船、渔民和渔业运输工具以及养鱼场的许可证；与有关当局协调，监测渔港、工厂及其相关设备等。农业研究司负责的事项包括：与有关当局协调，进行应用性研究，并在动植物、渔业和海洋环境等领域提供专业的技术诊断；研究生物技术，以解决动植物、渔业及海洋环境等领域面临的问题；研究各种经济作

---

[1] 渔业司十分重视国家海洋资源，多年来进行鱼类种群评估和水产养殖活动的研究。为了发展可持续水产养殖，该司在阿尔科尔北部的 Rasmutback 建立了第一个海洋资源研究中心。参见渔业及水产养殖部：《国家水产养殖部门概况：卡塔尔》，载联合国粮食及农业组织网站，http://www.fao.org/fishery/countrysector/naso_qatar/zh，最后访问日期：2019 年 3 月 15 日。

物的繁殖方法；研究 DNA 技术在动植物、渔业和海洋领域的应用等。[1]

8. 交通和通信部

交通和通信部的下设部门主要包括部长负责的行政单位（Administrative Units Reporting to the Minister）、副部长负责的行政单位（Administrative Units Reporting to the Under Secretary）、陆路运输助理副部长负责的行政单位（Administrative Units Reporting to the Assistant Under Secretary for Land Transportation）、海运助理副部长负责的行政单位（Administrative Units Reporting to the Assistant Undersecretary for Maritime Transportation）、信息技术助理副部长负责的行政单位（Administrative Units Reporting to the Assistant Undersecretary for Information Technology）、数字社会发展助理副部长负责的行政单位（Administrative Units Reporting to the Assistant Undersecretary for Digital Society Development）等。其中与海洋事务有关的是部长负责的行政单位和海运助理副部长负责的行政单位。

部长负责的行政单位包括：部长办公室（H. E. Minister's Office）、国际合作司（International Cooperation Department）、内部审计司（Internal Audit Department）、规划和质量司（Planning and Quality Department）、法律事务司（Legal Affairs Department）、公共关系和通信司（Public Relations and Communications Department）、技术事务司（Technical Affairs Department）等。其中与海洋事务有关的是国际合作司和法律事务司。国际合作司负责：与有关各方协调，举办有关该部事务的大会、专题讨论会、区域和国际会议；出席区域和国际组织举行的大会和会议；编写区域和国际组织要求的报告和反馈；监督区域和国际组织建议的执行情况；与有关部门协调，向相关组织发放国家财政捐款；收集和研究国际组织发布的数据；翻译与该部门相关的外国文件、书籍、科学研究报告和信函。法律事务部负责：与有关部门合作研究部长级法律问题（Ministerial legal issues）；准备部长立法草案；就与该部有关的事项提供法律意见；与有关部门合作起草有关该部的涉及海洋事务的合同、协定和谅解备忘录等。

海运助理副部长负责的行政单位包括：助理副部长办公室（Office of the Assistant Undersecretary）、规划和海运许可证司（Planning and Maritime Transport Licenses Department）、海事系统司（Marine Systems Department）、海运服务质量绩效司（Quality Performance of Maritime Transport Services Department）

---

[1] "Homepage", Ministry of Municipality and Environment, http://www.mme.gov.qa/, March 11, 2019.

等。规划和海运许可证司负责：实施海事运输事务相关的法律法规；制定海运规划政策；在海运网络规划领域开展必要的研究；确定海运服务许可要求、规则和决定，并确保海运方式符合相关条例的规定；批准水手执照，颁发和更新船舶许可证和卡塔尔籍船上人员的证书，批准和更新非卡塔尔籍船长、船上人员、工程师和通信官员的证书；颁发在卡塔尔水域内运营的外国船舶的许可证等。海事系统司负责：根据国际海运协定登记船舶并签发证书，监督登记船舶遵守国内和国际法律法规；收集、编制和分析在卡塔尔登记的船舶数据；规定获得海事相关资格证书的条件；监督船上的工作条件；检查和控制国内外船舶；为实施国际船舶和港口设施安保规则制定相关措施；参与调查卡塔尔水域内发生的民用和商用船舶海上事故；提出有关海上运输活动的法律、法规和决定；进行必要的海运方面的研究等。海运服务质量绩效司负责：为制定海事安全标准进行必要的研究，提出与船舶有关的安全规则和条件；制定和建立技术性能标准；监督在海上运输领域获得许可的机构和公司的业绩；确保服务符合标准和要求；检查所有类型的海上运输设备，以确保其安全性和适用性等。[1]

9. 卡塔尔石油公司

卡塔尔石油公司成立于1974年，是一家国有公司。卡塔尔石油公司的董事会成员包括王室成员、能源事务国务大臣（Minister of State for Energy Affairs）、财政部部长（Minister of Finance）和工商部部长（Minister of Commerce and Industry）等。卡塔尔石油公司负责石油和天然气资源的监管和开发，其业务涉及石油和天然气产业的各个阶段。卡塔尔石油公司通过与主要国际石油和天然气公司达成的勘探和生产共享协议（Exploration and Production Sharing Agreements）以及开发和生产共享协议（Development and Production Sharing Agreements）来进行碳氢化合物勘探和开发。[2]

卡塔尔石油公司管辖的石油和天然气田可以分为三类：与其他国家共享的北方气田、陆上油田和海上油田。卡塔尔石油公司自己运营的海上油气田有北方气田、Maydan Mahzam 油田和 Bul Hanine 油田。卡塔尔石油公司通过签订勘探和生产共享协议以及开发和生产共享协议进行运营的油田和具体运营的公司如第Ⅲ部分 表1 所示。

---

[1] "Homepage", Ministry of Transport and Communications, http://www.motc.gov.qa/en/, March 9, 2019.
[2] "Qatar Petroleum: Committed to Excellence", Qatar Petroleum, https://qp.com.qa/en/AboutQP/Pages/AboutUs.aspx, March 9, 2019.

第Ⅲ部分 表1　卡塔尔油田运营公司[1]

序号	油田名称	运营公司
1	Al Shaheen	北方石油公司[2]（North Oil Company）
2	Al Rayyan	西方卡塔尔能源公司[3]（Occidental Qatar Energy Company）
3	Al Khalij	卡塔尔道达尔能源和石油有限公司[4]（Total E&P Qatar Ltd.）
4	Idd El Shargi North Dome	卡塔尔西方石油有限公司[5]（Occidental Petroleum of Qatar Ltd.）
5	Idd El Shargi South Dome	卡塔尔西方石油有限公司[6]（Occidental Petroleum of Qatar Ltd.）
6	Al Karkara 和 A-Structures	卡塔尔石油开发公司[7]（Qatar Petroleum Development Company）
7	El Bunduq	Bunduq 有限公司[8]（Bunduq Company Ltd.）

---

[1] "Oil & Gas Fields", Qatar Petroleum, https：//qp.com.qa/en/QPActivities/QPOperations/Pages/OilandGasDetails.aspx? OID=200, March 18, 2019.

[2] 2016年，卡塔尔石油公司和道达尔（Total）签署了关于进一步开发和运营 Al Shaheen 油田的协议。根据协议，双方将建立一个新的合资公司，名为北方石油公司（North Oil Company）。该公司于2017年7月14日开始开发和运营 Al Shaheen 油田。这家新公司由卡塔尔石油公司持有70%的股权。See Total, http：//www.total.qa/en-us/explore-and-produce, March 14, 2019.

[3] 该油田被发现于1995年，1996年开始生产。2001年，阿纳达科（Anadarko）收购湾流（Gulfstream），成为该油田的合作生产者。2002年，阿纳达科购买了英国石油公司（BP）在区块12和区块13的27.5%股权并承担了运营权。2007年，阿纳达科将该区块的运行权卖给了西方石油公司（Occidental Petroleum Corporation）。See "Al Rayyan Oil Field", A Barrel Full, http：//abarrelfull.wikidot.com/al-rayyan-oil-field, March 14, 2019. 西方卡塔尔能源公司是西方石油公司的子公司，负责运营 Al Rayyan 油田。See "Qatar", OXY, https：//www.oxy.com/OurBusinesses/OilandGas/MiddleEast/Pages/Qatar.aspx, March 14, 2019.

[4] 道达尔于1997年开始运营 Al Khalij 海上油田。该油田位于 Halul 的区块6。See Total, http：//www.total.qa/en-us/explore-and-produce, March 14, 2019.

[5] 卡塔尔石油公司与卡塔尔西方石油有限公司于1994年签订开发和生产共享协议。该协议于2019年10月6日到期，到期后由卡塔尔石油公司接管 Idd El Shargi North Dome 的运营。See "Qatar Petroleum Taking over Offshore Oil Field from Oxy", Offshore Energy, https：//www.offshoreenergytoday.com/qatar-petroleum-taking-over-offshore-oil-field-from-oxy/, March 14, 2019.

[6] 西方石油公司是一家国际石油和天然气勘探和生产公司，业务遍及美国、中东和拉丁美洲。该公司经营位于卡塔尔半岛以东约80.46千米的 Idd El Shargi North Dome（ISND）和位于 ISND 以南约24.14千米处的 ISND El Shargi South Dome（ISSD）。See "Qatar", OXY, https：//www.oxy.com/OurBusinesses/OilandGas/MiddleEast/Pages/Qatar.aspx, March 14, 2019. 卡塔尔西方石油有限公司是西方石油公司的子公司，负责在卡塔尔的石油勘探和生产活动。See "Occidental Petroleum", Wikipedia, https：//en.wikipedia.org/wiki/Occidental_Petroleum, March 7, 2019.

[7] 卡塔尔石油开发公司（日本），是科斯莫石油（Cosmo Oil., Ltd.）的子公司。卡塔尔石油开发公司成立于1997年9月，负责开发和运营卡塔尔近海的1SE区块。2006年，该公司从上述区块的 Al Karkara 和 A-Structures North 油田钻探出第一批石油。See QPD, https：//www.qpd-jp.com/, March 14, 2019.

[8] Bunduq 有限公司成立于1970年12月，主要负责开发位于阿布扎比和卡塔尔境内的 El Bunduq 海上油田。See "About Our Company", Bunduq, https：//www.bunduq.com/about, March 18, 2019.

卡塔尔石油公司下设大量子公司，还与其他国际石油和天然气公司开设了很多合资公司。根据卡塔尔石油公司网站的信息，卡塔尔石油公司至少有26家子公司和合资公司。这些子公司和合资公司可以分为两类：生产类公司和服务类公司。其中生产类公司包括：拉凡炼油厂（Laffan Refinery）、羚羊液化天然气厂（Oryx GTL）、卡塔尔铝业（Qatalum Aluminium）、卡塔尔化学公司（Qatar Chemical Company）、卡塔尔化肥公司（Qatar Fertiliser Company）、卡塔尔燃料添加剂公司（Qatar Fuel Additives Company）、卡塔尔三聚氰胺公司（Qatar Melamine Company）、卡塔尔石化有限公司（Qatar Petrochemical Company Limited）、卡塔尔钢铁公司（Qatar Steel Company）、卡塔尔乙烯基公司（Qatar Vinyl Company）、卡托芬有限公司（Qatofin Company Limited）、卡塔尔第二化学有限公司（Qatar Chemical Company II Ltd）、拉斯拉凡烯烃公司（Ras Laffan Olefins）和SEEF有限公司（SEEF Limited）等。服务类公司包括：海湾钻井国际（Gulf Drilling International）、Al Kut保险和再保险公司（Al Koot Insurance And Reinsurance）、Al Shaheen控股公司（Al Shaheen Holding）、Amwaj餐饮服务公司（Amwaj Catering Services）、ASTAD项目管理公司（ASTAD Project Management）、Gasal公司（Gasal）、海湾直升机公司（Gulf Helicopters Company）、海湾国际服务公司（Gulf International Services）、工业卡塔尔（Industries Qatar）和南胡克燃气公司（South Hook Gas）等。[1]

10. 卡塔尔电力和水务公司

卡塔尔电力和水务公司（Qatar Electricity and Water Company）是卡塔尔的一家国有公司，成立于1990年，经授权负责管理和销售电力和海水淡化厂的产品。卡塔尔政府及其附属公司拥有该公司约52%的股权，其余48%的股权由私营公司和个人持有。由能源和工业部部长主持的11人董事会负责管理该公司。该公司共有7家子公司和合资公司，其中与海水淡化有关的公司包括：拉斯拉凡电力有限公司[2]（The Ras Laffan Power Company Limited）、卡

---

[1] 上述子公司和合资公司的详细介绍参见附录16。
[2] 拉斯拉凡电力有限公司是卡塔尔第一家电力和水公司，成立于2001年，位于多哈东北约80千米的拉斯拉凡工业城。该公司是一家合资公司，其成立时的股东包括：AES美国公司［AES Corporation（USA），持股55%］，卡塔尔电力和水务公司（持股25%），卡塔尔石油公司（持股10%），科威特海湾投资公司［Gulf Investment Corporation（GIC）of Kuwait，持股10%］。2010年10月，拉斯拉凡电力有限公司购买了AES公司持有的股份，将其所有权增加到80%。除此交易外，拉斯拉凡电力有限公司还通过购买AES公司在拉斯拉凡运营公司WLL（ROC）持有的70%股份，获得了管理、运营和维护设施的全部权利。

塔尔电力公司[1]（Qatar Power）、Ras Girtas 电力公司[2]（Ras Girtas Power Company）、Nebras 电力[3]（Nebras Power）和 Umm Al Houl 电力[4]（Umm Al Houl Power）等。[5]

---

[1] 卡塔尔电力公司是一家合资公司，成立于 2005 年 1 月 5 日。其股东是：卡塔尔电力和水务公司（持股 55%）、GDF 苏伊士能源国际（GDF SUEZ Energy International，持股 40%）和日本中部电力（Chubu Electric Power from Japan，持股 5%）。该公司的目标是以安全、环保、高效和可靠的方式向卡塔尔国提供水和电。

[2] Ras Girtas 电力公司是合资公司，由卡塔尔石油公司（持股 15%）、卡塔尔电力和水务公司（持股 45%）、Foreign Multinational Companies namely-GDF Suez-France（持股 20%）、Mitsui&Co-Japan（持股 10%）、Chubu Electric Power Co-Japan（持股 5%）和 Yonden（Shikoku Electric Power Co）-Japan（持股 5%）于 2008 年出资成立。该公司为卡塔尔提供电力和饮用水。

[3] Nebras 电力成立于 2014 年 3 月，是卡塔尔电力和水务公司（持股 60%）与卡塔尔控股有限责任公司（Qatar Holding LLC，持股 40%）的合资公司，总部位于多哈。Nebras 电力是一家能源投资公司，它在全球范围内投资大型电力和水项目。

[4] Umm Al Houl 电力是一家水电生产商，成立于 2015 年。它每天生产 2520 兆瓦的电力和 1.365 亿加仑的饮用水。它是一家合资公司，卡塔尔电力和水务公司持股 60%，K1 Energy（Mitsubishi Corporation and JERA J/V）持股 30%，卡塔尔石油公司和卡塔尔基金会各持股 5%。

[5] "About", Qatar Electricity & Water Co., https：//www.qewc.com/qewc/en/about/, March 17, 2019.

三、国内海洋立法

(一) 划定管辖海域的法

目前，卡塔尔划定管辖海域的文件主要是《1974年6月2日外交部声明》(Declaration by the Ministry of Foreign Affairs of 2 June 1974) 和《界定卡塔尔国领海和毗连区宽度的1992年第40号法令》(Decree No. 40 of 1992 defining the Breadth of the Territorial Sea and Contiguous Zone of the State of Qatar, 16 April 1992)。[1]《1974年6月2日外交部声明》规定：第一，卡塔尔对卡塔尔半岛及其岛屿的领海外邻接的海域内的自然资源和海洋资源享有排他的、绝对的主权权利。上述海域的外部界限应符合过去或将来的双边协定。如无任何特别协定，根据国际法原则，卡塔尔大陆延伸部分的外部界限或者其上每一点与卡塔尔和其他国家领海基线距离相等的中间线[2]都应当作为考虑上述海域外部界限的因素。第二，在上述规定的领土范围内，为了保护海床、底土及其上覆水域的所有海洋资源和自然资源的安全，卡塔尔对勘探开发、捕鱼和建立设施享有专属性权利。未经卡塔尔政府事先允许，非卡塔尔籍个人或团体无权在上述区域从事任何捕捞活动，开采自然资源或海洋资源，以及进行任何类型的研究。第三，该宣言中规定的任何权利的确立和任何管辖权的行使，不依赖于有效或名义上的占有，也不依赖于明示声明或公告。[3]

为解决与巴林的海洋划界争端，卡塔尔于1991年7月8日向国际法院对巴林提起诉讼。次年，卡塔尔制定了《界定卡塔尔国领海和毗连区宽度的1992年第40号法令》。该法令规定，卡塔尔领海宽度是从根据国际法规则确定的基线量起12海里。卡塔尔对其领海及其上空、海床和底土享有主权，其他国家的

---

[1] "QATAR", United Nations, https://www.un.org/Depts/los/LEGISLATIONANDTREATIES/STATEFILES/QAT.htm, March 10, 2019.

[2] 卡塔尔在海洋划界上的立场与历史上有所不同。1949年6月，当时还是英国保护国的卡塔尔颁布了《关于波斯湾公海海床和底土的公告》(Proclamation with Respect to the Seabed and the Subsoil of the High Seas of the Persian Gulf)，波斯湾公海下毗邻卡塔尔领水并延伸至卡塔尔与邻国的海洋边界的海床和底土由其专属管辖和控制，并根据公平原则协商确定。参见联合国立法合集第1卷《关于公海制度的法律和法规》，"Legal Resources", United Nations Office of Legal Affairs, http://legal.un.org/legislativeseries/documents/untlegs0001.pdf, May 4, 2019.

[3]《1974年6月2日外交部声明》全文参见附录17。

船只和飞机有无害通过权。卡塔尔的毗连区为领海以外邻接领海的海水带,宽度为12海里。卡塔尔对该毗连区行使国际法规定的一切权利和权力。[1]

此外,1984年11月27日签署《公约》后,卡塔尔于2017年按照《公约》第16条第2款的规定,向联合国提交了一份用以测量卡塔尔领海宽度的海湾封口线的地理坐标(第Ⅲ部分 表2),并附有一幅说明性地图。值得注意的是,卡塔尔主张了专属经济区和大陆架的宽度,其专属经济区的宽度是依照划界协定和国际法院的判决确定的。

第Ⅲ部分 表2　卡塔尔海湾封口线坐标[2]

序号	坐标点名称	纬度(北)	经度(东)
1	Dawhat Az Zikrit	25°31′57.0″	50°49′14.1″
		25°31′59.6″	50°48′04.3″
2	Dawhatal Husayn	25°39′25.1″	50°51′27.0″
		25°42′35.8″	50°53′28.8″
3	Umm al Ma	25°48′32.6″	50°55′43.2″
		25°52′19.3″	50°56′49.2″
4	Doha Bay North	25°28′34.7″	51°32′13.4″
		25°25′03.0″	51°35′32.6″
5	Doha Bay South	25°23′20.9″	51°36′44.3″
		25°18′15.7″	51°36′58.9″
6	Mesaieed	24°54′11.0″	51°33′47.4″
		24°54′05.7″	51°41′02.0″
7	Khawral Udayd	24°38′17.3″	51°24′32.3″
		24°38′04.3″	51°24′29.5″

(二)海洋环境保护立法

每年春天是雌性玳瑁[3]上岸到卡塔尔北部的海滩上产卵的时间。在此

---

[1]《界定卡塔尔国领海和毗连区宽度的1992年第40号法令》全文参见附录18。
[2] "QATAR", United Nations, https://www.un.org/Depts/los/LEGISLATIONANDTREATIES/STATEFILES/QAT.htm, March 10, 2019.
[3] 玳瑁(Eretmochelys imbricata)属于海龟科,是玳瑁属下唯一一种。玳瑁的外形与其他海龟大致相似,都有扁平的躯体、保护性的背甲以及适于划水的桨状鳍足,而玳瑁最明显的特点是其鹰喙般的嘴,以及躯体后部锯齿般的缘盾。虽然玳瑁分布在广大的海域中,但其最主要的生活区是浅水礁湖和珊瑚礁区。参见《玳瑁》,载维基百科,https://zh.wikipedia.org/wiki/%E7%8E%B3%E7%91%81,最后访问日期:2019年3月17日。

期间，作为卡塔尔海龟保护运动的一部分，环境部门关闭 Fuwairit 海滩，并将海滩围起来以保护海龟。[1] 据《2010 年第 37 号环境部长关于保护海龟和海鸟的决议》(Minister of Environment Resolution No. 37 of 2010 on the Conservation of Turtles and Seabirds from Extinction)，禁止在 Fuwairit 海滩挖掘海龟、海鸟的巢穴；每年的 4 月 1 日至 7 月 31 日，在 Fuwairit 海滩内禁止用网捕鱼、露营，禁止车辆和摩托车进入海岸，禁止在任何目的下使用明火、人工照明。[2]

（三）渔业相关立法

卡塔尔渔业目前仍限于在波斯湾海湾近海捕鱼捞虾作业，从业人口数量相对其他行业较为有限，绝大部分渔业生产由卡塔尔国家渔业公司承担。[3] 1968 年，卡塔尔颁布了《授予卡塔尔国家渔业公司捕鱼和开采虾的特许权的 1968 年第 14 号法令》(Decree-Law No. 14 of 1968 Granting A Concession to Qatar National Fishing Company for the Fishing and Exploitation of Shrimp)。除此以外，卡塔尔还通过了《授权市政和农业部渔业局视察员司法执法人员的地位的 2004 年第 48 号决议》(Resolution No. 48 of 2004 Authorising Inspectors of the Department of Fisheries at the Ministry of Municipal Affairs and Agriculture to be accorded the Status of Judicial Enforcement Officers) 等渔业相关立法以体现对渔业的重视，促进渔业发展。

（四）港口、船舶与航运相关立法

卡塔尔的主要海港有多哈港、乌姆赛义德港和拉斯拉凡港。[4] 为了管理港口，卡塔尔颁布了《1966 年第 29 号关于卡塔尔海上港口条例的法令》(Decree-Law No. 29 of 1966 Regulation of Qatar Maritime Ports)。十年后，为在多哈港建立免税区，卡塔尔制定了《关于在多哈海港建立免税区的 1976 年第 7 号法》(Law No. 7 of 1976 Concerning the Establishment of A Duty Free Zone

---

[1] Doha Family, http://www.dohafamily.com/Autumn-2014/Fuwairit-Beach/, March 8, 2019.
[2] "Search in Legislations", Al Meezan, http://www.almeezan.qa/LegislationSearch.aspx?language=ar, March 8, 2019. 后文提及的卡塔尔国内立法若未特别注明，皆可通过该网站检索。
[3] 史菊琴：《卡塔尔的渔业发展概述》，载"一带一路"数据库网，https://www.ydylcn.com/skwx_ydyl/initDatabaseDetail?siteId=1&contentId=7190182&contentType=literature&type=%25E6%258A%25A5%25E5%2591%258A，最后访问日期：2019 年 3 月 15 日。
[4] 《卡塔尔国家概况》，载中华人民共和国驻卡塔尔大使馆网站，http://qa.chineseembassy.org/chn/zjkter/t1265747.htm，最后访问日期：2019 年 3 月 8 日。

in the Doha Seaport），对免税区的设立和管理做了相关规定。多哈港位于卡塔尔东海岸的中部，濒临波斯湾西南侧，是卡塔尔主要的商业港，年吞吐量为20万标准箱。[1]

卡塔尔还制定了一系列法律以规范航运事宜。例如，《关于海事通行证的1980年第17号法》（Law No. 17 of 1980 on Maritime Passports）和《关于规范海运中介服务的2012年第12号法》（Law No. 12 of 2012 Regulating the Practice of Services of Maritime Shipping Intermediaries）。前者规定，除在非商业用途的军舰或公务船上从事工作的人员外，卡塔尔国籍的人未经港口部门发给海事护照，不得从事国家领海以外区域的海事活动。后者规定，取得主管部门的许可证后才可从事海上运输中介服务。

（五）石油相关立法

卡塔尔石油公司是目前世界上第三大石油探明储量公司，其营业额占卡塔尔国民生产总值的60%。[2] 为建立卡塔尔石油公司，卡塔尔制定了《关于建立卡塔尔石油公司的1974年第10号法令》（Decree Law No. 10 of 1974 on the Establishment of Qatar Petroleum）。后来，该法被修改了两次，日常经营活动得到了规范。[3] 此外，为规范石油产业的国际合作，卡塔尔还制定相关立法，例如《关于批准〈阿拉伯石油输出国组织司法当局议定书〉的1978年第47号法令》（Decree No. 47 of 1978 Regarding Ratification of the Judicial Authority Protocol for the Organization of Arab Petroleum Exporting Countries）和《关于海湾阿拉伯国家合作委员会（GCC）之间石油借贷制度的1988年第12号法》[Law No. 12 of 1988 on the Petroleum Lending System Between the States of the Cooperation Council for the Arab States of the Gulf（GCC）]。

在保护石油资源、设施方面，《关于保护石油资源的1977年第4号法令》（Decree Law No. 4 of 1977 on Preserving Petroleum Resources）规定，石油

---

[1]《多哈港》，载百度百科网，https://baike.baidu.com/item/%E5%A4%9A%E5%93%88%E6%B8%AF，最后访问日期：2019年3月8日。

[2]《卡塔尔石油公司》，载维基百科网，https://zh.wikipedia.org/wiki/%E5%8D%A1%E5%A1%94%E5%B0%94%E7%9F%B3%E6%B2%B9%E5%85%AC%E5%8F%B8，最后访问日期：2019年3月16日。

[3] 两次修改即《修改1974年关于建立卡塔尔石油公司的第10号法令某些规定的2012年第5号法令》（Law No. 5 of 2012 Amending Certain Provisions of Decree-Law No. 10 of 1974 on the Establishment of Qatar Petroleum）、《1974年关于卡塔尔石油公司成立的第10号法令的某些条款修正案的2007年第10号法令》（Law No. 10 of 2007 The Amendment of Certain Provisions of the Decree-Law No. 10 of 1974 on the Establishment of Qatar Petroleum）。

作业及相关项目应按照石油行业现行技术传统、规则和标准进行。2002年，卡塔尔对该法令进行了修改，颁布了《修改1977年第4号法令关于保护石油资源的若干规定的2002年第35号法令》(Decree-Law No. 35 of 2002 Amending Certain Provisions of Law No. 4 of 1977 on Preserving Petroleum Resources)。该法令的内容基本与《关于保护石油资源的1977年第4号法令》相一致，但对一些机构名称、部长称谓作出了改变。例如，该法令将"财政和石油部长"(Minister of Finance and Petroleum)改为"能源和工业部长"(Minister of Energy and Industry)，将"石油部"(Department of Petroleum Affairs)改为"卡塔尔石油公司"(Qatar Petroleum)。此外，根据《关于保护海上石油、天然气设施的2004年第8号法》(Law No. 8 of 2004 on the Protection of Maritime Petroleum and Gas Installations)，禁止任何未经授权的船只和人员在距离小于500米的地方接近海事设施，禁止在距离海事设施不到500米的地方钓鱼或设置捕鱼工具。[1]

---

[1] 该部分石油立法的具体信息参见附录19。

四、缔结和加入的海洋法条约

(一) 联合国框架下的海洋法公约

1958年2月24日至4月27日,联合国在日内瓦召开第一次海洋法会议,会议通过了四项公约,即《领海及毗连区公约》、《公海公约》、《捕鱼及养护公海生物资源公约》和《大陆架公约》。卡塔尔没有加入上述四项公约。1982年召开的第三次国际海洋法会议通过了《联合国海洋法公约》,卡塔尔于1984年11月27日签署了《公约》,于2002年12月9日批准了《公约》和《关于执行1982年12月10日〈联合国海洋法公约〉第十一部分的协定》。[1]

值得注意的是,卡塔尔签署《公约》时发表了一份声明[2],表示其签署《公约》绝不意味着承认以色列或任何与以色列的交往以及因为接受《公约》管辖或执行其中的规定而产生的与以色列的任何关系。这与卡塔尔旗帜鲜明地支持巴勒斯坦人民争取合法权益的正义斗争、对以色列进行抵制的立场有关。[3] 伊拉克、科威特和也门在签署《公约》时也发表了不承认以色列的声明。[4] 即使缔结未被承认的实体为一缔约方的多边条约并不意味着默示承认,[5] 一些阿拉伯国家还是通过明确宣告的方式,表示牵涉以色列的某一特定行为不能解释为包含任何承认的意思,以自动排除默示承认的任何可能。[6]

---

[1] "Multilateral Treaties Deposited with the Secretary-General", United Nations Treaty Collection, https://treaties.un.org/Pages/ParticipationStatus.aspx? clang=_en, March 4, 2019.

[2] 声明内容参见附录20。

[3] 《卡塔尔同以色列及巴勒斯坦的关系》,载"一带一路"数据库网,https://www.ydylcn.com/skwx_ydyl/initDatabaseDetail? siteId=1&contentId=7192707&contentType=literature&type=%25E6%258A%25A5%25E5%2591%258A,最后访问日期:2019年3月7日。

[4] 以色列是1958年"日内瓦海洋法公约"的缔约国,不是1982年《公约》的缔约国。

[5] [英]伊恩·布朗利:《国际公法原理》,曾令良、余敏友等译,法律出版社2007年版,第83页。

[6] [英]马尔科姆·N.肖:《国际法》(第六版),白桂梅等译,北京大学出版社2011年版,第365—366页。

(二) 缔结和加入的海事条约

卡塔尔于 1993 年加入国际海事组织。[1] 在国际海事组织框架下，卡塔尔加入了众多国际海事条约。[2] 这些条约主要可以分为海洋污染防治、海上航行安全、损害赔偿和责任、海员管理和船舶管理等类别。

其中，与海洋污染防治有关的条约有：《1969 年国际干预公海油污事故公约》(International Convention Relating to Intervention on the High Seas in Cases of Oil Pollution Casualties, 1969)、《关于 1973 年国际防止船舶造成污染公约的 1978 年议定书》(Protocol of 1978 Relating to the International Convention for the Prevention of Pollution from Ships, 1973) 及其 5 个附件、《1990 年国际油污防备、反应和合作公约》(International Convention on Oil Pollution Preparedness, Response and Co-operation, 1990)、《2004 年国际船舶压载水和沉积物控制与管理公约》(International Convention for the Control and Management of Ships' Ballast Water and Sediments, 2004) 等。

与海上航行安全有关的条约有：《1966 年国际船舶载重线公约》(International Convention on Load Lines, 1966)、《1974 年国际海上人命安全公约》(International Convention for the Safety of Life at Sea, 1974)、《1972 年国际海上避碰规则公约》(Convention on the International Regulations for Preventing Collisions at Sea, 1972)、《1976 年国际移动卫星组织公约》(Convention on the International Maritime Satellite Organization, 1976)、《1976 年国际移动卫星组织业务协定》(Operating Agreement on the International Maritime Satellite Organization, 1976)、《1979 年国际海上搜寻救助公约》(International Convention on Maritime Search and Rescue, 1979)、《1988 年制止危及海上航行安全非法行为公约》(Convention for the Suppression of Unlawful Acts Against the Safety of Maritime Navigation, 1988)、《制止危及海上航行安全非法行为公约的 2005 年议定书》(Protocol of 2005 to the Convention for the Suppression of Unlawful Acts Against the Safety of Maritime Navigation, 2005)、《1988 年制止危及大陆架固定平台安全非法行为议定书》(Protocol for the Suppression of Unlawful Acts Against the Safety of Fixed Platforms Located on the Continental Shelf,

---

[1] "Convention on the International Maritime Organization: Participant", ECOLEX, https://www.ecolex.org/details/treaty/convention-on-the-international-maritime-organization-tre-000498/?q = Convention + on + the + International + Maritime + Organization&type = legislation&xdate_min = &xdate_max:, March 5, 2019.

[2] 条约详情参见附录 21。

1988)、《制止危及大陆架固定平台安全非法行为议定书的2005年议定书》(Protocol of 2005 to the Protocol for the Suppression of Unlawful Acts Against the Safety of Fixed Platforms Located on the Continental Shelf) 等。

与损害赔偿和责任有关的条约有：《修正1969年国际油污损害民事责任公约的1992年议定书》(Protocol of 1992 to Amend the International Convention on Civil Liability for Oil Pollution Damage, 1969) 和《修正1971年设立国际油污损害赔偿基金国际公约的1992年议定书》(Protocol of 1992 to Amend the International Convention on the Establishment of an International Fund for Compensation for Oil Pollution Damage, 1971) 等。

与海员管理和船舶管理有关的条约有：《1978年海员培训、发证和值班标准国际公约》(International Convention on Standards of Training, Certification and Watchkeeping for Seafarers, 1978)、《1969年国际船舶吨位丈量公约》(International Convention on Tonnage Measurement of Ships, 1969)。

（三）缔结和加入的区域性海洋环境保护条约

卡塔尔很重视对海洋环境的保护，缔结和加入了很多与海洋环境有关的区域性条约，[1] 这些条约大多是在科威特签署或由其保管的、保护波斯湾环境免受污染的条约。卡塔尔缔结和加入的区域性海洋环境保护条约有：《科威特海洋环境污染保护合作区域公约》(Kuwait Regional Convention for Cooperation on the Protection of the Marine Environment from Pollution)、《控制危险废物和其他废物的海洋越境流动和处置的区域议定书》(Regional Protocol on the Control of Marine Trans-boundary Movements and Disposal of Hazardous Wastes and Other Wastes)、《关于因勘探和开发大陆架而造成的海洋污染议定书》(Protocol Concerning Marine Pollution Resulting from Exploration and Exploitation of the Continental Shelf)、《保护海洋环境免受陆源污染的议定书》(Protocol for the Protection of the Marine Environment against Pollution from Land-Based Sources)、《紧急情况下应对石油和其他有害物质污染的区域合作议定书》(Protocol Concerning Regional Co-operation in Combating Pollution by Oil and other Harmful Substances in Cases of Emergency) 等。

---

[1] 条约详情参见附录22。

五、海洋争端解决

1970年前后,卡塔尔与阿联酋、伊朗和沙特阿拉伯签订的双边海洋划界协定先后生效。[1] 2001年,国际法院对卡塔尔与巴林的海洋划界与领土争端案作出判决。通过双边协定或国际司法机构的判决,卡塔尔与周边国家的海洋争端得到了较好的解决。

(一)通过协议解决的海洋争端

1. 与阿联酋的划界协定

(1)协定的主要内容

1969年3月20日,卡塔尔统治者艾哈迈德·本·阿里·阿勒萨尼(Ahmad bin Ali Al Thani)和阿布扎比[2]统治者扎耶德·本·苏尔坦·阿勒纳哈扬(Zayed bin Sultan Al-Nahyan)签订了《卡塔尔国和阿布扎比酋长国关于海洋划界和岛屿主权的协定》[3](Agreement Between Qatar and Abu Dhabi on the Settlement of Maritime Boundaries and Ownership of Islands)。依协定所载生效要件,该协定自签署之日起生效,于2006年12月14日在联合国秘书处交存登记,登记编号为43372。该协定内容共有7条,划定了3个岛屿的主权归属,确定大陆架界限115海里,包含4个基点,基点之间的平均距离为38.3海里。基点平均水深为11.8英寻[4],最小水深为5英寻,最大水深为20英寻。

该协定的主要内容包括三部分:第一部分是3个岛屿的主权归属;第二部分是大陆架边界的划定;第三部分是边界线上的Al Bunduq油田的收益由

---

[1] 具体的生效时间:与阿联酋,1969年,与伊朗,1970年,与沙特阿拉伯,1971年。
[2] 1971年,英国宣布终止保护条约。同年12月2日,阿联酋宣告成立,由阿布扎比、迪拜、沙迦、富查伊拉、乌姆盖万和阿治曼6个酋长国组成联邦国家。1972年2月10日,哈伊马角加入联邦。阿布扎比酋长国成为由7个小酋长国组成的阿联酋联邦的成员,不再是一个独立的国家。《阿拉伯联合酋长国国家概况》,载中华人民共和国外交部网站,https://www.fmprc.gov.cn/web/gjhdq_676201/gj_676203/yz_676205/1206_676234/1206x0_676236/,最后访问日期:2019年3月13日。
[3] "QATAR", United Nations, https://www.un.org/Depts/los/LEGISLATIONANDTREATIES/STATEFILES/QAT.htm, March 13, 2019. 本书"卡塔尔海洋法律体系研究"中"五、海洋争端解决"部分提及的文件若无特殊注明,均可参照该网。
[4] 英寻是英美国家的长度单位,1英寻为6英尺,约合1.8288米。

两国共享。第一部分的具体内容包括：第一，协定第 1 条规定大音那岛[1]（Al-Dayyinah）是阿布扎比领土的一部分；协定第 2 条规定拉沙特岛[2]（Al-Ashat）和殊拉岛[3]（Shara'iwa）是卡塔尔领土的组成部分；协定第 3 条规定，对于协定规定的海洋边界以外的岛屿和水域，两国都不能向对方提出任何进一步的领土主张。

第二部分的具体内容包括：协定第 4 条划定了卡塔尔与阿联酋大陆架的界限；大陆架界限是由第Ⅲ部分 表3 所示的坐标点连成的线；点 A 和点 B 之间的连线为直线，点 B 与 Al Bunduq 油田 1 号油井的位置一致；点 B 和点 C 之间的连线为直线；[4]点 C 和点 D 之间的连线为直线，点 D 位于两国领海边界上的 Khawr al-Udayd 水道口。协定第 5 条规定，应将上述各点和边界线尽快绘制成图，一式两份，由双方签字。[5]

第三部分的具体内容包括：协定第 6 条规定，卡塔尔和阿布扎比对 Al Bunduq 油田拥有同等的所有权，双方同意就与该油田及其开发有关的所有事项定期协商，以便在平等的基础上行使各自的权利。协定第 7 条规定，Al Bunduq 油田将由阿布扎比海洋区域公司（Abu Dhabi Marine Areas Company）根据其与阿布扎比统治者的协议条款进行开发，阿布扎比政府从该油田获得的所有收益应与卡塔尔政府平分。

第Ⅲ部分 表3　卡塔尔与阿联酋划定大陆架界限的基点坐标

基点	纬度（北）	经度（东）
A	25°39′50″	53°02′05″
B	25°05′54.79″	52°36′50.98″
C	24°48′40″	52°16′20″
D	24°38′20″	51°28′05″

（2）其他利益相关方的立场

2007 年 4 月 11 日，针对卡塔尔和阿联酋于 2006 年 12 月 14 在联合国秘

---

[1] 大音那岛，位于 24°57′33.0″N、52°23′59.0″E，波斯湾东南部，由阿联酋管辖。
[2] 拉沙特岛，位于 24°44′59.0″N、51°36′42.0″E，波斯湾东南部，由卡塔尔管辖。
[3] 殊拉岛，位于 25°02′00.0″N、52°14′00.0″E，波斯湾东南部，由卡塔尔管辖。
[4] 点 B 和点 C 之间的直线经过大音那岛，当时阿布扎比主张 3 海里的领海，边界线在该段为阿布扎比的领海外部界线，是一段长 15 海里的弧线。
[5] 阿布扎比的大陆架界限并不是严格按照等距原则来划分的。A 点和 D 点与卡塔尔、阿联酋两国海岸的距离相等。点 C 是点 B 和点 D 的交点，而不是与两国等距离的点。B 与 Al Bunduq 1 号油井的位置一致，是在不考虑等距原理的情况下选定的。See U. S. Department of State, https：//www. state. gov/documents/organization/61608. pdf, March 13, 2019.

书处交存登记的《卡塔尔国和阿布扎比酋长国关于海洋划界和岛屿主权的协定》，沙特阿拉伯发表了反对声明。沙特阿拉伯表示不承认这一协定，认为该协定意图在沙特阿拉伯、卡塔尔和阿联酋三个国家的重叠海域划定一条边界线。自1969年以来，沙特阿拉伯一直在向卡塔尔和阿联酋及其前身国家表示对本协定的抗议，并且拒绝接受该协定。沙特阿拉伯不是该协定的缔约国，因此，该协定对沙特阿拉伯海域的主权、主权权利和管辖权没有影响。

（3）协定的意义

同样是海洋划界区域存在油气矿藏的情况，同《巴林与沙特大陆架划界协定》和《沙特与伊朗关于阿尔阿拉比亚和法尔西两岛的主权和海底区域划界的协定》所采用的方法相比，卡塔尔和阿布扎比所采用的解决办法更加公平和受欢迎。根据巴林与沙特的划界协定，虽然巴林可以获得法斯特布萨法油田收益的50%，但分界线偏离中间线，整个法斯特布萨法油田则置于沙特阿拉伯的主权之下，于巴林而言，这是"主权换金钱"。[1]沙特与伊朗的分界线穿过Frozan油田，允许从边界线两侧开采油气资源，可能会增加矛盾和浪费资源。因此，《卡塔尔国和阿布扎比酋长国关于海洋划界和岛屿主权的协定》所采用的解决方案可能是国际社会，特别是波斯湾国家的良好先例。[2]

2. 与伊朗的大陆架划界协定

1969年9月20日，伊朗和卡塔尔就大陆架划界问题签订了《划定伊朗和卡塔尔之间大陆架边界的协定》（Agreement Concerning the Boundary Line Dividing the Continental Shelf Between Iran and Qatar）。依协定所载生效要件，该协定于1970年5月10日双方交换批准书之日生效。[3]协定具体内容参见本丛书《伊朗、伊拉克、科威特海洋法律体系研究》"伊朗海洋法律体系研究"中"五、海洋争端解决"部分。

3. 与沙特阿拉伯的划界协定

历史上，沙特阿拉伯国王曾在1952年2月19日致信卡塔尔埃米尔，表示为了维护沙特阿拉伯和卡塔尔之间的友好睦邻关系，应尽快划分两国海陆边界。两国于1965年12月4日签订《沙特阿拉伯王国与卡塔尔国关于海上边界与陆地边界的划界协定》（Agreement on the Delimitation of the Offshore

---

[1] 蔡鹏鸿：《争议海域共同开发的管理模式：比较研究》，上海社会科学院出版社1998年版。
[2] Ahmad Razavi, *Continental Shelf Delimitation and Related Maritime Issues in the Persian Gulf*, Netherlands, Martinus Nijhoff Publishers, 1997, pp. 139-140.
[3] 根据该协定第5条，协定于交换批准书之日生效。

and Land Boundaries Between the Kingdom of Saudi Arabia and Qatar, 4 December 1965）。协定于 1971 年 5 月 31 日生效并于 1993 年 9 月 9 日登记于联合国秘书处。协定内容及后续执行情况参见本书"沙特阿拉伯海洋法律体系研究"中"五、海洋争端解决"部分。

（二）与巴林的海洋划界和领土争端

1991 年 7 月 8 日，卡塔尔向国际法院提起对巴林的诉讼。国际法院于 2001 年 3 月 16 日对卡塔尔诉巴林海洋划界和领土争端案作出判定。该案主要内容参见本书"巴林海洋法律体系研究"中"五、海洋争端解决"部分。

六、国际海洋合作

（一）海洋研究合作

1. 海水淡化合作

卡塔尔的淡水资源极度匮乏，石油资源相对丰富。水比油贵的状况使得海水淡化产业高成本的缺陷相对并不突出。卡塔尔非常重视海水淡化产业发展，并与多国开展了海水淡化合作。

（1）Ras Abu Fontas A2 海水淡化厂。2015 年建成并投入运营的 Ras Abu Fontas A2 海水淡化厂位于多哈以南约 10 千米处的 Ras Abu Fontas。该工厂由日本三菱公司（Mitsubishi Corporation）和东洋泰国公司（Toyo Thai Corporation Public Company）的财团根据一揽子合同建造而成，每天生产能力为 160000 立方米，相当于卡塔尔国家水产量的 10%。其运行设施所需的电力来自 597MW Ras Abu Fontas B2 发电厂。[1]该海水淡化厂中实施多级闪蒸技术的是卡塔尔电力和水务公司[2]（Qatar Electricity and Water）。

（2）Ras Abu Fontas A3 海水淡化厂。2017 年 3 月竣工的卡塔尔海水淡化厂 Ras Abu Fontas A3 项目价值 17 亿卡塔尔里亚尔（约合 4.67 亿美元），位于卡塔尔首都多哈南部的瓦卡拉（Varkala），日产能为 164000 立方米，将通过卡塔尔电力和水务公司向 100 万人口供水。该项目的设计采购施工方为日本三菱公司和东洋泰国公司。三菱公司之后与安讯能水务公司（Acciona Agua）和日立造船株式会社（Hitachi Zosen Corporation）分别签订了分包合同。安讯能水务公司主要负责该项目的设计和建设工作，并运行和维护相关设施，而日立造船株式会社主要负责建造部分设备。[3]

（3）Umm Al Houl 大型火电和海水淡化综合项目。2018 年 7 月投入运营的卡塔尔 Umm Al Houl 大型火电和海水淡化综合项目，其发电功率超 2.52 吉

---

[1] "Ras Abu Fontas (RAF) A2 Seawater Desalination Plant", Water-technology, https://www.water-technology.net/projects/ras-abu-fontas-raf-a2-seawater-desalination-plant/, March 12, 2019.

[2] 卡塔尔电力和水务公司是中东和北非地区发电和海水淡化领域最大的公司之一，也是卡塔尔电力和淡化水的主要供应商。"Annual Report 2017: Civilization and Progress", Qatar Electricity & Water Co., https://www.qewc.com/qewc/en/? wpdmdl=6157, March 5, 2019.

[3] 《卡塔尔大型海水淡化设备完工》，载日本造船株式会社网站，https://www.hitachizosen.co.jp/chinese03k/news/2015/11/002676.html，最后访问日期：2019 年 3 月 5 日。

瓦、淡化水日产能为284000立方米，可满足卡塔尔30%的用水需求。[1] 该工厂是海水淡化领域的一个里程碑，因为这是卡塔尔首次大规模使用反渗透技术。[2]

该项目的设计采购施工方是三星C&T公司（Samsung C&T Corporation），安讯能水务公司负责该项目的设计和建设以及运营和维护工作。另外，日本造船株式会社为该项目建造了饮用水混合设备；西门子公司（SIEMENS AG）提供燃气轮机、蒸汽轮机、发电机以及电气和驻地工程师；耐克森公司（Nexans S. A.）提供575千米的电力电缆，包括中压和低压电缆；斗山水电技术公司（Doosan）负责水处理和废水处理系统；横河电机韩国分公司（Yokogawa Electric Korea）负责火电厂和反渗透海水淡化厂的控制系统，横河电机解决方案服务公司负责多级闪蒸系统和海水淡化厂的控制系统。[3]

（4）绿色海水淡化项目。据报道，2017年5月，卡塔尔和瑞典计划建立一个绿色海水淡化项目，该项目仅使用太阳能和风能来处理海水，每年减少450000吨碳排放。这两个国家计划在不久的将来开展技术研讨会。[4]

2. 海洋环境合作

海洋环境保护区域组织（ROPME）成立于1979年，海洋环境保护区域组织的成员国有巴林、伊朗、伊拉克、科威特、阿曼、卡塔尔、沙特阿拉伯和阿联酋。海洋环境保护区域组织的目标是协同成员国的努力，以保护海洋水质，以及保护海洋环境系统和海洋生物，减少开发活动导致的污染。作为海洋环境保护区域组织的成员，卡塔尔积极参与该组织所倡导的海洋环境保护活动，比如卡塔尔协助海洋环境保护区域组织的工作人员进行贻贝观察计划和污染物筛查，定期对沿海地区的水、沉积物和生物群进行取样，以确定污染物。[5]

3. 水文测量合作

卡塔尔是国际水道测量组织（IHO）的成员国。国际水道测量组织是关于水文测量的政府间国际组织，旨在通过协调各成员国水文主管机关的活

---

[1]《卡塔尔首座大型海水淡化厂本月底将竣工产能达164000m/天》，SDPlaze，http://www.sdplaza.com.cn/article-3903-1.html，最后访问日期：2019年3月5日。

[2] "Projects：Umm Al Houl"，Acciona，https://www.acciona-agua.com/areas-of-activity/projects/dc-water-treatment-plants/swro/umm-al-houl/，March 5, 2019.

[3] "Projects：Umm Al Houl Combined-Cycle Power Plant"，Power-technology，https://www.power-technology.com/projects/umm-al-houl-combined-cycle-power-plant/，March 5, 2019.

[4] "Qatar & Sweden Plan Eco-friendly Desalination Plant"，The Peninsula，https://thepeninsulaqatar.com/article/16/05/2017/Qatar-Sweden-plan-eco-friendly-desalination-plant，March 5, 2019.

[5] "Who We Are"，ROPME，http://ropme.org/1_WhoWeAre_EN.clx，March 6, 2019.

动、推进海事测量的标准化、推广可靠高效的水文测量方法，从而促进海上航行安全、提高航行效率和净化海洋环境。[1] 卡塔尔在国际水道测量组织框架下与其他国家展开了水文测量合作。

（二）海洋油气资源合作

1. 与美国的合作

西方石油公司总部设在美国休斯敦，该公司的子公司卡塔尔西方石油公司在卡塔尔长期从事碳氢化合物的勘探和开发工作。[2] 在卡塔尔，该公司是海上第二大石油生产商，目前经营 Al Rayyan 油田的第 12 个区块、Idd El Shargi North Dome（ISND）油田和 Idd El Shargi South Dome（ISSD）油田。

卡塔尔石油公司与卡塔尔西方石油公司于1994年签署了开发与生产共享协议，共同管理和运营 Idd El Shargi North Dome 油田。卡塔尔西方石油公司一直与卡塔尔石油公司密切合作，开发和运营海上油田。[3] 据报道，2019年10月6日，两公司签署的开发与生产共享协议期满。此后卡塔尔石油公司将独自管理和运营 Idd El Shargi North Dome 油田。[4] 另外，卡塔尔石油公司与卡塔尔西方石油公司的关于 Idd El Shargi South Dome 油田的开发与生产共享协议将于2022年12月到期。[5] 西方石油公司还参与了海豚天然气项目（The Dolphin Gas Project）。关于海豚天然气项目的情况详见本书"卡塔尔海洋法律体系研究"中"六、国际海洋合作"部分。

2. 与法国的合作

1991年法国道达尔公司发现位于卡塔尔海岸以东约 130 千米处的 Al Khalij 油田，并于1997年根据勘探和生产共享协议开始在该油田进行生产活动。该协议于1989年签署，并于2014年到期。2014年根据新的协议，卡塔尔石油公司和道达尔将在勘探和生产共享协议到期后在该领域按照 60% 和

---

[1] "Pakistan Navy Hosting RSAHC Meet To Enhance Hydrographic Capabilities", The EurAsian Times, https：//eurasiantimes.com/pakistan-navy-hosting-rsahc-meet-to-enhance-hydrographic-capabilities/, March 6, 2019.

[2] "Occidental Petroleum", Wikipedia, https：//en.wikipedia.org/wiki/Occidental _ Petroleum, March 7, 2019.

[3] "Oxy to 'Stay Very Diligent' in Qatar and Mideast", The Gulf Times, https：//www.gulf-times.com/story/477260/Oxy-to-stay-very-diligent-in-Qatar-and-Mideast, March 7, 2019.

[4] 《卡塔尔石油公司明年将管理运营 ISND 海上油田》，载石油圈网，http：//www.oilsns.com/article/347861，最后访问日期：2019年3月7日。

[5] "QP to Operate Idd El-Shargi North Dome Field", OIL & GAS JOURNAL, https：//www.ogj.com/articles/2018/10/qp-to-operate-idd-el-shargi-north-dome-field.html, March 7, 2019.

40%的比例享有经营权益,而道达尔将继续在该区域运营。

道达尔公司拥有卡塔尔油气1号(Qatargas 1)上游部分20%的权益,卡塔尔1号液化厂合资企业10%的权益,海豚能源有限公司24.5%的股权和卡塔尔油气2号"列车5号"设施(Qatargas 2 Train 5)合资企业16.7%的股份。2011年,道达尔公司在卡塔尔的平均每天产油量为155000桶。此外,道达尔还拥有拉凡炼油厂10%的股权,卡塔尔石化有限公司20%的股权和卡托芬有限公司(Qatofin Company Limited)石化工厂48.6%的股权。2014年夏天,道达尔与卡塔尔石油公司合作,对Al Khalij油田进行了第一次大规模4D地震采集调查。[1]

3. 与丹麦的合作

1992年,丹麦的马士基石油公司(Maersk Oil)发现Al Shaheen油田,1994年,马士基公司开始正式在该区域开采石油。2016年6月,法国道达尔公司赢得招标,取代马士基石油公司成为Al Shaheen油田的运营商。2017年7月14日,道达尔(30%)与卡塔尔石油公司(70%)合资成立的北方石油公司接管了该油田。[2] 2017年8月21日,道达尔公司与马士基石油公司签署收购协议,2018年完成收购马士基石油公司。[3]

4. 与阿联酋的合作

海豚天然气项目是海湾合作委员会的第一个跨境天然气输送项目,于2007年全面投入运营。该项目向阿联酋和阿曼的客户提供卡塔尔近海井生产的天然气。该项目由在阿联酋首都阿布扎比成立的海豚能源有限公司开发和运营。它是项目上游、中游和下游阶段的运营商。海豚能源有限公司由穆巴达拉发展公司(Mubadala Development Company)代表阿联酋首都阿布扎比政府持有51%股权,法国道达尔公司和美国西方石油公司分别持有24.5%股权。[4]

---

[1] "Qatar Petroleum et Total Signent un Nouvel Accord Prolongeant de 25 ans Leur Partenariat sur le Champ Pétrolier D'al Khalij", Total, https://www.total.com/en/media/news/press-releases/qatar-petroleum-et-total-signent-un-nouvel-accord-prolongeant-de-25-ans-leur-partenariat-sur-le, March 8, 2019.

[2] "Al Shaheen Oil Field", Wikipedia, https://en.wikipedia.org/wiki/Al_Shaheen_Oil_Field, March 7, 2019.

[3] "Total Closes the Maersk Oil Acquisition and Becomes the Second-largest Operator in the North Sea", Total, https://www.total.com/media/news/press-releases/total-closes-maersk-oil-acquisition-and-becomes-second-largest-operator-north-sea, December 13, 2020.

[4] "Dolphin Gas Project", Wikipedia, https://en.wikipedia.org/wiki/Dolphin_Gas_Project#Project_company, March 7, 2019.

5. 与日本的合作

卡塔尔石油开发日本公司（Qatar Petroleum Development-Japan）是科斯莫石油有限公司（Cosmo Oil Company）（股权占比75%）和双日株式会社（Sojitz）（股权占比25%）成立的合资公司，成立于1997年9月。卡塔尔石油开发日本公司最开始是为了 Block 1 SE 的石油开发和运营项目而成立的，2006年3月，卡塔尔石油开发日本公司开始经营位于卡塔尔的 Al Karkara 油田。2007年，卡塔尔石油公司批准了 A-Structure South 油田开发计划。从那时起，卡塔尔石油开发日本公司一直开发该油田，并于2011年4月27日开始在该区域进行石油生产，每天约3000桶。[1]

6. 与中国的合作

2009年8月31日晚，卡塔尔石油公司与中国海洋石油集团有限公司在多哈签订了卡塔尔东部海域 B、C 区块勘探及产品分成协议。该协议总耗资约1亿美元，期限长达25年，其中首期5年为勘探期。根据协议，中国海洋石油集团有限公司将在卡塔尔东部海域 B、C 区块共5649平方千米区域内进行勘探作业。[2]

2010年，卡塔尔石油公司、荷兰皇家壳牌集团、中国石油天然气股份有限公司签署了有关靠近拉斯拉凡港附近的 D 区域的30年勘探与产量分成协议。其中，荷兰皇家壳牌集团作为作业者持有75%的股份，中国石油天然气股份有限公司持有25%的股份。[3]

2011年5月，卡塔尔石油公司与中国海洋石油集团有限公司及法国道达尔公司签署了卡塔尔 B、C 区块胡夫以下地层天然气勘探及生产分成协议。该协议规定中国海洋石油集团有限公司持有项目75%的股份，道达尔公司持有项目25%的股份。该协议还规定中国海洋石油集团有限公司是该项目的作业者。此外，中国石油天然气股份有限公司于2012年7月收购了法国苏伊士集团在卡塔尔海上第四区块40%的石油勘探开发权益，并得到了卡塔尔能源和工业部的正式批准。该项目勘探如获商业发现，中国石油天然气股份有限

---

[1] Cosmo Oil, "Qatar Petroleum Development Co. Starts Oil Production from A-Structure South Field", Offshore Energy Today, https://www.offshoreenergytoday.com/qatar-petroleum-development-co-starts-oil-production-from-a-structure-south-field/, March 8, 2019.

[2] 洪涛：《中海油与卡塔尔签署合作开发油气资源协议》，载环球网，https://finance.huanqiu.com/article/9CaKrnJmmJZ，最后访问日期：2019年5月5日。

[3] 《卡塔尔石油、壳牌、中国石油联合发布——卡塔尔石油、壳牌、中国石油签署新的勘探和产量分成协议》，载壳牌网，https://www.shell.com.cn/zh_cn/media/press-releases/2010-media-releases/ep-sharing-agreement.html，最后访问日期：2019年5月5日。

公司将与卡塔尔石油公司合作开发油气资源。[1]

2018年1月14日,为加强与中国在能源领域的合作,卡塔尔石油公司总裁兼首席执行官萨阿德·卡阿比率团访问中国。两国就加强中卡能源合作、深化液化天然气贸易和合作、勘探开发油气项目等进行了交流。[2]

7. 在石油输出国组织框架下的合作

石油输出国组织是一个常设性的政府间组织,由伊朗、伊拉克、科威特、沙特阿拉伯和委内瑞拉于1960年9月10日至14日在巴格达会议上成立,卡塔尔于1961年加入。石油输出国组织的总部在其成立的前五年设在瑞士日内瓦,但于1965年9月1日移至奥地利维也纳。石油输出国组织的使命是协调和统一其成员国的石油政策,确保石油市场的稳定,保证成员国经济效益和稳定的石油供应。石油输出国组织成员国对当前形势和市场走向加以分析和预测,明确经济增长速率和石油供求状况等多项基本因素,然后据此磋商,并在其石油政策中进行适当的调整。[3]

2018年12月3日,卡塔尔宣布自2019年1月起退出石油输出国组织,结束其长达58年的成员国身份。卡塔尔此次"退群"反映出石油输出国组织内部的日益割裂,该组织面对外部政治动荡的脆弱,以及日益深刻的国际能源格局变化。另外,也反映了天然气时代的到来所导致的石油影响力下降。[4]

8. 在阿拉伯石油输出国组织框架下的合作

科威特、利比亚和沙特阿拉伯于1968年1月9日在黎巴嫩首都贝鲁特签署协议建立阿拉伯石油输出国组织。三个创始成员国同意将该组织设在科威特。卡塔尔于1970年加入该组织。该组织的主要目标是促进成员国在石油工业中开展各种形式的经济活动,在这一领域实现最密切的联系,维护其成员国的合法利益,努力确保石油以公平合理的条件流入其消费市场,为成员国投资石油工业提供专业知识并创造适当的环境。[5] 该组织采取适当措施协调

---

[1]《中国石油正式收购卡塔尔海上区块》,载第一财经网,https://www.yicai.com/news/1935582.html,最后访问日期:2019年5月5日。

[2]《卡塔尔石油公司总裁访问中国》,载中华人民共和国驻卡塔尔国大使馆经济商务处网站,http://qa.mofcom.gov.cn/article/jmxw/201801/20180102698872.shtml,最后访问日期:2019年5月5日。

[3] "Home", OPEC, https://www.opec.org/opec_web/en/index.htm, March 6, 2019.

[4]《一文读懂卡塔尔退出OPEC事件及未来影响》,载汇通财经网,https://news.fx678.com/201812051433441847.shtml,最后访问日期:2019年3月8日。

[5] "About Us", OAPEC, http://oapecorg.org/Home/About-Us/Objective-of-the-Organization, March 8, 2019.

其成员国的石油经济政策；协调成员国现行法律制度，使该组织能够开展活动；促进成员国之间的合作，以解决他们在石油工业中面临的问题；利用成员国的资源和共同潜力，在石油工业的各个阶段建立联合项目。[1]

（三）海洋防务合作

1. 与美国的防务合作

卡塔尔一直被美国视为促进波斯湾地区政治稳定和经济发展的重要力量。2016年8月26日，美国国防安全合作局（Defense Security Cooperation Agency）向国会通报了一项针对Mk-V型巡逻快艇及其配套设备的潜在对外军售事宜，此举措意在提高卡塔尔的国防防御实力，相关交易金额约为1.24亿美元。除了多艘巡逻艇，卡塔尔还希望美方出售8支M2HB.50口径机枪和弹药、前视红外系统、配有弹药的MLG 27毫米机枪，以及27毫米射击练习的弹药（27mm target practice ammunition）。美国海洋公司（United States Marine Incorporated）已经被任命为此次销售的主承包商。[2]

2. 与中国的防务合作

在2018年第5届多哈国际海事防务展（The Doha International Maritime Defence Exhibition & Conference）上，中国精密机械进出口总公司（China Aerospace Science and Industry Corporation）与卡塔尔无人机项目委员在无人机生产、技术转让和军事合作等领域签署了协议。军事专家表示，此次中国无人机成功出口卡塔尔具有里程碑式的意义，很可能就是彩虹-4无人机在伊拉克的实战经验打动了挑剔的卡塔尔人。彩虹-4是当今国际军火市场上性价比最高的侦察打击一体型无人机，历经了战火考验。

3. 与土耳其的防务合作

卡塔尔与土耳其建立的防务关系有助于卡塔尔减轻沙特阿拉伯领导的海湾合作委员会带来的内部压力。2014年，卡塔尔允许土耳其在卡塔尔开设军事基地（Tariq bin Ziyad）。2017年8月，土耳其通过派遣军队与卡塔尔开展联合演习以及增加粮食出口表示对卡塔尔的支持。土耳其于2017年12月进

---

[1] "Organization of Arab Petroleum Exporting Countries", Ministry of Petroleum & Mineral Resources Arab Republic of Egypt, https：//www.petroleum.gov.eg/en/international-relations/cooperation-with-regional-organizations/Pages/arab-petroleum-exporting-countries.aspx, December 13, 2020.

[2] 《卡塔尔向美国请求购买Mk-V型巡逻快艇》，载国防科技信息网，http：//www.dsti.net/Information/News/101152，最后访问日期：2019年3月9日。

一步增军。[1]

在2018年多哈国际海事防务展（DIMDEX 2018）上，土耳其MDS国防技术与建筑公司（MDS Defense Technologies and Construction Inc.）与卡塔尔武装部队签署了一项合同，在Zekreet区建立"BUROQ特别海上作战"（海军特种部队训练中心）培训中心。该培训中心将满足200名军事人员的培训需求，旨在培训水下防御（SAS）和水下攻击（SAT）等精英部队。[2] 此外，土耳其航宇工业公司（Turkish Aerospace Industries）在2018年多哈国际海事防务展上与卡塔尔签署的合同的经济规模约为9亿美元。这些协议将满足卡塔尔安全部队在陆上、空中及海上平台方面的多种需求。[3]

4. 与法国的防务合作

如前文所述，1971年9月3日卡塔尔独立时武装部队薄弱，只有皇家卫队、少量装甲车以及四架飞机。1983年，卡塔尔购买了3艘法国制造的La Combattante Ⅲ 导弹艇并投入使用，该导弹艇在20世纪90年代成为卡塔尔海军的核心。随后卡塔尔又增加了6艘来自法国的Vosper Thornycroft大型巡逻艇。[4]

5. 与意大利的防务合作

2016年6月，卡塔尔海军与意大利国营造船集团芬坎特里（Fincantieri）船厂签署了一项约为52.5亿美元的协议，协议规定芬坎特里船厂建造并交付7艘舰艇，包括4艘长度超过100米的防空护卫舰，1艘两栖船坞登陆舰（Landing Platform Dock）和2艘近海巡逻舰（Offshore Patrol Vessel），其中两栖船坞登陆舰为护卫舰提供机动雷达预警。根据芬坎特里公司的说法，卡塔尔的防空型两栖船坞登陆舰是意大利海军"圣·朱斯托"级登陆舰（及其出口型：阿尔及利亚海军的后勤支援与登陆舰）的卡塔尔定制版。两栖船坞登陆舰旨在为未来的卡塔尔海军舰队提供远程防御，并与轻型护卫舰编队作

---

[1] Congressional Research Service, "Qatar: Governance, Security, and U. S. Policy", https://fas.org/sgp/crs/mideast/R44533.pdf, March 9, 2019.

[2] "Turkish Firm to Build Training Center for Qatar's Marine Special Forces", Daily Sabah, https://www.dailysabah.com/business/2018/03/19/turkish-firm-to-build-training-center-for-qatars-marine-special-forces, March 9, 2019.

[3] 《土耳其防务与航宇出口在年底前达到历史纪录》，载国防科技信息网，http://www.dsti.net/Information/News/112918，最后访问日期：2020年12月13日。

[4] "Qatar Emiri Naval Forces (QENF)", Global Security, https://www.globalsecurity.org/military/world/gulf/qatar-navy.htm, March 10, 2019.

战。它将作为防空护卫舰及其紫苑 30 导弹的雷达节点。[1]

6. 与印度尼西亚的防务合作

2016 年，为加强与卡塔尔的防务合作关系，印度尼西亚国防部长里亚米扎尔德·里亚库杜（Ryamizard Ryacudu）邀请卡塔尔国防部大臣哈立德·本·穆罕默德·阿提亚（Khalid Bin Mohammed Al Attiyah）出席于 11 月 2 日至 5 日在印度尼西亚首都雅加达举行的 2016 年印度尼西亚国防展览会。此后，卡塔尔与印度尼西亚进一步开展防务合作。卡塔尔警察代表团于 2016 年 11 月对印度尼西亚进行访问，旨在加强双方安全合作关系。[2]

7. 与英国的防务合作

在沙特阿拉伯等国与卡塔尔断交引发海湾危机后，卡塔尔加快了军购步伐。2017 年 12 月，卡塔尔与英国签订总价值超过 80 亿美元的军购协议，向英国采购"台风"战斗机。双方还签订人员培训协议，成立由两国军人组成的混编分队，共同训练和执行任务，以提升卡塔尔军事人员的战术水平，确保 2022 年卡塔尔世界杯赛事期间的空中安全。2018 年 2 月 25 日，卡塔尔国防部发表声明称，英国 2 艘军舰已抵达卡塔尔，即将与卡塔尔海军举行共同训练。此次训练是卡英两国军事合作的一部分，旨在加强双方在打击恐怖主义、极端主义领域的合作。卡方未透露此次共同训练的具体时间和地点。[3]

8. 在多哈国际海事防务展框架下开展的合作

多哈国际海事防务展暨中东国家海军高级指挥官会议（Middle East Naval Commanders Conference），由卡塔尔武装部队主办和组织。该展会以为世界各地海事和国防领导者提供行业见解、解决方案和采购机会而闻名。该展会至今顺利举办 6 届，已经处在全球海上防务和安全行业的领先位置。[4]

卡塔尔虽然只有 10000 人的常备军队，却在军力建设上一掷千金。仅仅在 2014 年的第 4 届多哈国际海事防务展上，卡塔尔就签订了价值约为 239 亿美元的巨额军购合同。卡塔尔购买了包括 E737 预警机、AH64"阿帕奇"武装直升机、PAC-3"爱国者"防空导弹、A330MRTT 空中加油机、"豹 2A7"

---

[1] 《卡塔尔海军新型两栖攻击舰》，载中外舰闻网，https：//mp. weixin. qq. com/s/3nRqJo3SH ha5ePxrjTKTXA，最后访问日期：2019 年 3 月 9 日。

[2] 《印度尼西亚与卡塔尔促进防务合作》，载 Vietnam 网，https：//zh. vietnamplus. vn/% E5% 8D% B0% E5% BA% A6% E5% B0% BC% E8% A5% BF% E4% BA% 9A% E4% B8% 8E% E5% 8D% A1% E5% A1% 94% E5% B0% 94% E4% BF% 83% E8% BF% 9B% E9% 98% B2% E5% 8A% A1% E5% 90% 88% E4% BD% 9C/56737. vnp，最后访问日期：2019 年 3 月 9 日。

[3] 杨元勇：《卡塔尔与英国将举行共同军事训练》，载新华网，http：//www. xinhuanet. com/world/2018-02/26/c_ 1122455947. htm，最后访问日期：2019 年 3 月 10 日。

[4] "Homepage"，DIMDEX，http：//www. dimdex. com/，March 17, 2019.

主战坦克等装备在内的大批全世界最先进的武器装备。

在2018年多哈国际海事防务展上，多国海军派出了战舰参加，分别有孟加拉国海军最先进的水面作战舰艇之一——"班加班德胡"号护卫舰、印度海军"加尔各答"级驱逐舰、意大利海军"卡罗·马戈蒂尼"号护卫舰、阿曼皇家海军的"卡萨布"号巡逻舰、由中国与巴基斯坦合作建造的"巴索尔"号巡逻船、巴基斯坦海军"阿兹玛特"级导弹艇的第三艘——"哈马特"号、美国海军"桑普森"号导弹驱逐舰、美军MK6型高速巡逻艇、英国皇家海军后勤辅助舰队湾级后勤登陆舰"卡迪根湾"号以及英国皇家海军"莱德伯里"号扫雷舰。这些战舰在防务展期间停泊在哈马德港（Port of Hamad），供参展商与游客参观。多哈国际海事防务展在2020年举办第七届展览，为海事和安全领域提供先进的军事技术，并与主要利益相关者建立和加强关系。[1]

9. 在海湾合作委员会框架下开展的防务合作

卡塔尔积极参加海合会下包括海洋防务在内的各项合作。2000年12月，海合会国家签署了一项联合防务协议，规定任何针对成员国的威胁都将被视为对所有成员国的威胁，并予以解决。海合会的军事部门被称为半岛之盾，其目的是阻止对任何成员国的军事行动，并在发生袭击时提供军事援助。[2] 在边防部队和海岸警卫队领域，海合会内政部长会议通过了几项决议，其中值得注意的是：沙特阿拉伯与科威特之间、巴林与卡塔尔之间，以及阿联酋与阿曼之间进行双边海上联合演习，此外，海合会还举行所有成员国参加的联合海军演习。[3]

（四）渔业合作

1. 与韩国的合作

2019年1月28日，卡塔尔市政和环境部与韩国农林畜产食品部[4]签署了关于智能农业领域的谅解备忘录，旨在发展智能农业，推进合作，发展生

---

[1] "DIMDEX Maritime Defence 2020 Qatar", Exporoad, https：//www.exhibitionstand.contractors/en/news/81/DIMDEX-2020-Doha-Qatar, March 17, 2019.

[2] "Arab/Muslim World: The Gulf Cooperation Council (GCC)", JEWISH VIRTUAL LIBRARY, https：//www.jewishvirtuallibrary.org/the-gulf-cooperation-council, March 7, 2019.

[3] "Cooperation and Achievement", Gulf Cooperation Council, http：//www.gcc-sg.org/en-us/CooperationAndAchievements/Achievements/EconomicCooperation/CooperationintheFieldofEnergy/Achievements/Pages/1StrategicPetroleumGCC.aspx, March 8, 2019.

[4] "Home", Ministry of Agriculture, Food and Rural Affairs, https：//www.mafra.go.kr/english/index.do, May 4, 2019.

态农业技术。卡塔尔交通和通信部与韩国土地、基础设施和运输部[1]签署了关于陆地运输部门双边合作谅解备忘录。卡塔尔市政和环境部与韩国海洋和渔业部[2]签署了渔业和水产养殖合作谅解备忘录，以加强渔业和水产养殖领域的科学合作。卡塔尔交通和通信部与韩国海洋和渔业部根据《1978年海员培训、发证和值班标准国际公约》签署了谅解备忘录。卡塔尔国海关总署与韩国海关边境管制培训学院计划在职业再培训和职业技能发展领域开展合作。[3]

2. 与日本的合作

1988年卡塔尔政府与来自日本国际合作署（Japan International Cooperation Agency）的专家合作，建立了一个小型水产养殖实验研究设施，称为多哈水产养殖中心。该中心根据价格和当地市场需求，就若干适宜的鱼种开展研究，比如长鳍篮子鱼、黄鳍棘鲷、短沟对虾。卡塔尔私营部门的养殖重点是尼罗罗非鱼（Oreochromis niloticus），大部分私营养殖场位于该国的西南端。[4]

（五）基础设施建设合作

1. 与中国的合作

卡塔尔多哈新港项目是2022年卡塔尔世界杯的重要项目，项目总投资约100亿美元。2011年3月13日，卡塔尔多哈新港一期项目施工合同签约仪式在卡塔尔多哈IBQ大厦举行，多哈新港项目正式由中国交通建设股份有限公司所属企业中国港湾工程有限责任公司承建。该项目主合同额达32.5亿卡塔尔里亚尔，约合8.8亿美元。中交第四航务工程局有限公司负责承建土石方及码头结构部分，主要包括集装箱码头、通用货运码头、海军码头、汽车码头、内防波堤等，码头岸线长7845米，工期1616天。[5]

---

[1] "Home", Ministry of Land, Infrastructure and Transport, http://www.molit.go.kr/english/intro.do, May 4, 2019.
[2] "Home", Ministry of Oceans and Fisheries, https://www.mof.go.kr/eng/index.do, May 4, 2019.
[3] "Qatar, Korea sign pacts to cooperate in agri, fisheries, smart tech sectors", Gulftimes, https://www.gulf-times.com/story/620544/Qatar-Korea-sign-pacts-to-cooperate-in-agri-fisher, March 10, 2019.
[4] 渔业及水产养殖部：《国家水产养殖部门概况：卡塔尔》，载联合国粮食及农业组织网站，http://www.fao.org/fishery/countrysector/naso_qatar/zh，最后访问日期：2019年3月5日。
[5] 《集团刘起涛总裁出席卡塔尔多哈新港一期项目施工合同签约仪式》，载路港通讯报，http://www.fhebsc.com/upload/2011-3%D7%DC47%C6%DA.pdf，最后访问日期：2019年3月12日；中国港湾：《卡塔尔多哈新港项目》，载搜狐网，https://www.sohu.com/a/418985959_654720，最后访问日期：2020年12月13日。

2014年5月21日，中国港湾工程有限责任公司中标卡塔尔新港海军码头项目，业主为卡塔尔新港管理委员会，合同金额约1.7亿美元，合同工期572天。项目工作内容包括：海军码头的岸墙基槽的开挖、码头岸墙施工、护岸、防波堤、部分回填、浮码头和航标设施的施工等。该项目是中国港湾工程有限责任公司在卡塔尔新港的第二个项目。[1]

2015年，卡塔尔为迎接2022世界杯设立了蓄水池项目（Water Mega Reservoirs Project），项目投资合计60亿美元。中国港湾工程有限责任公司、中国葛洲坝集团有限公司和中国水利水电建设股份有限公司参与了这一项目建设。[2] 中国港湾工程有限责任公司负责蓄水池CM-2的管道建设，中国水利水电建设股份有限公司负责与卡塔尔经济区海水淡化厂相通的运输管道建设，中国葛洲坝集团有限公司承建的大型蓄水池E标段主要包括两座水池、一座加压泵站及旁通管线工程。这是世界上单体最大的蓄水池，每座水池储水量可达50万立方米，总储水量可满足卡塔尔全国人民7天的用水需求。[3]

此外，卡塔尔用来举行开幕式、闭幕式和决赛的卢塞尔体育场馆，由中国铁建股份有限公司（45%）和卡塔尔本地的建筑公司HBK（55%）共同建造，该场馆2018年12月正式交付。[4]

2017年9月7日，卡塔尔新港口哈马德港落成，该港口距离多哈港口南部约40000米，是目前中东地区同类型港口中最大的港口，可以容纳包含大型集装箱船在内的所有类型船只的装卸。这个造价74亿美元的港口每年可容纳750万个集装箱，并能帮助其规避阿联酋和其他阿拉伯国家对卡塔尔的制裁。这意味着，该港口将帮助卡塔尔直接从中国和阿曼进口货物而不再通过迪拜来转运货物。2017年9月17日，连接卡塔尔哈马德港与中国上海港之间的新直航线路"中国海湾快线"（上海港—哈马德港）开通。该航线由阳明海运股份有限公司运营，每周一班，具有6000只集装箱的运输装载能

---

[1] 参见中华人民共和国商务部网站，http://cafiec.mofcom.gov.cn/article/hyzc/tongjixuehui/201405/20140500604279.shtml，最后访问日期：2019年3月12日。

[2] "Project Details", Qatar General Electricity & Water Coporation, http://www.watermegareservoirs.qa/project_details, March 13, 2019.

[3] 石利平、张伊琦：《沙漠中造一座"水立方"——中国葛洲坝集团卡塔尔大型供水工程建设纪实》，载中国葛洲坝集团网站，http://www.cggc.ceec.net.cn/art/2018/1/23/art_7370_1565651.html，最后访问日期：2019年3月13日。

[4]《中国铁建将建设2022年卡塔尔世界杯主体育场》，载中华人民共和国中央人民政府网站，http://www.gov.cn/xinwen/2016-12/01/content_5141339.htm，最后访问日期：2020年12月13日。

力，途经宁波港、高雄港、厦门港、蛇口港、马来西亚巴生港，最终抵达哈马德港。卡塔尔哈马德港负责人表示，该航线是上海港与哈马德港之间的第二条直航航线。2017年年初，地中海航运公司（MSC）就已开通上海港与哈马德港之间的首条航线。[1]

2019年2月22日，厦门自贸片区与卡塔尔自由区正式签订谅解合作备忘录，双方计划进一步加强在贸易、投资、产业发展等领域的合作。根据备忘录，双方决定加强两地在港口设施建设、国际贸易"单一窗口"、航运物流等港口管理、口岸通关和服务方面的密切合作，通过加入"丝路海运"联盟，加强海运航线、海铁联运等方面的合作；同时，双方还引导和服务有实力的厦门企业，到卡塔尔开展国际贸易、物流分拨、港口建设、跨境电商等方面的合作，鼓励企业"走出去"。[2] 2018年，厦门市对卡塔尔进出口总额达11.07亿元。[3]

2. 海豚管道线

海豚管道线建设是海豚能源有限公司计划的战略项目之一。海豚能源有限公司的第一项计划便是建设Al Ain Fujairah油气管道。该管道长达182千米，于2004年1月投产。[4] 2004—2005年，该管道由阿联酋通用石油公司（Emarat）运营，自2006年起由海豚能源有限公司运营。2007年，卡塔尔开始通过海豚管道线向阿联酋供应天然气。2008年10月，卡塔尔通过海豚管道线开始向阿曼供应油气。2010年12月，长达244千米的Taweelah-Fujairah管道建设完成，俄罗斯天然气建筑与输送公司（Stroytransgaz）是该管道建设的主要承包商。[5] 2016年，海豚能源有限公司与卡塔尔石油公司签署了新的长期天然气销售协议，为阿联酋国家石油公司（RAK Gas LLC）和沙迦水电管理局（SEWA）提供更多的天然气。

---

[1] 《卡塔尔哈马德港与中国上海港间新航线开通》，载通用运费网，https://www.ufsoo.com/news/detail-874a24ec-6795-40dd-aa6b-46a5ee88ed36.html，最后访问日期：2019年3月12日。

[2] 《卡塔尔埃米尔塔米姆访华，共建"一带一路"释放出哪些新信号？》，载百家号，https://baijiahao.baidu.com/s?id=1624352201826863821&wfr=spider&for=pc，最后访问日期：2019年3月17日。

[3] 廖丽萍：《厦门自贸片区携手卡塔尔自由区深化"一带一路"合作》，载中国（福建）自由贸易试验区网，http://www.china-fjftz.gov.cn/article/index/aid/11253.html，最后访问日期：2019年3月5日。

[4] "UAE & OMAN Sign First GCC Gas Pipeline Accord", Dolphin Energy, https://www.dolphin-energy.com/press-release/96288, March 17, 2019.

[5] Emirates News Agency, "Stroytransgaz Celebrates Completion of Phase 2 of Dolphin Gas Pipeline", http://wam.ae/en/details/1395228661446, March 17, 2019.

（六）海洋运输合作

1. 阿拉伯联合航运公司

阿拉伯联合航运公司（United Arab Shipping Company）于1976年由巴林、伊拉克、科威特、卡塔尔、沙特阿拉伯和阿联酋共同建立。该公司是世界第十八大集装箱运输公司，拥有53艘船，总装机容量约为400000标准箱。该公司为亚洲、欧洲、北非、美洲等地区提供服务，是中东地区最大的航运公司。[1]

2. 与多国的海洋运输合作

卡塔尔是全球最大的液化天然气出口国，卡塔尔天然气运输公司（Nakilat）是世界上最大的液化天然气运输公司之一，拥有37艘船舶，同时卡塔尔石油公司也控制着几艘原油及成品油油轮。2016年，卡塔尔出口了7720万吨液化天然气，占全球液化天然气供应量1/3左右。其中5000万吨销往亚太地区，其最大的3个客户是日本、印度和韩国。卡塔尔的天然气出口主要依赖海上运输。

2017年5月，阿联酋、巴林、沙特阿拉伯、埃及、也门、利比亚、马尔代夫7个国家宣布与卡塔尔断绝外交关系，同时切断与卡塔尔的海陆空交通联系。卡塔尔的天然气出口主要依赖海上运输，这次中东的"拉黑"行动引发船舶经纪商和其他市场参与者的恐慌情绪，大家普遍对卡塔尔船舶的活动和货物的运输表示担忧。沙特阿拉伯、巴林及阿联酋等国港口发布通告称，拒绝来自卡塔尔港口的卡塔尔旗及非卡塔尔旗船舶航行及挂靠。[2]

---

[1]《阿拉伯联合国家轮船公司》，载通用运费网，https：//www.ufsoo.com/shipping/uasc/，最后访问日期：2019年3月19日。

[2] 金联创：《航运业又遇大事件 卡塔尔断交风波引恐慌》，载国际石油网，https：//oil.in-en.com/html/oil-2675012.shtml，最后访问日期：2020年12月13日。

七、对中国海洋法主张的态度

(一) 对"南海仲裁案"的态度

对于"南海仲裁案",与其他阿拉伯国家一样,卡塔尔明确公开表示支持中国的主张。2016年5月12日,中阿合作论坛第七届部长级会议于卡塔尔多哈召开。此次会议上,中国与阿拉伯国家联盟签署《多哈宣言》。关于中国海洋争端问题,包括卡塔尔在内的阿拉伯国家表示支持中国同相关国家根据双边协议和地区有关共识,通过友好磋商和谈判,和平解决领土和海洋争议问题,并强调应尊重主权国家及《公约》缔约国享有的自主选择争端解决方式的权利。[1]

(二) 在"一带一路"框架下与中国合作的态度

卡塔尔是丝绸之路经济带和21世纪海上丝绸之路非常重要的节点国家,是最早认可"一带一路"倡议并加入亚投行的国家之一,并且与中国签署了共建"一带一路"合作备忘录。[2]

在"一带一路"框架下,卡塔尔与中国积极开展各方面的合作,也取得了丰硕的成果。2017年,中国和卡塔尔双边贸易额达80.8亿美元。2018年1月至10月,中国和卡塔尔双边贸易额达94.6亿美元。2017年,中国从卡塔尔进口原油101.41万吨,同比增长111.5%,从卡塔尔进口液化天然气748万吨,同比增长51%。中国主要出口商品是机械设备、电器及电子产品、金属制品等,进口商品是液化天然气、原油、聚乙烯等。[3] 在海洋合作方面,两国除了在海洋石油、天然气等领域合作,在港口等基础设施建设上的合作也较为频繁,例如中国港湾工程有限责任公司承建卡塔尔新港海军码头项目和哈马德港项目,中国交通建设股份有限公司承建卡塔尔多哈新港码头

---

[1]《中阿合作论坛第七届部长级会议通过〈多哈宣言〉》,载中阿合作论坛网站,http://www.chinaarabcf.org/chn/zagx/ltdt/t1362947.htm,最后访问日期:2019年1月18日。

[2]《卡塔尔被断交事件震惊全球!对"一带一路"有啥影响?》,载搜狐网,https://m.sohu.com/a/148454292_570248,最后访问日期:2020年12月13日。

[3]《关于邀请出席中国—卡塔尔经贸合作论坛的通知》,载中华人民共和国驻卡塔尔国大使馆经济商务参赞处网站,http://qa.mofcom.gov.cn/article/ddfg/sshzhd/201901/20190102831742.shtml,最后访问日期:2019年3月10日。

及内防波堤项目等。

卡塔尔与中国不断地推进"一带一路"框架下的合作。2019 年 1 月 31 日，在中国国家主席习近平和卡塔尔埃米尔塔米姆的见证下，商务部部长钟山与卡塔尔副首相兼外交大臣穆罕默德·阿勒萨尼在人民大会堂共同签署《中华人民共和国政府与卡塔尔国政府关于加强基础设施领域合作的协议》。[1] 习近平主席在与卡塔尔埃米尔塔米姆会谈时指出，中国与卡塔尔共建"一带一路"已初步形成以油气合作为主轴、以基础设施建设为重点、以金融和投资为新增长点的合作新格局。下一步，要统筹推进能源、基础设施建设、高新技术、投资四大领域的合作。此外，在两国领导人的见证下，卡塔尔自由区管理委员会与中国国际贸易促进委员会、中国港湾工程有限责任公司、中国（福建）自由贸易试验区厦门片区管理委员会分别签署了合作备忘录，决定开展海洋运输以及港口建设等方面的合作。[2]

---

[1]《中国与卡塔尔签署〈中华人民共和国政府与卡塔尔国政府关于加强基础设施领域合作的协议〉》，载中华人民共和国商务部网站，http://www.mofcom.gov.cn/article/ae/ai/201902/20190202832658.shtml，最后访问日期：2019 年 3 月 10 日。

[2]《卡塔尔埃米尔塔米姆访华，共建"一带一路"释放出哪些新信号?》，载百家号，https://baijiahao.baidu.com/s?id=1624352201826863821&wfr=spider&for=pc，最后访问日期：2019 年 3 月 10 日。

结　语

卡塔尔国土面积虽小，但是其海洋油气资源丰富，天然气资源尤其丰富。该国海洋事务主管部门众多，但是国内海洋立法较少，仅有两部管辖海域的国内立法。卡塔尔积极缔结和加入《公约》等与海洋相关的条约。卡塔尔与周边国家的海洋划界争端大多已经通过双边条约和国际法院判决解决。此外，卡塔尔还在海洋油气资源、防务、科学研究、渔业、基础设施建设等领域与许多国家开展合作。中国和卡塔尔的海洋法主张没有冲突，并且卡塔尔对中国在"南海仲裁案"中的立场持明确的支持态度。在"一带一路"框架下，中国和卡塔尔继续加深海洋领域的各项合作。

第Ⅳ部分

阿联酋海洋法律体系研究

一、阿联酋海洋基本情况

（一）地理位置

阿拉伯联合酋长国（The United Arab Emirates，简称"阿联酋"）位于阿拉伯半岛东南端，东与阿曼毗邻，西北与卡塔尔接壤，南部和西南部与沙特阿拉伯交界，北临波斯湾，与伊朗隔海相望，是波斯湾国家进入印度洋的海上交通要冲。阿联酋国土面积约为8.36万平方千米（包括沿海岛屿），阿布扎比（Abu Dhabi）占总面积的87%。[1] 阿联酋境内地势低平，绝大部分是海拔200米以下的荒漠，仅东北部哈迦山脉（Al-Hajar Mountains）地区为山地，哈迦山脉以东阿曼湾沿岸为巴廷纳海岸（Al Batinah Coast）。[2] 阿联酋西部海岸线濒临波斯湾，东部海岸线濒临阿曼湾。在建造"迪拜棕榈岛"[3]等填海工程项目之前，阿联酋的海岸线长约1318千米，填海垦地项目使这个数字不断增长。

（二）建国历史

早在石器时代，阿联酋所在的阿布扎比、艾因地区就有人居住。该地区在公元7世纪隶属阿拉伯帝国。公元630年，先知穆罕默德的使节抵达阿联酋，开始传播伊斯兰教，此后阿联酋各部落均信奉伊斯兰教。从16世纪开始，组成阿联酋的7个酋长国相继沦为荷兰、葡萄牙和法国的殖民地。1820

---

[1] 商务部国际贸易经济合作研究院、中国驻阿联酋大使馆经济商务参赞处、商务部对外投资和经济合作司：《对外投资合作国别（地区）指南：阿联酋（2018年版）》，载"一带一路"网，https://www.yidaiyilu.gov.cn/wcm.files/upload/CMSydylgw/201901/201901311111055.pdf，最后访问日期：2019年4月5日。

[2] 《阿拉伯联合酋长国地理》，载维基百科，https://zh.wikipedia.org/wiki/%E9%98%BF%E6%8B%89%E4%BC%AF%E8%81%94%E5%90%88%E9%85%8B%E9%95%BF%E5%9B%BD%E7%90%86，最后访问日期：2019年4月4日。

[3] 棕榈岛包括朱美拉棕榈岛（Palm Jumeirah）、杰贝勒阿里棕榈岛（Palm Jebel Ali）和德拉棕榈岛（Palm Deira）。朱美拉棕榈岛于2001年6月动工，于2005年年底至2006年年初竣工，增加了迪拜将近80.46千米的海岸线。杰贝勒阿里棕榈岛于2002年10月动工，然而由于承建商Nakheel公司的经济原因，该项目于2009年停工。到2007年10月初，德拉棕榈岛20%的填海工程已经完成，但自2008年以来，该项目一直处于搁置状态。参见《棕榈群岛》，载维基百科，https://zh.wikipedia.org/wiki/%E6%A3%95%E6%AB%9A%E7%BE%A4%E5%B3%B6，最后访问日期：2020年12月13日。

年，这7个酋长国沦为英国的"保护国"。[1] 1971年，英国从海湾地区撤军。1971年12月2日，阿布扎比、沙迦（Sharjah）、迪拜（Dubai）、阿治曼（Ajman）、富查伊拉（Fujairah）、乌姆盖万（Umm Al Quwain）6个酋长国宣告独立，制定临时宪法，组成阿拉伯联合酋长国。1972年2月，哈伊马角酋长国（Ras Al Khaimah）加入阿联酋。[2]

在政治体制上，阿联酋独立以前，是一个由帝国主义控制的、分散的、落后的、封建的酋长制国家，完全实行部落家族统治。独立后，阿联酋成为在7个酋长国基础上建立起来的君主制国家。一方面，阿联酋保留了酋长国的部落家族统治，以伊斯兰教为国教。另一方面，它学习西方国家政治制度模式，设立总统、内阁和议会。阿联酋的政治制度呈现出以下特点：第一，在联邦政府的统一领导下，各酋长国拥有较大的独立性和自主权。第二，各酋长国首领组成联邦政府高层统治集团，部落家族统治与国家政权紧密结合。第三，各酋长国首领的产生方式为嫡长子继承制和家族协商制，联邦总统和副总统的产生取决于家族的经济实力。第四，虽然学习了诸多西方政治制度模式，但国家权力始终牢牢掌握在酋长国首领手中。[3] 与繁复的政治体制相对应，阿联酋的法律体系亦相当复杂，双重法庭、伊斯兰教法庭和民事法庭并行运作。其中，海事纠纷案件由民事法庭审理。[4]

（三）行政区划

阿联酋由7个酋长国组成。其中，沙迦是唯一一个同时濒临波斯湾和阿曼湾的成员国。除沙迦以外，濒临波斯湾的酋长国还有阿布扎比、迪拜、哈伊马角、阿治曼、乌姆盖万，而濒临阿曼湾的酋长国仅有富查伊拉。阿联酋的首都阿布扎比市也是阿布扎比酋长国的首府。阿布扎比酋长国是面积最大和人口第二多（仅次于迪拜）的酋长国。其石油储量和天然气储量丰富，均居全国之最，重要性不言而喻。迪拜与阿布扎比为阿联酋联邦国民议会中就国家重要事项有否决权的两个酋长国。从面积上来看，迪拜是继阿布扎比之

---

[1]《阿联酋历史源流》，载中华人民共和国商务部商务历史网，http://history.mofcom.gov.cn/? bandr=alqlsyl，最后访问日期：2019年4月5日。
[2]《阿拉伯联合酋长国》，载维基百科，https://zh.wikipedia.org/wiki/%E9%98%BF%E6%8B%89%E4%BC%AF%E8%81%94%E5%90%88%E9%85%8B%E9%95%BF%E5%9B%BD，最后访问日期：2019年4月5日。
[3] 余崇健：《阿联酋的国家政治制度及其特点》，载《西亚非洲》1992年第4期。
[4] Hauser Global Law School Program, "UPDATE: Overview of United Arab Emirates Legal System", http://www.nyulawglobal.org/globalex/United_Arab_Emirates1.html, April 26, 2019.

后的第二大酋长国。[1]

（四）海洋资源

1. 渔业资源

阿联酋沿海有珊瑚，盛产珍珠，已发现鱼类和海洋生物3000多种，有丰富的渔业资源。阿联酋东海岸是其主要渔区，以哈伊马角和富查伊拉的渔业储量最大。阿布扎比酋长国拥有阿联酋最大的捕捞产业，迪拜、沙迦和富查伊拉则相继次之。迪拜是该国最大的鱼类消费市场，其次是阿布扎比和沙迦。

阿联酋的捕鱼量在1999年之前一直稳定增长，并于1999年达到11.8万吨。然而，自1999年以后，阿联酋的捕鱼量、注册渔船量和持牌渔民量均有所减少。这主要是因为：一方面，阿联酋为实现国家振兴，着力发展石油化工产业，造成了一定程度的水污染，其渔业产量减少；另一方面，沿海地区土地和海域使用方式的扩展，如海上旅游业、港口建设、填海造陆等，压缩了适宜水生物生产繁殖的空间。为了保护环境，确保渔业的可持续发展，阿联酋采取了一系列治理措施。除了在阿布扎比、哈伊马角和乌姆盖万的一些独岛上设立海洋保护区，在近海领域，阿联酋也设立了大大小小20多个海洋自然保护区和海陆自然保护区。[2] 现今，阿联酋正致力于发展成为海湾地区和中东的鱼类再出口中心，其出口加工所用鲜鱼主要进口自阿曼和伊朗，所用冷冻鱼主要来自亚太地区。[3]

珍珠也是阿联酋重要的渔业资源。历史上，珍珠采集是阿联酋沿海地区居民的主要经济活动之一。19世纪30年代以来，沙迦、哈伊马角和阿布扎比等酋长国有大约700只船和1.3万人从事珍珠采集活动。20世纪初，规模进一步扩大，有1200只船和2.2万多人从事这一行业。20世纪20年代后期，随着日本人工养殖珍珠进入市场，阿联酋的采珠业走向萧条。20世纪50年代末和60年代初在阿布扎比和迪拜先后发现了石油和天然气，阿联酋经济

---

[1]《阿拉伯联合酋长国行政区划》，载维基百科，https：//zh. wikipedia. org/wiki/% E9% 98% BF% E6% 8B% 89% E4% BC% AF% E8% 81% 94% E5% 90% 88% E9% 85% 8B% E9% 95% BF% E5% 9B% BD% E8% A1% 8C% E6% 94% BF% E5% 8C% BA% E5% 88% 92，最后访问日期：2019年4月19日。

[2] 薛英杰：《阿联酋海洋经济研究》，载《海洋经济》2015年第4期。

[3] "UNITED ARAB EMIRATE", World Fishing & Aquaculture, https：//www. worldfishing. net/news101/regional-focus/united-arab-emirates, April 20, 2019.

进入了另一个时代。[1]

2. 油气资源

1960年发现石油以后，阿联酋的经济支柱逐渐由珍珠转变为石油。阿联酋现在最重要的资源是石油和天然气。阿布扎比酋长国的石油储量和天然气储量分别占全国的95%和92%。[2] 目前，阿联酋已探明的石油储量为978亿桶，已探明的天然气储量为5.9万亿立方米[3]，均居世界第七位。[4]

阿布扎比陆上石油公司（Abu Dhabi Company for Onshore Petroleum Operations）、阿布扎比海上作业公司（ADMA-OPCO）和扎库姆发展公司（Zakum Development Company）是阿联酋三大石油公司，均由阿布扎比国家石油公司控股60%，剩余股份由外国公司持有。这三家石油公司的原油产量之和占阿联酋全国原油总产量的96%，但其分工不同，阿布扎比陆上石油公司主要承担石油的陆上勘探、开发和生产，阿布扎比海洋石油公司主要负责开发大陆架海上油田，扎库姆发展公司负责阿布扎比最大的一块海上油田上扎库姆油田（Upper Zakum Oil Field）的开发。从产量上来看，阿联酋陆上石油产量和海上石油产量各占半壁江山。[5]

根据阿联酋联邦统计和竞争局（The Federal Statistics and Competitiveness Authority）的数据，2016年阿联酋石油年总产量为154189000吨，总出口量为120236000吨；天然气总产量为941亿立方米，总出口量为132亿立方米，其中液化天然气总产量为310700万桶。[6]

综上所述，阿联酋的油气资源非常丰富。阿联酋的油田较多，具体分布情况见第Ⅳ部分 表1。值得一提的是，其主要海上油田为上扎库姆油田、下

---

[1]《阿联酋经济状况》，载商务历史网，http：//history.mofcom.gov.cn/?bandr=alqjjzk，最后访问日期：2019年4月8日。

[2]《阿联酋经济状况》，载商务历史网，http：//history.mofcom.gov.cn/?bandr=alqjjzk，最后访问日期：2019年4月8日。

[3]《BP世界能源统计年鉴（2018版）》，载BP中国网站，https：//www.bp.com/content/dam/bp/country-sites/zh_cn/china/home/reports/statistical-review-of-world-energy/2018/2018srbook.pdf，最后访问日期：2020年12月14日。

[4]《阿拉伯联合酋长国国家概况》，载中华人民共和国外交部网站，https：//www.fmprc.gov.cn/web/gjhdq_676201/gj_676203/yz_676205/1206_676234/1206x0_676236/，最后访问日期：2019年4月28日。

[5] 薛英杰：《阿联酋海洋经济研究》，载《海洋经济》2015年第4期。

[6] UNITED ARAB EMIRATES MINISTRY OF CABINET AFFAIRS, "Statistics By Subject", http：//fcsa.gov.ae/en-us/Pages/Statistics/Statistics-by-Subject.aspx#/%3Ffolder=Agriculture%20and%20Environment/Energy%20and%20Water/Oil%20and%20Gas&subject=Agriculture%20and%20Environment&year=2009, April 28, 2019.

扎库姆油田和乌姆谢夫油田。且近20年来，因在近海领域不断发现新油田，阿联酋的石油开采率不断攀升。

第Ⅳ部分 表1 阿联酋主要油田情况[1]

序号	油田名称	发现时间（年）	位置	所在酋长国
1	乌姆谢夫（Umm Shaif）	1958	海上	阿布扎比
2	巴布（Bab）	1958	近海	
3	布哈萨（Bu Hasa）	1962	内陆	
4	下扎库姆（Lower Zakum）	1963	海上	
5	上扎库姆（Upper Zakum）	1963		
6	班都哥（Bunduq）	1964		
7	阿萨布（Asab）	1965	内陆	
8	法提哈（Fateh）	1966	海上	迪拜
9	萨希尔（Sahil）	1967	内陆	阿布扎比
10	乌姆代尔赫（Umm al-Dalkh）	1969	海上	
11	阿布巴库什（Abu al-Bukhoosh）	1969		
12	穆巴拉兹（Mubarraz）	1969		
13	法拉哈（Falah）	1972		迪拜
14	穆巴拉克（Mubarak）	1972		沙迦
15	拉希德（Rashid）	1973		迪拜
16	萨特哈（Satah）	1975		阿布扎比
17	萨吉阿（Saja'a Moeid）	1980		沙迦
18	莫尔加姆（Margham）	1981	内陆	迪拜
19	萨利赫（Saleh）	1983	海上	哈伊马角
20	凯哈非（Kahaif）	1992		沙迦

上扎库姆油田和下扎库姆油田位于阿布扎比群岛西北部84千米处，它们于1963年被发现并由阿布扎比国家石油公司开发。其中，上扎库姆油田石油储量约为500亿桶，每天生产640000桶石油。[2] 下扎库姆油田总探明储量大约为172亿桶，每天生产425000桶石油。[3]

---

[1] 邓贤文、尹茇菲、朱磊等：《阿拉伯联合酋长国油气工业发展现状及前景展望》，载《采油工程文集》2016年第3期。
[2] "Upper Zakum Offshore Oil Field Development, Abu Dhabi", Offshore technology, https://www.offshore-technology.com/projects/upper-zakum-offshore-uae/, April 27, 2019.
[3] "Lower Zakum Oil Field", Wikipedia, https://en.wikipedia.org/wiki/Lower_Zakum_oil_field, December 14, 2020.

乌姆谢夫油田位于阿布扎比群岛西侧84千米处。它于1958年被发现并由阿布扎比海洋地区有限公司（Abu Dhabi Marine Areas Ltd）开发，该公司是英国石油公司（British Petroleum）和法国电力公司（Compagnie Française des Pétroles）的合资企业。该油田现由阿布扎比国家石油公司运营和所有。该油田总探明储量大约为39亿桶，每天生产300000桶。[1]

在阿联酋的近海油田中，班都哥近海油田位于阿布扎比酋长国和卡塔尔国交界处，距阿布扎比市约200千米，距多哈约100千米。[2] 该海上油田由阿联酋和卡塔尔共享，由日资公司班都哥公司（The Bunduq Company）管理开发。法提哈海上油田是迪拜最古老的油田之一，于1969年开始运营。该油田由47个平台组成，包括31个卫星井口平台和16个中央复杂平台。[3] 阿布巴库什海上油田位于阿布扎比近海180千米处，于1974年投产。[4] 该油田每天生产10000桶石油和110000桶石油当量的天然气。[5] 法拉哈海上油田位于迪拜近海90千米，于1972年被发现并于1978年投入生产，由4个平台组成。[6] 穆巴拉克海上油田位于阿布穆萨岛（Abu Musa）附近，于1973年被发现并于1974年开始生产。沙迦新月石油公司[7]（Crescent Petroleum）对该油田拥有生产和钻井权，但与伊朗（50%）、乌姆盖万（20%）和阿治曼（10%）共享生产和收入。[8] 拉希德海上油田于1973年被发现并于1979年开始生产。萨特哈海上油田位于阿布扎比西北200千米处，由阿布扎比国家石油公司与阿布扎比海洋石油公司合作开发。[9] 萨利赫油田于1964年被

---

[1] "Umm Shaif Oil Field", Wikipedia, https：//en.wikipedia.org/wiki/Umm_Shaif_oil_field, April 27, 2019.

[2] "El Bunduq Oil Field", A Barrel Full, http：//abarrelfull.wikidot.com/el-bunduq-oil-field, April 27, 2019.

[3] "Fateh Field", Dubai Petroleum, https：//www.dubaipetroleum.ae/about-us/oil-and-gas-assets/fateh-field/, April 27, 2019.

[4] "TOTAL ABK", Fbg Abu Dhabi, https：//www.fbgabudhabi.com/company/total-abu-al-bukhoosh/, April 27, 2019.

[5] "ABK Field Holds Importance For Total's New Abu Dhabi Concessions", Hartenergy, https：//www.hartenergy.com/exclusives/abk-field-holds-importance-totals-new-abu-dhabi-concessions-31072, April 27, 2019.

[6] "Falah Field", Dubai Petroleum, https：//www.dubaipetroleum.ae/about-us/oil-and-gas-assets/falah-field/, April 27, 2019.

[7] "Crescent Petroleum", Wikipedia, https：//en.wikipedia.org/wiki/Crescent_Petroleum, December 13, 2020.

[8] "Oil and Natural Gas", Countrystudies, http：//countrystudies.us/persian-gulf-states/85.htm, April 27, 2019.

[9] 薛英杰：《阿联酋海洋经济研究》，载《海洋经济》2015年第4期。

发现并于1984年1月由海湾石油公司（Gulf Oil Company）生产。[1]

除了海上油田，与其息息相关的油气管道也值得一提。阿联酋的油气管道通过海岸带进行串联。[2] 2003年，阿联酋运输凝析油、天然气、液化石油气、石油、油气/水、成品油的管道分别为533千米、3277千米、300千米、3287千米、24千米和218千米。[3] 其中，哈布山-富查伊拉（Habshan-Fujairah）石油管道，亦称阿布扎比原油管道（Abu Dhabi Crude Oil Pipeline）极具战略意义。该管道始于阿布扎比的哈布山陆上油田，可直接将其优质原油通过富查伊拉酋长国运至阿拉伯海，而不经由敏感的霍尔木兹海峡。[4]

---

[1] "RAK Petroleum to Acquire Saleh Field", Offshore Technology, https://www.offshore-technology.com/uncategorised/news98070-html/, April 27, 2019.
[2] 邓贤文、尹茏菲、朱磊等：《阿拉伯联合酋长国油气工业发展现状及前景展望》，载《采油工程文集》2016年第3期。
[3] "The World Factbook", CENTRAL INTELLIGENCE AGENCY, https://www.cia.gov/library/publications/the-world-factbook/fields/383.html, April 26, 2019.
[4] "Habshan-Fujairah Oil Pipeline", Wikipedia, https://en.wikipedia.org/wiki/Habshan%E2%80%93Fujairah_oil_pipeline, April 28, 2019.

二、海洋事务主管部门及其职能

根据《阿联酋宪法》，阿联酋的国家机构包括联邦的机构和各酋长国的机构。体现在海洋事务管理上，阿联酋负责海洋事务管理的机构包括联邦海洋事务主管机构和各酋长国的海洋事务主管机构。其中，联邦海洋事务主管机构和各酋长国海洋事务主管机构分工明确，各司其职，负责阿联酋的海洋事务。

（一）联邦海洋事务主管部门及其职能

《1971年阿拉伯联合酋长国宪法》[1]（The United Arab Emirates Constitution of 1971，以下简称《阿联酋宪法》）规定，联邦最高机构包括联邦最高委员会（The Federal Supreme Council），联邦总统及副总统（The President of the Federation and His Deputy），内阁（The Council of Ministers of the Federation，也称联邦部长会议），联邦国民议会（The Federal National Council，也称联邦全国委员会），联邦司法机构（The Federal Judiciary）。联邦最高委员会是联邦最高权力机构，联邦总统为国家元首，内阁是联邦的行政机关，联邦国民议会是立法机构，这4个机构的职权均涉及海洋事务管理。

1. 联邦最高委员会

联邦最高委员会是阿联酋的最高权力机构，由联邦各酋长国酋长组成。联邦最高委员会的职权包括：决定国家的总政策及涉及联邦和各个酋长国利益的重大问题；批准联邦各项法律、法令以及国际条约和协定；根据总统的提名任命总理；任免联邦最高法院院长和法官；对联邦各项事务有最高监督权等。联邦最高委员会会议秘密举行，每个酋长均可投票表决。联邦最高委员会关于程序问题的决议，需经多数成员的同意才能通过；关于实质性问题的决议需经包括阿布扎比和迪拜在内的5国酋长同意方可通过。[2] 因此，阿

---

[1] 阿联酋于1971年7月颁布宪法，该部宪法是临时宪法。次年，由于哈伊马角酋长国加入联邦，阿联酋对临时宪法进行了修正。此后，阿联酋分别于1976年、1981年、1986年、1991年、1996年、2004年、2009年对宪法进行了修正。其中，1996年宪法修正案将临时宪法改为永久宪法。参见《境外法规：阿拉伯联合酋长国宪法》，载全球法规网，http://policy.mofcom.gov.cn/page/nation/UAE.html，最后访问日期：2020年12月13日。

[2] 《阿联酋宪法》第46、47、48、49条。See WIPO Lex, "Constitution of the United Arab Emirates", https://wipolex.wipo.int/zh/text/568259, December 13, 2020.

联酋关于海洋事务的决定，只有阿布扎比和迪拜都同意，才可能得到通过。

2. 联邦国民议会

阿联酋成立之前，"舒拉"（Shura）原则是特鲁西尔酋长国[1]（Trucial States）的重要治国原则。通常，部落首领在做决定时会咨询他的顾问并征求其意见。阿联酋成立后，"舒拉"原则依旧是阿联酋的重要治国原则，其核心要义"协商"在联邦国民议会中有集中体现。[2] 联邦国民议会由40名议员组成，阿布扎比与迪拜各8人，沙迦与哈伊马角各6人，阿治曼、乌姆盖万与富查伊拉各4人。[3]

联邦国民议会由议长、机构理事会、专门委员会、秘书处及议会团体执行委员会组成。议长拥有最高权力，由选举产生。机构理事会是议会的最高权力机构，由议长、2名副议长和2名审计官组成。[4] 议会下设9个委员会，[5] 具体行使其立法和监督职能，其中，与海洋事务联系较为紧密的委员会有外交、计划、石油、矿产、农业和渔业资源事务委员会（Committee on Foreign affairs, Planning, Petroleum and Mineral Resources, Agriculture and Fisheries Committee）及财政、经济和工业事务委员会（Committee on Finance, Economic and Industry）。[6]

《阿联酋宪法》第89条至第92条规定了联邦国民议会的职权。联邦国民议会负责审查由内阁制定的包括财政草案在内的各项法律草案，然后提交总统和联邦最高委员会修改；审查年度预算法案和决算法案；审查政府与其他国家和国际组织缔结的条约和协定；讨论有关联邦事务的重大问题，但内

---

[1] 阿拉伯联合酋长国的旧称。See "Trucial States", Wikipedia, https://en.wikipedia.org/wiki/Trucial_States, December 13, 2020.

[2] "The Federal National Council", The United Arab Emirates' Government Portal, https://www.government.ae/en/about-the-uae/the-uae-government/the-federal-national-council-, April 20, 2019.

[3] 《阿联酋宪法》第68条。See "Constitution of the United Arab Emirates", WIPO Lex, https://wipolex.wipo.int/zh/text/568259, December 13, 2020.

[4] 《阿联酋联邦国民议会》，载中国人大网，http://www.npc.gov.cn/zgrdw/npc/xinwen/2011-05/23/content_1656596.htm，最后访问日期：2019年4月20日。

[5] 议会下设的9个委员会为：内政和国防事务委员会，财政、经济和工业事务委员会，法律事务委员会，教育、青年、新闻和文化事务委员会，卫生、劳动和社会事务委员会，外交、计划、石油、矿产、农业和渔业资源事务委员会，伊斯兰基金和公共事务委员会，监察和投诉事务委员会，紧急事务委员会。参见《董事委员会》，载阿联酋联邦国民议会网，https://www.almajles.gov.ae/AboutTheFNC/UndertheFNC/Pages/FNCCommittees.aspx，最后访问日期：2020年12月13日。

[6] "United Arab Emirates-COUNTRY BRIEFING 2012", Carlos Coelho, https://carloscoelho.eu/ed/files/2012-04-12_CB%20UAE_76final.pdf, April 22, 2019.

阁决定不得讨论的事务除外。根据《阿联酋宪法》第110条，联邦国民议会虽然是具有立法性质的联邦机构，但只能就内阁提交至联邦最高委员会批准的法律草案提供咨询意见，实际上只起协商作用。联邦国民议会对法律草案提出修改意见或拒绝接受法律草案，若总统和联邦最高委员会不接受，联邦国民议会可以召开第二次会议进行讨论；若联邦国民议会对该草案仍持不同意见，总统可在征得联邦最高委员会批准后颁布法案。总之，法律草案经联邦最高委员会批准后，不管联邦国民议会提出何种不同意见，总统都有权予以公布。

值得注意的是，2006年，阿联酋颁布了《最高委员会2006年第4号决议》（Supreme Council Resolution No. 4 of 2006）。该决议改变了此前40名议员都是由7个酋长国的统治者任命的方式，规定其中的20名由各酋长国设立的选举委员会选出，另外20名议员由各酋长直接任命。在2006年的议员选举中，妇女首次进入议会，其中8名女议员由酋长任命产生，1名女议员由选举产生。女议员占议员总数的22.5%，在议会中占据了重要地位。这是世界上妇女在议会中所占比例最高的国家之一。[1] 议员选举方式的改变是阿联酋在民主改革道路上迈出的重要一步。[2]

3. 总　统

联邦最高委员会从委员会成员中选出联邦总统和副总统，阿布扎比酋长担任首任总统兼武装部队（The Armed Forces）总司令，迪拜酋长担任首任副总统兼总理，任期5年，可以连任。《阿联酋宪法》第54条规定，总统的职责包括：担任联邦最高委员会主席，并指导联邦最高委员会的讨论；召集联邦最高委员会会议和决定休会，在联邦最高委员会任一委员要求下，总统必须召集会议；必要时有权召开联邦最高委员会和内阁联席会议；签署经联邦最高委员会批准颁布的联邦法律、法令和决议；经联邦最高委员会同意，任免总理或接受其辞职；根据总理的提名，任命副总理与部长或接受其辞职；经内阁同意，依照联邦法律，通过颁布法令的形式，任免联邦驻外使节以及联邦最高法院院长和法官以外的联邦其他高级军政官员或接受其辞职；通过内阁及各部部长监督联邦法律、法令和决议的执行；对内、对外代表联邦；根据宪法和法律，行使赦免、减刑以及核准死刑等职权。

虽然阿联酋设有行政、立法和司法机关，但总统拥有绝对最高权力。只

---

[1] "The Federal National Council", The United Arab Emirates' Government Portal, https://www.government.ae/en/about-the-uae/the-uae-government/the-federal-national-council-, April 20, 2019.

[2] 仝菲：《阿拉伯联合酋长国现代化进程研究》，西北大学2010年博士学位论文，第85—86页。

要总统担任主席的联邦最高委员会同意，即使联邦国民议会反对，法律依旧可以通过。联邦最高法院院长和法官由总统担任主席的联邦最高委员会任命。总统有权任命总理、副总理和各部部长。由此可见，联邦总统凌驾于国家政权之上，是王权的最高象征。[1]

4. 内　阁

内阁是阿联酋的联邦行政机关，由总理、两位副总理、各部部长和秘书长组成。因根据各酋长国的政治影响和经济实力分配部长职位，阿布扎比和迪拜在内阁中占主要职位。在联邦总统和联邦最高委员会的监督下，内阁负责处理宪法、法律规定权限范围内的一切事务，如起草并监督执行联邦法律、法令、决议及条例，编制预算、决算，监督联邦各部履行管理职能等。[2] 2016年政府机构改革后，阿联酋的内阁下设17个部[3]和32个局，其中，与海洋事务管理相关的部和局有：外交与国际合作部、内政部、国防部、能源和工业部、基础设施发展部、气候变化与环境部、教育部、联邦电力和水务局、联邦陆地和海上运输管理局、阿联酋战略研究中心。[4]

（1）外交与国际合作部

在2016年内阁改组中，阿联酋把国际合作与发展部（Ministry of International Cooperation and Development）并入外交部，外交部更名为外交与国际合作部（Ministry of Foreign Affairs and International Cooperation）。[5] 该部由外交与国际合作部部长及下属分管外交事务的国务大臣和分管国际合作事务的国务大臣领导。外交与国际合作部的职权包括：与其他阿联酋主管当局协调，制定外交政策和监督外交政策的实施；监督所有外交关系，组织国家参加国际组织、国际会议和国际展览；保护国家利益和海外公民的利益；代表国家缔结条约和协定；提升国家形象；监督对外援助等。

在海洋事务管理方面，阿联酋外交与国际合作部主要负责参与解决海洋

---

[1] 余崇健：《阿拉伯联合酋长国的国家政治制度及其特点》，载《西亚非洲》1992年第4期。
[2] 《阿联酋宪法》第60条。
[3] 17个部包括：国防部、内政部、教育部、经济部、能源和工业部、社会发展部、卫生与预防部、文化与知识发展部、财政部、总统事务部、外交与国际合作部、基础设施发展部、司法部、人力资源与本土化部、内阁事务和未来部、联邦国民议会事务部、气候变化与环境部。
[4] "FEDERAL GOVERNMENT ENTITIES", The UAE Cabinet, https：//uaecabinet.ae/en/federal-government-entities, April 14, 2019.
[5] The United Arab Emirates' Government portal, "The concept behind...", https：//www.government.ae/en/about-the-uae/the-uae-government/government-of-future/the-concept-behind, April 14, 2019.

划界与岛屿争端问题、代表阿联酋与其他国家或国际组织缔结与海洋有关的条约和协定、开展海洋国际合作等。例如，海洋争端解决方面，外交与国际合作部着力推动与伊朗就大通布岛（Greater Tunb）、小通布岛（Lesser Tunb）和阿布穆萨岛争端的解决；国际海洋合作方面，在"阿联酋—太平洋伙伴关系"（U. A. E. Pacific Partnerships）框架下，外交与国际合作部推进阿联酋与斐济、基里巴斯、萨摩亚、汤加、图瓦卢和瓦努阿图在海洋能等可再生能源领域的合作进程。[1]

（2）内政部

阿联酋内政部（Ministry of Interior）设立于联邦成立后不久，是联邦的统一安全机构。该部整合了各酋长国的警察和安全系统，任务是维护全国的安全与稳定。内政部的主要职责有：保护国家安全；组织管理警察和安全部队；处理与归化和居住相关的事务；规范道路交通；维护私人房舍和财产的安全等。[2]

内政部曾主管过国家海陆边界事宜，根据《1976年第1号联邦最高委员会的决定》（Decision of the Supreme Council of the Union No. 1 of 1976），阿联酋建立了边防部队以守护国家的海陆边界，并规定边防部队直属于内政部，由内政部监督管辖。后根据《1999年第1号最高国防委员会主席的决定》（Decision of the President of the Supreme Council of Defense No. 1 of 1999），阿联酋将内政部中与陆地边界有关的警卫和任务移交至武装部队，由武装部队负责。再之后，根据《2001年第1号联邦法令》（Federal Law Decree No. 1 of 2001）的规定，阿联酋将内政部海岸警卫队的所有成员及其装备和设施移交给武装部队的海岸警卫队，取消了内政部任何保护边界和海岸的职能。由此，保卫国家陆地和海上边界的任务就由武装部队负责。[3]

（3）国防部

阿联酋武装部队由阿联酋和七个酋长国共同组建。阿联酋武装部队总司令由联邦总统兼任，在首都阿布扎比设有武装部队总司令部。联邦武装部队

---

[1] UNITED ARAB EMIRATES MINISTRY OF FOREIGN AFFAIRS& INTERNATIONAL COOPERATION, "FEDERAL GOVERNMENT ENTITIES", "U. A. E. Pacific Partnerships", https：//www. mofa. gov. ae/EN/TheMinistry/UAEForeignPolicy/Pages/UAE-Partnerships. aspx, April 14, 2019.

[2] "Entities Responsible for Security and Safety", The United Arab Emirates' Government Portal, https：//government. ae/en/information-and-services/justice-safety-and-the-law/entities-responsible-for-security-and-safety-in-the-uae, April 12, 2019.

[3] 详见《阿拉伯立法分类》，载阿拉伯联合酋长国司法部网站，https：//elaws. moj. gov. ae/mojANGULAR/index. html，最后访问日期：2019年4月28日。

总司令部下辖三个军区，即西部军区（总部设在阿布扎比）、中部军区（总部设在迪拜）、北部军区（总部设在哈伊马角），[1] 军队总规模在6万人左右。[2] 阿联酋有两个军事组织：联邦层面上的联邦军队（Union Defence Force）和酋长国自己维持的军队。

联邦军队和酋长国军队都拥有自己的海军力量，分别是：联邦军队下辖的阿联酋海军（United Arab Emirates Navy），其又可分为阿联酋海军陆战队（United Arab Emirates Marine）和阿联酋海岸警卫队（United Arab Emirates Coast Guard）；四支酋长国军队，包括阿布扎比国防军（Abu Dhabi Defence Force）、迪拜国防军（Dubai Defence Force）、哈伊马角机动部队（Ras Al Khaimah Mobile Force）、沙迦国民警卫队（Sharjah National Guard）。[3]

阿联酋海军正在壮大，拥有2000多名军人和72艘军舰。其中，阿联酋海军陆战队是一支小型战队，配备有BMP-3装甲车；阿联酋海岸警卫队则是阿联酋的官方海岸警卫队机构，主要负责保护阿联酋的海岸线，履行海商法赋予的监管职责，以及执行船只维护、边境控制、打击走私和其他任务。

阿布扎比国防军成立于1965年，其早期的领导力量体现了尚未独立的窘迫状况，即其军官多为英国人。自1971年阿联酋独立并建立联邦制国家以来，军队力量不断发展以维护来之不易的独立。至1975年，阿布扎比国防军的规模已扩至15000人，配备有两个达索幻影Ⅲ战斗机中队和两个达索幻影Ⅴ攻击机中队，一个霍克亨特战斗轰炸机中队，135辆装甲车，同时配备响尾蛇（Crotale）导弹，云雀Ⅲ型直升机（Aérospatiale Alouette Ⅲ）和瞪羚直升机（Aérospatiale Gazelle）以及四艘快速巡逻艇，并于1976年成为联邦军队的西部军区指挥部。

迪拜国防军成立于1971年，并于1996年成为联邦军队的中部军区指挥部；哈伊马角机动部队成立于1969年，并于1996年成为联邦军队的北部军区指挥部；沙迦国民警卫队成立于1972年，属于准军事部队性质，并于1976年与联邦警察合并。由于以上三个酋长国军队的海军部署重点并不突出，故不赘述。

以1990年海湾战争爆发为标志，阿联酋在军队扩张上有了明显动作。虽

---

[1] "United Arab Emirates Armed Forces", Wikipedia, https：//en.wikipedia.org/wiki/United_Arab_Emirates_Armed_Forces, April 17, 2019.

[2] International Trade Administration, "United Arab Emirates Country Commercial Guide", https：//www.export.gov/article? id=United-Arab-Emirates-Defense, April 12, 2019.

[3] H. Richard Sindelar Ⅲ and John E. Peterson, *Crosscurrents in the Gulf: Arab Regional and Global Interests*, London & New York, Routledge, 1988, pp.213-213.

在1989年，阿联酋已自朝鲜购买了飞毛腿B弹道导弹[1]，但20世纪90年代开始的大规模扩军，无疑展露了阿联酋希望在波斯湾海域获得足够话语权的野心。1992—1993年，阿联酋联邦军队收购了436辆勒克莱尔坦克、415辆BMP-3装甲车等多种武器装备，主要武器供应国包括俄罗斯、美国、英国、乌克兰、法国、意大利和德国等传统军工业强国。2011年，在阿联酋与伊朗争夺霍尔木兹海峡的战争恐慌之际，为最大程度上在霍尔木兹海峡形成控制优势，阿联酋宣布购买价值34.8亿美元的美国导弹系统，包括2个雷达系统，96枚导弹和相关配件，成为第一个获得终端高海拔地区防御系统（Terminal High Altitude Area Defense System）的国家。美国在阿联酋关于导弹防御的重大武器交易中，发挥着极大的作用，如2017年6月，美国国防巨头洛克希德·马丁公司同意并供应阿联酋联邦军队两枚萨德反导炮塔。[2]

在武装配备提升的同时，其武装部队的人员也发生了质的变化。阿联酋联邦军队从世界各地引进专家指导，改进军事训练机构，提高武装部队的标准。2008年，阿联酋购买了MIM-104爱国者导弹[3]以及相关雷达，为爱国者系统提供支援服务。

阿联酋在军工方面已开始自主生产，意图降低对外依存度。阿布扎比造船公司（Abu Dhabi Shipbuilding company）开发和生产5-6型轻型护卫舰，用于在波斯湾浅水区作业。同时，阿联酋已基本实现弹药、军用运输车辆和无人驾驶飞行器的自主生产，以不断升级其全方位的独立自主的海防体系。[4]

（4）能源和工业部

能源和工业部（Ministry of Energy & Industry）对海湾地区石油开发事项积极发挥其协调作用，在保留各酋长国一定自主性的前提下，在联邦层面制定了一系列统一的政策和战略。阿联酋能源和工业部制定的与海洋事务有紧密联系的战略目标包括：调节能源及矿产开发以支持经济发展；坚持可持续发展与水资源综合管理。与基础设施发展部相似的是，能源和工业部下设部长和次长两级，各自下辖不同的职能机构，其中与海洋事务密切相关的职能部门包括次长下辖的石油、矿产、天然气事务办公室（Petroleum、Mineral

---

[1] "Why Did the UAE Purchase Weapons From North Korea?", The Diplomat, https://thediplomat.com/2017/08/why-did-the-uae-purchase-weapons-from-north-korea/, April 21, 2019.

[2] "US bolsters UAE's Missile Defense in Major Arms Deal", SPACE WAR, http://www.spacewar.com/reports/US_bolsters_UAEs_missile_defense_in_major_arms_deal_999.html, April 12, 2019.

[3] "Gulf States Requesting ABM-Capable Systems", DEFENSE INDUSTRY DAILY, https://www.defenseindustrydaily.com/gulf-states-requesting-abm-capable-systems-04390/, April 12, 2019.

[4] "home", ABU DHABI SHIP BUILDIN, http://www.adsb.ae/, December 14, 2020.

Wealth and Gas Affairs)、水务办公室（Water Affairs）。

为确保能源安全，2019年1月，能源和工业部部长苏海勒·阿尔·马兹鲁伊（Suhail bin Mohammed Faraj Faris Al Mazrouei）表示，阿联酋能源和工业部正积极推动与沙特阿拉伯和阿曼关于海湾天然气网络的合作，将三国之间的天然气管道与海湾电网网络整合起来，然后将其连接到科威特和巴林。

阿联酋独特的政治体制使得内阁下设的海洋事务主管部门可以非传统国家机构自上而下的方式，实现能源开发与工业发展的目的。早在2015年，能源和工业部与阿联酋钢铁公司（Emirates Steel）、马斯达尔研究所（Masdar Institute）宣布签署三边合作伙伴协议，建立了三个主要领域（政府、学界和工业界）之间的协作关系。[1] 此外，能源和工业部通过与各酋长国合作，制定了联邦层面的支持工业发展措施。而在石油开发方面，各酋长国有较大的行政自主权，其中与能源和工业有关的机构与实践将在下文"地方海洋事务主管部门及其职能"中加以介绍。

（5）基础设施发展部

阿联酋基础设施发展部（Ministry of Infrastructure Development）的任务在于建设完备的基础设施体系，通过组织、建设和维护基础设施项目来参与竞争，并与有关当局合作以实现效益最大化。基础设施发展部设置部长和次长两级，各自下辖不同职能机构。部长为总领性的决策主体，下设部长顾问（Minsiter's Consultants）、内部审计办公室（Internal Auditing Office）、部长办公室（Minsiter's Office）和政府传播部（Government Communication Department）。

次长直接下辖的8个职能机构[2]中，与海洋事务密切相关的有：基础设施规划部助理副部长、工程服务部助理副部长和执行项目部助理副部长等。这些职能机构在阿联酋港口基础设施建设的过程中发挥着不容小觑的作用。

根据《2016年第14号部长理事会关于修改1972年第1号联邦法关于部委职能和部长权力的一些决定》（Ministerial Decision No. 14 for the Year 2016 Amending Some Provisions of the Federal Law No. 1 for the Year 1972 Concerning the Functions of the Ministries and Privilege of Ministers）的规定，基础设施发展

---

[1] "News", UNITED ARAB EMIRATES MINISTRY OF ENERGY & INFRASTRUCTURE, https://www.moei.gov.ae/en/media-centre/news.aspx#page=1, April 18, 2019.

[2] 副秘书长办公室（Under Secretary Office）、后续与协调办公室（Follow-up & Coordination Office）、战略与未来部（Strategic & Future Department）、法务部（Legal Affairs Department）。此外，副部长之下还设置基础设施规划部助理副部长（Assistant Undersecretary for Infrastructure Planning Sector）、工程服务部助理副部长（Assistant Undersecretary for Engineering Services Sector）、执行项目部助理副部长（Assistant Undersecretary for Execution Projects Sector）、助理支持部助理副部长（Assistant Undersecretary for Support Services Sector）。

部承担的职能包括：与所有相关的联邦和地方当局协调，研究和制订联邦基础设施项目的城市发展计划，提出发展住房部门、公共设施和公用事业的政策和战略等。[1] 在基础设施发展部和气候变化与环境部的共同努力下，2014年于乌姆盖万设立了谢赫哈利法海洋研究中心（Sheikh Khalifa Marine Research Center-Hatchery），成为阿联酋水产养殖发展和推广的动力。[2]

（6）气候变化与环境部

气候变化与环境部（Ministry of Climate Change and Environment）最早可追溯至1975年的阿联酋最高环境委员会（Supreme Committee for Environment），至1993年改为国家环境局（Federal Environment Agency），后于2006年改组为环境与水资源部（Ministry of Environment and Water）。2016年年初，联邦政府重组后该部增加了管理国内外气候变化有关事务的职能，并改为现名。其与海洋相关的主要职责包括：减少水污染，保护海洋生物多样性；发展替代资源；提高生物安全性；规范捕鱼活动，发展水生生物资源；完善相关法律并加强管理。[3]

阿联酋独特的沿海环境具有重要的经济、社会意义，海洋是其石油生产、海水淡化和渔业的重要来源，亦是其与外部世界进行贸易的主要动脉。由于这一重要性，阿联酋的海洋和沿海环境受到了特别的重视。气候变化与环境部等部门颁布并执行保护海洋环境免受污染的法律和规章，管制海洋环境或沿海地带的活动，建立海洋保护区，以保护和发展生物多样性。

1984年，气候变化与环境部在乌姆盖万西海岸设立海洋环境研究部（Marine Environment Research Department），海洋环境研究部负责阿联酋领海的海洋资源开发。1985—2014年，该研究部还培养了区域重要的海洋鱼类，如长鳍篮子鱼和橙点石斑鱼（Epinephelus bleekeri）等。海洋环境研究部和谢赫哈利法海洋研究中心一同保护阿联酋海洋资源，进行物种养殖实践研究

---

[1]《关于我们》，载阿拉伯联合酋长国基础设施与发展部网站，https：//www.moid.gov.ae/arsa/AboutMinistry/Pages/AboutUs.aspx，最后访问日期：2019年4月14日。

[2] "National Aquaculture Sector Overview: United Arab Emirates", Food and Agriculture Organization of the United Nations, http：//www.fao.org/fishery/countrysector/naso_uae/en, April 20, 2019.

[3] 商务部国际贸易经济合作研究院、中国驻阿联酋大使馆经济商务参赞处、商务部对外投资和经济合作司：《对外投资合作国别（地区）指南：阿联酋（2018年版）》，https：//www.yidaiyilu.gov.cn/wcm.files/upload/CMSydylgw/201901/201901311111055.pdf，最后访问日期：2019年4月12日。

和试验，并在阿联酋海岸线的适当位置投放其培养的鱼种。[1]

(7) 教育部

教育部（Ministry of Education）是根据《1972 年第 1 号联邦法》（Federal Law No. 1 of 1972）成立的政府实体。在 2016 年的内阁改组中，教育部合并了高等教育和科学研究部[2]（Ministry of Higher Education & Scientific Research），并增设了两位国务部长[3]以协助教育部长开展工作。教育部的职权有：开展与教育有关的事务，并督促这些事务的执行；普及义务教育，制订教育计划，编制课程安排和考试门类；审批私立学校的建立，并对其进行监督和指导；分配科学研究任务，提供资金和奖学金支持等。

因合并了高等教育和科学研究部，教育部恢复了对阿联酋高等教育的主管。阿联酋国内有多所大学，其中仅阿联酋大学（United Arab Emirates University）、高等技术学院（Higher Colleges of Technology）和扎耶德大学（Zayed University）是由教育部主管的公立大学。[4]这三所公立大学设有多个研究中心，其中国家水资源研究中心（National Water Center）和阿联酋能源与环境研究中心（Emirates Centre for Energy and Environment Research）与海洋科学研究有关。

国家水资源研究中心隶属于阿联酋大学，其任务是解决干旱地区的水和环境问题，目标是通过研究和实践，与有关当局和机构合作，为国家水安全作出贡献。国家水资源研究中心的研究重点是水的综合治理，海水淡化，含水层的储存和回收，地表水和地下水研究，水的再利用等。在国家水资源研究中心研究的具体项目中，气候变化与海平面上升的影响以及海水入侵对地下水水质和海水淡化过程的影响（Seawater Intrusion and the Effects on Groundwater Quality and Desalination Processes Considering the Effect of Climate Change

---

[1] "National Aquaculture Sector Overview: United Arab Emirates", Food and Agriculture Organization of the United Nations, http://www.fao.org/fishery/countrysector/naso_uae/en, April 20, 2019.

[2] 高等教育和科学研究部根据 1992 年第 4 号联邦法律成立，主管阿联酋的高等教育和科学研究。See "Overview", Ministry of Higher Education & Scientific Research, https://web.archive.org/web/20130703191831/http://www.mohesr.gov.ae/En/AboutTheMinistry/Pages/Overview.aspx, April 27, 2019.

[3] 两位国务部长都是内阁成员，其中一位分管公共教育（Public Education），另一位分管高等教育和高级技能（Higher Education & Advanced Skills）。See "About the Ministers", UNITED ARAB EMIRATESMINISTRY OF EDUCATION, https://www.moe.gov.ae/En/AboutTheMinistry/Pages/About-the-Ministers.aspx, April 21, 2019.

[4] "UAE Government Institutions", UNITED ARAB EMIRATESMINISTRY OF EDUCATION, https://www.moe.gov.ae/En/EServices/Pages/GovInstitutes.aspx, April 14, 2019.

and Sea Level Rise）、阿联酋和阿曼两个沿海含水层的地下水资源管理（Management of Groundwater Resources in Two Selected Coastal Aquifers of UAE and Oman）等项目与海洋研究密切相关。[1]

阿联酋能源与环境研究中心成立于2014年，隶属于阿联酋大学，专注于能源生产和环境领域的科学研发。其任务是通过与国家有关机构密切合作，解决阿联酋在能源生产和环境保护方面遇到的问题。该中心研究的领域主要集中在油气资源、石油化工产品、环境保护、能源利用和能源政策等方面。[2]

除以上研究中心外，扎耶德大学开设的中东地区和海湾合作委员会研究课程（Minor in Middle East and GCC Studies）也与海洋有关。该课程由扎耶德大学人文和社会科学学院（College of Humanities and Social Sciences）开设，具体包括海湾地区的社会经济学、阿联酋的历史、海湾遗产、海湾地区的国际关系、石油政治等一系列子课程。这些课程的开设旨在让学生形成良好的人文素养，了解社会政治，更好地融入现实社会和现有制度。[3]

（8）联邦电力和水务局

联邦电力和水务局（Federal Electricity and Water Authority）成立于1999年。根据《1999年第31号联邦法》（Federal Law No. 31 of 1999），其主要目标是以可持续方式管理淡化水在内的能源供应，推动水电的合理使用，减少浪费以满足北阿联酋人口的电力和饮用水需求。阿联酋联邦政府向哈伊马角、乌姆盖万、阿治曼和富查伊拉四个酋长国投资3.83亿美元建立了4个海水淡化站，每天生产淡水750万加仑、发电1040兆瓦，并建立北部输电网将其纳入联邦部属输电网。[4]

值得注意的是，2018年11月，阿联酋政府拟成立阿联酋水电公司（Emirates Water and Electricity Company），目的在于统一阿布扎比的水电生产以及由联邦电力和水务局服务的北阿联酋水电生产管理。这意味着阿联酋水电公司将取代阿布扎比水电公司（Abu Dhabi Water and Electricity Company），

---

[1] "National Water Center: Overview", United Arab Emirates University, https://www.uaeu.ac.ae/en/dvcrgs/research/centers/nwc/, April 14, 2019.

[2] "Emirates Centre for Energy and Environment Research (ECEER): Overview", United Arab Emirates University, https://www.uaeu.ac.ae/en/dvcrgs/research/centers/eceer/, April 18, 2019.

[3] "Minor in Middle East and GCC Studies", ZAYED UNIVERSITY, https://www.zu.ac.ae/main/en/colleges/colleges/__college_of_humanities_and_social_sciences/Undergraduate_Programs/MMGS.aspx, December 14, 2020.

[4] "About FEWA", Federal Electricity & Water Authority, http://www.fewa.gov.ae/en/About-FEWA/Pages/AboutUs.aspx, April 18, 2019.

并满足阿联酋大部分地区的水和电力需求，负责每年在该国分配超过 80 太瓦的电力和 12 亿立方米的水。

（9）联邦陆地和海上运输管理局

联邦陆地和海上运输管理局（Federal Transport Authority-Land & Maritime）是根据阿联酋《2006 年第 1 号联邦法》（Federal Law No. 1 of 2006）和《2006 年第 52 号内阁决议》（Cabinet resolution No. 52 of 2006）成立的一个联邦实体。[1] 但在 2006 年成立之时，其名称为国家运输局（National Authority for Transport），后在 2014 年改为现名。[2] 联邦陆地和海上运输管理局的前身是根据《1972 年第 1 号联邦法》（Federal Law No. 1 of 1972）设立的交通、邮电和电话部（Ministry of Communications, Post, Telegraph and Telephone）。

联邦陆地和海上运输管理局具有独立的公司人格和财政预算，主要负责联邦的海运、陆运和铁路运输事宜。董事会（Board of Directors）是联邦陆地和海上运输管理局的最高权力机构，负责管理财务和行政事务，并行使法律、法规和决定赋予其的权力，如制定相关法规决定等。董事会主席（Chairman of the Board of Directors）是联邦陆地和海上运输管理局的最高主席，负责发布董事会批准的决定，董事会主席还可提起举行部长理事会（Council of Ministers），并向部长理事会提交与管理局有关的法律、公约和条例草案等。总干事（Director General）则是联邦陆地和海上运输管理局的局长，负责联邦陆地和海上运输管理局具体工作的开展和董事会决议的执行。

联邦陆地和海上运输管理局下设多个部门，其中负责海上事务的部门是海运部（Department of Maritime Transport）和海事检查和控制部（Department of Maritime Inspection and Control）。这两个部门都由海运部门执行主任（Executive Director of Maritime Transport Sector）统管领导。其中，海运部由海事立法科（Marine Legislation Section）、港口和海事安全部（Department of Ports and Maritime Safety）和国际合作科（International Cooperation Section）三部分组成。而海事检查和控制部则由海洋设施和活动控制科（Marine Facilities

---

[1] UNITED ARAB EMIRATES MINISTRY OF ENERGY & INFRASTRUCTURE, "About FTA", https://fta.gov.ae/en/about-fta.aspx, April 12, 2019.

[2] 联邦陆地和海上运输管理局在 2006 年成立时的名称是国家运输局，后为了消除与阿联酋航空运输公司（Emirates General Transport and Services Corporation，通称 Emirates Transport）以及地方相关部门名称的混淆，在 2014 年改名为联邦陆地和海上运输管理局。"UAE National Transport Authority Renamed and Refocussed", The National, https://www.thenational.ae/uae/transport/uae-national-transport-authority-renamed-and-refocussed-1.267576, April 28, 2019.

and Activities Control Section)、检查和船舶检查科（Inspection and Inspection of Ships Section）组成。部门以外，根据《2013年第9号董事会主席的决定》（Decision of the Chairman of the Board of Directors No. 9 of 2013），联邦陆地和海上运输管理局还组建了国家海事事故调查委员会（National Commission for the Investigation of Maritime Accidents）对位于国家港口和领海的船舶和海上设施的海上事故以及在世界任何地方悬挂本国国旗的船只进行调查等。[1]

联邦陆地和海上运输管理局提供的海上服务主要与游船、商业船只、海运公司和港口有关。其与海运有关的具体职责包括：与主管当局协调，制定并实施与海洋服务有关的政策、法律、条例和决定；确保国内的航行条例符合国际标准；制定港口管理条例，以保障港口适航；制定海外航行规则，特别是与船舶的国籍、登记和船旗等方面有关的规则；发放所有与阿联酋国际海陆运输服务有关的许可证，并明定发放的条件和资费标准；积极工作，减少海上碰撞事故；确保本国船舶和航行人员满足有关条例规定的通航要求；确保本国船舶配备必要的系统以保持通信畅通，避免发生海上事故等。[2]

（10）阿联酋战略研究中心

阿联酋战略研究中心（Emirates Centre for Strategic Studies and Research）成立于1994年3月14日。其成立的初衷是加快技术发展，为阿联酋的繁荣作出贡献。阿联酋战略研究中心的职责主要包括：调查区域和全球各地有关国家的政治、经济、社会、文化、军事和环境卫生发展情况，并据此服务于阿联酋和波斯湾的可持续发展目标；对阿联酋和波斯湾地区的国家安全以及社会和经济福利问题及战略进行研究；为决策者提供建议并开展相关研究，对国家的政治抉择进行研究并作出报告等。[3]

阿联酋战略研究中心成立至今，发行了多种研究型出版物。这些出版物不仅与海湾地区乃至世界各国的政治、经济、军事和社会有关，有时还与海洋和国际法密切相关，如《气候变化和水的未来》（Climate Change and the Future of Water）、《制定阿拉伯海上安全办法》（Formulating an Arab Approach

---

[1]《2006年部长理事会第52号决定》第1、5、8条；《2013年第40号董事会主席的决定》第2、4、5、11、22、23、24、25条。
[2]"About FTA", UNITED ARAB EMIRATES MINISTRY OF ENERGY & INFRASTRUCTURE, https://fta.gov.ae/en/about-fta.aspx, April 12, 2019.
[3]"ECSSR A GLANCE", The Emirates Center for Strategic Studies and Research, https://www.ecssr.ae/en/ecssr-at-a-glance/, April 13, 2019.

to Maritime Security)、《中国的海战方式：马汉与毛泽东统治的逻辑》[1]（China's Way of Naval War: The Logic of Mahan and Mao's Rules）、《边界争端及其根据国际法的解决：卡塔尔—巴林案》（Border Disputes and their Resolution According to International Law: The Qatar-Bahrain Case）等。[2]

（11）阿联酋科学家理事会

在2016年的内阁改组中，阿联酋内阁表示将成立一个包括主要研究人员和学者在内的阿联酋科学家理事会（Emirates Scientists Council），该理事会将成为一个咨询机构，负责审查国家科学、技术和创新政策，以培养新一代科学家。阿联酋科学家理事会是阿联酋内阁的下属委员会，其具体职能是：创造便于科学研究和创新的环境，服务于阿联酋科学家；就内阁提到的问题提供科学建议；培育研发新科技；促进政府和私营部门研究及与科学实体之间的合作；与区域组织或国际组织建立伙伴关系，进行知识交流；鼓励科技人才在技术方面进行专业交流等。[3] 据阿联酋通讯社报道，2018年4月19日，阿联酋科学家理事会举行第一次会议，讨论了2031年国家高级科学议程和2021年高级科学战略。因阿联酋科学家理事会成立较晚，从事的活动较为有限。但从目前阿联酋科学家理事会参与过的活动来看，如为卫生部门拟定政策和机制[4]、同教育部合作启动"居住科学家"计划等[5]，阿联酋科学家理事会未来可能会同阿联酋主管海洋事务的部门展开合作，故其作用不容小觑。

（12）边界事务委员会

边界事务委员会（Council of Borders Affairs）成立于2009年11月25日，是根据《2009年第98号联邦法》（Federal Law No. 98 of 2009）设立的专门负责处理边界事务的官方主管当局。其前身是根据《1999年第71号联邦法》

---

[1] 马汉，全名阿尔弗雷德·塞耶·马汉（Alfred Thayer Mahan），是一名美国海军的上校及预备役少将，著有《海权对历史的影响（1660—1783年）》（The Impact of Sea Power on History 1660—1783）、《海军策略》（Naval Strategy）等书。See "Alfred Thayer Mahan", Wikipedia, https: //en. wikipedia. org/wiki/Alfred_ Thayer_ Mahan, April 27, 2019.

[2] "PUBLICATIONS", The Emirates Center For Strategic Studies and Research, https: //www. ecssr. ae/en/publication/#, April 23, 2019.

[3] "COUNCILS", The UAE Cabinet, https: //uaecabinet. ae/en/councils, April 14, 2019.

[4] Emirates News Agency, "Emirates Scientists Council Sets Policies and Mechanisms for Health Sector", http: //wam. ae/en/details/1395302692400, April 28, 2019.

[5] "UAE Ministry of Education and Emirates Scientists' Council Launch 'Scientist in Residence' Initiative", Al Bawaba, https: //www. albawaba. com/business/pr/uae-ministry-education-emirates-scientists%E2%80%99-council-launch-%E2%80%98scientist-residence%E2%80%99-ini, April 28, 2019.

（Federal Law No. 71 of 1999）设立的边界常务委员会（Permanent Borders Committee）。边界事务委员会设立的初衷是应对和防范 2009 年出现的该国与沙特阿拉伯之间的边界危机。[1] 边界事务委员会的职责是：向国家总统和副总统提供有关国家陆地和海洋边界事务的咨询意见；与邻国在有关国家陆地和海洋边界等事项上进行交涉和谈判；解决与邻国的陆地和海洋边界问题；保管边界协定、文件、通信和相关地图等；组织开展与国家陆地和海洋边界有关的任何研究，出版与边界有关的地图及研究成果等。[2]

值得一提的是，早在 2011 年 5 月 26 日，阿联酋边界事务委员会曾到访中国，与中国外交部边界与海洋事务司进行了业务交流。时任中国边界与海洋事务司司长的宁赋魁向阿方介绍了我国边界与海洋工作的概况、解决边界问题的原则立场和成功经验、边界管理实践及边界与海洋事务司职能与机构设置等，并以陆地国界信息管理系统为例演示了现代高科技成果在我边界工作中的应用情况。阿联酋边界委员会秘书长则介绍了阿边界事务委员会的有关情况，称中方在边界与海洋工作中成绩显著，积累了丰富经验，值得阿方学习借鉴，希望与中方建立并保持工作联系，不断加强相关领域的合作与交流。双方还就争议地区管辖实践、海洋权益维护、边界工作信息化建设、边界事务人才培养等共同感兴趣的问题交换了意见。[3]

（13）港口、边境和自由区安全总局

港口、边境和自由区安全总局（General Authority for the Security of Ports, Borders and Free Zones，又称"Manafth"）是根据《2011 年第 6 号联邦法》（Federal Law No. 6 of 2011）设立的实体，旨在加强阿联酋港口、边境和自由区安全能力。该局由最高国家安全委员会（Supreme Council for National Security）领导，根据最高安全委员会的规定开展工作。[4] 该局内设的委员会（Commission）是该局的核心，由委员会主席（Chairman of the Commission）、

---

[1] 2009 年 8 月，沙特当局阻止阿联酋公民使用身份证进入沙特境内，原因是沙特当局认为这些身份证上显示的版图不符合两国在 1974 年达成的边界协定。后经海湾合作委员会出面，要求允许海合会的本地人口使用国民身份证在成员国之间移动。See "FACTBOX-Rivalry and Differences Between Saudi and UAE", REUTERS, https：//www.reuters.com/article/gulf-union-idUSLDE63405T20100406, April 23, 2019.

[2] 阿联酋《2009 年第 98 号联邦法令》第 3 条。

[3] 《外交部边海司与阿联酋边界委进行业务交流》，载中华人民共和国外交部网站，https：//www.fmprc.gov.cn/web/wjb_673085/zzjg_673183/bjhysws_6/46/1/xgxw_674673/t841801.shtml，最后访问日期：2019 年 4 月 27 日。

[4] The United Arab Emirates' Government Portal, "Entities Responsible for Security and Safety", https：//www.government.ae/en/information-and-services/justice-safety-and-the-law/entities-responsible-for-security-and-safety-in-the-uae, April 18, 2019.

副主席（the Vice-Chairman of the Commission）、总干事（the Director-General）和足够数量的能够填补职位空缺的合格人员组成。

委员会的具体职权有：提出法律草案，制定国家港口、边境和自由区安全的总体政策以实现国家安全战略；与有关当局协调，制定国家港口、边境和自由区安全的国家战略；在港口、边境和自由区设定安全标准，并跟进执行这些安全标准；控制港口和自由区内的人员和货物流动，落实港口、边境和自由区安全领域的国际义务；提出发布更新港口、自由区许可证的建议以及撤销违法者许可证等。除此之外，委员会的主席、副主席和总干事也有相应的职权分工，值得一提的有：如果委员会主席缺席，副主席可代替委员会主席，委员会主席可将其部分权力或全部权力下放给副主席；委员会主席可以组建他认为应当组建的任何主题或技术问题的小组；委员会主席在必要情况下可与有关当局协调，要求使用警察和安全部队以及武装部队，以支持港口、边境和自由区的安全等。[1]

（14）阿联酋自然—世界自然基金会

在海洋环境保护方面，阿联酋成立了阿联酋自然—世界自然基金会（Emirates Nature—WWF），该基金会是一个成立于2001年的非营利组织[2]。在阿联酋水域，阿联酋自然—世界自然基金会正在推动综合海洋管理，以确保海洋生态系统在长期内继续发挥作用；并与各领域专家合作，填补海洋生态环境的重要知识空白，更新"高水平的生物多样性地区"（High Biodiversity Areas）的现有信息。这对阿联酋成功建立海洋保护区网络（Marine Protected Areas）至关重要。此外，该基金会通过参与广泛研究了解气候变化对海洋生物多样性的影响，以提升其抵御气候变化影响（如海平面上升）的能力，并帮助对海洋和海岸线有着极大依赖的阿联酋产业（如旅游业）实现从可持续发展到更清洁发展的转变。[3]

（二）地方海洋事务主管部门及其职能

在阿联酋，除军事、国防和外交相对统一于联邦政府外，各酋长国在其他方面保持相当的独立性和自主性。[4]《阿联酋宪法》第122条规定，对于

---

[1] 阿联酋《2011年第6号联邦法律》第5、6、7、8、10、11、12、19条。
[2] 该基金会的董事会成员大多为内阁成员或其他政府官员。
[3] "home", Emirates Nature | WWF, http://www.emiratesnaturewwf.ae/en, December 14, 2020.
[4] 《阿联酋国别报告》，载中国社会科学院西亚非洲研究所网站，http://iwaas.cssn.cn/webpic/web/cns/uploadfiles/gjgk/zhongdong/20130801094932703.pdf，最后访问日期：2019年4月13日。

本法第 120 条[1]和第 121 条[2]规定的专属联邦管辖的事项以外的所有事项，各酋长国拥有管辖权。因此，在海洋事务管理方面，海洋划界、海洋防务等少数事项由联邦专属管辖，各酋长国对港口、海运、海上油气资源、海洋环境保护等事项拥有管辖权，并设立了相应的主管机构。

1. 能源相关的机构

（1）阿布扎比能源部

阿布扎比能源部（Department of Energy）是根据《2018 年第 11 号联邦法》（Law No. 11 of 2018 Concerning the Establishment of the Department of Energy）成立的，旨在实施各种项目和倡议以实现阿布扎比酋长国的可持续发展。阿布扎比能源部的规划和方向响应了 2030 年愿景，其职责包括制定和执行公共政策，推动能源部的未来发展。[3] 在阿布扎比能源部的领导下，以马斯达尔（Masdar）为代表的多个阿布扎比城市成为全球海洋可再生能源和可持续城市发展的典型代表，为世界各地开创清洁能源、可持续房地产提供具有商业可行性的解决方案。[4]

（2）阿布扎比国家石油公司

1971 年，随着石油生产收入的增长，阿布扎比国家石油公司应运而生。阿布扎比国家石油公司是世界领先的石油和天然气公司之一，日产量约为 300 万桶，管理阿联酋已探明石油储量的 95% 和天然气储量的 92%。阿布扎比国家石油公司通过关注四个战略领域来实现石油和天然气资产的价值最大化，即提升公司业绩，提高盈利能力，优化效率以及投资于员工。当前，阿布扎比国家石油公司的投资已扩展到炼化业务，天然气和汽油加油站网络，

---

[1] 《阿拉伯联合酋长国宪法》第 120 条规定，联邦对下列 19 项事务拥有专属立法管辖权和行政管辖权：对外事务，防务及统一武装力量，保卫联邦安全，有关联邦安全、秩序、司法等事项，有关联邦官员和法官等事项，联邦财政及税收，联邦公债，邮政、电报、电话、无线电等通信设施，最高委员会决定作为干线的道路的建设、维修和改建以及干线上的交通管理机构，空中交通管制、发放飞机与飞行员执照，教育，公共卫生及设施，纸币及硬币，度量衡，电力设施，联邦国籍、护照、定居和国民，联邦财产及其有关事项，联邦人口调查和统计事项，联邦情报。

[2] 《阿拉伯联合酋长国宪法》第 121 条规定，联邦对下列 13 项事务拥有专属立法管辖权：劳动关系与社会治安，不动产以及为公共福利征收财产，引渡罪犯，银行业、保险业，农业与动物资源的保护，重要刑事法规，民事及刑事诉讼程序，保护文化、技术及工业资产与版权，印刷及出版，任何酋长国军队与保安部队需要以外的军火进口，不属联邦专属管辖的其他有关航空的事项，领海划界及公海航行。

[3] "Who We Are", Abu Dhabi Department of Energy, http://www.doe.gov.ae/en/about-us/, April 14, 2019.

[4] "About Us", Masdar, https://masdar.ae/en/about-us, April 14, 2019.

液化天然气、石油气运输船，石油和化学品运输船，集装箱船的现代化运输车队。

阿布扎比国家石油公司的离岸石油开发机构由阿布扎比海运公司（Abu Dhabi Marine Operating Company）和扎库姆发展公司合并而来，阿布扎比政府控股达60%，剩余股份由外国公司持有。该公司负责阿布扎比水域内石油、天然气资源的开发和交付。[1]

值得一提的是，成立于1988年的阿布扎比最高石油委员会（Abu Dhabi Supreme Petroleum Council）。该委员会由阿联酋总统、阿布扎比统治者谢赫哈利法·本·扎耶德·阿勒纳哈扬（Sheikh Khalifa bin Zayed Al Nahyan）担任主席同知名人士组成，其中包括阿布扎比国家石油公司的首席执行官Sultan Ahmed Al Jaber博士。最高石油委员会负责制定和规范阿布扎比的石油相关政策、目标和活动，同时，其理事会成员还担任阿布扎比国家石油公司董事会成员，负责业务战略的制定。[2]

阿布扎比国家石油公司石油港口管理局（Petroleum Ports Authority）的愿景是发挥领先的监管作用，发展和维护世界一流的基础设施，并提供全面的船舶审查服务。与海洋事务相关的是，阿布扎比国家石油公司石油港口管理局监督作为阿布扎比国家石油公司通往世界的门户的两个石油港口：Jebel Dhanna Ruwais的陆上港口和Das Zirku Mubarraz的近海港口。[3]

(3) 迪拜最高能源委员会

迪拜最高能源委员会（Supreme Council of Energy）负责监督在迪拜的能源部门，推动迪拜能源消费的合理化，并在阿联酋推广环境可持续发展模式和诸如海洋风能等新的可再生资源开发。作为迪拜"2030年综合能源战略"（Dubai Integrated Energy Strategy 2030）的一部分，迪拜最高能源委员会计划将迪拜电力和水的消耗量减少30%。因此，一些可再生能源逐渐变得有竞争力，譬如陆地风能，已经基本发展至可与传统能源比肩的程度。而像海洋风能以及太阳能等，则在重点研究之中，尚有较大发展空间以期为实践所运用。[4]

---

[1] "Who We Are", ADNOC, https://www.adnoc.ae/Adnoc-Offshore/About-Us/Who-We-Are, December 14, 2020.

[2] "Supreme Petroleum Council", ADNOC, https://adnoc.ae/en/Our-Story/Supreme-Petroleum-Council, December 14, 2020.

[3] "WHO WE ARE", Abu Dhabi National Oil Company Petroleum Ports Authority, https://ppa.adnoc.ae/en/about-us/who-we-are, April 19, 2019.

[4] 《政府部门》，载迪拜最高能源委员会网站，http://www.dubai.ae/ar/Lists/GovernmentDepartments/DispForm.aspx?ID=52&category=Government，最后访问日期：2019年4月14日。

(4) 阿联酋国家石油公司集团

迪拜在能源机构的安排方面，以成立于1993年的阿联酋国家石油公司集团（Emirates National Oil Company Group）为代表。阿联酋国家石油公司集团是迪拜政府的全资子公司，在迪拜整个能源部门链中运营。该集团与阿布扎比国家石油公司的管理结构极为相似。[1]

2. 与港口航运相关的机构

阿联酋设有多个海港[2]，这些海港在国际运输和区域运输中发挥重要的作用。据统计，运往海湾合作委员会相关国家的货物中有61%的货物通过阿联酋的海港抵达，这些海港是推动联邦经济增长和经济多样化的重要因素。阿联酋的主要海港有：迪拜的杰贝阿里港（Port of Jebal Ali）和拉希德港（Port Rashid，又称 Mina Rashid）、阿布扎比的扎耶德港（Zayed Port）和哈利法港（Khalifa Port）、沙迦的豪尔费坎港（Khor Fakkan）与富查伊拉的富查伊拉港（Port of Fujairah）等。[3] 其中，阿联酋各酋长国中与港口航运相关的机构有：

(1) DP World

DP World 成立于2005年9月，是由迪拜港务局（Dubai Ports Authority）和迪拜港口国际（Dubai Ports International）合并而成的全球最大的港口运营商之一。迪拜港务局成立于1991年，由杰贝阿里港和拉希德港合并而成。而迪拜港口国际则成立于1999年，负责管理和运营阿联酋境外的集装箱码头和其他设施。[4] 据此历史，DP World 在阿联酋境内主要负责迪拜杰贝阿里港和拉希德港的港务。值得一提的是，由 DP World 经营的这两个港口在阿联酋的贸易中发挥着关键作用。尤其是杰贝阿里港，被评为全球第九大集装箱港口，还连续20年被评为"中东最佳海港"。而拉希德港则是中东的第二大深水港。[5]

此外，迪拜海事城市管理局（Dubai Maritime City Authority）也值得一提。迪拜海事城市管理局成立于2007年，旨在监督、开发和推广海事活动，同时提供投资机会以提升迪拜在区域和国际层面的竞争力。迪拜海事城市管理局致力于根据当地法律和国际法，在海事安全和最佳环境实践的最高标准

---

[1] "home", Emirates National Oil Company, https://www.enoc.com/en/, April 19, 2019.

[2] 与石油港口有关的管理机构已在上文阐述，此处不再赘述。

[3] The United Arab Emirates' Government Portal, "Seaports", https://www.government.ae/en/information-and-services/infrastructure/civic-facilities/seaports, April 19, 2019.

[4] "About Us", DP World, https://www.dpworld.com/who-we-are/about-us, April 19, 2019.

[5] 《阿联酋国别报告》，载中国社会科学院西亚非洲研究所网站，http://iwaas.cssn.cn/webpic/web/cns/uploadfiles/gjgk/zhongdong/20130801092107140.pdf，最后访问日期：2019年5月1日。

下扩大其工作范围并制定有效政策,以便为海上业务和相关企业提供安全的海洋环境。[1]

(2) 阿布扎比港口公司

阿布扎比港口公司(Abu Dhabi Ports Company)成立于2006年3月,是根据《2006年第6号埃米尔法令》(Emiri Decree No. 6 of 2006)组建而成的一家商业公司。阿布扎比港口公司的设立取代了原有的阿布扎比港务局(Abu Dhabi Seaports Department),承继了阿布扎比港务局具有的对阿布扎比所有商业港口资产的控制权和监管执法权。[2] 阿布扎比港口公司的任务是有效管理港口的综合资产并提供有关服务,扩展海上贸易业务,促使阿布扎比成为世界首要贸易中心。其核心业务是运营港口和码头以及经营商业子公司,尤其是负责商业港口的建设、开发、运营、管理和维护。值得一提的是,位于阿布扎比和迪拜之间,处于战略位置的哈利法港,是阿布扎比港口公司正在开发的项目,由阿布扎比码头(Abu Dhabi Terminals)根据特许经营协议独断运营。该港口是中东和北非地区的第一个半自动化港口,已于2012年12月12日正式开启商业运营。[3]

除阿布扎比港口公司外,阿布扎比交通部(Department of Transport)也值得关注。该部也成立于2006年,与阿布扎比港口公司有密切的关系。其在海上的职责主要有：管控和监督港口部门,即阿布扎比港口公司;批准阿布扎比港口公司的港口开发和升级费用和计划;执行阿布扎比酋长国在海上航行的总体政策;监督船舶遵守阿联酋加入的国际公约,特别是在安全和污染预防方面的规定;管理阿布扎比酋长国的水路;提出建立海港的建议;与国际组织和监管机构合作,促进海港和航运的发展;监控港口的船舶和货物运输等。[4]

(3) 沙迦海港与海关部

沙迦海港与海关部(Department of Seaports and Customs)成立于1976年,下设沙迦港务局(Sharjah Ports Authority)。沙迦港务局负责管理三个深水港,分别为豪尔费坎港、哈立德港(Port Khalid)和哈米利亚港(Port

---

[1] "About Us", Dubai Maritime City Authority, https://eservices.dmca.ae/en/about#about, April 3, 2019.

[2] "Timeline", ABU DHABI PORTS, https://www.adports.ae/about-us/overview/timeline/, April 19, 2019.

[3] "home", ABU DHABI PORTS, https://www.adports.ae/, December 15, 2020.

[4] "All about the Department of Transport Abu Dhabi (DoT)", Bayut, https://www.bayut.com/mybayut/department-transport-abu-dhabi/, December 15, 2020.

Hamriyah）。其中，豪尔费坎港是世界领先的集装箱转运港口之一，位于敏感的霍尔木兹海峡之外，靠近印度洋主要的东西航线，距离迪拜和阿布扎比仅三个小时的车程，优越的地理位置使其成为大多数航运公司的选择。沙迦港务局提供的港口服务主要有：控制抵达或驶离沙迦酋长国港口的船舶移动、船舶引航服务和装卸货物服务等。[1]

（4）富查伊拉港口与海关部

富查伊拉港口与海关部（Department of Ports and Customs of the Government of Fujairah）成立于1982年，其下设的富查伊拉港务局（Port of Fujairah Authority）是富查伊拉港口的官方主管当局。[2] 富查伊拉港是阿联酋东海岸唯一的一个多功能港口[3]，2017年6月，阿布扎比港口公司与富查伊拉港签署了一份为期35年的特许经营协议，以负责富查伊拉港的具体运营。此外，阿布扎比港口公司还设立了富查伊拉码头（Fujairah Terminals）。[4] 由此一来，阿布扎比的扎耶德港和哈利法港与富查伊拉港将进行资源整合，发挥联动优势，其影响力不容小觑。

（5）阿治曼港口与海关部

阿治曼港口与海关部（Department of Ports and Customs）是阿治曼政府下属的一个政府部门，负责监督阿治曼酋长国内的所有海上运输活动。该部成立于2011年12月6日，是一家拥有法定权力的政府实体，可以开展与法律、财务和行政有关的活动。其职责是根据政府指令，寻求利用现代工具和技术开发升级港口的设施，提高工作效率，提供高质量的服务等。其目标是吸引投资并促进阿治曼酋长国经济的发展，增加阿治曼酋长国的收入；打击走私和非法贸易，维护安全，保护社会；防止污染环境等。[5]

（6）乌姆盖万港口、海关和自由区公司

乌姆盖万港口、海关和自由区公司（Ports, Customs and Free Zone Corporation）设立于2013年，是一个行政和财务独立的法人实体。该公司主要负责监督艾哈迈德·本·拉希德（Ahmad Bin Rashid）港口和自由区管理局的

---

[1] "Sharjah Ports Authority", DEPARTMENT OF SEAPORTS & CUSTOMS GOVERNMENT OF SHARJAH, http：//www.sharjahports.gov.ae/default.aspx, April 19, 2019.

[2] "Welcome to Port of Fujairah", PORT OF FUJAIRAH, http：//fujairahport.ae/, April 19, 2019.

[3] "A Brief History", PORT OF FUJAIRAH, http：//fujairahport.ae/? cat = 18, April 19, 2019.

[4] "Fujairah Terminals", ABU DHABI PORTS, https：//www.adports.ae/core-business/ports-terminals/ports/fujairah-terminals/, April 25, 2019.

[5] "Main", Department of Ports and Customs, http：//www.ajmanport.gov.ae/Main, April 19, 2019.

活动。[1] 该公司所处的独特的地理位置促进了其沿岸地区的商业复兴和贸易往来。[2]

(7) 哈伊马角港口集团

哈伊马角港口集团 (Ras Al Khaimah Ports) 负责管理哈伊马角的五个独立港口,即 RNK 海事城 (RAK Maritime City)、哈伊马角港 (Ras Al Khaimah Port)、萨克尔港 (SAQR Port)、Al Jeer 港 (Al Jeer Port)、半岛电视台港口 (Al Jazeera Port)。这五个港口是哈伊马角酋长国的主要商业窗口,也是该酋长国的经济核心,在促进阿联酋经济增长方面发挥着重要的作用。哈伊马角港口集团主要提供高质量的海运服务,包括船舶引航、港口拖航、交通控制、水文测量和船舶锚地铺设等服务。[3]

3. 基础设施相关的机构

阿布扎比在阿联酋占地最广,基础设施更为健全,故以阿布扎比酋长国的关键基础设施相关机构作为代表加以介绍。阿布扎比关键基础设施和沿海保护局 (Critical Infrastructure and Coastal Protection Authority) 成立于 2007 年 5 月,致力于跟踪和评估阿布扎比海陆油气企业中关键基础设施相关的所有安全程序,并通过与地方政府当局协调,实施海上特殊安全规则以保护其海洋资源。同时,阿布扎比关键基础设施和沿海保护局通过监测监督、海上巡逻、监测电子网络和制定战略规划以确保周边地区的安全。

阿布扎比关键基础设施和沿海保护局虽然是一个新成立的实体,但它采用了来自世界各地的一些最佳标准和实践。值得注意的是,阿布扎比关键基础设施和沿海保护局于 2009 年 1 月 4 日兼并海岸警卫队(第五和第六部门),扩大了其总体责任范围;于 2009 年 1 月 18 日兼并海警 (Marine Police);于 2009 年 2 月 15 日兼并阿布扎比环境局的渔业部。[4] 因兼并海岸警卫队,阿布扎比政府为使阿布扎比关键基础设施和沿海保护局担负起其应担之责,克服海洋领域尚存之挑战和困难,于 2010 年 3 月 25 日成立海岸警卫学校,培养具备资质的人才,使之与科学和军事安全的发展保持同步。自

---

[1] "Umm Al Quwain Ruler Issues Decree Setting up the Ports, Customs and Free Zone Authority", GULF NEWS, https://gulfnews.com/business/umm-al-quwain-ruler-issues-decree-setting-up-the-ports-customs-and-free-zone-authority-1.1259632, April 19, 2019.

[2] "Umm Al Quwain Customs", Federal Customs Authority, https://www.fca.gov.ae/en/UAE-Customs/Pages/UmmQuwainCustoms.aspx, April 19, 2019.

[3] "MARINE", RAK PORTS, https://rakports.ae/marine/, December 15, 2020.

[4] "Strategic Context and Highlights", CICPA, http://www.cicpa.ae/en/AboutCNIA/Strategy/StrategicPlanPriorities.aspx, April 14, 2019.

2017年起，阿布扎比关键基础设施和沿海保护局配备有两艘Arialah级离岸巡逻舰，对于维护沿海海上安全发挥着重要作用。[1]

4. 环境保护相关的机构

(1) 阿布扎比环境署

阿布扎比环境署（Environment Agency）成立于1996年，致力于改善空气质量、保护地下水以及海洋生物多样性。通过与其他政府实体、私营部门、非政府组织和全球环境机构合作，用国际最佳实践，创新和努力制定有效的政策措施，致力于提高环境意识，促进可持续发展。[2] 为保护海洋环境，阿布扎比制订了包括设立海洋保护区及渔业监管和检测的海洋保护计划，优先考虑包括保护海洋生物在内的五项任务。[3] 在阿布扎比环境署的努力下，阿布扎比共设有六个海洋保护区，占阿布扎比海洋区域的13.4%。[4]

(2) 沙迦环境与保护区管理局

根据《1998年关于建立环境与保护区管理局的第6号法》（Law No. 6 of 1998, on the Establishment of the Environment and Protected Areas Authority），沙迦于1998年成立了环境与保护区管理局（Environment and Protected Areas Authority in Sharjah）。管理局以保护海洋环境及生物多样性为己任，并制定系列政策与之相匹配。

环境与保护区管理局于2011年11月在东海岸设立了分支机构，该分支机构的工作内容涵盖对沙迦海洋环境和自然资源加以保护，采取必要的程序来维护法律和技术测量标准等，其任务和职责在于同有关当局协调政策，建立海洋保护区以保护海洋环境和野生生物。其中，典型代表为沙迦市西北90

---

[1] 《外形惊人的阿联酋新型巡逻船》，载搜狐网，https://www.sohu.com/a/127908203_610639，最后访问日期：2019年4月19日。

[2] "home"，Environment Agency-Abu Dhabi（EAD），https://www.ead.ae/sitepages/home.aspx，April 14, 2019.

[3] "Environment Conservation in Abu Dhabi"，TAMM，https://www.tamm.abudhabi/en/aspects-of-life/environmentagriculture/environmentalconservationawareness/EnvironmentProtection/environment-conservation-in-abu-dhabi，April 14, 2019.

[4] 六个海洋保护区分别为：Al Saadiyat海洋国家公园。位于Saadiyat岛附近的海域区域，总面积为59平方千米，拥有丰富的海洋生物，包括极度濒危的Hawksbill海龟。Al Yasat海洋保护区。由Amiri法令于2005年建立，面积为2046平方千米，岛屿周围环绕着珊瑚礁，是许多物种的重要海洋保护区。红树林国家公园。位于东部红树海滨附近的海域，总面积10平方千米，是阿联酋数百万棵红树林的所在地，有助于吸收城市生活排放的二氧化碳。Marawah海洋生物圈保护区。总面积约4255平方千米，是世界上第二大儒艮社区。Bul Syayeef海洋保护区。位于Mussafah海峡以西，总面积145平方千米，是迁徙和常驻鸟类的重要区域，它包括一系列适合大火烈鸟和候鸟的栖息地。Ras Ghanada保护区。位于Ras Ghanaada附近的海域，总面积55平方千米，该地区的珊瑚群落具有巨大的价值。

多千米处具有丰富的海洋生物的博纳伊尔岛（Sir Bo Na'air Island）保护区，其包含了玳瑁和绿海龟（Chelonia mydas）等濒危野生生物，也是阿联酋和波斯湾地区最重要的海洋保护区之一。[1]

5. 海水淡化相关的机构

阿联酋的天然水资源极其有限，尤其缺乏淡水资源。为此，阿联酋确定可持续的海水淡化解决方案，以满足长期的用水需求。其中一种方案将海水淡化技术与可再生能源相结合以获取足够的饮用水源，此方案主要运用的是当前世界较为先进的热脱盐技术。此种技术下获得的淡化海水通常是多效蒸馏（MED）和多级闪蒸（MSF）发电的副产品。在利用海水发电以提供可再生能源的同时，获得可观的淡水资源以满足本国人民的水需求。目前，阿联酋大部分的饮用水（占总需水量的42%）来自70个主要的海水淡化厂，其淡化水总产量占世界的14%。根据阿布扎比能源部2018年所发招标公告，符合条件的公司通过竞争方式选择独立水务项目（Independent Water Projet），使用反渗透技术生产淡化水。

阿联酋的海水淡化厂包括：位于阿布扎比的舒威哈特（Shuweihat）S2电力和水厂，它的日产电量为1510兆瓦，日产水量达1亿加仑；迪拜杰贝阿里电站，作为阿联酋最大的电力和海水淡化厂，拥有6台燃气轮机，日产电量达2060兆瓦，日产水量达1.4亿加仑；富查伊拉的F2工厂是一个绿地发电和海水淡化厂，日均可生产2850兆瓦的电和2.3亿加仑兆的水。[2]

---

[1] "Who We Are", Environment & Protected Areas Authority, http://www.epaashj.ae/who-we-are/, April 19, 2019.
[2] "Water", The United Arab Emirates' Government Portal, https://government.ae/en/information-and-services/environment-and-energy/water-and-energy/water-, April 17, 2019.

三、国内海洋立法

（一）划定管辖海域的法

独立前，阿布扎比酋长国于1949年颁布了《关于波斯湾公海海床和底土的公告》（Proclamation with Respect to the Seabed and the Subsoil of the High Seas of the Persian Gulf），声明波斯湾公海下毗邻阿布扎比领水的海床和底土由其专属管辖和控制。同年，同为英国保护国的富查伊拉[1]以外的5个酋长国颁布了同样的公告。[2]

独立后，阿联酋颁布的划定管辖海域的法有3部，分别是《1980年7月25日外交部关于专属经济区及其界限的声明》（Declaration of the Ministry of Foreign Affairs Concerning the Exclusive Economic Zone and Its Delimitation of 25 July 1980）、《关于阿拉伯联合酋长国海洋区域划界的1993年第19号联邦法》（Federal Law No. 19 of 1993 in Respect of the Delimitation of the Maritime Zones of the United Arab Emirates，以下简称《1993年阿联酋海洋区域划界法》）、《阿拉伯联合酋长国部长理事会关于将直线基线系统应用于阿拉伯联合酋长国沿海部分地区的2009年第5号决定》（Council of Minister's Decision No. 5 2009 in Respect of the Application of the Straight Baselines System to a Part of the Coast of the United Arab Emirates，以下简称《2009年阿联酋关于直线基线的决定》）。[3] 其中，《1993年阿联酋海洋区域划界法》规定了阿联酋的内水、领海、毗连区、专属经济区和大陆架，其余两部法分别对专属经济区以及部分海域的直线基线坐标点作出规定。阿联酋虽然签署了《公约》，但未批准，其划定管辖海域的法中的很多规定与《公约》的相关规定基本一致。

1. 领海

（1）领海基线

阿联酋规定领海基线的法律有《1993年阿联酋海洋区域划界法》和

---

[1] 富查伊拉在1952年成为英国的保护国。
[2] 该公告全文参见联合国立法合集第1卷《关于公海制度的法律和法规》（Laws and Regulations on the Regime of the High Seas）。See "Laws and Regulations on the Regime of the High Seas", UN Library, https：//read. un-ilibrary. org/international-law-and-justice/laws-and-regulations-on-the-regime-of-the-high-seas-volume-i_ 2b7e3c57-en#page10，April 20, 2019.
[3] "UNITED ARAB EMIRATES", United Nations, https：//www. un. org/Depts/los/LEGISLATIONANDTREATIES/STATEFILES/ARE. htm，April 1, 2019.

《2009年阿联酋关于直线基线的决定》。在领海基线方面，阿联酋采用的是混合基线。《1993年阿联酋海洋区域划界法》第6条规定：第一，领海基线为海岸的低潮线；第二，在海岸线极为曲折的地方使用直线基线，直线基线为连接各适当点的线，点的位置由阿联酋主管机关确定；第三，如果海湾入口的宽度不超过24海里，领海基线是连接海湾入口低潮标的直线，如果海湾入口的宽度超过24海里，直线基线应在海湾内距离入口最近的距离不超过24海里的两个低潮标之间；第四，群岛的领海基线是连接该群岛中最外缘岛屿的外部各点的线；第五，港口或海港的领海基线从港口或海港设施最外沿向海一侧相邻的线测算，在上述设施成为港口或海港体系的组成部分时，应从在这些设施的外缘各点之间的线测算；第六，当低潮高地的全部或部分与大陆或岛屿的距离不超过领海宽度时，该高地的低潮线可作为测算领海宽度的基线。

为了划定阿布扎比临波斯湾海域的直线基线，阿联酋于2009年1月颁布了《2009年阿联酋关于直线基线的决定》。该决定第1条规定，直线基线适用于阿联酋海岸的一部分，用直线基线将第Ⅳ部分 表2的各点连接起来。所有坐标均以世界大地测量系统（WGS）[1]为基础。上述直线基线应用于划定阿联酋的海洋区域。该决定第2条规定，根据《1993年阿联酋海洋区域划界法》，本法第1条规定的直线基线向陆地一侧的水域应视为阿联酋的内水。该决定第3条规定，本法中的任何规定均不排除将直线基线制度适用于阿联酋海岸的其他部分。

第Ⅳ部分 表2 阿联酋适用直线基线的海域坐标[2]

序号	坐标点的名称	纬度（北）	经度（东）
1	Ras Al Hadrah-Ras Ghumes	24°21′03.038″	51°34′56.662″
2	Rās Al Hadrah-Rās Ghumēs	24°21′37.300″	51°34′35.602″
3	Oassar Mala'ab	24°23′10.638″	51°31′49.881″
4	West Oassar Khüwiyen	24°25′25.601″	51°31′09.901″

---

[1] 世界大地测量系统是一种用于地图学、大地测量学和导航（包括全球定位系统）的大地测量系统标准。详情参见《世界大地测量系统》，载维基百科，https：//zh.wikipedia.org/wiki/%E4%B8%96%E7%95%8C%E5%A4%A7%E5%9C%B0%E6%B5%8B%E9%87%8F%E7%B3%BB%E7%BB%9F，最后访问日期：2019年4月1日。

[2] "Law of the Sea, Bulletin No.69", United Nations, https：//www.un.org/Depts/los/doalos_publications/LOSBulletins/bulletinpdf/bulletin69e.pdf, April 23, 2019.

续表

序号	坐标点的名称	纬度（北）	经度（东）
5	North Qassar Khūwiyen	24°25′32.099″	51°31′11.100″
6	Jazirat Qaffay	24°36′22.943″	51°42′54.320″
7	North West Jazirat Makâsib	24°40′47.903″	51°48′33.095″
8	North East Jazirat Makâsib	24°40′48.522″	51°49′21.299″
9	East Jazirat Makasib	24°40′16.885″	51°49′39.626″
10	Jazirat AlYasat Al'Áli	24°15′24.901″	52°00′42.502″
11	Jazirat Sir Bani Yas	24°22′23.902″	52°36′39.899″
12	Jazirat Um Al Kurkum	24°24′03.301″	52°45′44.302″
13	Al Bazm Al Gharbi	24°22′57.698″	53°04′35.501″
14	North East Jazirat Murawwah	24°25′35.602″	53°25′20.701″
15	Jazirat Abù Al Abyad	24°19′03.601″	53°48′22.100″
16	Ad Dab'iyyah	24°21′58.900″	54°06′29.002″
17	Ras Hanyūrah	24°42′12.632″	54°33′49.270″

（2）领海宽度

《1993年阿联酋海洋区域划界法》第4条规定，阿联酋的主权及于其陆地领土与内水之外的领海、领海上空及其海床和底土。阿联酋的领海是指其陆地领土和内水之外的与其海岸相邻的一带海域，领海宽度为12海里。该法第8条规定，领海的外部界限是一条其每一点同基线最近点的距离等于领海宽度的线。

（3）无害通过

《1993年阿联酋海洋区域划界法》第5条规定，外国商船享有依照国际法的规定无害通过阿联酋领海的权利，但包括潜艇和其他潜水器在内的外国军舰进入和通过阿联酋领海要经主管当局的许可，且潜艇和其他潜水器在通过阿联酋领海时要浮出水面并展示其旗帜。此外，外国核动力船舶和载运核物质或放射性产品或其他危险或有毒物质的船舶在通过或进入阿联酋领海时，也应事先通知阿联酋主管部门。

2. 毗连区

《1993年阿联酋海洋区域划界法》中规定了毗连区的宽度和阿联酋在毗连区享有的权利。该法第11条规定，从领海的外部界限量起，毗连区的宽度为12海里。该法第10条规定，为防止在其领土、内水或领海内违反其安全、海关、财政、卫生或移民的法律，惩罚在阿联酋领土、内水或领海内违反上述法律的行为，阿联酋在毗连区内行使监督和控制权。

3. 专属经济区

阿联酋规定专属经济区的法有两部，分别是《1980 年 7 月 25 日外交部关于专属经济区及其界限的公告》和《1993 年阿联酋海洋区域划界法》。

（1）专属经济区宽度

《1980 年 7 月 25 日外交部关于专属经济区及其界限的公告》规定，阿联酋的专属经济区从领海基线量起。专属经济区的外部界限，应按照阿联酋成员国与邻国缔结的大陆架协议确定。若尚未缔结上述协议，专属经济区的外部界限应为每点到阿联酋与邻国领海基线最近点距离相等的中间线。

《1993 年阿联酋海洋区域划界法》第 12 条规定了专属经济区的宽度从领海基线量起不超过 200 海里。第 23 条第 2 款规定，在阿联酋与其他相向或相邻的国家之间没有协议时，专属经济区的外部界限为一条其每一点都同两国基线上最近各点距离相等的中间线。较之《1980 年 7 月 25 日外交部关于专属经济区及其界限的公告》，《1993 年阿联酋海洋区域划界法》明确了 200 海里专属经济区的主张。

（2）在专属经济区的管辖权

《1980 年 7 月 25 日外交部关于专属经济区及其界限的公告》第 4 条至第 6 条，规定了阿联酋在专属经济区内的权利、管辖权和义务。第一，阿联酋得为勘探、开发、管理、发展和养护专属经济区内自然资源的目的对这些资源行使完全的主权权利。阿联酋还得为监督在专属经济区内进行的科学研究，采取必要措施以保护海洋环境，以及建造渔区所需要的结构、设施和人工岛屿的目的而享有对专属经济区的完全管辖权。第二，除有主管机关的许可外，外国船舶不得在阿联酋专属经济区内捕鱼。上述许可应包括有关支付许可费用、允许捕捞的鱼种、使用的捕鱼方法、许可的区域范围以及允许的捕捞限额等详细事项。除阿联酋渔区内有剩余生物资源外，任何情况下不得签发许可。第三，阿联酋对专属经济区行使的权利不得妨碍其他国家按照国际法规则行使的国际航行权。

《1993 年阿联酋海洋区域划界法》对阿联酋在专属经济区的管辖权规定如下：第一，阿联酋在专属经济区内应享有以勘探和开发、养护和管理海床上覆水域和海床及其底土的自然资源（不论为生物或非生物资源）为目的的主权权利，以及关于在该区内从事经济性开发和勘探，如利用海水、海流和风能等其他活动的主权权利。第二，阿联酋对专属经济区内人工岛屿、设施和结构的建造和使用，海洋科学研究以及海洋环境的保护和保全具有管辖权。第三，专属经济区内的捕鱼权应限于阿联酋国民。但主管部门可以按照所规定的条件和限制，在考虑生物资源养护措施的前提下允许非本国国民在专属经济区内捕鱼。第四，沿海国行使其勘探、开发、养护和管理在专属经济区内的生物资源的主权权利时，可采取为确保其法律和规章得到遵守的必要措施，包括登临、检查和逮捕等。其中，被逮捕的船只及其船员在提出保证或担保前不得被释放。在逮捕外国船只的情况下，应将所采取的行动通知船旗国。[1]

在专属经济区的管辖权方面，《1993年阿联酋海洋区域划界法》在《1980年7月25日外交部关于专属经济区及其界限的公告》的基础上有所发展。例如，《1993年阿联酋海洋区域划界法》更为准确地定义了阿联酋在专属经济区的权利范围，包括海床上覆水域、海床及其底土；增加了阿联酋在专属经济区内利用海水、风能等资源的经济权利；具体规定了阿联酋在其专属经济区的登临、检查等司法程序。

4. 大陆架

早在1949年阿联酋还是英国保护国的时候，《关于波斯湾公海海床和底土的公告》就已颁布。该公告的内容包括：第一，波斯湾公海下毗邻阿布扎比领水并延伸至阿联酋与邻国根据公平原则协商确定的海洋边界的海床和底土由其专属管辖和控制；第二，公告中的任何内容不应被视为影响对岛屿的主权或位于任何领水之下的海底和底土的地位；第三，公告的任何内容均不应被视为影响海床以上波斯湾水域和领海外公海的性质，或该水域的捕鱼权和传统采珠权。阿联酋颁布该公告与下列背景有关：二战后大陆架上的丰富石油资源和渔业资源被发现，刺激了沿海国对大陆架进行瓜分，从而逐渐改变了大陆架作为公海的一部分并允许所有国家进行开发的法律地位。

《1993年阿联酋海洋区域划界法》第17条规定，大陆架包括领海以外依其陆地领土的全部自然延伸，扩展到大陆边外缘的海底区域的海床和底土，如果从测算领海宽度的基线量起到大陆边的外缘的距离不到200海里，则扩展到200海里。第23条第2款规定，在本国与其他相向或相邻的国家之间没有协议时，大陆架的外部界限为一条其每一点都同基线上最近各点距离相等的中间线。

该法第18条规定，阿联酋为勘探大陆架和开发其自然资源的目的，对大陆架行使主权权利。上述权利是专属性的，为本国专属享有，即任何人未经本国明示同意，均不得行使这些权利。上述权利并不取决于有效或象征的占领或任何明文公告。前款所指的自然资源包括海床和底土的矿物及其他非

---

[1]《1993年阿联酋海洋区域划界法》第13—16条。

生物资源，以及定居种生物，即在可捕捞阶段在海床上或海床下不能移动或其躯体须与海床或底土保持接触才能移动的生物。

（二）油气资源相关立法

由于油气产业是国民经济的支柱，阿联酋特别重视油气资源相关的立法。阿联酋的油气资源相关立法包括联邦制定的法案和酋长国制定的法案。《阿联酋宪法》第 23 条规定，[1] 每个酋长国的自然资源都是该酋长国的公共财产，这里的自然资源包括石油和天然气。因此，阿联酋的绝大多数油气资源法律法规由各酋长国制定，联邦只制定了关于石油产品贸易和税收的法律。因为阿联酋的油气资源主要分布在阿布扎比、迪拜和沙迦，除联邦立法外，阿联酋的油气相关法律主要由这三个酋长国制定。[2]

阿联酋联邦制定的油气资源相关法律有两部：《关于石油产品贸易的 2017 年第 14 号联邦法》（Federal Law No. 14 of 2017 on Trading in Petroleum Products）和《关于增值税的 2017 年第 8 号联邦法》（Federal Law No. 8 of 2017 on Value Added Tax），前者旨在组织石油产品贸易，确定石油产品贸易的条件和程序，打击危害国民经济、安全和环境的石油产品贸易行为，以全面规范阿联酋的石油产品贸易。[3] 后者规定了对包括油气产品在内的商品和服务征收 5% 的增值税。[4]

各酋长国制定的油气资源相关法律可以分为设立油气资源监管机构和油气资源开发、保护以及分配两类。关于设立油气资源监管机构的有《设立最高石油委员会的 1988 年第 1 号阿布扎比法》（Abu Dhabi Law No. 1 of 1988 Establishing the Supreme Petroleum Council）、《设立迪拜最高能源委员会的 2009 年第 19 号迪拜法》（Dubai Law No. 19 of 2009 Establishing the Dubai Supreme Council of Energy）等。关于油气资源开发、保护和分配的包括《建立阿布扎比国家石油公司的 1971 年第 7 号阿布扎比法》（Abu Dhabi Law No. 7 of 1971 Establishing Abu Dhabi National Oil Company）、《关于天然气所有权的 1976 年

---

[1] "United Arab Emirates Legislation in Arabic", Ministry of Justice, https：//elaws. moj. gov. ae/en-gLEGI. aspx, April 4, 2019.

[2] "United Arab Emirates: Oil & Gas Laws and Regulations 2020", ICLG, https：//iclg. com/practice-areas/oil-and-gas-laws-and-regulations/united-arab-emirates, December 15, 2020.

[3] "Legislations", UNITED ARAB EMIRATES MINISTRY OF ENERGY & INFRASTRUCTURE, https：//www. moei. gov. ae/en/about-us/legislations. aspx, April 4, 2019.

[4] "Federal Decree-Law No. (8) of 2017 on Value Added Tax", UAE Ministry of Finance, https：//www. mof. gov. ae/En/lawsAndPolitics/govLaws/Documents/VAT% 20Decree-Law% 20No.% 20% 288% 29% 20of% 202017% 20-% 20English. pdf, April 4, 2019.

第 4 号阿布扎比法》（Abu Dhabi Law No. 4 of 1976 on Gas Ownership）、《关于石油资源保护的 1978 年第 8 号阿布扎比法》（Abu Dhabi Law No. 8 of 1978 in Relation to Conservation of Petroleum Resources）等。[1]

（三）渔业相关立法

渔业是阿联酋经济的重要组成部分，但过度捕捞导致主要鱼类的储量急剧下降。为了保护渔业资源，促进渔业的可持续发展，阿联酋政府在渔业管理相关法律法规的制定上加大投入。阿联酋规制渔业的法律主要是《关于开发和保护阿联酋水生生物资源的 1999 年第 23 号法》（Law No. 23 of 1999 on the Exploitation and Protection of Living Aquatic Resources in the UAE），该法共有 64 条，具体规定了渔民资格、渔民和渔船的登记、渔船许可、渔业资源的保护和发展、渔业产品生产和销售、渔民补助和贷款等事项。[2]

此外，阿联酋还颁布了大量渔业相关法令，对一些具体事项进行了规定。这些法令包括《关于暂停新渔船登记的 2013 年第 372 号部长法令》（Ministerial Decree No. 372 of 2013 on Temporary Suspension of New Fishing Boat Registration）、《关于洄游远洋捕捞的 2016 年第 471 号法令（Al Helag 捕捞系统）》[Decree No. 471 of 2016 Migratory Pelagic Fishing（Al Helag Fishing System）]、《关于鲨鱼捕捞和销售管理的 2014 年第 500 号部长法令》（Ministerial Decree No. 500 of 2014 on Regulation of Fishing and Marketing of Shark Fish）等。[3]

（四）港口与航运相关立法

阿联酋重视港口与航运业的发展，与港口和航运有关的法律法规也较为完善。这些法律法规包括由联邦制定的和各酋长国制定的。由联邦制定的相关法律法规不仅数量多，规定也较为详细完备。[4] 联邦层面之外，因迪拜酋长国和阿布扎比酋长国地理位置优越，港口和航运业相对其他酋长国而言更为发达，其基于联邦法之上的细化规定也更为完善。

---

[1] "Oil & Gas in the UAE", Lexology, https://www.lexology.com/library/detail.aspx?g=22e36705-23d2-47d7-8270-27d65f2cd4cd, April 4, 2019.

[2] "Life below Water", The United Arab Emirates' Government Portal, https://www.government.ae/en/about-the-uae/leaving-no-one-behind/14lifebelowwater, April 2, 2019.

[3] "Regulating Fishing Practices", The United Arab Emirates' Government Portal, https://u.ae/en/information-and-services/environment-and-energy/regulating-fishing-practices, December 15, 2020.

[4] 由联邦制定的法律法规包括联邦陆地和海上运输管理局根据职权发布的法规和决定等。

在联邦制定的法律中，最具代表性的是1981年11月颁布的关于海商法的《1981年第26号联邦法》（Federal Law No. 26 of 1981），该法共有422条，全面规定了港口、船舶与航运等事项。[1] 在各酋长国制定的法律法规当中，最具代表性的是阿布扎比酋长国于2010年10月发布的两部《第二版运输法规》（Transport Regulations – Second Edition），这两部法规详尽地规定了与港口相关的各项事宜。[2]

（五）海洋环境相关立法

阿联酋十分重视海洋环境的保护，联邦和酋长国都制定了有关海洋环境保护的法案。联邦颁布的涉及海洋环境保护的法案主要有《关于保护和发展环境的1999年第24号联邦法》（Federal Law No. 24 of 1999 On the Protection and Development of the Environment）、《关于开发和保护阿联酋水生生物资源的1999年第23号法》、《关于综合废物管理的2018年第12号联邦法》（Federal Law No. 12 of 2018 On The Integrated Waste Management）。其中，《关于保护和发展环境的1999年第24号联邦法》共有101条，是一部关于环境保护的综合性法律，专门规制海洋环境保护的是第21条到第38条。这些条文旨在保护海岸、滩涂和港口不受各种形式的污染，保护海洋生物资源和非生物自然资源。《关于开发和保护阿联酋水生生物资源的1999年第23号法》旨在保护包括海洋生物在内的水生生物资源。《关于综合废物管理的2018年第12号联邦法》的第1条把海洋废物定义为船舶、油轮等进行海上作业和沿海岸线作业产生的废弃物。该法第17条规定了海洋废物管理措施，即每个酋长国的地方主管当局应和港口部门协调合作，在国家海港建立适当的接收设施，以便从船舶和其他海洋运输工具接收废物。主管当局应把收集的废物运走，并对其分类处理。[3]

各酋长国制定的海洋环境相关法案主要可以分为设立环境管理机构、制定环境管理条例、设立海洋保护区等类别。例如，沙迦颁布的《1998年关于

---

[1]《1981年第26号联邦法律》，载阿拉伯联合酋长国司法部网站，https://elaws.moj.gov.ae/UAE-MOJ_ LC-Ar/00_ % D9% 86% D9% 82% D9% 84% 20% D8% A8% D8% AD% D8% B1% D9% 8A/00_ % D8% A7% D9% 84% D9% 82% D8% A7% D9% 86% D9% 88% D9% 86% 20% D8% A7% D9% 84% D8% AA% D8% AC% D8% A7% D8% B1% D9% 8A% 20% D8% A7% D9% 84% D8% A8% D8% AD% D8% B1% D9% 8A/UAE-LC-Ar_ 1981-11-07_ 00026_ Kait.html? val = AL1，最后访问日期：2019年4月26日。

[2] 更多与港口和航运相关的立法请参见附录26。

[3] "Legislations", UNITED ARAB EMIRATES MINISTRY OF CLIMATE CHANGE& ENVIRONMENT, https://www.moccae.gov.ae/ar/legislations.aspx, April 2, 2019.

建立环境保护管理局的第6号法》[1]；迪拜颁布的《关于迪拜环境保护条例的1991年第61号地方指令》(Local order No. 61 of 1991 on the Environment Protection Regulations in Dubai)[2]；阿布扎比颁布的《关于宣布Marawah为海洋保护区的2001年第18号埃米尔法令》[3][Emiri Decree No. (18) of 2001 concerning Declaring Marawah as A Protected Marine Area]等。[4]值得注意的是，阿联酋特别重视通过建立自然环境保护区、海洋保护区等方式来保护环境，阿布扎比、沙迦等酋长国颁布了诸多设立自然环境保护区和海洋保护区的法令。

---

[1]"Environmental Legislations", Environment & Protected Areas Authority, http://www.epaashj.ae/who-we-are/environmental-legislations/, April 28, 2019.

[2]"Legislation", GOVERNMENT OF DUBAI, https://www.dm.gov.ae/municipality-business/legislation/, December 15, 2019.

[3]"ENVIRONMENTAL LAWS", Environment Agency-ABU DHABI, https://www.ead.ae/Pages/Resources/environmental-laws.aspx, April 28, 2019.

[4]阿联酋海洋环境保护相关立法参见附录27。

四、缔结和加入的海洋法条约

（一）联合国框架下的海洋法公约

1982 年召开的第三次国际海洋法会议通过了《公约》，阿联酋于 1982 年 12 月 10 日签署了《公约》。1990 年，为促进各国批准《公约》，联合国秘书长就《公约》第十一部分国际海底区域开发制度等未决问题发起非正式协商。此后四年间，各国在联合国秘书长的主持下举行了 15 次会议，对有关问题进行协商。1994 年 7 月 28 日第 48/263 号决议通过了《关于执行 1982 年 12 月 10 日〈联合国海洋法公约〉第十一部分的协定》（Agreement Relating to the Implementation of Part XI of the United Nations Convention on the Law of the Sea of 10 December 1982），根据协定第 7 条第 1 款（c）项，阿联酋于 1994 年 11 月 16 日批准适用本协定。在第六十份批准书交存 12 个月后，《公约》于 1994 年 11 月 16 日生效。在第四十份批准书交存 30 天后，《关于执行 1982 年 12 月 10 日〈联合国海洋法公约〉第十一部分的协定》于 1996 年 7 月 28 日生效。但是，阿联酋至今没有批准《公约》。[1]

（二）缔结和加入的海事条约

阿联酋于 1980 年 3 月 4 日加入国际海事组织。[2] 在国际海事组织框架下，阿联酋加入了众多国际海事条约。这些条约主要可以分为防治海洋污染、海上航行安全、损害赔偿和责任、海员管理和船舶管理等。

其中，与防治海洋污染有关的条约有：《1969 年国际干预公海油污事故公约》（International Convention Relating to Intervention on the High Seas in Cases of Oil Pollution Casualties, 1969）、《关于 1973 年国际防止船舶造成污染公约的 1978 年议定书》（Protocol of 1978 Relating to the International Convention for the Prevention of Pollution from Ships, 1973）及其 5 个附件、《1990 年国际油

---

[1] "Multilateral Treaties Deposited with the Secretary-General", United Nations Treaty Collection, https://treaties.un.org/Pages/ParticipationStatus.aspx?clang=_en, April 5, 2019.

[2] "Convention on the International Maritime Organization", ECOLEX, https://www.ecolex.org/details/treaty/convention-on-the-international-maritime-organization-tre-000498/?q=Convention+on+the+International+Maritime+Organization&type=legislation&xdate_min=&xdate_max:, April 5, 2019.

污防备、反应和合作公约》（International Convention on Oil Pollution Preparedness, Response and Co-operation, 1990）、《2004年国际船舶压载水和沉积物控制与管理公约》（International Convention for the Control and Management of Ships' Ballast Water and Sediments, 2004）等。

与海上航行安全有关的条约有：《1966年国际船舶载重线公约》（International Convention on Load Lines, 1966）、《1974年国际海上人命安全公约》（International Convention for the Safety of Life at Sea, 1974）、《1972年国际海上避碰规则公约》（Convention on the International Regulations for Preventing Collisions at Sea, 1972）、《1976年国际移动卫星组织公约》（Convention on the International Maritime Satellite Organization, 1976）、《1976年国际移动卫星组织业务协定》（Operating Agreement on the International Maritime Satellite Organization, 1976）、《1979年国际海上搜寻救助公约》（International Convention on Maritime Search and Rescue, 1979）、《1988年制止危及海上航行安全非法行为公约》（Convention for the Suppression of Unlawful Acts against the Safety of Maritime Navigation, 1988）、《制止危及海上航行安全非法行为公约的2005年议定书》（Protocol of 2005 to the Convention for the Suppression of Unlawful Acts Against the Safety of Maritime Navigation, 2005）、《1988年制止危及大陆架固定平台安全非法行为议定书》（Protocol for the Suppression of Unlawful Acts Against the Safety of Fixed Platforms Located on the Continental Shelf, 1988）、《制止危及大陆架固定平台安全非法行为议定书的2005年议定书》（Protocol of 2005 to the Protocol for the Suppression of Unlawful Acts Against the Safety of Fixed Platforms Located on the Continental Shelf）等。

与损害赔偿和责任有关的条约有：《修正〈1969年国际油污损害民事责任公约〉的1992年议定书》（Protocol of 1992 to Amend the International Convention on Civil Liability for Oil Pollution Damage, 1969）和《修正〈1971年设立国际油污损害赔偿基金国际公约〉的1992年议定书》（Protocol of 1992 to Amend the International Convention on the Establishment of an International Fund for Compensation for Oil Pollution Damage, 1971）等。

与海员管理和船舶管理有关的条约有：《1978年海员培训、发证和值班标准国际公约》（International Convention on Standards of Training, Certification and Watchkeeping for Seafarers, 1978）、《1969年国际船舶吨位丈量公约》（International Convention on Tonnage Measurement of Ships, 1969）等。

（三）其他与海洋相关的条约

阿联酋很重视对海洋环境的保护，其缔结和加入了很多与海洋环境有关的区域性条约,分别有:《控制海洋越境转移和处置危险废物和其他废物的议定书》(Protocol on the Control of Marine Transboundary Movements and Disposal of Hazardous Wastes and Other Wastes)、《关于在紧急情况下打击石油和其他有害物质污染的区域合作议定书》(Protocol Concerning Regional Co-operation in Combating Pollution by Oil and other Harmful Substances in Cases of Emergency)、《关于大陆架勘探和开采造成的海洋污染议定书》(Protocol Concerning Marine Pollution resulting from Exploration and Exploitation of the Continental Shelf)、《建立区域渔业委员会协定》(Agreement for the Establishment of the Regional Commission for Fisheries)、《保护海洋环境免受陆源污染的议定书》(Protocol for the Protection of the Marine Environment Against Pollution from Land-Based Sources)、《科威特保护海洋环境免受污染合作区域公约》(Kuwait Regional Convention for Co-operation on the Protection of the Marine Environment from Pollution)、《关于保护迁徙鲨鱼的谅解备忘录》(Memorandum of Understanding on the Conservation of Migratory Sharks)、《关于养护和管理印度洋和东南亚海龟及其栖息地的谅解备忘录》(Memorandum of Understanding Concerning Conservation and Management of Marine Turtles and Their Habitats of the Indian Ocean and South East Asia)、《关于防止倾倒废物和其他物质造成海洋污染的公约》(Convention on the Prevention of Marine Pollution by Dumping of Wastes and Other Matter)等。[1]

---

[1] "Emirates", ECOLEX, https://www.ecolex.org/result/? q = Emirates&type = treaty&xdate_ min = &xdate_ max = , April 5, 2019.

五、海洋争端解决

(一) 通过协议解决的海洋争端

1. 与伊朗的海洋争端

1974年8月31日,伊朗与阿联酋就大陆架划界签订了《伊朗和阿联酋关于大陆架划界的协定》(The Agreement Concerning the Boundary Line Dividing Parts of the Continental Shelf Between Iran and the United Arab Emirates states)。该协定于1975年3月15日被伊朗批准,但尚未获得阿联酋的批准。[1] 该协定签订的背景和主要内容参见本丛书《伊朗、伊拉克、科威特海洋法律体系研究》"伊朗海洋法律体系研究"中"五、海洋争端解决"部分。

2. 与沙特阿拉伯的海洋争端

沙特和阿联酋的边界争端是因位于阿拉伯半岛东北部的艾因绿洲归属问题而引起的,两国迟迟未对该绿洲的归属以及附近的边界进行划分,导致在此区域多次发生军事冲突。该争端的背景和主要内容参见本书"沙特阿拉伯海洋法律体系研究"中"五、海洋争端解决"部分。

3. 与卡塔尔的海洋争端

1969年3月20日,卡塔尔统治者Ahmad bin Ali Al Thani和阿布扎比统治者Zayed bin Sultan Al-Nahyan签订了《卡塔尔国和阿布扎比酋长国关于海洋划界和岛屿主权的协定》(Agreement Between Qatar and Abu Dhabi on the Settlement of Maritime Boundaries and Ownership of Islands)。依协定所载生效要件,该协定自签署之日起生效,于2006年12月14日在联合国秘书处交存登记,登记编号为43372。该协定主要内容参见本书"卡塔尔海洋法律体系研究"中"五、海洋争端解决"部分。

(二) 未决争端

阿联酋至今未决的争端是与伊朗的岛屿主权争端。大通布岛、小通布岛

---

[1] The Geographer Office of the Geographer Bureau of Intelligence and Research, "CONTINENTAL SHELF BOUNDARY: IRAN-UNITED ARAB EMIRATES (DUBAI)", https://www.state.gov/documents/organization/61493.pdf, November 23, 2018.

与阿布穆萨岛位于波斯湾东部，霍尔木兹海峡入口处，具有重要战略意义。多年来，对上述岛屿的主权争端是伊朗和阿联酋产生摩擦的根源。该争端主要内容参见本丛书《伊朗、伊拉克、科威特海洋法律体系研究》"伊朗海洋法律体系研究"中"五、海洋争端解决"部分。

六、国际海洋合作

(一) 海洋防务合作

1. 与美国的海洋防务合作

海湾战争后,为了维护自身的安全利益,包括阿联酋在内的海湾国家先后同美国签署了《防务合作协定》,允许美国使用本国境内的军事基地,储存美国的武器装备。[1] 迪哈夫拉（al-Dhafra）空军基地是美国在阿联酋的主要军事基地,同时美国军队还在杰贝阿里港部署武装力量,使其为美国海军陆战队所用。除此之外,美国军队还在阿联酋设有多个后勤保障仓库。[2]

在2008年12月完成双边协议谈判后,2009年1月15日,美国国务卿和阿联酋外长在华盛顿签署了有关两国在和平利用核能方面展开合作的协议。该协议将准许两国间核能相关材料和部件的转让,并包含一个特别条款,根据这一条款,阿联酋放弃进行铀浓缩、后处理和其他燃料活动的计划,代之以从可靠的国际供应商那里获得核燃料。如果阿联酋违背其不从事铀浓缩和后处理活动的承诺,美国将有权取消这份协议。[3] 2019年1月8日,在阿布扎比举行的会晤中,阿联酋阿布扎比王储与美国特种作战司令部司令讨论了地区和世界局势问题、两国合作与协调、发展军事和防务领域关系的可行性等问题。[4]

2. 与英国的海洋防务合作

在2017年2月的阿布扎比国际防务展[5]上,英国展区共包括80家英国防务和安保企业展台,主要展示陆海防卫、边境监控、探测和扫除水雷、防

---

[1] 陈万里、李顺:《海合会国家与美国的安全合作》,载《阿拉伯世界研究》2010年第5期。
[2] 《中东地区的西方军事基地》,载 ALJAZEERA,https://chinese.aljazeera.net/news/2018/4/20/western-military-bases-in-the-middle-east,最后访问日期:2019年4月28日。
[3] 王超:《美国与阿联酋签署123协议》,载国防科技信息网,http://www.dsti.net/Information/News/50211,最后访问日期:2019年4月16日。
[4] 《阿联酋阿布扎比王储与美国特种作战司令部司令讨论合作事宜》,载俄罗斯卫星通讯社,http://sputniknews.cn/military/201901081027295939/,最后访问日期:2019年4月16日。
[5] 阿布扎比国际防务展始于1993年,每两年举办一次,目前已成为西亚和北非地区规模最大、最具影响力的防务展,也是全球顶级防务装备展览之一。参见苏小坡:《阿布扎比防务展共签订54.5亿美元军贸协议》,载新华社,http://www.xinhuanet.com/world/2019-02/22/c_1124150572.htm,最后访问日期:2019年4月16日。

范生化武器等军用产品。此外，英国皇家海军还专门派遣一艘军舰参展，以全面展示海上武器装备、军事训练与服务，包括英制反舰鱼雷和其他海上军事技术等。[1]

2019年2月17日，英国国防采购部部长敦促阿联酋国防公司考虑在英国国防部正在举行的装备竞赛中进行竞标，以支持英国武装部队采购为实现其目标所需的设备。英国国防采购部部长指出，一共有30到40家英国公司参加了第十四届阿布扎比国际防务展，英国期待巩固与阿联酋在整个安全领域，无论是在空中、海上还是在陆地上的合作。[2]

3. 与法国的海洋防务合作

阿布扎比是法国在非洲之外唯一一个境外军事基地设立地。法国的军事基地"和平之营"于2009年在阿布扎比的扎耶德港建成，是法国在海湾地区建立的第一个永久性海军军事基地。法国在阿联酋部署了大约700名士兵，这些兵力被分散至"和平之营"和阿尔-扎夫拉（Al-Zafra）空军基地（位于阿布扎比西南32千米处）。[3]

2017年11月，在法国总统马克龙访问阿联酋期间，阿联酋决定向法国购买两艘"追风"级多功能轻型护卫舰。"追风"级多功能轻型护卫舰排水量为2000吨，可执行反恐、打击海盗、缉毒和保护海上油气钻井平台等多种任务。法国国防部表示，阿联酋的这一决定将进一步深化法国和阿联酋的战略和军事合作。[4]

4. 与中国的海洋防务合作

2010年3月25日至30日，中国海军第四批护航编队马鞍山舰、千岛湖舰到阿联酋阿布扎比港进行访问，这是中国海军首次访问阿联酋。[5] 2017年1月，中国海军第24批护航编队哈尔滨舰、邯郸舰和东平湖舰对阿布扎比进

---

[1] 李震、张栩：《2015年六成英国军售销往海湾阿拉伯国家》，载人民网，http://sn.people.com.cn/n2/2017/0220/c378304-29739288.html，最后访问日期：2019年4月26日。
[2] 《英国敦促阿联酋国防公司竞标1860亿英镑的设备采购计划》，载阿联酋通讯社，http://wam.ae/zh-CN/details/1395302740264，最后访问日期：2019年4月16日。
[3] 《中东地区的西方军事基地》，载ALJAZEERA，https://chinese.aljazeera.net/news/2018/4/20/western-military-bases-in-the-middle-east，最后访问日期：2019年4月16日。
[4] 韩冰：《阿联酋向法国购买两艘护卫舰》，载新华网，http://www.xinhuanet.com//2017-11/10/c_1121935280.htm，最后访问日期：2019年4月20日。
[5] 安江、孙瑞军：《中国海军护航编队结束对阿联酋的友好访问后回国》，载中华人民共和国中央人民政府网站，http://www.gov.cn/jrzg/2010-03/28/content_1567073.htm，最后访问日期：2019年4月20日。

行了为期5天的友好访问,并与阿联酋海军进行了联合演练。[1] 2019年2月16日下午,中国海军两栖船坞登陆舰昆仑山舰抵达阿联酋阿布扎比扎耶德港,参加阿布扎比第十四届国际防务展及第五届海军防务展。[2]

5. 与韩国的海洋防务合作

2019年2月14日起,韩国防长应邀对阿联酋进行为期6天的正式访问。韩国防长与阿联酋防长举行了会谈,讨论两国国防和军工合作。此外,韩国防长还慰问了驻阿兄弟部队(Akh Unit)和在索马里海域护航十年的清海部队的官兵,并出席在阿布扎比举行的国际防务展(IDEX 2019)。[3]

6. 与埃及的海洋防务合作

2014年3月,阿联酋与埃及在阿联酋举行代号为"扎耶德-1"的联合军事演习,以提高军事作战和警备能力,应对地区面临的挑战。两国将加强军事方面的合作与交流,提升两国武装部队之间的协调能力。在联合军演中,两国包括特种兵在内的诸多兵种进行潜伏、突袭、空降、空中打击等陆空联合训练和演习,并对固定和移动目标进行实弹射击。两国海军在空军的配合下进行了海上全天候战术演练,并进行了包括对海上可疑船只进行拦截、登船检查和攻击等科目在内的联合演练。两国军队在联合军演中使用了最先进的军事训练系统。[4]

7. 多边海洋防务合作

根据海合会与美国达成的防务合作协议,2015年5月24日,由阿联酋、巴林、科威特、卡塔尔和美国军队共同参与的"2011决断之鹰"联合军事演习在阿联酋举行。沙特阿拉伯、阿曼、约旦、埃及、伊拉克、黎巴嫩、也门、法国和韩国作为观察员派代表观看演习。此次军演的主要部分在阿联酋举行,一些特别演习课目在卡塔尔、巴林和科威特举行。在为期两周多的演习期间,参演国家的军队就防御大规模杀伤性武器、危机和灾难处理、打击恐怖主义和保障国际海域安全等课题展开讨论,并进行实际

---

[1] 李震:《中国海军护航编队访问阿联酋》,载新华网,http://www.xinhuanet.com//world/2017-01/26/c_1120387558.htm,最后访问日期:2019年4月20日。

[2] 薛成清、顾亚根、崔晓洋等:《中国海军昆仑山舰抵达阿布扎比参加国际防务展》,载中华人民共和国国防部网站,http://www.mod.gov.cn/power/2019-02/17/content_4836372.htm,最后访问日期:2019年4月9日。

[3] 《韩防长郑景斗今起访问阿联酋》,载韩联社,https://cn.yna.co.kr/view/ACK20190214001500881,最后访问日期:2019年4月9日。

[4] 安江:《阿联酋和埃及联合军演结束》,载中华人民共和国国防部网站,http://www.mod.gov.cn/opinion/2014-03/13/content_4496888.htm,最后访问日期:2019年4月10日。

演练。[1]

2018年8月1日,美国、埃及、沙特、阿联酋四国在红海举行军事演习。这次军演是对此前胡赛武装在曼德水道发射导弹拦截沙特油船一事的回应。此次联合军演的代号是"鹰之回应2008",旨在联合作战对抗潜在威胁,包括训练搜索、救援、扫雷行动。[2]

为期12天的"光明星"联合军演[3]于2018年9月在埃及举行,有来自埃及、美国、希腊、约旦、英国、沙特、阿联酋、意大利和法国等多国的部队参加本次联合军演。联合军演内容包括反恐及拆除简易爆炸装置相关的许多理论讲座和实践操作讲座。除此之外,联合军演内容还包括空中和海上射击、潜水进攻、医疗救助工作,使用带有各种武器实弹的非定型手榴弹和突击恐怖分子哨所等。[4]

2018年9月,由澳大利亚主办的最大规模的海上军演"卡卡杜"海上联合军演在澳大利亚北部港口达尔文海岸举行。包括阿联酋在内的多个国家[5]参与了此次军演。此次军演旨在使各国军舰彼此熟悉,避免在公海发生冲突,以及在灾难救援方面协同演练。[6]

2018年11月3日至16日,埃及、沙特阿拉伯、阿联酋、巴林、科威特及约旦在埃及西北部马特鲁省的穆罕默德·纳吉布军事基地举行代号为"阿拉伯之盾1"的联合军事演习。摩洛哥和黎巴嫩两国则作为观察员参加。此次演习内容包括陆军、海军、空军及特种部队的防空演习。[7]

---

[1] 安江:《海湾国家与美国联合军演在阿联酋开始举行》,载搜狐新闻,http://news.sohu.com/20110524/n308419581.shtml,最后访问日期:2019年4月10日。
[2] "Multinational Exercise Eagle Response 2018 Concluded", ISRAEL DEFENSE, https://www.israeldefense.co.il/en/node/35228, December 15, 2020.
[3] 埃美"光明星"联合军演始于1981年,但在2011年埃及爆发推翻前总统穆巴拉克的"1·25革命"政变之后,美国前总统奥巴马宣布暂停"光明星"联合军演,特朗普就任美国总统后,埃美关系逐渐升温,双方于2017年重启中断多年的"光明星"联合军演。参见李碧念:《埃美"光明星"联合军演将于9月上旬举行》,载搜狐网,https://www.sohu.com/a/251157585_267106,最后访问日期:2020年12月15日。
[4] 《"光明星"联合军演9月8日在埃及举行》,载 ALJAZEERA, https://chinese.aljazeera.net/news/2018/9/8/light-star-military-exercise-held-in-egypt-sept8,最后访问日期:2019年4月10日。
[5] 参与国家有中国、日本、韩国、泰国、印度尼西亚、孟加拉国、文莱、柬埔寨、加拿大、智利、库克群岛、斐济、法国、印度、马来西亚、新西兰、巴基斯坦、巴布亚新几内亚、菲律宾、新加坡、斯里兰卡、东帝汶、汤加、美国、澳大利亚和越南等。
[6] 饶怡明:《中国首次参加澳大利亚军演》,载自由亚洲电台,https://www.rfa.org/mandarin/Xinwen/5-09092018172716.html,最后访问日期:2019年4月10日。
[7] 吴丹妮:《埃及等阿拉伯国家将举行联合军演》,载人民网,http://military.people.com.cn/n1/2018/1101/c1011-30376064.html,最后访问日期:2019年4月10日。

（二）海洋油气资源合作

阿联酋的油气产业始于海洋，其海上油田占全部油田的80%。自1939年阿联酋阿布扎比与外国石油公司开始合作以来，英国石油公司、荷兰皇家壳牌集团、道达尔和埃克森美孚等西方石油公司就是阿布扎比国家石油公司的长期合作伙伴。在取得政治独立之前，阿联酋受石油勘探开发技术的限制及殖民国家控制的影响，主要依靠出租石油勘探区给国际石油公司进行勘探开发，这导致国际石油公司完全垄断了阿联酋石油业上下游的所有相关产业，甚至石油定价都受到西方国家的控制。20世纪70年代，阿联酋取得独立后，其经济发展进入了以石油石化工业为主的单一石油经济阶段，阿联酋通过增股石油公司的方式逐渐收回石油主权，实现石油业的国有化。日本、韩国、印度等国家的公司相继进入阿布扎比油气市场，阿联酋油气市场逐渐形成了西方公司、韩国公司和印度公司"三足鼎立"的态势。[1]

1. 与西方国家的合作

历史上，在阿联酋参与石油开发和生产的世界级西方大石油公司有：荷兰皇家壳牌集团、英国石油公司、法国石油公司、美孚石油公司、埃克森石油公司、合资开采公司、美国大陆石油公司、美国ABB鲁玛斯公司、德国爱尔多尔石油公司、日本石油开发公司、日本三井公司、丹麦BOREALIS A/S公司、挪威亚特兰蒂斯公司、新加坡博禄公司、荷兰非努尔公司、澳大利亚欧依克斯公司、加拿大高尔夫石油公司等20多家公司。它们大多数是阿联酋石油业开发、生产的鼻祖，已在阿联酋从业五六十年，在阿联酋石油业有深厚的根基，与历代王室都有直接联系。

随着经济发展，部分国际石油公司重组合并。现阶段参与阿联酋油气上游行业的国际石油公司主要有：荷兰皇家壳牌集团、英国石油公司、埃克森美孚、日本石油开发公司、道达尔、合资开采公司。这些公司分别持有阿布扎比国家石油公司下属三大油气生产公司的股份，以特许经营的模式对阿联酋的油田进行开发。

目前阿联酋三大石油公司分别为阿布扎比陆上石油公司、阿布扎比海洋石油公司和扎库姆发展公司。这些公司均由阿布扎比国家石油公司控股60%，剩余股份由外国公司共同持有。这三家石油公司原油产量占阿联酋全国原油总产量的96%。

阿布扎比海洋石油公司的股东除了阿布扎比国家石油公司（60%），还

---

[1] 张剑：《中国石油与阿联酋油气合作分析》，载《国际石油经济》2018年第8期。

有英国石油公司（14.67%）、法国道达尔公司（13.33%）和日本石油开发公司（12%）。阿布扎比海洋石油公司主要负责开发大陆架海上油田。阿布扎比海洋石油公司主要经营的油田是海上的乌姆谢夫油田和下扎库姆油田。[1]

扎库姆发展公司的股东是阿布扎比国家石油公司（60%）、埃克森美孚（28%）和日本石油开发公司（12%）。扎库姆发展公司负责阿布扎比最大的一块海上油田上扎库姆油田的开发。[2] 2017年10月15日，扎库姆发展公司被并入阿布扎比国家石油公司，形成阿布扎比国家海上石油公司。[3]

阿布扎比国家石油公司正在为其海上油田项目引入外国合作伙伴。2019年3月，阿联酋的下扎库姆、乌姆谢夫和乌姆鲁鲁海上油田项目合同即将到期。这些合同是1953年签订并生效的，合同期限75年。阿布扎比国家石油公司持有这些项目60%的股份，作业者为阿布扎比海洋石油公司，合作伙伴包括英国石油公司、法国道达尔公司和日本石油开发公司，它们持有这些项目其余40%的股份。为了在合同到期时吸引新的合作伙伴，阿布扎比国家石油公司将其原来的海上油田项目合同拆分为3个合同，分别对应下扎库姆油田、乌姆谢夫油田和乌姆鲁鲁油田项目，阿布扎比国家石油公司将为这3个项目40%的股份吸引外国合作伙伴。这些项目的石油日产量为70万桶，约占阿联酋石油总产量的1/4、海上石油产量的1/2，当时计划到2021年产量将提高至112.5万桶/日，上述3个油田项目的产量将共增加44万桶/日。阿布扎比国家石油公司邀请了10家公司参与上述项目的投标，包括现有合作伙伴英国石油公司、道达尔等，以及来自亚太地区和欧洲的石油公司。

2018年2月10日以来，外国公司共同持有阿布扎比国家石油公司三个海上项目的股份：其中阿布扎比国家石油公司与印度3家公司（印度国有石油公司、印度石油公司和Bharat石油有限公司的子公司Bharat Petro Resources）、日本国际石油开发株式会社、意大利国家碳化氢公司（Eni, Ente nazionale ldrocarburi）、法国道达尔公司和中石油签订了海上下扎库姆油田项目合同，共获取阿布扎比国家石油公司该项目40%的股份；阿布扎比国家石油公司与埃尼、道达尔和中石油签订了海上乌姆谢夫油田项目合同，共获取该项目40%的股份；阿布扎比国家石油公司与西班牙跨国石油与天然气公司

---

[1] 邓贤文：《阿拉伯联合酋长国油气工业发展现状及前景展望》，载《采油工程文集》2016年第3期。
[2] 张剑：《中国石油与阿联酋油气合作分析》，载《国际石油经济》2018年第8期。
[3] "Who We Are", ADNOC, https://www.adnoc.ae/en/Adnoc-Offshore/About-Us/Who-We-Are, December 15, 2020.

签订了乌姆鲁鲁海上油田项目合同，与奥地利石油和天然气集团达成了获取该项目部分股份的一致意见，共获取该项目40%的股份。合同均自2018年3月9日生效，合同期限40年。2018年11月11日，阿布扎比国家石油公司授予道达尔非常规天然气特许权40%的股权。[1]

上述公司为获取海上项目每1%的股份须支付定金不足1亿美元，低于陆上油田项目。因此，所有有待吸引外资的股份已经被外国公司持有，抢占了合作先机。其中，印度公司和埃尼首次投资阿联酋石油项目。印度公司将从单纯的阿联酋原油出口贸易伙伴转变为油气项目合作伙伴。历史上，埃尼仅在中东地区的阿曼和黎巴嫩参与投资高风险勘探项目，此次埃尼与阿布扎比国家石油公司签订上述合同标志着埃尼首次在中东地区投资低风险、长期石油项目，这将有利于埃尼未来扩大在阿联酋上下游领域的业务。[2]

2018年4月6日，奥地利石油和天然气集团表示，根据与阿布扎比国家石油公司达成的15亿美元交易，它将收购海上油田乌姆鲁鲁以及相关基础设施特许权的20%权益。奥地利石油和天然气集团与阿布扎比国家石油公司在一年前同意评估联合机会，包括在炼油业务方面、下游技术和维护支持方面进行交流合作。[3]

2. 与中国的合作

近年来，阿联酋与中国在油气领域的频繁合作与互动，这既是阿联酋高度重视对华关系，瞄准和借重中国这一新兴大国的战略动向使然，也是该国对外发展多元化的油气合作市场、避免油气领域长期为欧美大石油公司独占的策略考量。

（1）工程建设

第一，与中国石油工程建设公司（China Petroleum Engineering & Construction Corporation）的合作。2008年，中国石油工程建设公司获得阿联酋国际石油投资公司（International Petroleum Investment Corporation）34.67亿美元的阿布扎比原油管线项目合同。该项目2012年7月顺利投产，使阿联酋在战略上成功地摆脱了对霍尔木兹海峡的依赖。该项目不仅展示了中国石油工

---

[1] "ADNOC Signs Agreement Granting Total a 40% Stake in Unconventional Gas Concession", World Oil, https://www.worldoil.com/news/2018/11/11/adnoc-signs-agreement-granting-total-a-40-stake-in-unconventional-gas-concession, April 11, 2019.

[2] 尚艳丽：《外国石油公司竞相获取阿联酋油田项目股份》，载《中国石油报》2018年第2版。

[3] "Austria's OMV to Invest in UAE Offshore Oilfields in $1.5 Billion Deal with ADNOC", REUTERS, https://www.reuters.com/article/us-omv-adnoc/austrias-omv-to-invest-in-uae-offshore-oilfields-in-1-5-billion-deal-with-adnoc-idUSKCN1HC26D, April 8, 2019.

程建设的实力，还积累了在中东高端市场实施设计采购施工项目的经验，树立了中国石油的品牌形象。

2014年，双方成立合资阿尔亚萨特公司[1]（Al Yasat Company for Petroleum Perations），共同开发的陆海项目布哈希尔海上油田已经于2018年5月实现首次提油，正式进入投资回收期，后续海上油田开发工作也正式启动；2018年3月21日，双方签署了乌姆沙依夫-纳斯尔油田开发项目和下扎库姆油田开发项目合作协议，中国石油工程建设公司获得了这两个海上特许权区域各10%的权益，为中国石油进一步发挥自身资金、技术、人才、市场、资源及油田开发生产精细化管理等优势，在阿联酋海上油气领域展开全业务链合作创造了机会和条件。[2]

第二，与中国石油化工集团有限公司的合作。哈姆利亚自由区油库是中国石化在沙迦酋长国承揽的设计采购施工项目，也是该公司在阿联酋的第一个设计采购施工项目。该项目由中国石化江汉油田承建，包括12个成品油储罐及装卸系统，以及与此配套的消防、电气、控制、排污、通信等系统，已于2015年年底完工并投入运行。

2013—2015年，中国石化还参与投资建设富查伊拉石油仓储项目。富查伊拉酋长国位于阿联酋的东海岸，临阿曼湾，距世界石油出口要道霍尔木兹海峡仅40海里，优越的地理位置使富查伊拉港成为世界第二大船用燃料油加油港及中东地区石油集散地。该仓储项目位于阿联酋的富查伊拉酋长国自由贸易区，是由中国石化冠德控股有限公司代表中国石化出资占股50%、新加坡宏国能源有限公司占股38%、富查伊拉当地政府和公司占股12%合资组建的独立石油仓储公司。预算投资3.42亿美元，占地274231平方米，建有原油、成品油储罐34个，共计12168立方米罐容，并建长约1000米的6条输油管道连接富查伊拉港现有油码头的公共阀组，以满足装卸油品需要。该仓储项目的投产运营是中国石化国际化运作的一个重要里程碑，能进一步提升中国石化国际石油贸易能力。

第三，与中国石油天然气股份有限公司的合作。2009年，中国石油天然气股份有限公司旗下宝鸡石油机械有限责任公司与阿联酋国家钻井公司签订了20亿元的订单，打开了阿联酋石油装备市场。2013年，宝鸡石油机械有限责任公司与阿联酋国家钻井公司续签26.2亿元的订单。2015年，宝鸡石

---

[1] 该合资公司中，中国石油天然气集团公司占股40%，而阿布扎比国家石油公司占股60%，负责该合同区域油田的勘探开发、生产维护以及产出原油的加工、存储、运输、销售和出口。
[2] 陆如泉：《阿联酋上路》，载《中国石油石化》2018年第17期。

油机械有限责任公司又获得阿联酋国家钻井公司第 3 批 18.8 亿元的 39 套沙漠快速移运钻机项目订单。宝鸡石油机械有限责任公司创造了中国在阿联酋高端重型石油装备出口金额和数量纪录。[1]

（2）油田技术服务

从 2006 年开始，中海油田服务股份有限公司（China Oilfield Services Limited）进入阿联酋油田服务市场，获得测井服务合作合同，合同期 3 年。中海油田服务股份有限公司提供的沙漠车载石油成像测井系统（Enhanced Logging Imaging System）为阿联酋客户提供测井服务。2009 年续签合同，合同延续至今。在阿联酋市场的作业中，ELIS 的探井作业范围涵盖了"大小满贯等常规"测井项目，以及交叉偶极声波等高端测井项目。

2016 年华为全球油气峰会期间，华为和阿布扎比海洋石油公司联合宣布，阿布扎比海洋石油公司云数据中心正式落成。该中心的落成，将帮助阿布扎比海洋石油公司轻松应对海上石油开发业务扩张带来的海量长距离数据处理问题，同时加强关键业务数据和应用的安全。随着业务扩张，阿布扎比海洋石油公司计划升级原有的 3 个数据中心，将互联网技术系统一体化，建设面向未来的云数据中心，以提升互联网技术资源利用率和业务响应能力，应对快速增长的数据流量，同时降低运营成本。[2]

（3）一体化油田开发

中国中化控股有限责任公司（SINOCHEM GROUP）下属的阿特兰蒂斯公司与阿联酋乌姆盖万酋长国政府和哈伊马角酋长国天然气委员会达成了联合开发乌姆盖万海上气田的协议，该气田的天然气储量超过 9174.6 立方米。根据协议，阿特兰蒂斯公司持有乌姆盖万海上气田 100% 的权益，优先获得油气产品的购买权，并且负责开发乌姆盖万酋长国海上天然气田的作业工作。另外，为将天然气输往哈伊马角酋长国，中国中化控股有限责任公司还将铺设 75 千米的天然气输送管道，并建设海上天然气自动码头、分离油气的天然气处理厂等。该气田是中国公司在阿联酋石油市场进行勘探开发一体化服务的第一个气田。[3]

---

[1] 袁超、马彬婕：《宝鸡石油机械有限责任公司再获阿联酋 18.8 亿元出口大单》，载西部之声，http://www.bbra.cn/Item.aspx?id=159299，最后访问日期：2020 年 12 月 15 日。

[2] 《华为与阿联酋最大的海洋石油公司阿布扎比海洋石油公司宣布云数据中心落成》，载华为网站，https://www.huawei.com/cn/press-events/news/2016/11/cloud-ready-data-center-adma-opco，最后访问日期：2019 年 4 月 8 日。

[3] 邓贤文：《阿拉伯联合酋长国油气工业发展现状及前景展望》，载《采油工程文集》2016 年第 3 期。

2018年7月，习近平主席访问阿联酋期间，在中国石油天然气股份有限公司董事长王宜林的见证下，中国石油集团东方地球物理勘探有限责任公司成功签署了全球物理勘探行业最大地震勘探项目——阿布扎比国家石油公司陆海项目。其中，海上项目设计工作量3万平方千米，合同价值13.6亿美元，设计炮数超过1亿炮。[1] 2019年1月21日，承担阿联酋阿布扎比国家石油公司海上项目首个作业区块的中国石油集团东方地球物理勘探有限责任公司海洋物理勘探处252队正式开工。

3. 与韩国的合作

阿联酋是韩国的第二大石油进口国，石油是阿联酋主要的出口产品。以两国核电站合作所确立的战略合作伙伴关系为依托，阿布扎比国家石油公司与韩国国家石油公司（Korea National Oil Corporation）于2010年8月2日签署了石油储备与石油开发领域合作的谅解备忘录。阿联酋旨在更加经济和便捷地向东北亚地区出口石油，而韩国则期望建设东北亚地区石油港。经双方商议，2015年的储备基地规模为200万桶，随着基础设施建设的完善，储备能力将扩大。该备忘录为韩国开发阿联酋石油开辟了道路。韩国国家石油公司与阿布扎比国家石油公司将组成联合测评组对阿布扎比油气田进行调查，韩国将主要参与阿联酋深海油田开发。[2]

2011年3月13日，韩国与阿联酋两国元首签署了关于韩国公司参与开采石油的谅解备忘录。韩国国家石油公司与阿联酋国家石油公司签署了开采3处油田的协议，其石油储量至少10亿桶。2012年，韩国国家石油公司和阿布扎比国家石油公司签署了共同开发经营3处阿联酋油田的协议，韩国国家石油公司占股40%，签约期为30年。3处油田的石油储量约为5.7×10^8桶，2014年开始钻勘探井，2017年正式投产。双方还确定为韩国在阿布扎比的油库储存600万桶原油以备不时之需，并允许韩国按每日30万桶优先购买其未来开采的原油。2012年3月5日，阿布扎比国家石油公司与韩国国家石油公司正式签署了为期30年的油气特许开发协议。这是继日本之后第二个亚洲国家获得在阿联酋的油气开发权。[3]

不仅如此，韩国还参与阿联酋油气开采相关工程建设。2009年，韩国现

---

[1] 石化行业走出去联盟：《中阿油气项目——阿联酋阿布扎比国家石油公司海上项目开工》，载搜狐新闻，http://www.sohu.com/a/291647477_825950，最后访问日期：2019年4月8日。

[2] [韩]崔贤哲：《阿联酋选择在韩国建设东北亚地区石油储备基地》，载韩国《中央日报》2010年8月3日。转引自钮松：《韩国与阿联酋的战略合作伙伴关系》，载《外交战略》2015年第1期。

[3] 钮松：《韩国与阿联酋的战略合作伙伴关系》，载《外交战略》2015年第1期。

代重工集团宣布与阿布扎比国家石油公司签署协议,负责乌姆谢夫项目,在阿布扎比海上建造3个4万吨固定平台,海底管道和桥梁,项目价值约16亿美元。该项目于2010年完工,每天生产30万桶石油和2830万立方米天然气。[1] 2014年7月,现代重工获得阿布扎比海洋石油运营公司的招标,该19.4亿美元的订单涉及综合油气平台及海底和场内电缆铺设等业务,完工后纳赛尔油田的日产量将从2.2万桶提升至6.5万桶。2014年11月11日,两国在阿布扎比就此海洋工程项目正式签约。[2]

相较于石油产业,阿联酋与韩国的天然气合作发展相对缓慢。2009年4月,阿联酋便商议将总价值达100亿美元的天然气工程项目中的15亿美元项目给韩国。2010年7月12日,韩国三星工程公司与阿布扎比天然气开发公司签署了该项协议。该项目位于距阿布扎比西南180千米的沙赫地区,已经竣工。

4. 与日本的合作

2016年8月29日,作为政府的主要出口融资银行,日本国际合作银行(The Japan Bank for International Cooperation)向阿布扎比石油公司(Abu Dhabi Oil Company)提供3.78亿美元,为阿布扎比海上油田开发项目提供融资,阿布扎比石油公司由日本炼油商科斯莫石油公司的一个部门拥有64%股权。科斯莫石油公司是最早在阿布扎比拥有特许经营权的公司之一。该公司一直在阿布扎比市以西约50千米处开发穆巴拉兹等油田。[3]

2018年2月25日,国际石油开发帝石控股公司(INPEX)与阿布扎比国家石油公司签署了一项协议,获得了阿布扎比海上油田下扎库姆油田特许经营权10%的股权,期限40年。[4] 国际石油开发帝石控股公司和科斯莫石油公司对阿联酋的整体依赖程度最高。第Ⅳ部分 表3显示了日本在阿联酋项目中的参与情况。

---

[1] "HHI Wins Platform Project from ADMA-OPCO", Rigzone, https://www.rigzone.com/news/oil_gas/a/36645/hhi_wins_platform_project_from_admaopco/, April 8, 2019.

[2] 钮松:《韩国与阿联酋的战略合作伙伴关系》,载《外交战略》2015年第1期。

[3] "Japan to Finance Abu Dhabi's Hail Offshore Oilfield Development", The National, https://www.thenational.ae/business/japan-to-finance-abu-dhabi-s-hail-offshore-oilfield-development-1.146486, April 8, 2019.

[4] "Japanese Company Acquires Oil Concession on Offshore Oilfields in Abu Dhabi", METI, https://www.meti.go.jp/english/press/2018/0226_003.html, April 11, 2019.

第Ⅳ部分 表3　日本在阿联酋项目中的参与情况[1]

日本公司名称	主要合作伙伴	油田名称	股权比例（%）
INPEX-JODCO	ADNOC	Satah	40
		Umm Al-Dalkh	12
	ADNOC、BP、Total	ADCO	5
		Lower Zakum	12
		Umm Lulu	12
		Umm Shaif	12
	ADNOC、ExxonMobil	Upper Zakum	12
Cosmo Oil	JX	Mubarraz	64
		Neewat Al-Ghalan	64
		Umm Al-Anbar	64
JX	Cosmo Oil	Mubarraz	32
		Neewat Al-Ghalan	32
		Umm Al-Anbar	32
Kansai Electric	Cosmo Oil	Mubarraz	2
		Neewat Al-Ghalan	2
		Umm Al-Anbar	2
Chubu Electric	Cosmo Oil	Mubarraz	2
		Neewat Al-Ghalan	2
		Umm Al-Anbar	2

5. 与印度的合作

2018年2月10日，印度石油天然气公司（ONGC）同阿布扎比国家石油公司签署关于印度石油天然气公司牵头的印度石油联合体[2]获得阿布扎比下扎库姆海上油田10%股份的特许经营协议。该协议有效期40年，自2018年3月9日始，印方签字费为22亿迪拉姆（约合6亿美元）。这是印度石油企业历史上首次获得阿联酋油气上游开发的权益。[3] 印度公司将从单纯的阿联酋原油出口贸易伙伴转变为油气项目合作伙伴。

---

[1] "A Review of the Evolution of the Japanese Oil Industry, Oil Policy and its Relationship with the Middle East", The Oxford Institute for Energy Studies, https：//www.oxfordenergy.org/wpcms/wp-content/uploads/2018/02/A-Review-of-the-Evolution-of-the-Japanese-Oil-Industry-Oil-Policy-and-its-Relationship-with-the-Middle-East-WPM-76.pdf，April 11, 2019.

[2] 该联合体包括印度3家公司，即印度国有石油公司、印度石油公司和Bharat石油有限公司的子公司Bharat Petro Resources。

[3] 《印度首次进入阿联酋石油上游开发领域》，载中华人民共和国驻阿拉伯联合酋长国大使馆经济商务处网站，http：//ae.mofcom.gov.cn/article/jmxw/201802/20180202712950.shtml，最后访问日期：2019年4月16日。

2018年10月16日，阿联酋国务部长兼阿布扎比国家石油公司首席执行官苏尔坦博士参加了在印度新德里举办的世界石油天然气行业领导者研讨会，印度总理莫迪也出席了会议。与莫迪会晤期间，苏尔坦肯定了两国之间的紧密的政治、经济、文化战略伙伴关系，表示阿联酋致力于继续在能源、石油天然气、石化等领域与印度加强合作。他强调，能源合作是两国关系发展中的重要领域，希望继续扩大深化在探勘、开发、生产、炼化及石油化工领域的合作，创造更多投资机会。此外，苏尔坦还参加了在印度举办的CERAWeek能源论坛活动并发表讲话，他提到未来印度20年能源需求将增长165%，阿联酋将通过提供必要能源推动印度经济增长。[1]

（三）海洋研究合作

1. 海水淡化合作

第一，与西班牙的海水淡化合作。富查伊拉1独立水电厂（Fujairah 1 IWPP）由酋长胜科水电公司（Emirates Sembcorp Water & Power Company）所有与经营，该公司是新加坡胜科工业与阿布扎比水电公司通过子公司所设立的合资公司。[2] 2011年，酋长胜科水电公司拟在原有的富查伊拉1独立水电厂所在地建造新的海水淡化厂，并进行了招标。2013年1月，西班牙阿驰奥纳（Acciona）公司取得了这一价值1.9亿美元的设计、建造和营运一体化订单。合同为期7年，工厂的建成时间定在2015年，建成后拥有3000万加仑的日产量扩能。该工程的所有方酋长胜科水电公司目标将将其打造成阿联酋能效最高的工厂，期望能耗率能维持在每立方米3700瓦时。[3]

第二，与沙特阿拉伯的海水淡化合作。2018年6月18日，沙特阿拉伯水电公司牵头总部位于阿治曼的阿联酋Tecton公司组成联合体，成为新海水淡化厂最优竞标方。阿联酋水电局局长Mohammed Salah表示，这是阿联酋第一个与私人合作的海水淡化厂。该项目位于乌姆盖万酋长国，每天将生产4500万加仑水。[4]

---

[1] 许振威：《ADNOC希望与印度加强合作伙伴关系》，载新华丝路，https：//www.imsilkroad.com/news/p/115265.html，最后访问日期：2020年12月15日。
[2] 联合早报：《胜科工业在阿联酋海水淡化厂投入运作》，载环球网，https：//china.huanqiu.com/article/9CaKrnJS8ot，最后访问日期：2020年12月15日。
[3] 汪逸丰：《阿联酋海水淡化发展情况》，载上海情报服务平台，http：//www.istis.sh.cn/list/list.aspx? id=8426，最后访问日期：2019年4月6日。
[4] 《阿联酋水电局提名沙特ACWA执行海水淡化项目》，载中华人民驻阿拉伯联合酋长国大使馆经济商务处网站，http：//ae.mofcom.gov.cn/article/jmxw/201806/20180602757767.shtml，最后访问日期：2019年4月6日。

第三，与日本的海水淡化合作。2013年2月，东丽株式会社宣布获得阿联酋2家海水淡化厂的订单，为它们提供反渗透膜技术装备。它们分别位于阿治曼酋长国的 Al Zawra 和哈伊马角酋长国的 Ghalilah。这两家工厂都于2013年正式投运，两个订单加起来一天的产水量是113000吨。[1]

2. 海洋环境合作

（1）与希腊的合作

2017年5月5日，希腊海洋环境保护协会（The Hellenic Marine Environment Protection Association）与迪拜海洋和海事工业理事会（Dcmmi Emirates）的访问团签署了一份谅解备忘录，该备忘录旨在在阿联酋建立一个和希腊海洋环境保护协会相当的非营利性海洋对话机构。希腊海洋环境保护协会于1982年成立，专门为当地社区，特别是学龄儿童开展活动，宣传海洋保护的重要性，以及组织志愿者进行海滩清理工作。希腊海洋环境保护协会现在将与迪拜海洋和海事工业理事会合作，以建立一个致力于保护海洋环境和加强海上安全的阿联酋海洋环境保护协会（Emirates Marine Environment Protection Association）。[2]

（2）世界海洋峰会

2019年3月5日，为期3天的第六届世界海洋峰会在阿联酋首都阿布扎比开幕。峰会围绕促进可持续蓝色经济的创新、治理以及减轻人类活动对海洋的消极影响进行了探讨。阿联酋气候变化与环境部部长萨尼·泽尤迪（Dr. Thani bin Ahmed Al Zeyoud）在开幕式演讲中呼吁各国政府和机构组织集中力量、统一行动，共同应对气候变化、环境污染和过度捕捞等海洋面临的挑战，为保护海洋环境和可持续生物多样性努力。泽尤迪说，阿联酋制定了多个战略和计划以保护海洋资源和生物多样性，维护发展经济与保护海洋环境之间的平衡。阿联酋外交与国际合作部部长阿卜杜拉表示，经济快速发展不能以损害海洋生态系统和生物多样性为代价，阿联酋期待与各国合作，为海洋可持续发展努力。世界海洋峰会是由英国《经济学人》杂志发起的海洋管治多边论坛，2019年首次在中东地区举办。该届峰会的主题是"构建桥梁"，旨在促进各国公共和私营部门之间的合作，以寻求促进可持续蓝色经

---

[1] 成杨：《东丽获阿联酋海水淡化厂反渗透膜订单》，载中国水网，http://www.h2o-china.com/news/108419.html，最后访问日期：2020年12月15日。

[2] "Towards an Emirates Marine Environment Protection Association", Seatrade Maritime News, http://www.seatrade-maritime.com/news/middle-east-africa/towards-an-emirates-marine-environment-protection-agency.html, April 8, 2019.

济的解决方案。[1]

(3) 海洋环境保护区域组织

海洋环境保护区域组织成立于1979年。其成员国有巴林、伊朗、伊拉克、科威特、阿曼、卡塔尔、沙特和阿联酋。该组织的目标是保护成员国海洋地区的水质量,以及保护海洋环境系统和海洋生物,减少成员国开发活动导致的污染。此外,海洋环境保护区域组织还要求成员国尽最大的努力保护海洋资源,从而在源头上阻止污染。[2]

3. 水文测量合作

阿联酋于1992年3月2日加入国际水文组织。国际水文组织是关于水文测量的政府间国际组织,旨在通过协调各成员国水文主管机关的活动、推进海事测量的标准化、推广可靠高效的水文测量方法,从而促进海上航行安全、提高航行效率和净化海洋环境。2013年,阿联酋要求国际水文组织安排技术访问,以评估阿联酋各联邦国水文测量情况并为建立阿联酋联邦水文结构提出建议。[3]

(四) 渔业合作

虽然渔业不像油气产业那样在其国民经济中占据极其重要的地位,但是阿联酋依旧重视渔业的发展,与其他国家和国际组织展开了一系列渔业合作。阿联酋与中国、日本等国在渔业技术、渔业贸易等领域展开了合作,积极参与联合国粮食及农业组织框架下的国际渔业合作活动。

1. 与中国的合作

2016年9月28日,时任中国农业部部长韩长赋在迪拜与时任阿联酋气候变化与环境部部长泽尤迪举行了双边会谈,双方就建立健全双边农业合作机制、加强海水渔业养殖合作等达成了广泛共识。双方一致同意择机签署加强中阿农业合作谅解备忘录,并指定两部国际合作司司长从工作层

---

[1] 苏小坡:《世界海洋峰会探讨发展可持续蓝色经济》,载新华社,http://www.xinhuanet.com/expo/2019-03/07/c_1124200648.htm,最后访问日期:2019年4月8日。

[2] "Who We Are:", Regional Organization for the Protection of the Marine Environment, http://ropme.org/1_WhoWeAre_EN.clx, April 8, 2019.

[3] "A Federal Hydrographic Strategy for the The United Arab Emirates", IHO, https://www.iho.int/mtg_docs/CB/CBA/Technical%20visits/TV13/2013.December_UAE_Technical_Visit.pdf, April 8, 2019.

面抓紧推动。[1] 2018年7月,在习近平主席访问阿联酋期间,中国和阿联酋签署了《中国农业农村部与阿联酋气候变化与环境部关于加强农业合作的谅解备忘录》和《中国农业农村部与阿联酋气候变化与环境部关于共同推动建设农牧渔业产品批发市场的谅解备忘录》。[2] 2018年9月10日,中国农业农村部党组成员吴宏耀在迪拜会见阿联酋气候变化与环境部副部长艾尔沙拉(Mr. Elsayed),就深化中阿农业合作交换意见。双方就全面落实两国此前达成的农业合作谅解备忘录、建立农业合作工作组、加强农业技术及人力资源开发合作、推动农牧渔业产品批发市场尽快落地等达成共识。[3]

2. 与日本的合作

为了促进渔业发展,阿联酋环境与水资源部[4](Ministry of Environment and Water)于1984年设立了海洋环境研究部(Marine Environment Research Department)。阿联酋的水产养殖活动始于海洋环境研究部的成立,该部门得到了日本国际合作署的技术支持。[5] 2014年2月25日至26日,在阿布扎比王储访问日本期间,阿联酋和日本发表了进一步加强在政治、经济和文化领域的全面伙伴关系的声明。该声明包含渔业合作的内容,双方肯定了两国之间专业知识交流的重要性,阿联酋欢迎日本国际合作署派遣技术专家前往阿布扎比和迪拜,讨论水产养殖和渔业等领域的技术援助。[6]

3. 与白俄罗斯的合作

2016年,阿联酋和白俄罗斯签署了《白俄罗斯共和国农业和食品部与阿拉伯联合酋长国气候变化与环境部农业、兽医、检疫和植物保护合作谅解备忘录》(Memorandum of Understanding Between the Ministry of Agriculture and Food of the Republic of Belarus and the Ministry for Climate Change and Environmental Protection of the United Arab Emirates on Cooperation in the Field of Agriculture, Veterinary, Quarantine and Plant Protection)。双方同意在作物种植、畜牧业、农

---

[1] 《韩长赋会见阿联酋气候变化与环境部部长泽尤迪》,载中华人民共和国农业农村部网站,http://www.moa.gov.cn/xw/bmdt/201609/t20160929_5295279.htm,最后访问日期:2019年4月6日。

[2] "UAE, China Sign 13 Agreements and MoUs", Khaleej Times, https://www.khaleejtimes.com/nation/uae-china-week/uae-china-sign-13-agreements-and-mous, April 6, 2019.

[3] 《吴宏耀会见阿联酋气候变化与环境部副部长艾尔沙拉》,载中华人民共和国农业农村部网站,http://www.moa.gov.cn/xw/bmdt/201812/t20181207_6164585.htm,最后访问日期:2019年4月6日。

[4] 2016年,环境与水资源部更名为气候变化与环境部,增加气候变化事务有关事项的管理职权。

[5] "National Aquaculture Sector Overview: United Arab Emirates", Food and Agriculture Organization of the United Nations, http://www.fao.org/fishery/countrysector/naso_uae/en, April 6, 2019.

[6] "UAE, Japan Issue Statement on Bilateral Cooperation", Khaleej Times, https://www.khaleejtimes.com/business/local/uae-japan-issue-statement-on-bilateral-cooperation, April 6, 2019.

业技术创新、农业科学研究、植物检疫和兽医监督等领域开展合作，合作方式包括交流信息和科学研究成果、组织联合研讨会和讲习班、进行鱼类养殖高产育种方面的技术合作等。备忘录有效期为五年，并自动延长五年，除非缔约一方在到期日前六个月内向另一方发出书面通知，表明其有意终止该协议。[1]

4. 在联合国粮食及农业组织框架下的合作

阿联酋于1973年加入联合国粮食及农业组织。联合国粮食及农业组织与阿联酋之间的合作目标是：发展近东和北非的农业和渔业，以消除饥饿和减少贫困；促进阿联酋和海合会国家及也门分区（FAO Subregional Office for the Gulf Cooperation Council States and Yemen）农业和渔业的可持续发展，加强营养、保障粮食供应和食品安全；鼓励农业部门的创新和技术共享。[2]

在阿联酋的资助下，联合国粮食及农业组织驻阿布扎比代表处、海合会国家及也门分区办事处分别于2005年和2010年在阿布扎比成立。在支持国家将技术创新运用于促进粮食、水和能源的可持续发展方面，海合会国家走在联合国粮食及农业组织各分区的前列。联合国粮食及农业组织协助阿联酋设立了用于准确和及时地收集和发布农业信息的数据系统，并致力于为渔业和水产养殖部门开发数据系统。阿联酋于2001年加入区域渔业委员会（Regional Commission for Fisheries）。[3] 该委员会是联合国粮食及农业组织渔业和水产养殖部门下设的区域渔业管理机构，负责管理波斯湾和阿曼湾地区的渔业活动，旨在促进海洋生物资源的开发、养护、合理管理和利用，以促进水产养殖的可持续发展。

（五）基础设施建设合作

1. 哈利法港[4]

2016年9月28日，中国远洋海运集团有限公司与阿联酋阿布扎比港口

---

[1] "Memorandum of Understanding between the Ministry of Agriculture and Food of the Republic of Belarus and the Ministry for Climate Change and Environmental Protection of the United Arab Emirates on cooperation in the field of agriculture, veterinary, quarantine and plant protection", FAOLEX Database, http://www.fao.org/faolex/results/details/en/c/LEX-FAOC173884, December 15, 2020.

[2] 《阿拉伯联合酋长国》，载联合国粮食及农业组织网站，http://www.fao.org/countryprofiles/index/zh/? iso3 = ARE，最后访问日期：2019年4月14日。

[3] "Agreement for the Establishment of the Regional Commission for Fisheries", ECOLEX, https://www.ecolex.org/details/treaty/agreement-for-the-establishment-of-the-regional-commission-for-fisheries-recofi-tre-001333/, April 14, 2019.

[4] 哈利法港于2012年正式开通，位于阿布扎比与迪拜之间，地理位置优越，水深条件良好，是中东地区规模最大、自动化程度最高的港口。作为深水港，哈利法港可供船长400米、吃水深度达16米的超大型船舶停靠，年处理货物量可达250万标准箱，预计到2030年，年处理货物量将达1500万标准箱。《阿联酋哈利法港正式启用》，载中华人民共和国驻阿联酋大使馆经济商务处网站，http://ae.mofcom.gov.cn/article/sqfb/201212/20121208506101.shtml，最后访问日期：2019年4月8日。

公司签署特许权协议。该协议规定，双方将成立合营公司，联合经营位于阿布扎比哈利法港二期的集装箱码头，中国远洋海运阿布扎比公司拥有哈利法港二期集装箱码头35年特许权。[1] 2018年12月，中国远洋海运阿布扎比码头（CSP Abu Dhabi Terminal）正式启用。该码头年吞吐量为250万个标准集装箱，可供载货量超过两万标准集装箱的超级集装箱船靠泊，集装箱货运站总面积达27.5万平方千米。

中国国家发展和改革委员会副主任宁吉喆在启用仪式上致辞时表示，新码头不仅是"一带一路"合作的里程碑，也是中国与阿联酋在各重要领域合作的良好开端。阿联酋国务部长兼阿布扎比港口公司主席贾比尔博士（Dr. Sultan Al Jaber）在启用仪式上致辞时表示，与中远海运港口公司合作扩建哈利法港，不仅可以加强阿联酋作为东西方主要贸易通道的作用，也能促进阿联酋经济多元化，有助于实现"一带一路"倡议提出的促进全球互联互通的目标。[2]

2. 海豚管道线

为有效合理开发利用天然气，阿联酋牵头发起了海豚天然气管道项目，旨在将卡塔尔、阿联酋和阿曼的天然气运输管道连接起来，实现相互之间的合作。这是海湾合作委员会的首个跨境精炼天然气输送项目，也是该地区有史以来规模最大的能源相关项目。从卡塔尔拉斯拉凡到阿联酋塔维拉（Taweelah）的近海管道是海豚天然气管道项目的重要组成部分，管道长364千米，直径为1.2米，每年可以运输330亿立方米的天然气。该部分于2003年开始建设，2006年8月完成，由意大利石油和天然气工业承包商萨伊博姆公司（Saipem）设计和施工，管道由日本三井公司提供。[3]

---

[1] 王静改：《3亿美元！江苏5大企业投资阿布扎比港》，载商桥新外贸，https：//www.ollomall.com/news/show/5262/，最后访问日期：2019年4月8日。
[2] 《中远海运港口宣布阿布扎比码头正式开港并启用中东地区最大的集装箱货运站》，载航运界，https：//www.ship.sh/news_detail.php? nid =32596:，最后访问日期：2019年4月8日。
[3] "Dolphin Delivers", Oil & Gas, https：//www.oilandgasmiddleeast.com/article-4777-dolphin-delivers, April 8, 2019.

七、对中国海洋法主张的态度

中国与阿联酋自1984年建交以来,两国友好合作关系发展顺利。特别是近年来,中阿关系呈现全面、快速、深入发展势头。政治上,2012年1月,时任总理温家宝对阿联酋进行正式访问,两国建立战略伙伴关系。2018年7月,习近平主席对阿联酋进行国事访问,两国建立全面战略伙伴关系。[1] 经济上,2018年,中国成为阿联酋最大的贸易伙伴,阿联酋已连续多年成为中国在阿拉伯国家中第二大贸易伙伴和第一大出口市场。[2]

(一)对"一带一路"倡议的积极响应

阿联酋是"21世纪海上丝绸之路"的重要沿线国。虽然存在阿联酋方面对中国缺乏了解、对中国的中东政策存在误解、对"一带一路"倡议认知不足等问题,[3] 但基于两国巨大的共同经济利益,再加上中国对"一带一路"倡议的推广,阿联酋积极响应和参与"一带一路",是亚洲基础设施投资银行的创始成员国。

2018年7月,阿联酋和中国签署了政府间共建"一带一路"谅解备忘录,并就互设文化中心达成协议。此前,阿联酋政府曾多次在各种场合表达对"一带一路"倡议的支持态度。2015年3月,阿联酋外交国务部长和经济部副部长分别表态,"一带一路"倡议与阿联酋的发展战略高度契合,阿联酋政府愿意积极响应,拓展两国务实合作领域,推动"一带一路"建设在阿联酋早日取得成果。2015年12月,阿布扎比王储访华时表示,中国和阿拉伯国家的合作历史悠久,希望与中方合作共建"一带一路"倡议,领导发展丝绸之路。[4] 据阿联酋《联合报》报道,2017年5月,阿联酋国务部长、阿布扎比国家石油公司主席接受新华社专访时表示,中国关于经济发展的理

---

[1]《中国同阿联酋的关系》,载中华人民共和国外交部网站,https://www.fmprc.gov.cn/web/gjhdq_676201/gj_676203/yz_676205/1206_676234/sbgx_676238/,最后访问日期:2020年12月15日。

[2] 阿文:《2018年6月13日:中国成阿联酋最大贸易伙伴》,载中国"一带一路"网,https://www.yidaiyilu.gov.cn/xwzx/gnxw/57879.htm,最后访问日期:2019年4月15日。

[3] 王金岩:《中国与阿联酋共建"一带一路"的条件、问题与前景》,载《当代世界》2017年第6期。

[4] 参见中华人民共和国商务部网站,http://www.mofcom.gov.cn/article/i/jyjl/k/201608/20160801374241.shtml,最后访问日期:2019年4月15日。

念同阿联酋不谋而合，阿联酋坚信"一带一路"倡议关于贸易、和平、繁荣的理念和愿景。阿联酋希望凭借处在亚非欧核心位置的地缘优势，成为"一带一路"中的物流和商贸中心，努力实现"一带一路"沿线国家的互利共赢。谅解备忘录签订后，2019年4月在迪拜举行的年度投资会议上，阿联酋政府表示将在"一带一路"项目中扮演重要角色。[1]

（二）在"一带一路"框架下与中国合作的态度

阿联酋已成为"一带一路"沿线国家连接中东和北非地区的重要枢纽。中国与阿联酋在"一带一路"框架下开展了众多海洋领域的合作。具体合作领域涉及海洋能源和海洋运输等。

在能源领域，中石油、中石化、中海油、中国华信等企业与阿联酋的能源公司开展了紧密合作，并实现了中资参股阿联酋石油企业的突破。其中，中石油与阿布扎比国家石油公司签署协议，获得了两个海上油田区块各10%的权益。[2] 在产能合作领域，2017年7月，中阿双方正式签署政府间合作协议和示范园正式投资协议，"中阿产能合作示范园"是落实中阿两国领导人重要共识，服务"一带一路"建设的重大合作项目。[3] 在海洋运输领域，中国远洋海运集团有限公司利用阿联酋濒临海湾和印度洋的优越地理位置，与阿布扎比港口公司签订了特许权协议，联合运营阿布扎比哈利法港的集装箱码头，该码头于2018年开始运营。在人文交流领域，中阿两国人文纽带不断强化。2016年，阿联酋宣布对持普通护照的中国公民免签，成为第一个与中国互免普通护照签证的"一带一路"国家，极大便利了双方的人文交流。阿联酋提出要在100所学校开设汉语课程，首批20名汉语教师已在6个酋长国11所学校教授中文。2020年，迪拜承办世博会，中国建设超大自建馆，展示中国在科技、创新领域取得的最新成果，让阿联酋和全世界游客感受中

---

[1] 杜轩编译：《阿联酋在年度投资会议上支持中国的"一带一路"倡议》，载中华人民共和国商务部网站，http：//www.mofcom.gov.cn/article/i/jyjl/k/201904/20190402852417.shtml，最后访问日期：2019年4月15日。

[2] 王沥慷：《中国石油与阿布扎比国家石油公司签署协议，获两个海上油田区块各10%权益》，载中国"一带一路"网，https：//www.yidaiyilu.gov.cn/xwzx/gnxw/50861.htm，最后访问日期：2019年4月15日。

[3] 《中阿产能合作示范园：国家唯一明确的"一带一路"产能合作园区》，载江苏省人民政府国有资产监督管理委员会网站，http：//jsgzw.jiangsu.gov.cn/art/2018/4/19/art_11716_7587208.html，最后访问日期：2019年4月15日。

国传统文化的魅力和当代中国的发展脉搏。[1]

(三) 对"南海仲裁案"的立场

对于"南海仲裁案",阿联酋并未单独表明立场,而是通过其所在的阿拉伯国家联盟表达了对中国立场的支持。2016年5月12日,中阿合作论坛第七届部长级会议在卡塔尔多哈召开。此次会议上,中国与阿拉伯国家联盟签署了《中国—阿拉伯国家合作论坛第七届部长级会议多哈宣言》。该宣言包含阿拉伯国家对中国海洋争端所持立场,包括阿联酋在内的阿拉伯国家表示支持中国同相关国家根据双边协议和地区有关共识,通过友好磋商和谈判,和平解决领土和海洋争议,并强调应尊重主权国家及《公约》缔约国享有的自主选择争端解决方式的权利。[2] 2018年7月10日,中阿合作论坛第八届部长级会议在北京召开,中国与阿拉伯国家签署了《中国—阿拉伯国家合作论坛第八届部长级会议北京宣言》,重申了上述立场。[3]

---

[1] 陈新光:《中阿"一带一路"务实合作迈上新台阶》,载中阿合作论坛网站,http://www.chinaarabcf.org/chn/zagx/gjydyl/t1579472.htm,最后访问日期:2019年4月15日。

[2] 《70余国支持中国南海立场 仲裁结果将会砸伤什么?》,载央视网,http://m.news.cctv.com/2016/07/12/ARTIL7EDl1OuAsWSMqrR25oD160712.shtml,最后访问日期:2019年4月14日。

[3] 李雪婷:《中国—阿拉伯国家合作论坛第八届部长级会议北京宣言》,载上海外国语大学中阿改革研究中心网站,http://infadm.shisu.edu.cn/_s114/b2/55/c7883a111189/page.psp,最后访问日期:2019年4月14日。

结　语

　　阿联酋拥有丰富的海洋油气资源，海洋事务主管部门众多，包括联邦海洋事务主管部门和各酋长国的海洋事务主管部门。阿联酋十分重视海洋相关立法，积极加入与海洋事务有关的条约。目前，阿联酋划定管辖海域的法有3部。其中，《1993年海洋区域划界法》全面规定了阿联酋的内水、领海、毗连区、专属经济区和大陆架。虽然阿联酋未批准《公约》，但其划定管辖海域的诸多法律规定与《公约》相关规定基本一致。《阿联酋宪法》规定油气资源在内的自然资源由各酋长国所有，关于海洋油气资源主要由各酋长国进行立法。联邦和各酋长国都制定了一系列渔业、海洋环境保护以及港口、船舶、与航运相关的法律法规。阿联酋加入了众多国际海事组织框架下的国际海事条约以及全球性和区域性海洋环境保护条约。阿联酋主张通过协议以及将争端提交至国际法院等机构的方式解决海洋争端，其与伊朗、沙特、卡塔尔签署了解决海洋争端的协议。阿联酋与伊朗就大通布岛、小通布岛和阿布穆萨岛的主权归属问题尚未得到解决，三岛扼守霍尔木兹海峡的战略地位以及附近海域丰富的油气资源，双方都极力争取。阿联酋与其他国家和国际组织开展了一系列海洋合作，其中海上油气资源的合作最为显著。阿联酋支持中国在"南海仲裁案"中的立场。阿联酋与中国经济互补性强，是"一带一路"沿线的重要国家，并积极响应和参与"一带一路"倡议，未来，中国与阿联酋有望进一步加深海洋合作。

参考文献

一、中文文献

1. ［英］劳特派特修订：《奥本海国际法》（上卷），王铁崖、陈体强译，商务印书馆1971年版。

2. 陈德恭：《现代国际海洋法》，中国社会科学出版社1988年版。

3. 蔡鹏鸿：《争议海域共同开发的管理模式：比较研究》，上海社会科学院出版社1998年版。

4. 马俊驹主编：《清华法律评论》（第四辑），清华大学出版社2002年版。

5. 刘月琴：《伊拉克》，社会科学文献出版社2007年版。

6. ［英］伊恩·布朗利：《国际公法原理》，曾令良、余敏友等译，法律出版社2007年版。

7. ［英］马尔科姆·N. 肖：《国际法》（第六版），白桂梅等译，北京大学出版社2011年版。

8. 范红达：《伊朗与美国》，新华出版社2012年版。

9. 冀开运：《伊朗与伊斯兰世界研究》，时事出版社2012年版。

10. 王景祺：《科威特》，社会科学文献出版社2014年版。

11. 张卫彬：《国际法院接受条约规则及相关问题研究——以领土边界争端为视角》，法律出版社2015年版。

12. 刘冬：《石油卡特尔的行为逻辑》，社会科学文献出版社2015年版。

13. 谢立忱：《当代中东国家边界与领土争端研究》，中国社会科学出版社2015年版。

14. 何勤华主编：《法律文明史：近代亚非拉地区法》（上卷·亚洲法分册），商务印书馆2017年版。

15. 商务部国际贸易经济合作研究院、中国驻卡塔尔大使馆经济商务参赞处、商务部对外投资和经济合作司：《对外投资合作国别（地区）指南：卡塔尔》，商务部2017年12月。

16. 商务部国际贸易经济合作研究院、中国驻阿拉伯联合酋长国大使馆经济商务参赞处、商务部对外投资和经济合作司：《对外投资合作国别（地区）指南：阿联酋》，商务部2017年12月。

17. 若一：《科威特的渔业生产和贸易》，载《中国水产》1988 年第 12 期。

18. 杨光：《伊拉克科威特领土争端透视》，载《西亚非洲》1992 年第 2 期。

19. 梁甫：《海湾的一个敏感点——伊拉克与科威特的划界问题》，载《世界知识》1992 年第 19 期。

20. 余崇健：《阿拉伯联合酋长国的国家政治制度及其特点》，载《西亚非洲》1992 年第 4 期。

21. 吴冰冰：《从对抗到合作：1979 年以来沙特与伊朗的关系》，载《阿拉伯世界研究》2001 年第 1 期。

22. 王有勇：《中国与海湾六国的能源合作》，载《阿拉伯世界研究》2005 年第 6 期。

23. 王有勇：《美国对阿拉伯能源战略的演变及其启示》，载《阿拉伯世界研究》2006 年第 5 期。

24. 刘多荣、陈玉祥、王霞等：《纳米材料在油气田开发中的应用》，载《天然气技术与经济》2007 年第 1 期。

25. 韩志斌、温广琴：《从伊斯兰法到二元法：巴林法律体系的变迁轨迹》，载《阿拉伯世界研究》2009 年第 4 期。

26. 赵克仁：《伊朗胡齐斯坦问题透析》，载《世界民族》2009 年第 4 期。

27. 马晓霖：《美国在伊拉克战略利益得失分析》，载《阿拉伯世界研究》2010 年第 5 期。

28. 陈万里、李顺：《海合会国家与美国的安全合作》，载《阿拉伯世界研究》2010 年第 5 期。

29. 罗国强、叶泉：《争议岛屿在海洋划界中的法律效力：兼析钓鱼岛作为争议岛屿的法律效力》，载《当代法学》2011 年第 1 期。

30. 曾长成：《伊拉克巴士拉油码头简介》，载《中国海事》2011 年第 6 期。

31. 史久镛：《国际法院判例中的海洋划界》，载《法治研究》2011 年第 12 期。

32. 李益波：《试析印度与海合会的军事与安全合作》，载《国际展望》2012 年第 6 期。

33. 汪绪涛：《伊拉克库尔德地区石油投资法律问题研究》，载《国际经济合作》2012 年第 3 期。

34. 赵康圣：《巴林卡塔尔海域划界案的国际法探析》，载《山西师大学报》2014年第41期。

35. 魏亮：《中东剧变中的巴林动乱》，载《阿拉伯世界研究》2015年第1期。

36. 孙德刚：《美国在海湾地区军事部署的"珍珠链战略"》，载《阿拉伯世界研究》2015年第4期。

37. 曾涛、吴雪：《伊拉克油气开发近况与投资环境潜在变化分析》，载《国际石油经济》2015年第23期。

38. 肖军：《印度与沙特的能源合作：促因与挑战》，载《西南石油大学学报》2015年第17期。

39. 钮松：《韩国与阿联酋的战略合作伙伴关系》，载《外交战略》2015年第18期。

40. 关培凤：《巴林与沙特阿拉伯大陆架划界暨资源共享谈判及其意义》，载《世界历史》2016年第2期。

41. 邓贤文：《阿拉伯联合酋长国油气工业发展现状及前景展望》，载《采油工程文集》2016年第3期。

42. 高鹏、谭喆、刘广仁等：《2016年中国油气管道建设新进展》，载《国际石油经济》2017年第3期。

43. 冀开运、邢文海：《巴列维王朝的波斯湾战略及其地区影响》，载《阿拉伯世界研究》2017年第4期。

44. 王金岩：《中国与阿联酋共建"一带一路"的条件、问题与前景》，载《当代世界》2017年第6期。

45. 方晓志、胡二杰：《印度洋视域下的中东海洋安全合作研究》，载《阿拉伯世界研究》2018年第1期。

46. 张瑞：《巴林哈利法家族的威权统治与未来政治选择》，载《郑州大学学报》2018年第6期。

47. 陆如泉：《阿联酋上路》，载《中国石油石化》2018年第17期。

48. 张剑：《中国石油与阿联酋油气合作分析》，载《国际石油经济》2018年第26期。

49. 仝菲：《阿拉伯联合酋长国现代化进程研究》，西北大学2010年博士学位论文。

50. 郭振华：《波斯湾地区海洋开发与海洋争端问题研究》，郑州大学2013年硕士学位论文。

51. 侯涛、柳玉：《筹划数百年，里海运河修建计划仍遥遥无期》，载

《宝安日报》2016年5月7日。

52. 肖岚、解亚娜：《伊拉克成立国家石油公司影响几何》，载《中国石油报》2018年4月10日。

53. 尚艳丽：《外国石油公司竞相获取阿联酋油田项目股份》，载《中国石油报》2018年4月10日。

二、外文文献

1. H. Richard Sindelar III and John E. Peterson, *Crosscurrents in the Gulf: Arab Regional and Global Interests*, Routledge, 1988.

2. Ahmad Razavi, *Continental Shelf Delimitation and Related Maritime Issues in the Persian Gulf*, Martinus Nijhoff Publishers, 1997.

3. Harvey Tripp, *Culture Shock*, Graphic Arts Center Publishing Company, 2003.

4. Christian Marshall, *Iran's Persian Gulf Policy: From Khomeini to Khatami*, Routledge, 2003.

5. Peter Calvert, *Border and Territorial Dispute of the World*, London: John Harper Publishers, 2004.

6. Dirk van Laak, *Über alles in der Welt. Deutscher Imperialismus im 19. und 20. Jahrhundert*, C. H. Beck, 2005.

7. Al-Enazy A H, *The Long Road from Taif to Jeddah: Resolution of A Saudi-Yemeni Boundary Dispute*, Emirates Center for Strategic Studies, 2005.

8. Amy Myers Jaffe, *Iraq's Oil Sector: Past, Present and Future*, Public Policy of Rice University, 2007.

9. Wolfgang Reinhard, *Kleine Geschichte des Kolonialismus*, Kröner, 2008.

10. John W. Garver, *China and Iran: Ancient Partners in A Post-Imperial World*, University of Washington Press, 2011.

11. Joseph Cirincione, Jon B. Wolfsthal, Miriam Rajkumar, *Deadly Arsenals: Nuclear, Biological, and Chemical Threats*, Carnegie Endowment, 2011.

12. Ahmad Reza Taheri, *The Baloch in Post Islamic Revolution Iran: A Political Study*, Lulu.com, 2012.

13. Riegl, B. M & Purkis, S. J, *Coral Reefs of the World: Adaptation to Climatic Extremes*, Springer, 2012.

14. Madawi Al-Rasheed, *A Most Masculine State: Gender, Politics and Religion in Saudi Arabia*, Cambridge University Press, 2013.

15. International Monetary Fund, Middle East and Central Asia Dept, *Iraq: 2017 Article IV Consultation and Second Review under the Three-Year Stand-by Arrangement-and Requests for Waivers of Nonobservance and Applicability of Performance Criteria, and Modification of Performance Criteria-Press Release*; *Staff Report*; *and Statement by the Executive Director for Iraq*, International Monetary Fund, 2017.

16. Young Richard, "Equitable Solutions For Offshore Boundaries: The 1968 Saudi Arabia-Iran Agreement", *The American Journal of International Law*, 64, 1970.

17. N. Downing, "Coral Communities in An Extreme Environment: The Northwest Arabian Gulf", *Proceedings of the Fifth International Coral Reef Congress*, 6, 1985.

18. Harry Brown, "The Iraq-Kuwait Boundary Dispute: Historical Background and the UN Decisions of 1992 and 1993", *IBRU Boundary and Security Bulletin*, 10, 1994.

19. Ahmad Jalinusi, Vahid Barari Arayee, "The Three Islands: (Abu Musa, the Greater &Lesser Tunb Island) Integral parts of Iran", *The Iran Journal of International Affairs*, 19, 2007.

20. Farhad Nomani, Sohrab Behdad, "Labor Rights and the Democracy Movement in Iran: Building a Social Democracy", *Northwestern Journal of International Human Rights*, 10, 2012.

21. L. Alnahdi, "Quality of Legislation and Law-making Process in Saudi Arabia", *University of London*, 2014.

22. Clive Schofield, "Defining Areas for Joint Development in Disputed Waters", *University of Wollongong Australia*, 1, 2014.

23. Wiegand K E, "Resolution of Border Disputes in the Arabian Gulf", *Journal of Territorial and Maritime Studies*, 1, 2014.

24. R. Al Hashemi, S. Zarreen, A. Al Raisi, F. A. Al Marzooqi, S. W. Hasan, "A Review of Desalination Trends in the Gulf Cooperation Council Countries", *International Interdisciplinary Journal of Scientific Research*, 1, 2014.

25. Hammadur Rahman and Syed Javaid Zaidi, "Desalination in Qatar: Present Status and Future Prospects", *Civil Engineering Research Journal*, 6, 2018.

26. Saeid Golkar, "The Evolution of Iran's Police Forces and Social Control in the Islamic Republic", *Crown Center for Middle East Studies*, 2018.

三、数据库和网站

（一）中文数据库和网站

1. 中华人民共和国外交部网站，https：//www.fmprc.gov.cn。
2. 中华人民共和国商务部网站，http：//www.mofcom.gov.cn。
3. 中华人民共和国驻伊朗大使馆经济商务参赞处网站，http：//ir.mofcom.gov.cn。
4. 中华人民共和国驻土库曼斯坦大使馆网站，http：//tm.mofcom.gov.cn。
5. 中华人民共和国驻科威特大使馆经济商务参赞处网站，http：//kw.mofcom.gov.cn/。
6. 中华人民共和国国家海洋局网站，http：//www.soa.gov.cn。
7. 中国地质调查局青岛海洋地质研究所网站，http：//www.qimg.cgs.gov.cn/。
8. 国家海洋局海岛研究中心网站，http：//www.irc.gov.cn/。
9. 青岛海洋科学与技术试点国家实验室网站，http：//test.qnlm.ac/。
10. 中国国际矿业大会网站，http：//www.chinaminingtj.org/。
11. 商务历史网，http：//history.mofcom.gov.cn/。
12. 上海合作组织网站，http：//chn.sectsco.org。
13. 中国石油天然气集团有限公司网站，http：//www.cnpc.com.cn/。
14. 中国海洋石油集团有限公司网站，http：//www.cnooc.com.cn/。
15. 新华网，http：//www.xinhuanet.com/。
16. 人民网，http：//www.people.com.cn。
17. 人民日报海外版，http：//www.haiwainet.cn。
18. 西南大学学报，http：//xbgjxt.swu.edu.cn。
19. 中国网，http：//www.china.com.cn/。
20. 爱思想，http：//www.aisixiang.com/data/19383.html。
21. 百度文库，https：//wenku.baidu.com。
22. 第1财经，https：//www.yicai.com。
23. 低碳网，http：//www.stoo.cn。
24. 大风号，https：//fhh.ifeng.com/。
25. 凤凰网，https：//www.ifeng.com。
26. 观察者网，https：//www.guancha.cn。
27. 航运在线，http：//port.sol.com.cn。
28. 环球网，http：//www.huanqiu.com。

29. 环球视野, http://www.globalview.cn。

30. 荔枝网, http://v.jstv.com。

31. MBA 智库, https://wiki.mbalib.com/。

32. 马蜂窝, https://www.mafengwo.cn。

33. 石油圈, http://www.oilsns.com。

34. 世界历史网, http://www.chengshi118.com/。

35. 新浪网, https://www.sina.com.cn。

36. 央视网, http://www.cctv.com。

37. 伊朗百科, http://yilang.h.baike.com/。

38. 引力资讯, http://www.g.com.cn/。

39. 中国新闻网, http://www.chinanews.com/hb/。

40. 中国百科网, http://www.chinabaike.com。

41. 中国论文网, https://www.xzbu.com。

42. 走出去公共服务平台, http://fec.mofcom.gov.cn/。

43. 行政区划网, http://www.xzqh.org/。

44. 搜狐网, http://www.sohu.com。

45. 大众网, http://www.dzwww.com。

46. 中国拟在建项目网, http://www.bhi.com.cn。

47. 百家号, https://baijiahao.baidu.com。

48. 上海外国语大学中阿改革研究中心, http://carc.shisu.edu.cn。

49. 中国能建, http://www.ceec.net.cn/index.html。

50. 深圳一带一路建设有限公司网站, http://www.beltway.cn/。

51. 中华人民共和国驻科威特国大使馆网站, http://kw.china-embassy.org。

52. 中国社会科学院西亚非洲研究所网站, http://iwaas.cssn.cn。

53. 中国水产科学研究院网站, http://www.cafs.ac.cn。

54. 中国对外承包工程商会网站, http://www.chinca.org。

55. 一带一路网, https://www.yidaiyilu.gov.cn/。

56. 中国发展网, http://www.chinadevelopment.com.cn。

57. 中阿合作论坛网站, http://www.chinaarabcf.org/。

58. 经济参考, http://www.jjckb.cn。

59. 网易号, http://dy.163.com。

60. 地之图, http://map.ps123.net。

61. 中国人大网, http://www.npc.gov.cn。

62. 国防科技信息网, http://www.dsti.net/。

63. 军报记者，http：//jz.81.cn/。

64. 平凉新闻网，http：//www.plxww.com/。

65. 多维新闻，http：//www.dwnews.com/。

66. 中国政府网，http：//www.gov.cn。

67. 中华人民共和国国防部网站，http：//www.mod.gov.cn。

68. 中华人民共和国驻沙特阿拉伯王国大使馆经济商务参赞处网站，http：//sa.mofcom.gov.cn。

69. 中国自然资源部地质调查局网站，http：//www.cgs.gov.cn。

70. 国务院国有资产监督管理委员会网站，http：//www.sasac.gov.cn。

71. 国家能源集团网，http：//www.cgdc.com.cn。

72. 中国船舶与海洋工程网，http：//shipoffshore.com.cn。

73. 上海海事大学网站，https：//www.shmtu.edu.cn。

74. 中国社会科学院考古研究所网站，http：//www.kaogu.cn。

75. 亚洲金融合作协会网站，http：//cn.afca-asia.org。

76. 一带一路全媒体平台，http：//ydyl.people.com.cn。

77. 中国海洋报，http：//www.oceanol.com。

78. 中国水产商务网，http：//info.chinaaquatic.cn/intenews。

79. 中央人民广播电台网，http：//china.cnr.cn。

80. 国际船舶网，http：//www.eworldship.com。

81. 北极星电力网，http：//news.bjx.com.cn。

82. 中国膜工业协会，http：//www.membranes.com.cn。

83. 南海网，http：//www.hinews.cn。

84. 半岛电视台中文网，http：//chinese.aljazeera.net。

85. 财经网，http：//economy.caijing.com.cn。

86. 地图帝，http：//www.dtdmap.com。

87. 地球日报，http：//global.sina.cn。

88. 钝角网，http：//www.dunjiaodu.com。

89. 国际石油网，http：//oil.in-en.com。

90. 华尔街见闻，https：//wallstreetcn.com。

91. 金投网，https：//www.cngold.org。

92. 澎湃新闻，https：//www.thepaper.cn。

93. 前瞻经济学人，https：//www.qianzhan.com。

94. 新浪财经，http：//finance.sina.com.cn。

95. 牧通人才网，http：//www.xumurc.com。

96. 中华人民共和国驻巴林王国大使馆经济商务参赞处网站，http：//bh. mofcom. gov. cn/。

97. 中华人民共和国驻巴林王国大使馆网站，http：//bh. china-embassy. org/。

98. 中华人民共和国国家能源局网站，http：//www. nea. gov. cn。

99. 中国水产科学研究院渔业工程研究所网站，http：//www. feri. ac. cn/。

100. 中国能源网，http：//www. cnenergy. org/。

101. 中国石化新闻网，http：//www. sinopecnews. com. cn/。

102. 中国石油新闻中心，http：//news. cnpc. com. cn/。

103. 中国国际渔业博览会，http：//www. seafarechina. com/。

104. 财团法人国际合作发展基金会网站，http：//www. icdf. org. tw/。

105. 台湾法规资料库，https：//law. moj. gov. tw/。

106. 亚洲时报，http：//www. asiatimes. com. my/。

107. 美通社，https：//www. prnasia. com/。

108. 俄罗斯卫星通讯社，http：//sputniknews. cn/。

109. 21世纪经济报道，http：//epaper. 21jingji. com/。

110. 国际投资贸易网，http：//www. china-ofdi. org/。

111. 环球杂志，http：//paper. news. cn。

112. 每经网，http：//www. nbd. com. cn/。

113. 新浪军事，http：//mil. news. sina. com. cn。

114. 英大网，http：//www. indaa. com. cn。

115. 电缆网，http：//news. cableabc. com/。

116. 中华人民共和国驻卡塔尔大使馆网站，http：//qa. chineseembassy. org。

117. 中华人民共和国驻卡塔尔国大使馆经济商务参赞处网站，http：//qa. mofcom. gov. cn。

118. "一带一路"数据库，https：//www. ydylcn. com。

119. 中国国际能源舆情研究中心，http：//www. energypo. com/2614. html。

120. 中国社会科学网，http：//www. intl. cssn. cn。

121. 中国葛洲坝集团网站，http：//www. cggc. ceec. net. cn。

122. 中国经济网，http：//www. ce. cn。

123. 中国海洋在线，http：//www. oceanol. com。

124. 路港通讯，http：//www. fhebsc. com。

125. 中外见闻，http：//mp. weixin. qq. com。

126. 网易新闻，http：//3g. 163. com。

127. 汇通网，http：//news. fx678. com。

128. 财经时报，http：//www. businesstimes. cn。

129. 通用运费网，https：//www. ufsoo. com。

130. 加油中国网，http：//www. gogochina. cn。

131. 百度百科，https：//baike. baidu. com。

132. 中华人民共和国教育部网站，http：//www. jsj. edu. cn。

133. 中华人民共和国农业农村部网站，http：//www. moa. gov. cn。

134. 中华人民共和国驻阿联酋大使馆经济商务参赞处网站，http：//ae. mofcom. gov. cn。

135. 江苏省人民政府国有资产监督管理委员会网站，http：//jsgzw. jiangsu. gov. cn。

136. 华为，https：//www. huawei. com。

137. 瑞投资网，http：//m. 65singapore. com。

138. 上海情报服务平台，http：//www. istis. sh. cn。

139. 和讯网，http：//www. hexun. com。

140. 航运界，https：//www. ship. sh。

141. 商桥新外贸，https：//www. ollomall. com。

142. 韩国联合通讯社，https：//cn. yna. co. kr。

（二）外文数据库和网站

1. United Nations，http：//www. un. org.

2. UN Office of Legal Affairs，http：//legal. un. org/.

3. UN Treaty Collection，https：//treaties. un. org.

4. UN Knowledge Base，http：//repository. un. org/b.

5. FAO，http：//www. fao. org/home/en/.

6. ICJ，https：//www. icj-cij. org/.

7. International Labour Organization，http：//www. ilo. org.

8. Inmarsat，http：//www. imso. org/.

9. Guardian Council of the Constitution of the Islamic Republic of Iran，http：//www. shora-gc. ir/P.

10. Cabinet of the Islamic Republic of Iran，http：//dolat. ir/.

11. Ministry of Foreign Affairs of the Islamic Republic of Iran，http：//en. mfa. ir/.

12. Ministry of the Interior of the Islamic Republic of Iran，https：//www. moi. ir/portal/home/.

13. Ministry of Petroleum of the Islamic Republic of Iran, http：//en. mop. ir/Portal/home/.

14. Ministry of Agriculture of the Islamic Republic of Iran, http：//www. maj. ir.

15. Ministry of Roads and Urban Development of the Islamic Republic of Iran, https：//mrud. ir.

16. Ministry of Scientific Research and Technology of the Islamic Republic of Iran, https：//www. msrt. ir.

17. Ministry of Industry, Mining and Trade of the Islamic Republic of Iran, http：//en. mimt. gov. ir.

18. Ministry of Environment of the Islamic Republic of Iran, https：//eform. doe. ir.

19. Border Guard of the Islamic Republic of Iran, http：//www. marzbani. police. ir/.

20. Islamic Republic of Iran Ports and Maritime Organization, https：//www. pmo. ir.

21. Pars Today, http：//parstoday. com/.

22. National Organization for Surveying and Mapping of the Islamic Republic of Iran, http：//www. ncc. org. ir.

23. National Iranian Oil Company, http：//www. nioc. ir/.

24. US State Department, https：//www. state. gov/.

25. U. S. Department of Energy Information, http：//www. ieee. es/.

26. CIA, https：//www. cia. gov/.

27. ICOFC, http：//en. icofc. org.

28. IOOC, http：//www. iooc. co. ir.

29. POGC, http：//pogc. ir/.

30. Khazar, http：//en. kepco. ir/.

31. Undersea Research and Development Center of the Islamic Republic of Iran, https：//subseard. iut. ac. ir.

32. Iranian Geological Survey, http：//www. gsi. ir.

33. National Institute of Oceanic and Atmospheric Sciences of Iran, http：//www. inio. ac. ir.

34. Iranian Marine Fund, https：//imf. ir.

35. Persian Gulf Research Institute, https：//pgri. pgu. ac. ir.

36. Iran Fisheries Organization, http：//shilat. com.

37. International Energy Research Center of Iran, http：//www. iies. ac. ir/en.

38. Iranian Institute of Fisheries Science, http：//ifro. ir.

39. Petroleum University of Technology, http：//www. put. ac. ir.

40. EU, https：//eeas. europa. eu.

41. Office of the President of Russia, http：//en. kremlin. ru/.

42. INFOFISH, http：//infofish. org.

43. IOTC, http：//www. iotc. org.

44. Islam Times, http：//www. ghatreh. com/.

45. Tehran Convention, http：//www. tehranconvention. org.

46. Iran Chamber, http：//www. iranchamber. com/.

47. Google book, https：//books. google. co. jp.

48. Arab News, http：//www. arabnews. com.

49. A Barrel Full, http：//abarrelfull. wikidot. com/.

50. Asia Water, http：//www. asiawaterco. ir/.

51. AZER News, https：//www. azernews. az/.

52. BBC, https：//www. bbc. co. uk/.

53. Brandeis, https：//www. brandeis. edu/.

54. CS Monitor, http：//www. csmonitor. com.

55. Customs today, http：//www. customstoday. com. pk/.

56. Deep blue, https：//deepblue. lib. umich. edu/.

57. Desal Data, https：//www. desaldata. com/.

58. Dictionary, https：//dictionary. abadis. ir/.

59. ECOLEX, https：//www. ecolex. org.

60. Economic Times, https：//economictimes. indiatimes. co.

61. Emam, http：//emam. com/.

62. Eurasian Business Briefing, http：//www. eurasianbusinessbriefing. com.

63. Eurasia Net. , https：//eurasianet. org.

64. Euro-petrole, https：//www. euro-petrole. com/.

65. EIR, https：//larouchepub. com/.

66. Fars News, http：//en. farsnews. com/newstext. asp.

67. Financial Tribune, https：//financialtribune. com.

68. Fisheries Sciences, http：//www. fisheriessciences. com.

69. Getting The Deal Through, https://gettingthedealthrough.com.
70. Global Security, https://www.globalsecurity.org/.
71. Gulf Oil and Gas, http://www.gulfoilandgas.com/.
72. HC360, http://info.chem.hc360.com/.
73. Hy flux, https://www.hyflux.com/.
74. IBtimes, https://www.ibtimes.com/.
75. IDE-JETRO, http://www.ide.go.jp/.
76. INTEM Consulting, Inc., http://www.intemjapan.co.jp.
77. IORA, http://www.iora.int.
78. Iran-business New, http://www.iran-bn.com/.
79. Iran Data Portal, http://irandataportal.syr.edu/.
80. Iran-daily, http://www.iran-daily.com.
81. Iran Oil Gas, http://www.iranoilgas.com/.
82. Iran online, http://www.iranonline.com/.
83. Iran air, http://www.iranair.co.uk.
84. Iran Republic News Agency, https://www.irna.ir.
85. Iranica online, http://www.iranicaonline.org/artic.
86. Iran Primer, https://iranprimer.usip.org/.
87. IFP News, https://ifpnews.com.
88. JICA, https://www.jica.go.jp.
89. Kay Han, http://kayhan.ir/.
90. Knowpia, https://zh.knowpia.com/pages/Hass.
91. kknews, https://kknews.cc.
92. KOGAS, http://www.kogas.or.kr.
93. Latitude, https://latitude.to.
94. Los Angeles Times, http://articles.latimes.com/.
95. Manqian, http://toutiao.manqian.cn/.
96. Mapcarta, https://mapcarta.com/.
97. Maritime Gateway, http://www.maritimegateway.com.
98. Marine Regions, http://www.marineregions.org.
99. MarineTraffic, https://www.marinetraffic.com/.
100. MEHR News, https://en.mehrnews.com.
101. MEMAC, http://memac-rsa.org.
102. National interest, https://nationalinterest.org/.

103. Namnak,http：//namnak. com/.

104. Naftyar,http：//www. naftyar. com/.

105. MARYAM RAJAVI,https：//www. maryam-rajavi. com.

106. NDTV,https：//www. ndtv. com.

107. Newsweek,https：//www. newsweek. com.

108. Northwestern Law,http：//scholarlycommons. law. northwestern. edu/.

109. Nrgedge,https：//www. nrgedge. net/.

110. Offshore Energy Today,https：//www. offshoreenergytoday. com/.

111. Oman Fisheries,http：//omanfisheries. com.

112. Openoil,http：//openoil. net.

113. PAK Observer,https：//pakobserver. net.

114. Peakoil,https：//peakoil. com/.

115. Petronas,https：//www. petronas. com/.

116. POGDC,http：//www. pogdc. com/.

117. Press TV,https：//www. presstv. com/.

118. ProTenders,https：//www. protenders. com/.

119. Pulse,https：//pulsenews. co. kr/.

120. Report,https：//report. az.

121. Revolvy,https：//www. revolvy. com/.

122. ROSGEO,https：//www. rosgeo. com/.

123. ROPME,http：//ropme. org/.

124. Sazeh Sazan,http：//sazehsazan. com/.

125. Shana,https：//www. shana. ir/.

126. Stanford,https：//web. stanford. edu.

127. Sygic Travel,https：//travel. sygic. com/.

128. Tasdid Company,https：//en. tasdid. com/home/.

129. Tehran Times,https：//www. tehrantimes. com.

130. The Free Dictionary by Farlex,https：//www. thefreedictionary. com/.

131. The Local,https：//www. thelocal. it.

132. The Moscow Times,https：//themoscowtimes. com/.

133. The Iran Project,https：//theiranproject. com.

134. The EDGE,https：//www. theedgesingapore. com/.

135. Times Of Oman,https：//timesofoman. com.

136. Total,https：//www. total. com/.

137. Under consideration, https: //www. underconsideration. com.

138. Under Current News, https: //www. undercurrentnews. com.

139. UPI, https: //www. upi. com/.

140. Washington Post, https: //www. washingtonpost. com.

141. Wisconsin Project, https: //www. wisconsinproject. org/.

142. Worldview, https: //worldview. stratfor. com/article/iran-oman.

143. WSWS, https: //www. wsws. org/.

144. Xzbu, https: //www. xzbu. com/1/view.

145. YJC, https: //www. yjc. ir/.

146. Young Journalists Club, https: //www. yjc. ir.

147. Wikipedia, https: //en. wikipedia. org/.

148. EIA, https: //www. eia. gov/.

149. Government of Iraq, https: //gds. gov. iq/.

150. Stanford, https: //law. stanford. edu.

151. Cabinet Secretariat of Iraq, http: //www. cabinet. iq/default. aspx.

152. Ministry of Foreign Affairs of Iraq, http: //www. mofa. gov. iq.

153. Ministry of Interior of Iraq, https: //moi. gov. iq.

154. Ministry of Oil of Iraq, https: //oil. gov. iq.

155. Ministry of Electricity of Iraq, https: //www. moelc. gov. iq.

156. Ministry of Agriculture of Iraq, http: //www. zeraa. gov. iq.

157. Ministry of Higher Education and Scientific Research of Iraq, http: //mohesr. gov. iq.

158. Ministry of Transportation of Iraq, http: //www. motrans. gov. iq.

159. General Company for Ports of Iraq, http: //www. scp. gov. iq.

160. State Company for Maritime Transport of Iraq, http: //scmt. gov. iq.

161. Ministry of Water Resources of Iraq, http: //www. mowr. gov. iq.

162. Britannica, https: //www. britannica. com/.

163. GAC, https: //www. gac. com.

164. Bridgat, http: //article. bridgat. com.

165. Gulfanalysis, https: //gulfanalysis. wordpress. com/.

166. 2b1stconsulting, https: //www. 2b1stconsulting. com/.

167. Nature, https: //www. nature. com/.

168. TIMEP, https: //timep. org.

169. Lawreviews, https: //thelawreviews. co. uk.

170. Lexology, https：//www. lexology. com.

171. ARAB TIMES, http：//www. arabtimesonline. com/news/.

172. VEOLIA, https：//www. veolia. com/middleeast/.

173. Iraq business news, http：//www. iraq-businessnews. com/.

174. BUINESS KOREA, http：//www. businesskorea. co. kr/.

175. The Maritime Standard, https：//www. themaritimestandard. com/.

176. WORFLD MARITIME NEWS, https：//worldmaritimenews. com/.

177. The MARITIME EXECYTIVE, https：//www. maritime-executive. com/.

178. REUTERS, https：//www. reuters. com/.

179. Pipeline and Gas Journal, https：//pgjonline. com/.

180. UN Security Council, https：//undocs. org.

181. Kuwait National Assembly, http：//www. kna. kw.

182. Kuwaitgovernment, https：//www. e. gov. kw.

183. Kuwait Ministry of Interior, https：//www. moi. gov. kw.

184. Kuwait Ministry of Oil, http：//www. moo. gov. kw.

185. Kuwait Ministry of Electricity and Water, https：//www. mew. gov. kw.

186. Kuwait Ports Authority, http：//www. kpa. gov. kw.

187. Kuwait Environment Public Authority, https：//epa. org. kw.

188. Kuwait Agriculture and Fisheries Resources Proclamation Authority, http：//www. paaf. gov. kw.

189. Kuwait Petroleum Company, https：//www. kpc. com.

190. Ministry of Petroleum of Egypt, http：//www. petroleum. gov. eg.

191. Kuwait Institute for Scientific Research, http：//www. kisr. edu. kw.

192. Kuwait Legal Advisory and Legislative Council, http：//www. law. gov. kw/.

193. US Congress, https：//www. congress. gov/.

194. US Defense, https：//dod. defense. gov/.

195. UK Parliament, https：//www. parliament. uk/.

196. UK Defence, https：//ukdefencejournal. org. uk/.

197. World Bank, https：//data. worldbank. org. cn.

198. Kuwait News Agency, https：//www. kuna. net. kw/.

199. Secretary General of the Gulf Cooperation Council, http：//www. gcc-sg. org/.

200. OAPEC, http：//oapecorg. org.

201. OPEC, https://www.opec.org.

202. CNBC, https://www.cnbc.com.

203. BP, https://www.bp.com.

204. Hein Online, https://heinonline.org/.

205. FORCES NETWORK, https://www.forces.net/.

206. AL Defaiya, http://www.defaiya.com/.

207. Gulf International Forum, https://gulfif.org/.

208. Global Research, https://www.globalresearch.ca/.

209. MENAFN, https://menafn.com/index.aspx.

210. NATO OTAN, https://jfcnaples.nato.int/default.aspx.

211. Anadolu Ajansi, https://www.aa.com.tr/tr.

212. Military Times, https://www.militarytimes.com/.

213. CMF, https://combinedmaritimeforces.com/.

214. Jane's 360, https://www.janes.com/.

215. Gulfnews, https://gulfnews.com.

216. Visit-kuwait, https://www.visit-kuwait.com.

217. IHO, https://www.iho.int.

218. HELLENIC SHIPING NEWS, https://www.hellenicshippingnews.com.

219. Arch-daily, https://www.archdaily.cn.

220. S&P Global Platts, https://www.spglobal.com.

221. BUSSINESS INSIDER, https://www.businessinsider.com.

222. SLB, https://www.slb.com.

223. DefenseNews, https://www.defensenews.com.

224. Researchgate, https://www.researchgate.net.

225. Google, https://www.google.com.

226. Mongabay, https://data.mongabay.com.

227. Cablegatesearch, http://www.cablegatesearch.net.

228. Bloomberg, https://www.bloomberg.com.

229. World Energy, https://www.worldenergy.org.

230. PERSGA, http://www.persga.org.

231. Bureau of Experts at the Council of Ministers, https://www.boe.gov.sa.

232. Ministry of Transportation of the Kingdom of Saudi Arabia 官网, https://mot.gov.sa.

233. Ministry of Education of the Kingdom of Saudi Arabia, https: //www. moe. gov. sa.

234. Ministry of Agriculture of the Kingdom of Saudi Arabia, https: //www. mewa. gov. sa.

235. Ministry of Energy, Industry and Mineral Resources of the Kingdom of Saudi Arabia, http: //www. meim. gov. sa.

236. Ministry of Foreign Affairs of the Kingdom of Saudi Arabia, https: //www. mofa. gov. sa.

237. Embassy of the Kingdom of Saudi Arabia, https: //www. saudiembassy. net.

238. Kingdom of Saudi Arabia Ports Authority, http: //www. ports. gov. sa.

239. Saudi Aquaculture Society, http: //www. sas. org. sa.

240. Saudi Aramco, https: //www. saudiaramco. com.

241. Saudi Petroleum Services Polytechnic, http: //www. spsp. edu. sa.

242. SWCC, https: //www. swcc. gov. sa.

243. King Abdulaziz City for Science and Technology, https: //www. kacst. edu. sa.

244. King Abdulaziz University, https: //www. kau. edu. sa.

245. KFUPM, http: //www. kfupm. edu. sa.

246. Kingdom of Saudi Arabia, http: //vision2030. gov. sa.

247. Israel Ministry of Defense, https: //www. israeldefense. co. il.

248. Ministry of Foreign Affairs of Malta, https: //foreignaffairs. gov. mt.

249. University of Florida, http: //fall. fsulawrc. com.

250. Woods Hole Oceanographic Institution, https: //www. whoi. edu.

251. Naval Group, https: //www. naval-group. com.

252. ASHARQ, https: //aawsat. com.

253. Saudi Gazette, http: //saudigazette. com. sa.

254. Daily Pakistan, http: //cn. dailypakistan. com. pk.

255. Eastasia Forum, http: //www. eastasiaforum. org.

256. Arabian Business, https: //www. arabianbusiness. com.

257. Dolphin Energy, http: //www. dolphinenergy. com.

258. Middleeast Monitor, https: //www. middleeastmonitor. com.

259. Global Times, http: //www. globaltimes. cn.

260. US nook, http: //www. usnook. com.

261. OIL&GAS JOURNAL, https: //www. ogj. com.

262. Joc. com, https: //www. joc. com/maritime-news.

263. Diplomat, http: //thediplomat. com.

264. Al-bab, http: //www. al-bab. com.

265. COMPELO, https: //www. compelo. com.

266. Constructionweekonline, http: //www. constructionweekonline. com.

267. DTU Orbit, http: //orbit. dtu. dk.

268. Drillinginfo, https: //info. drillinginfo. com.

269. Gulftainer, http: //www. gulftainer. com/terminals.

270. Gulfbusiness, http: //gulfbusiness. com.

271. JSTOR, https: //www. jstor. org.

272. JEWISH VIRTUAL LIBRARY, https: //www. jewishvirtuallibrary. org.

273. Marinelink, https: //www. marinelink. com.

274. Novinite group, https: //www. novinite. com.

275. Offshore technology, https: //www. offshore-technology. com.

276. OXFORD BUSINESS GROU, https: //oxfordbusinessgroup. com.

277. Petroleum Insights, http: //petroleuminsights. blogspot. com.

278. SAMAA, https: //www. samaa. tv.

279. Sharafshippingksa, http: //www. sharafshippingksa. com.

280. TOP UNIVERSITY, https: //www. topuniversities. com.

281. The National, https: //www. thenational. ae.

282. Worldportsource, http: //www. worldportsource. com.

283. Carnegie Endowment for International Peace, http: //carnegieendowment. org/.

284. Bahrain Government, https: //www. bahrain. bh.

285. Council of Reresentatives, https: //www. nuwab. bh/.

286. Bahrain Shura, http: //www. shura. bh/.

287. Ministry of Educationof Bahrain, http: //www. moe. gov. bh.

288. Ministry of Foreign Affairs of Bahrain, https: //www. mofa. gov. bh.

289. Ministry of Transportation and Telecommunications of Bahrain, http: //www. mtt. gov. bh/.

290. Ministry of Interior of Bahrain, https: //www. interior. gov. bh/.

291. Customs Affairs Directorate of Bahrain, http: //www. bahraincustoms. gov. bh.

292. National Oil & Gas Authority of Bahrain, https：//www. noga. gov. bh/.

293. Ministry of Works Municipalities Affairs and Urban Planning of Bahrain, //www. mun. gov. bh/.

294. Bahrain Polytechnic, http：//www. moe. gov. bh/.

295. Survey and Land Registration Bureau of Bahrain, https：//www. slrb. gov. bh/.

296. Supreme Council for Environment of Bahrain, http：//www. sce. gov. bh/.

297. BAPCO, http：//www. BAPCO. net/.

298. BANAGAS, http：//www. BANAGAS. com.

299. Bahrain LNG Company, https：//bahrainlng. com/.

300. GPIC, http：//www. gpic. com/.

301. Tatweer Petroleum, http：//tatweerpetroleum. com/.

302. Prime Minister of Japan and his cabinet, https：//www. kantei. go. jp/.

303. Yale, http：//avalon. law. yale. edu.

304. NESTE, https：//www. neste. com/.

305. Action on Armed Violence, https：//aoav. org. uk/.

306. Business Wire, https：//www. businesswire. com/.

307. BIDEC, https：//www. bahraindefence. com.

308. CEFAS, https：//www. cefas. co. uk.

309. DANAT, https：//www. danat. bh.

310. Eco-Business, https：//www. eco-business. com/.

311. International Democracy Watch, http：//www. internationaldemocracywatch. org.

312. JNA AWARDS, https：//www. jnaawards. com/.

313. Mining Encyclopedia, http：//mining-enc. com/.

314. Middle East Business Intelligence, https：//www. meed. com/.

315. Modern Power Systems, https：//www. modernpowersystems. com/.

316. Parsbahrain, https：//www. parsbahrain. net.

317. Power Engineering, https：//www. power-eng. com/.

318. Photius, https：//photius. com/.

319. STA, https：//www. stalawfirm. com/.

320. SUEZ, https：//www. suezwaterhandbook. com/.

321. The Oxford Water Network, https：//www. water. ox. ac. uk/.

322. Water Online, https://www.wateronline.com/.

323. QatarGovernment, https://portal.www.gov.qa/.

324. Qatar Ministry of Foreign Affairs, https://mofa.gov.qa/.

325. Qatar Ministry of Interior, https://portal.moi.gov.qa/.

326. Qatar Ministry of Energy and Industry, https://mei.gov.qa/.

327. Qatar Ministry of Municipality and Environment, http://www.mme.gov.qa/.

328. Qatar Ministry of Transport and Communications, http://www.motc.gov.qa/.

329. Qatar Government Communications Network, https://www.gco.gov.qa.

330. Qatar Petroleum, https://qp.com.qa/.

331. Qatar Electricity and Water Company, https://www.qewc.com.

332. Qatar General Electricity and Water Company, https://www.watermegareservoirs.qa.

333. Nippon Shipbuilding Co., https://www.hitachizosen.co.jp.

334. ACCIONA, https://www.acciona-agua.com.

335. Vietnam News Agency, https://zh.vietnamplus.vn.

336. Al Meezan, http://www.almeezan.qa.

337. Doha Family, http://www.dohafamily.com.

338. Bunduq, https://www.bunduq.com/.

339. Daily Sabah, https://www.dailysabah.com.

340. DIMDEX, https://www.dimdex.com.

341. Exhibitionstand, https://www.exhibitionstand.contractors.

342. Geographical Names, https://geographic.org.

343. GEO ExPro Magazine, https://www.geoexpro.com.

344. Maersk, www.maersk.com.

345. OXY, https://www.oxy.com/.

346. Power-technology, www.power-technology.com.

347. QPD, https://www.qpd-jp.com/.

348. Ras Girtas, http://www.rasgirtas.qa/.

349. RAMSAR, http://www.rsis.ramsar.org/.

350. SDPLAZA, http://www.sdplaza.com.cn.

351. The Peninsula, http://thepeninsulaqatar.com.

352. The Eurasian Times, http：//eurasiantimes. com.

353. The Gulf Times, http：//www. gulf-times. com.

354. Thoughtco, 网址 https：//www. thoughtco. com.

355. Water-technology, http：//www. water-technology. net.

356. UAE Government, https：//www. government. ae/en.

357. UAE Cabinet, https：//uaecabinet. ae/en.

358. UAE Ministry of Foreign Affairs and International Cooperation, https：//www. mofa. gov. ae.

359. UAE Ministry of Infrastructure Development, https：//www. moid. gov. ae.

360. UAE Ministry of Energy & Industry, https：//www. moei. gov. ae/en.

361. United Arab Emirates University, https：//www. uaeu. ac. ae/en.

362. UAE Federal Electricity and Water Authority, http：//www. fewa. gov. ae/en.

363. UAE Federal Transport Authority-Land & Maritime, https：//fta. gov. ae.

364. UAE Ministry of Justice, https：//elaws. moj. gov. ae.

365. Emirates Centre for Strategic Studies and Research, https：//www. ecssr. ae/en.

366. Emirates News Agency, https：//www. tawazun. ae.

367. UAE Customs, https：//www. fca. gov. ae/en.

368. Zayed University, https：//www. zu. ac. ae.

369. Department of Energy—Abu Dhabi, http：//www. doe. gov. ae/en.

370. UAE Ministry of Education, https：//www. moe. gov. ae.

371. Abu Dhabi National Oil Company, https：//www. adnoc. ae.

372. Abu Dhabi Shipbuilding company, http：//www. adsb. ae.

373. CICPA, http：//www. cicpa. ae/en.

374. Environment Agency—Abu Dhabi, https：//www. ead. ae.

375. UAE, https：//www. tamm. abudhabi/en.

376. Department of Transport-Abu Dhabi, https：//dot. gov. abudhabi/en.

377. Abu Dhabi Ports, https：//www. adports. ae.

378. MASDAR, https：//masdar. ae/en.

379. Dubai Roads and Transport Authority, https：//www. rta. ae.

380. Ministry of Higher Education & Scientific Research, https：//web. ar-

chive. org/web.

381. Supreme Council of Energy—Dubai, http：//www. dubai. ae.

382. Sharjah Ports, http：//www. sharjahports. gov. ae.

383. Environment and Protected Areas Authority in Sharjah, http：//www. epaashj. ae.

384. Ras Al Khaimah Ports, https：//www. rakports. ae.

385. UAE Minister of Finance, https：//www. mof. gov. ae.

386. UAE Ministry of Climate Change and Environment, https：//www. moccae. gov. ae.

387. UAE Ministry of the Interior, https：//www. moi. gov. ae/en.

388. Dubai Courts, https：//www. dc. gov. ae/PublicServices.

389. Oxford Energy, https：//www. oxfordenergy. org.

390. Seatrade maritime, http：//www. seatrade-maritime. com.

391. METI, https：//www. meti. go. jp.

392. ADNOC Offshore, https：//adnoc. ae.

393. Worldoil, https：//www. worldoil. com.

394. Al Bawaba, https：//www. albawaba. com.

395. Rigzone, https：//www. rigzone. com.

396. Oil And Gas Middleeast, https：//www. oilandgasmiddleeast. com.

397. DP World, https：//www. dpworld. com.

398. Export, https：//www. export. gov.

399. Spacewar, http：//www. spacewar. com.

400. ICLG, https：//iclg. com.

401. Khaleej Times, https：//www. khaleejtimes. com.

402. World Fishing & Aquaculture, https：//www. worldfishing. net.

403. Hauser Global Law School Program, http：//www. nyulawglobal. org.

404. Herzliya Center for Interdisciplinary Studies, https：//www. idc. ac. il.

附 录

附录 1　沙特阿拉伯《1949 年皇家法令》[1]

The Royal Decree No. 6/4/5/3711 defining the territorial
waters of Saudi Arabia 28 May 1949

We, "Abdul" Aziz ibn "Abdul Rahman Al Faisal Al Sa" ud, King of the Kingdom of Saudi Arabia, after reliance on God Almighty and in view of our desire to define the territorial waters of the Kingdom, HAVE DECREED AS FOLLOWS:

Article 1

For the purposes of this Decree,

(a) The term "nautical mile" is the equivalent of 1852 meters;

(b) The term "bay" includes any inlet, lagoon or other arm of the sea;

(c) The term "island" includes any islet, reef, rock, bar or permanent artificial structure not submerged at lowest low tide;

(d) The term "shoal" denotes an area covered by shallow water, a part of which is not submerged at lowest low tide; and

(e) The term "coast" refers to the coasts of the Gulf of Aqaba, the Persian Gulf and the Red Sea.

Article 2

The territorial waters of Saudi Arabia, as well as the air space above and the soil and subsoil beneath them, are under the sovereignty of the Kingdom, subject to the provisions of international law as to the innocent passage of vessels of other nations through the coastal sea.

Article 3

The territorial waters of Saudi Arabia embrace both the in-land waters and the coastal sea of the Kingdom.

Article 4

The inland waters of the Kingdom include:

(a) the waters of the bays along the coasts of Saudi Arabia;

(b) the waters above and landward from any shoal not more than twelve nautical miles from the mainland or from a Saudi Arabian island;

(c) the Waters between the mainland and a Saudi Arabian island not more than twelve

---

[1] "Territorial Waters of Saudi Arabia", JSTOR, https://www.jstor.org/stable/2213982? read-now = 1&seq =3#page_ scan_ tab_ contents, November 25, 2018.

nautical miles from the mainland; and

(d) the waters between Saudi Arabian islands not farther apart than twelve nautical miles.

Article 5

The coastal sea of Saudi Arabia lies outside the inland waters of the Kingdom and extends seaward for a distance of six nautical miles.

Article 6

The following are established as the base-lines from which the coastal sea of Saudi Arabia is measured:

(a) where the shore of the mainland or an island is fully exposed to the open sea, the lowest low water mark on the shore;

(b) where a bay confronts the open sea, lines drawn from headland to headland across the mouth of the bay;

(c) where a shoal is situated not more than twelve nautical miles from the mainland or from a Saudi Arabian island, lines drawn from the mainland or the island and along the outer edge of the shoal;

(d) where a port or harbor confronts the open sea, lines drawn along the seaward side of the outermost works of the port or harbor and between such works;

(e) where an island is not more than twelve nautical miles from the mainland, lines drawn from the mainland and along the outer shores of the island;

(f) where there is an island group which may be connected by lines not more than twelve nautical miles long, of which the island nearest to the mainland is not more than twelve nautical miles from the mainland, lines drawn from the mainland and along the outer shores of all the islands of the group if the islands form a chain, or along the outer shores of the outermost islands of the group if the islands do not form a chain; and

(g) where there is an island group which may be connected by lines not more than twelve nautical miles long, of which the, island nearest to the mainland is more than twelve nautical miles from the mainland, lines drawn along the outer shores of all the islands of the group if the islands form a chain, or along the outer shores of the outermost islands of the group if the islands do not form a chain.

Article 7

If the measurement of the territorial waters in accordance with the provisions of this Decree leaves an area of high sea wholly surrounded by territorial waters and extending not more than twelve nautical miles in any direction, such area shall form part of the territorial waters. The same rule shall apply to a pronounced pocket of high sea which may be wholly enclosed by drawing a single straight line not more than twelve nautical miles long.

Article 8

If the inland waters described in Article 4, or if the coastal sea measured from the base-lines fixed by Article 6, should be overlapped by the waters of another State, boundaries will be determined by Saudi Arabia in agreement with the State concerned in accordance with equitable principles.

Article 9

With a view to assuring compliance with the laws of the Kingdom relating to security, navigation, and fiscal matters, maritime surveillance may be exercised in a contiguous zone outside the coastal sea, extending for a further distance of six nautical miles and measured from the base-lines of the coastal sea, provided however that nothing in this Article shall be deemed to apply to the rights of the Kingdom with respect to fishing.

Article 10

Our Ministers of Foreign Affairs and of Finance are charged with the execution of this Decree.

Article 11

This Decree will come into effect as from the date of its publication in the official gazette.

PROMULGATED in our Palace at Riyadh, on the first day of the month of Sha'ban of the year of the Hegira 1368, corresponding to the twenty-eighth day of the month of May in the year 1949.

RROYAL PRONOUNCEMENT CONCERNING THE POLICY OF THE KINGDOM OF SAUDI ARABIA WTTH RESPECT TO THE SUBSOIL AND SEA BED OF AREAS IN THE PERSIAN GULF CONTIGUOUS TO THE COASTS OF THE KINGDOM OF SAUDI ARABIA.

WE, "Abdul" Aziz ibn "Abdul Rahman Al Faisal Al Sa" ud, King of the Kingdom of Saudi Arabia,

AFTER reliance on God Almighty, being aware of the need for the greater utilization of the world's natural resources which are the bounty of God, and of the desirability of giving encouragement to efforts to discover and make available such resources;

RECOGNIZING that by God's providence valuable resources may underlie parts of the Persian Gulf off the coasts of Saudi Arabia, and that modern technology by the grace of God makes it increasingly practicable to utilize these resources;

APRECIATING that recognized jurisdiction over such resources is required in the interest of their conservation and prudent utilization when and as development is undertaken;

DEEMING that the exercise of jurisdiction over such resources by the contiguous nation is reasonable and just, since the effectiveness of measures to utilize or conserve these resources would be contingent upon cooperation and protection from the shore and since self-protection compels the coastal nation to keep close watch over activities off its shores which are of a nature necessary for the utilization of these resources; and

CONSIDERING that various other nations now exercise jurisdiction over the subsoil and sea bed of areas contiguous to their coasts;

DECLARE the following policy of the Kingdom of Saudi Arabia with respect to the subsoil and sea bed of areas of the Persian Gulf contiguous to the coasts of Our Kingdom:

The subsoil and sea bed of those areas of the Persian Gulf seaward from the coastal sea of Saudi Arabia but contiguous to its coasts, are declared.

附录2　沙特阿拉伯《1958年皇家法令》[1]

The Royal Decree No. 33 defining the territorial waters of the Kingdom, 16 February 1958

Article 1

For the purposes of this Decree;

(a) The term "nautical mile" is the equivalent of 1852 meters;

(b) The term "bay" includes any inlet, lagoon, or other arm of the sea;

(c) the term "island" includes any islet, reef, rock, bar, or permanent artificial structure not submerged at lowest low tide;

(d) The term "shoal" denotes an area covered by shallow water, a part of which is not submerged at lowest low tide; and

(e) The term "coast" refers to the coasts of the Red Sea, the Gulf of Aqaba, and the Persian Gulf.

Article 2

The territorial sea of the Kingdom of Saudi Arabia, as well as the air space above and the bed and subsoil beneath are under the sovereignty of the kingdom subject to the established rules of international law.

Article 3

The inland waters of the Kingdom include:

(a) The waters of the bays along the coasts of the Kingdom of Saudi Arabia;

(b) The waters above and landward from any shoal no more than twelve nautical miles.

Article 4

The territorial sea of the Kingdom of Saudi Arabia lies outside the inland waters of the Kingdom and extends seaward for a distance of (twelve) nautical miles.

Article 5

The following are established as the baselines from which the territorial sea of the Kingdom of Saudi Arabia is measured:

(a) Where the shore of the mainland or an island is fully exposed to the open sea, the lowest low water mark on the shore;

(b) Where a bay confronts the open sea, lines drawn from headland to head-land

---

[1] "Royal Decree No. 33 of 16 February 1958", United Nations, http://www.un.org/Depts/los/LEGISLATIONANDTREATIES/PDFFILES/SAU_1958_Decree.pdf, November 25, 2018.

across the mouth of the bay;

(c) Where a shoal is situated not more than twelve nautical miles from the mainland or from a Saudi Arabia island, lines drawn from the mainland or the island and along the outer edge of the shoal;

(d) Where a port or harbour confronts the open sea, lines drawn along the seaward side of the outermost works of the port or harbour and between such works;

(e) Where an island is not more than twelve nautical miles from the mainland, lines from the mainland along the outer shores of the island;

(f) Where there is an island group which may be connected by lines not more than twelve nautical miles, of which the island nearest to the mainland is not more than twelve nautical miles from the mainland, lines drawn from the mainland and along the outer shores of all the islands of the group of the islands form a chain, or along the outer shores of the outermost islands of the group if the islands do not form a chain; and

(g) Where there is an island group which may be connected by lines not more than twelve nautical miles long, of which the island nearest to the mainland is more than twelve nautical miles from the mainland, lines drawn along the outer shores of all the islands of the group if the islands do not form a chain.

Article 6

If the measurement of the territorial sea in accordance with the provisions of this Decree leaves an area of high sea wholly surrounded by the territorial sea and extending not more than twelve nautical miles in any direction, such area shall form part of the territorial sea. The same rule shall apply to a pronounced pocket of high sea which may be wholly enclosed by drawing a single straight line not more than twelve nautical miles long.

Article 7

If the territorial sea measured from the baselines fixed by Article 5 of this Decree be overlapped by the waters of another State, boundaries will be determined by our Government in agreement with the State in accordance with equitable principles.

Article 8

With a view to assuring compliance with the laws of the Kingdom relating to security, navigation, fiscal and sanitary matters, maritime surveillance may be exercised in a contiguous zone outside the territorial sea; extending for a further distance of six nautical miles and measured from the baselines of the territorial sea, according to Article 5 of this Decree.

Article 9

Nothing in this Decree shall affect the rights of the Kingdom with respect to fishing.

Article 10

The Royal Decree No. 6/5/4/3711 promulgated on the 1st day of Sha'aban, 1368, corresponding to the 28th of May, 1949, is hereby revoked.

Article 11

Our Ministers of Foreign Affairs, Interior, Finance and Public Health are charged respectively with the execution of this Decree.

Article 12

This Decree will come into force as from the date of its publication in the official gazette.

附录3 沙特阿拉伯《2011年皇家法令》[1]

Statute of Maritime Delimitation of the Kingdom of Saudi Arabia

Article One: Words and Terms: Wherever they are used, in this document, are explained in the following:

1. The Kingdom: The Kingdom of Saudi Arabia

2. Nautical Mile: 1852 Meters

3. Coasts: The Coasts of the Kingdom overlooking the Red Sea, The Gulf of Aqaba and the Arab Gulf

4. The Convention: United Nations Convention on the Law of the Sea of 1982

5. The Baselines: The maritime baseline of the Kingdom is delineated in accordance with the Convention in the Red Sea, Gulf of Aqaba and the Arab Gulf

6. EEZ: Exclusive Economic Zone

Internal Waters

Article Two: The internal waters of the Kingdom are those on the landward side of the baseline of the territorial sea.

Article Three: the laws and regulations of the Kingdom, regulates the movement of ships in its internal waters.

Territorial Sea

Article Four: The jurisdiction of the Kingdom extends beyond its land territory, its internal waters and territorial sea, the air space over the territorial sea as well as to its seabed and subsoil. The Kingdom exercises sovereignty in accordance with the provisions of the Convention and other rules of international law.

Article Five:

(1) The Territorial sea of the Kingdom extends 12 nautical miles, measured from the baselines.

---

[1] "Translation of Royal Decree Number 6 Dated 18/1/1433H", United Nations, http://www.un.org/Depts/los/LEGISLATIONANDTREATIES/PDFFILES/SAU_2011_Decree.pdf, November 25, 2018.

(2) The outer limit of the territorial sea is the line every point of which is at a distance from the nearest point of the baseline equal to the breadth of the territorial sea.

Article Six: Taking into consideration the laws and regulations of the Kingdom, ships of all states enjoy the right of innocent passage through the territorial sea of the Kingdom.

Article Seven: passage is innocent so long as it is not prejudicial to peace, good order, or security of the Kingdom, Such passage shall take place in the territorial sea in conformity with the provisions of this statute, the convention and other rules of international law.

Article Eight: The laws and regulations of the Kingdom define innocent passage through its territorial sea in accordance with the Convention and any other rules of international law regarding the following:

(1) Designating and regulating the sea lanes;

(2) Protection of navigational aids and facilities and other structures;

(3) Protection of cables and pipelines;

(4) Safeguarding sea life;

(5) The prevention of infringement of the fisheries of the Kingdom;

(6) The preservation of the environment of the Kingdom and the prevention, reduction and control of the pollution thereof;

(7) Marine scientific research and hydrographic surveys;

(8) The prevention of infringement of the customs, fiscal, immigration or sanitary laws and the regulations of the kingdom.

Article Nine:

(1) All submarine and other underwater vehicles are required to navigate on the surface and to show their flag in the territorial sea of the Kingdom;

(2) All ships and submarines which are nuclear powered and the ships carrying nuclear materials, dangerous or noxious substances, shall obtain a permit from the concerned authorities in the Kingdom before entering or passing through the territorial sea of the Kingdom;

(3) All ships and submarines which exercise their right of innocent passage in the territorial sea of the Kingdom shall adhere to laws and regulations of the Kingdom and conform to all international regulations to avoid collision with other ships.

Article Ten: the flag state of a military ship or a submarine or any other government ship being operated for non-commercial purpose, bears the responsibility of any damage born by the Kingdom as a result of not adhering to the regulations of the Kingdom or the provisions of the Convention or any other rules of international law.

Contiguous Zone

Article Eleven:

(1) The Kingdom shall have an area adjacent to its territorial waters which extends for 12 nautical miles from the outer limit of its territorial sea;

(2) The Kingdom shall exercise necessary control and monitoring for the following purposes:

a. Prevention of infringement of the regulations in the Kingdom related to security, environmental, navigation, customs, taxes, immigration or sanitary laws and regulations within its territory of territorial sea;

b. Punish any infringement of the above laws and regulations committed within the territory of the Kingdom or its territorial sea.

Exclusive Economic Zone

Article Twelve: The Kingdom has an exclusive economic zone located beyond and adjacent to the territorial sea, and extends to the maritime borders with the neighboring states or opposite it.

Article Thirteen: The Kingdom has the following rights in the EEZ:

(1) Exclusive sovereign rights for the purpose of exploring natural resources, whether living or non-living. Of the waters superjacent to the seabed and its subsoil, conserve such resources and manage it, and with regard to other activities for the economic exploration and exploitation of the zone, such as the production of energy from the water, currents and winds.

(2) Exclusive sovereignty over the following:

a. The protection and preservation of the marine environment;

b. Marine scientific research;

c. The establishment and use of artificial islands, installations and structures, and limit the safety zone, including the sovereign right to issue laws and regulations regarding the customs, taxes, and sanitary and the laws of security, safety, immigration, and others.

(3) All other rights in accordance with the Convention, and other rules in international law.

Article Fourteen:

(1) To exercise its sovereign rights of exploring, exploiting, conserving and manag-

ing natural resources in the EEZ; the Kingdom may take measures to inspect, search, detain and sue the ships, as the need may arise, to ensure compliance with the laws and regulations of the Kingdom in the EEZ.

(2) The detained ship may not be released before posting a guarantee.

(3) The Kingdom informs the flag state in case of detaining a ship and all other punishments imposed after that.

Article Fifteen: Fishing in the EEZ is restricted to nationals of the Kingdom. Concerned authorities in the Kingdom may, in accordance with conditions and restrictions, license non-nationals to fish in accordance with the laws and regulations imposed by the Kingdom to preserve living resources.

Article Sixteen: All other states shall observe the rights of the Kingdom in the EEZ and adhere to its laws and regulations, the provisions of this convention and any other rules of international law.

The Continental Shelf

Article Seventeen: The Continental Shelf of the Kingdom comprises the seabed and subsoil of the submarine areas that extend beyond its territorial sea throughout the natural prolongation of its land territory.

Article Eighteen:

(1) The Kingdom exercises its sovereign rights over the Continental Shelf for the purpose of exploring it and exploiting its natural resources.

(2) The natural resources, referred to in paragraph 1, consists of the mineral and other non-living resources of the seabed and subsoil together with living organisms belonging to sedentary species, that is to say, organisms which, at the harvestable stage, either are immobile on or under the seabed or are unable to move except in constant physical contact with the seabed or the subsoil.

Article Nineteen: The Kingdom has the exclusive right to authorize and regular drilling on the Continental Shelf for all purposes. It can exploit the subsoil by digging tunnels no matter how deep the water above the seabed is at that location.

Article Twenty:

(1) The sovereign rights of the Kingdom on the Continental Shelf are exclusive, and is not affected by De Facto, De Jour or an explicit declaration by the Kingdom nor does it depend on a formal declaration;

(2) No one can exercise the rights referred to in paragraph (1) of this article without a written permission form from the concerned authorities in the Kingdom.

Article Twenty-one: The freedom of navigation, fly-over, the laying of submarine cables, and pipelines are guaranteed to other states in the EEZ and the continental shelf in the Kingdom in accordance with the provisions of the Convention, the rules of international law, and the rules and regulations of the Kingdom.

General Provisions

Article Twenty-two: The application of this statute does not invalidate previous treaties concluded between the Kingdom, and neighboring and opposite states that relate to the maritime borders or the exploitation of natural resources in the Red Sea, the Gulf of Aqaba, and the Arab Gulf.

Article Twenty-three: This statute shall be published in the official gazette and shall enter into force from the date of its publication.

附录4 沙特阿拉伯公布的领海基线坐标[1]

（一）亚喀巴湾和红海的领海基线坐标

领海基点	纬度（北）	经度（东）
1	29°21′29.39″	34°57′21.46″
2	29°21′19.69″	34°57′18″
3	29°20′24″	34°56′52″
4	29°19′23″	34°56′52″
5	29°18′02″	34°55′58″
6	29°18′02″	34°55′42″
7	29°27′32″	34°54′39″
8	29°11′02″	34°53′43″
9	29°08′39″	34°52′45″
10	29°05′29″	34°52′00″
11	29°02′50″	34°51′08″
12	29°01′37″	34°50′50″
13	28°58′23″	34°50′33″
14	28°53′38″	34°49′15″
15	28°53′04″	34°49′09″
16	28°49′57″	34°49′43″
17	28°46′35″	34°48′53″
18	28°40′27″	34°46′38″
19	28°39′47″	34°46′29″
20	28°34′42″	34°47′30″
21	28°31′40″	34°48′16″
22	28°28′52″	34°46′26″
23	28°27′35″	34°45′47″

---

[1] 本附录是笔者根据沙特阿拉伯向联合国登记的领海坐标文件整理而得。这些文件参见"SAUDI ARABIA", United Nations, https://www.un.org/Depts/los/LEGISLATIONANDTREATIES/STATEFILES/SAU.htm, November 8, 2018。

续表

领海基点	纬度（北）	经度（东）
24	28°24′22″	34°44′22″
25	28°22′17″	34°43′33″
26	28°15′40″	34°40′24″
27	28°12′04″	34°38′56″
28	28°10′55″	34°38′21″
29	28°09′47″	34°36′57″
30	28°09′20″	34°36′31″
31	28°07′31″	34°34′54″
32	28°06′26″	34°34′12″
33	28°12′04″	34°38′56″
34	28°03′21″	34°32′06″
35	28°01′57″	34°31′02″
36	28°01′30	34°30′08″
37	28°00′58″	34°29′12″
38	28°00′50″	34°29′08″
39	27°59′56″	34°28′59″
40	27°59′43″	34°28′59″
41	27°56′37″	34°30′09″
42	27°54′40″	34°33′09″
43	27°53′55″	34°43′00″
44	27°48′51″	35°06′05″
45	27°47′06″	35°07′31″
46	27°41′16″	35°13′21″
47	27°38′53″	35°16′56″
48	27°32′18″	35°25′04″
49	27°25′56″	35°31′15″
50	27°14′27″	35°37′41″
51	27°08′51″	35°42′29″
52	26°57′18″	35°46′43″
53	26°48′54″	35°52′37″

续表

领海基点	纬度（北）	经度（东）
54	26°39′24″	35°59′24″
55	26°33′44″	36°04′02″
56	26°22′34″	36°15′07″
57	26°11′05″	36°21′21″
58	26°03′29″	36°29′01″
59	25°48′36″	36°32′13″
60	25°38′26″	36°28′48″
61	25°37′22″	36°29′30″
62	25°23′28″	36°40′47″
63	27°13′56″	36°50′45″
64	24°59′10″	36°56′41″
65	24°51′25″	36°59′34″
66	24°29′33″	37°07′02″
67	24°23′38″	37°09′27″
68	24°20′26″	37°22′58″
69	24°09′30″	37°40′25″
70	23°50′19″	37°53′39″
71	23°46′09″	37°57′00″
72	23°38′55″	38°01′54″
73	23°30′27″	38°14′36″
74	23°02′41″	38°36′17″
75	22°45′13″	38°36′37″
76	22°25′25″	38°51′04″
77	22°19′52″	38°51′07″
78	22°03′15″	38°45′29″
79	21°51′21″	38°44′42″
80	21°40′56″	38°49′56″
81	21°05′53″	39°01′43″
82	20°55′28″	39°09′44″
83	20°44′19″	39°16′13″

续表

领海基点	纬度（北）	经度（东）
84	20°17′32″	39°28′19″
85	20°15′10″	39°29′58″
86	19°45′54″	39°53′24″
87	19°44′56″	39°54′24″
88	19°44′56″	40°01′28″
89	19°12′41″	40°05′42″
90	19°00′06″	40°08′28″
91	18°45′52″	40°28′24″
92	18°30′27″	40°39′31″
93	18°12′55″	40°43′08″
94	18°03′42″	40°47′40″
95	18°00′40″	40°48′33″
96	17°39′48″	41°01′30″
97	16°56′43″	41°23′24″
98	16°54′22″	41°24′18″
99	16°45′27″	41°29′42″
100	16°40′06″	41°34′36″
101	16°32′46″	41°39′52″
102	16°24′26.34″	41°52′07″
103[1]	16°19′58.10″	41°55′15.7″

（二）阿拉伯湾的领海基线[2]坐标

领海基点	纬度（北）	经度（东）
1[3]	28°33′56.3″	48°28′41.64″
2	28°29′49″	48°30′20″
3	28°11′55″	48°57′57″

---

[1] 该点坐落于沙特和也门的海洋边界线上。
[2] 沙特在阿拉伯湾的领海基线从位于沙特和科威特毗邻分隔区的基点 1 开始一直到位于 Lubainah Al Kabirah 的基点 11。
[3] 该点位于沙特和科威特的毗邻分隔区。

续表

领海基点	纬度（北）	经度（东）
4	28°00′46″	49°05′41″
5	27°42′48″	49°21′12″
6	27°32′14″	49°33′28″
7	27°22′01″	49°54′00″
8	26°59′24″	50°12′54″
9	23°33′24″	50°16′00″
10	26°24′30″	50°18′18″
11[1]	26°15′14.695″	50°19′07.79″

（三）阿拉伯湾的领海基线[2]坐标

领海基点	纬度（北）	经度（东）
1	24°43′11.76″	51°36′16.06″
2	24°34′02″	51°33′55″
3	24°24′06″	51°30′24″
4 (á)[3]	24°15′39.8″	51°35′26″

---

[1] 该点为沙特和巴林在位于沙特岛屿 Lubainah Al Kabirah 最东边的划界点9。
[2] 该段领海基线从位于沙特和卡塔尔的海洋分界线上的点1开始直至位于沙特和阿联酋的海洋分界线上的点4。
[3] 点4为沙特和阿联酋之间的边界点 á。

附录 5 《在沙特阿拉伯王国海域进行海洋科学研究的规定》[1]

(Law of Marine Science Research in Maritime Zones of the Kingdom of Saudi Arabia)

Article One:

These regulations shall apply to all marine territories under the sovereignty of the Kingdom of Saudi Arabia or under its regional jurisdiction both in the Red Sea and Arabian Gulf in accordance with the regulations applicable in the Kingdom, hereinafter called "marine territories".

Article Two:

For the purposes of these regulations, the following terms shall mean the following:

1. Marine Scientific Research: Means all scientific and technical activities carried out in the marine territories including photographing and recording for scientific purposes, water studies or researches as well as search for sea treasures.

2. Vessel: Means every water borne float used in marine scientific research activities in accordance with the internationally applicable regulations.

3. Person: Means any natural or corporate person.

4. Marine Environment Pollution: Means direct or indirect introduction of any materials or energy that result or are likely to result in harmful effects; such as harm to marine resources and life, including, fishing and other legal uses of seas, in addition to deteriorating the quality of sea water and its suitability for various uses.

5. Pertinent Authority: Means the Military Survey Department, Ministry of Defense and Aviation.

Article Three:

1. Marine scientific research regulation, licensing, processing and controlling it in marine territories are the sole right of the Kingdom.

2. No marine scientific research shall be conducted in marine territories except by an explicit license issued in accordance with the provisions of these regulations, provided that:

a. It is intendedfor peaceful purposes only.

b. No harm is caused to other legal-uses of seas.

---

[1] "Translation of Royal Decree Number 6 Dated 18/1/1433H", FAOLEX, http://extwprlegs1.fao.org/docs/pdf/sau158713.pdf, November 27, 2018.

c. Marine scientific research activities in the marine territories shall not form a legal or actual basis to claim or any part of the marine environment or resources.

Article Four:

1. The pertinent authority in the Kingdom shall not give approval to conducting marine scientific research by any other state, pertinent international organization or any other foreign person if it is proved that the would-be licensee has submitted false information or if such research may entail, for example, any of the following:

　　a. Direct effect on the exploration and utilization of live or other natural resources.

　　b. Deep drilling over the continental shelf.

　　c. Use of explosives that may affect live or other resources.

　　d. Introduction of items harmful to the marine environment.

　　e. Constructionof artificial islands or permanent installations or facilities.

　　f. Prejudice the rights ofthe Kingdom over its marine territories.

2. Marine scientific research activities related to exploration of oil shall be subject to relevant regulations.

Article Five:

1. The license application shall be submitted to the pertinent authority at least sixty days prior to the date specified for the commencement of marine scientific research activities if the applicant is holding a Saudi Nationality and at least six months if the applicant is a non-Saudi.

2. Non-Saudi persons under contracts with a governmental agency in the Kingdom or with a Saudi person shall submit the license application through the said governmental agency or Saudi person at least ninety days prior to the date specified for the commencement of research activities.

3. The license application shall be submitted at least six months prior to the date of commencement of research activities if the proposed marine scientific research is a joint venture between Saudi and non-Saudi persons.

Article Six:

The marine scientific research license application shall include copies of the research projects intended to be carried out, containing the following information:

1. An introduction to the person who will carry out the research along with his previous activities, places of work and foreign parties with which he worked in similar projects.

2. Stating of the agency responsible for the project and sources of funds.

3. Stating names of the research team members and names of assistant technicians along with their specialties, experiences and nationalities.

4. Research project nature, programme, objective and completion period.

5. An accurate geographical demarcation of the marine territories where the research will take place.

6. Scientific and technical methods and means intended to be used in the research activities including accurate description of the vessel or vessels intended to be used including its name, type, nationality, payload, model and class, in addition to full description of scientific research equipment and their nature.

7. Date expected for the first arrival and last departure of the research team and used vessels or for the installation and removal of equipment as the case may be.

8. To which extent does the applicant determines that the Kingdom may participate or be represented in the research.

9. A scientific study of the impacts expected to result from the marine scientific study in the marine territories.

Article Seven:

In order to present the license application to the pertinent authority, it should be accompanied with the following undertakings:

1. To provide suitable places in the marine scientific research vessel or vessels to receive the person that the pertinent authority may elect to escort the research team.

2. To provide the pertinent authority with preliminary reports and final results and findings after completion of the activities of the research project as well as provide the pertinent authority, free of charge, with all data, samples and research results as may be required along with evaluation and interpretation.

3. To, immediately, notify the pertinent authority of any changein the research programme.

4. To remove research installations or equipment immediately after completion unless otherwise agreed.

5. To take necessary measures to protect the marine environment against any pollution or harm that may result from the research activities.

6. Not to Cause any harm to the activities related to exploration and utilization of live or other resources in marine territories carried out by the Kingdom or licensed to be carried out on its behalf.

7. To respect applicable marine regulations in accordance with the Kingdom's regulations and international law rules.

8. To respect Kingdom's domestic regulations.

9. To safeguard and protect archeological and historical ruins that he may find in the sea and notify the pertinent authority of their locations in details.

10. Not to give any information, data or results to any other party if the marine scien-

tific research is conducted in internal waters or regional sea except when approved by pertinent authorities.

Article Eight:

1. The pertinent authority has the right to suspend or stop any marine scientific research activities carried out in the marine territories when such activities violate the statements undertakings on which the marine scientific research license is based.

2. The researcher shall stop all suspended or slopped activities as soon as he is notified of the decision of the pertinent authority.

3. The pertinent authority may cancel the suspension or stoppage decision issued under clause (1) above as soon as the researcher complies with the required conditions.

4. The researcher may complain against the suspension or stoppage decision issued under clause (1) above to the Board of Grievances within sixty days from the date of notification of such decision.

Article Nine:

1. The pertinent authority shall have the right, when conducting the scientific research in internal waters or regional sea:

a. To terminate the scientific research activities at any time for any reason as deemed proper by the pertinent authority.

b. To carry out, at any time, without giving prior notice, inspection of the scientific research places and equipment.

c. To control entry and exit of vessels and individuals to and from the scientific research area.

d. To request submission of at least quarterly reports by the researcher on the methods or scientific research in the internal waters or regional sea and the findings.

2. If the scientific research in the internal waters or regional sea is terminated, by the pertinent authority, such termination decision shall be final and irrevocable.

3. The pertinent authority shall have the right to a certain percentage, as agreed, of the revenues of tile scientific research in the internal waters or regional sea or the revenues of utilization of findings.

Article Ten:

When using the scientific research installations and equipment, the following shall be observed:

1. The marine scientific research installations and equipment shall carry identity signs showing the country of registration or the international proprietor and shall be equipped with suitable internationally recognized warning signals for safe marine and air navigation.

2. They shall not obstruct international marine navigation routes.

Article Eleven:

Scientists, experts and technical staff shall be nominated to escort the marine scientific research activities in coordination with the pertinent authorities.

Participant researchers shall submita report of the results of their participation to the pertinent authority.

Article Twelve:

1. The scientific research and related activities shall be under the supervision of inspectors elected by the pertinent authority.

2. When the research license is given to Non-Saudi persons or agencies, supervision shall commence with the arrival of the vessel to the research area and continues until the completion of field research activities and departure of the vessel from the marine territories and submission of results.

3. Inspectors shall submit regular reports to the pertinent authority on the methods used in research and other research related activities.

Article Thirteen:

Nothing in these regulations may affect the rights of the Kingdom as a coastal state in accordance with the international conventions and other international law rules and the provisions of regulations applicable in the Kingdom.

Article Fourteen:

1. Upon application of the provisions of these regulations on a marine scientific research project carried out by foreign governmental vessels or international organizations vessels, all communications shall be made and all applications shall be submitted and notifications shall be served through diplomatic channels.

2. States which have no diplomatic missions in the Kingdom shall be contacted through the channels that the Ministry of Foreign Affairs may determine proper.

Article Fifteen:

1. Without prejudice to any severer penalty established by the Islamic Sharia (laws) or regulations applicable in the Kingdom and without prejudice to the provisions of international law, any violation of these regulations shall entail a penalty of imprisonment for a period not more than two years and a tine not less than two hundred thousand Saudi Riyals or either penalty.

2. The research vessels andequipment may be subject to confiscation in case of serious violation of the provisions of these regulations.

3. The party violating these regulations and agreements shall eliminate the damages resulting from such violation. If he fails to do so within thirty days from the date of notification by the pertinent authority, the Kingdom shall have the right to remove the violation at the

expense of the violating party.

Article Sixteen:

The provisions of article fifteen above shall not hinder the right of the Kingdom to seek international legal liability against any state or international organization whose acts of scientific researches in marine territories are considered a violation of the international law rules and the rights of the Kingdom and its international obligations.

Article Seventeen:

The Ministry of Defense and Aviation shall issue the implementing rules of the present regulations after counseling concerned authorities.

Article Eighteen:

The provisions of these regulations shall not apply to the scientific research vessels of the public institutions in the Kingdom provided that they observe security, safety and marine pollution provisions applicable in the Kingdom.

Article Nineteen:

These regulationsshall be published in the official gazette and shall come into effect thirty days from the date of publication.

附录6 沙特阿拉伯于2014年1月10日发布的声明[1]

Declarations made upon ratification:

1. The Government of the Kingdom of Saudi Arabia is not bound by any domestic legislation or by any declaration issued by other States upon signature or ratification of this Convention. The Kingdom reserves the right to state its position concerning all such legislation or declarations at the appropriate time. In particular, the Kingdom's ratification of the Convention in no way constitutes recognition of the maritime claims of any other State having signed or ratified the Convention, where such claims are inconsistent with the provisions of the Convention on the Law of the Sea and are prejudicial to the sovereign rights and jurisdiction over its maritime areas.

2. The Government of the Kingdom of Saudi Arabia is not bound by any international treaty or agreement which contains provisions that are inconsistent with the Convention on the Law of the Sea and prejudicial to the sovereign rights and jurisdiction of the Kingdom in its maritime areas.

3. The Government of the Kingdom of Saudi Arabia considers that the application of the provisions of part IX of the Convention concerning the cooperation of States bordering enclosed or semi-enclosed areas is subject to the acceptance of the Convention by all the States concerned.

4. Government of the Kingdom of Saudi Arabia considers that the provisions of the Convention relating to the application of the system of transit passage through straits used for international navigation which connect one part of the high seas or an exclusive economic zone with another part of the high seas or an exclusive economic zone also apply to navigation between islands adjacent or contiguous to such straits, particularly where the sea lanes used for entrance to or exit from the strait, as designated by the competent international organization, are situated near such islands.

5. Government of the Kingdom of Saudi Arabia considers that innocent passage does not apply to its territorial sea where there is a route to the high seas or an exclusive economic zone which is equally suitable as regards navigational and hydrographical features.

6. In view of the inherent danger entailed in the passage of nuclear-powered vessels and vessels carrying nuclear or other material of a similar nature and in view of the provision of article 22, paragraph 2, of the [the said Convention] concerning the right of coastal State

---

[1] "SAUDI ARABIA", United Nations, https://www.un.org/Depts/los/LEGISLATIONANDTREATIES/STATEFILES/SAU.htm, November 8, 2018。

to confine the passage of such vessels to sea lanes designated by that State within its territorial sea, as well as that of article 23 of the Convention which requires such vessels to carry documents and observe special precautionary measures as specified by international agreements, the Kingdom of Saudi Arabia, with all the above in mind, requires the aforesaid vessels to obtain prior authorization of passage before entering the territorial sea of the Kingdom until such time as the international agreements referred to in article 23 are concluded and the Kingdom becomes a party thereto. Under all circumstances the flag State of such vessels shall assume all responsibility for any loss or damage resulting from the innocent passage of such vessels within the territorial sea of the Kingdom of Saudi Arabia.

7. The Kingdom of Saudi Arabia shall issue its internal procedures for the maritime areas subject to its sovereignty and jurisdiction, so as to affirm the sovereign rights and jurisdiction and guarantee the interests of the Kingdom in those areas.

10 January 2014

附录7 沙特阿拉伯《对〈联合国海洋法公约〉第298条的声明》[1]

Declaration under article 298:

"The Government of the Kingdom of Saudi Arabia wishes to declare its non-acceptance of any of the procedures set forth in section (2) of Part XV of the United Nations Convention on the Law of the Sea, in relation to paragraph 1 (a) of Article 298 of the Convention."

10 January 2014

Declaration under article 298:

…the Government of the Kingdom of Saudi Arabia hereby declares that it does not accept any of the procedures provided in Part XV, section 2, of the United Nations Convention on the Law of the Sea with respect to article 298, paragraph 1 (b) of the Convention…

2 January 2018

---

[1] "SAUDI ARABIA", United Nations, https://www.un.org/Depts/los/LEGISLATIONANDTREATIES/STATEFILES/SAU.htm, November 8, 2018。

附录8 沙特阿拉伯缔结和加入的国际条约

（一）联合国海洋法公约及其相关条约

序号	条约名称	签字日期（年/月/日）	批准日期（年/月/日）
1	《联合国海洋法公约》 United Nations Convention on the Law of the Sea	1984/12/7	1996/4/24
2	《关于执行1982年12月10日〈联合国海洋法公约〉第十一部分的协定》 Agreement Relating to the Implementation of Part XI of the United Nations Convention on the Law of the Sea of 10 December 1982	1994/11/9 [适用第7条第1款（b）的日期]	1996/4/24

（二）缔结与加入的其他海洋海事条约[1]

序号	条约名称	生效时间（年/月/日）	签署日期或交存日期（年/月/日）	对沙特阿拉伯生效的日期（年/月/日）	继承加入日期或交付接受书日期（年/月/日）
1	《1974年国际海上人命安全公约（经修订）》 International Convention for the Safety of Life at Sea, 1974, as amended (SOLAS 1974)	1980/5/25	1985/4/24	1985/7/24	
2	《1974年国际海上人命安全公约1978年议定书（经修订）》 Protocol of 1978 Relating to the International Convention for the Safety of Life at Sea, 1974, as amended (SOLAS PROT 1978)	1981/5/1	1990/3/2	1990/6/2	
3	《1974年国际海上人命安全公约1988年议定书（经修订）》 Protocol of 1988 Relating to the International Convention for the Safety of Life at Sea, 1974, as amended (SOLAS PROT 1988)	2000/2/3	2015/8/7	2015/11/7	

---

[1] 该表相关信息源于国际海事组织网站。

续表

序号	条约名称	生效时间（年/月/日）	签署日期或交存日期（年/月/日）	对沙特阿拉伯生效的日期（年/月/日）	继承加入日期或交付接受书日期（年/月/日）
4	《1972年国际海上避碰规则公约（经修订）》Convention on the International Regulations for Preventing Collisions at Sea, 1972, as amended (COLREG 1972)	1977/7/15	1978/7/3	1978/7/3	
5	《关于1973年国际防止船舶造成污染公约的1978年议定书》Protocol of 1978 Relating to the International Convention for the Prevention of Pollution from Ships, 1973 (MARPOL 73/78)	1983/10/2	2005/5/23	2005/8/23	
6	《1973年国际防止船舶造成污染公约1978年议定书附则三、附则四、附则五》International Convention for the Prevention of Pollution from Ships, 1973 as modified by the Protocol of 1978 relating thereto, Annex III, IV, V			2005/8/23	2005/5/23
7	《经1978年议定书修订的1973年国际防止船舶造成污染公约的1997年议定书》Protocol of 1997 to amend the International Convention for the Prevention of Pollution from Ships, 1973, as modified by the Protocol of 1978 relating thereto, as amended (MARPOL PROT 1997)	2005/5/19	2005/5/23	2005/8/23	
8	《1965年便利国际海上运输公约（经修订）》Convention on Facilitation of International Maritime Traffic, 1965, as amended (FAL 1965)	1967/3/5	2018/5/9	2018/7/8	
9	《1966年国际船舶载重线公约》International Convention on Load Lines, 1966 (LL 1966)	1968/7/21	1975/9/5	1975/12/5	

续表

序号	条约名称		生效时间（年/月/日）	签署日期或交存日期（年/月/日）	对沙特阿拉伯生效的日期（年/月/日）	继承加入日期或交付接受书日期（年/月/日）
10	《1966年国际船舶载重线公约》International Convention on Load Lines, 1966 (LL 1966)	1971年修正案[A.231（Ⅶ）] 1971 Amendments [A.231（Ⅶ）]				1987/8/21
		1975年修正案[A.319（Ⅸ）] 1975 Amendment [A.319（Ⅸ）]			1987/8/21	
		1979年修正案[A.411（Ⅺ）] 1979 Amendment [A.411（Ⅺ）]			1987/8/21	
11	《1969年国际船舶吨位丈量公约》International Convention on Tonnage Measurement of Ships, 1969 (TONNAGE 1969)		1982/7/18	1975/1/20	1982/7/18	
12	《1969年国际油污损害民事责任公约》International Convention on Civil Liability for Oil Pollution Damage, 1969 (CLC 1969)		1975/6/19	1993/4/15	1993/7/14	
13	《1969年国际油污损害民事责任公约的议定书》Protocol to the International Convention on Civil Liability for Oil Pollution Damage, 1969 (CLC PROT 1976)		1981/4/8	1993/4/15	1993/7/14	
14	《修正〈1969年国际油污损害民事责任公约〉的1992年议定书》Protocol of 1992 to amend the International Convention on Civil Liability for Oil Pollution Damage, 1969 (CLC PROT 1992)		1996/5/30	2005/5/23	2006/5/23	
15	《1971年特种业务客船协定》Special Trade Passenger Ships Agreement, 1971 (STP 1971)		1974/1/2	1975/9/5	1975/12/5	

续表

序号	条约名称		生效时间（年/月/日）	签署日期或交存日期（年/月/日）	对沙特阿拉伯生效的日期（年/月/日）	继承加入日期或交付接受书日期（年/月/日）
16	《1973年特种业务客船舱室要求议定书》 Protocol on Space Requirements for Special Trade Passenger Ships, 1973 (SPACE STP 1973)		1977/6/2	1975/12/5	1977/6/2	
17	《1972年国际集装箱安全公约（经修订）》 International Convention for Safe Containers, 1972, as amended (CSC 1972)		1977/9/6	1978/10/6	1979/10/6	
18	《1972年国际集装箱安全公约（经修订）》 International Convention for Safe Containers, 1972, as amended (CSC 1972)	1981年附件一的修正案 1981 Amendments to Annex I	1981/12/1			2015/1/9
		1983年附件一和附件二的修正案 1983 Amendments to Annexes I and II	1984/1/1			
		1991年附件一和附件二的修正案 1991 Amendments to Annexes I and II	1993/1/1			
		1993年公约修正案和附件一和附件二 1993 Amendments to the Convention and Annexes I and II				
19	《国际移动卫星组织公约（经修订）》 Convention on the International Mobile Satellite Organization, as amended (IMSO C 1976)		1979/7/16	1983/10/5	1983/10/5	

附 录

续表

序号	条约名称		生效时间 (年/月/日)	签署日期或 交存日期 (年/月/日)	对沙特阿 拉伯生效 的日期 (年/月/日)	继承加入日 期或交付接 受书日期 (年/月/日)
20	《国际移动卫星组织公约(经修订)》 Convention on the International Mobile Satellite Organization, as amended (IMSO C 1976)	1985年修正案 1985 Amendments	1989/10/13			1986/12/8
		1989年修正案 1989 Amendments	1997/6/26			1991/8/14
		1994年修正案 1994 Amendments				1997/4/9
		1998年修正案 1998 Amendments	2001/7/31			1999/7/21
21	《国际移动卫星组织业务协定(经修订)》 Operating Agreement on the International Mobile Satellite Organization (Inmarsat), as amended (INMARSAT OA)		1979/7/16			
22	《国际移动卫星组织业务协定(经修订)》 Operating Agreement on the International Mobile Satellite Organization, as amended (INMARSAT OA)	1985年修正案 1985 Amendments	1989/10/13			1986/12/9
		1989年修正案 1989 Amendments	1997/6/26			1991/8/14
		1994年修正案 1994 Amendments				1997/4/9
		1998年修正案 1998 Amendments	2001/7/31			1999/7/21
23	《1976年海事赔偿责任限制公约》 Convention on Limitation of Liability for Maritime Claims, 1976 (LLMC 1976)		1986/12/1	2018/4/6	2018/8/1	
24	《〈1976年海事赔偿责任限制公约〉1996年议定书》 Protocol of 1996 to amend the Convention on Limitation of Liability for Maritime Claims, 1976 (LLMC PROT 1996)		2004/5/13	2018/4/6	2018/7/5	
25	《1978年海员培训、发证和值班标准国际公约(经修订)》 International Convention on Standards of Training, Certification and Watchkeeping for Seafarers, 1978, as amended (STCW 1978)		1984/4/28	1990/11/29	1991/3/1	

续表

序号	条约名称	生效时间 (年/月/日)	签署日期或交存日期 (年/月/日)	对沙特阿拉伯生效的日期 (年/月/日)	继承加入日期或交付接受书日期 (年/月/日)
26	《1979年国际海上搜寻救助公约》 International Convention on Maritime Search and Rescue, 1979 (SAR 1979)	1985/6/22	2006/3/7	2006/4/6	
27	《制止危及海上航行安全非法行为公约》 Convention for the Suppression of Unlawful Acts Against the Safety of Maritime Navigation (SUA)	1992/3/1	2006/2/2	2006/5/3	
28	《〈制止危及海上航行安全非法行为公约〉2005年议定书》 Protocol of 2005 to the Convention for the Suppression of Unlawful Acts against the Safety of Maritime Navigation (SUA 2005)	2010/7/28	2013/7/23	2013/10/29	
29	《制止危及大陆架固定平台安全非法行为议定书》 Protocol for the Suppression of Unlawful Acts Against the Safety of Fixed Platforms Located on the Continental Shelf (SUA PROT)	1992/3/1	2006/2/2	2006/5/3	
30	《〈制止危及大陆架固定平台安全非法行为议定书〉的2005年议定书》 Protocol of 2005 to the Protocol for the Suppression of Unlawful Acts Against the Safety of Fixed Platforms Located on the Continental Shelf (SUA PROT 2005)	2010/7/28	2013/7/31	2013/10/29	
31	《1989年国际救助公约》 International Convention on Salvage, 1989 (SALVAGE 1989)	1996/7/14	1991/12/16	1996/7/14	
32	《1990年国际油污防备、反应和合作公约(经修订)》 International Convention on Oil Pollution Preparedness, Response and Co-operation, 1990, as amended (OPRC 1990)	1995/5/13	2009/7/30	2009/10/30	

续表

序号	条约名称	生效时间（年/月/日）	签署日期或交存日期（年/月/日）	对沙特阿拉伯生效的日期（年/月/日）	继承加入日期或交付接受书日期（年/月/日）
33	《2001年国际燃油污染损害民事责任公约》 International Convention on Civil Liability for Bunker Oil Pollution Damage, 2001（BUNKERS 2001）	2008/11/21	2018/10/29	2019/1/29	
34	《2001年控制船舶有害防污底系统国际公约》 International Convention on the Control of Harmful Anti-Fouling Systems on Ships, 2001（AFS 2001）	2008/9/17	2018/4/25	2018/7/25	
35	《2004年国际船舶压载水和沉积物控制与管理公约》 International Convention for the Control and Management of Ships' Ballast Water and Sediments, 2004（BWM 2004）	2017/9/8	2017/4/27	2017/9/8	
36	《〈防止倾倒废物及其他物质污染海洋的公约〉的1996年议定书》 1996 Protocol to the Convention on the Prevention of Marine Pollution by Dumping of Wastes and Other Matter, 1972（LC PROT 1996）	2006/3/24	2006/2/2	2006/3/24	

附录9 沙特阿拉伯—巴林大陆架边界线坐标[1]

序号	纬度（北）	经度（东）
1	25°35′38″	50°31′45″
2	25°40′45″	50°26′00″
3	25°41′54″	50°25′00″
4	25°49′08″	50°21′58″
5	25°52′45″	50°18′15″
6	25°57′03″	50°17′35″
7	26°04′47″	50°16′11″
8	26°10′16″	50°18′40″
9	26°15′08″	50°19′00″
10	26°22′24″	50°20′30″
11	26°24′27″	50°22′36″
12	26°31′48″	50°23′15″
13	26°37′15″	50°33′24″
14	26°59′30″	50°46′24″

---

[1] "SAUDI ARABIA", United Nations, https：//www.un.org/Depts/los/LEGISLATIONANDTREATIES/STATEFILES/SAU.htm, November 8, 2018。

附录10[1] 巴林渔业相关立法

类别	法令和条例	颁布日期（年/月/日）
有关渔业的具体规定	《2015年第12号禁止捕捞、狩猎、交易或销售螃蟹的决议》 Resolution No. 12 of 2015 Banning Crabs Fishing or Hunting or Trading or Selling	2015/3/9
	《2015年第13号禁止捕捞、狩猎、交易或出售虾的决议》 Resolution No. 13 of 2015 Banning Shrimps Fishing or Hunting or Trading or Selling	2015/3/9
	《2014年第65号修改1990年第10号关于珍珠和宝石控制的第10号法令的一些规定的法令》 Decree Law No. 65 of 2014 Amending Some Provisions of Legislative Decree No. 10 of 1990 Concerning the Control on Pearls and Precious Stones	2014/11/26
	《2012年第1号关于保护阿布沙耶夫（绿色锯鲛）鲨鱼的决议》 Resolution No. 1 of 2012 on the Protection of Abu Sayyaf (Green Sawfish) Sharks	2012/2/22
	《2011年第3号修订关于捕捞虾的区域识别的2009年第12号决议的决议》 Resolution No. 3 of 2011 Amending Resolution No. 12 of 2009 on the Identification of the Shrimp Fishing Areas	2011/2/1
	《2010年第8号发布渔港管理条例的决议》 Resolution No. 8 of 2010 Issuing Fishing Ports Regulation	2010/11/25
	《2010年第4号修改2005年第13号决议关于在阿尔希瓦群岛领海捕鱼的一些规定的决议》 Resolution No. 4 of 2010 Amending Some Provisions of Resolution No. 13 of 2005 Regulating Fishing in the Territorial Sea of Alhiwar Islands	2010/4/18
	《2009年第12号关于捕捞虾的区域识别的决议》 Resolution No. 12 of 2009 on the Identification of the Shrimp Fishing Areas	2009/7/12

---

[1] 该附录数据来源于"Country Profiles：Bahrain"，FAOLEX Database，http：//www.fao.org/faolex/country-profiles/general-profile/see-more/en/?iso3=BHR&countryname=Bahrain&area=Fisheries&link=aHR0cDovL2V4dHdwcmxlZ3MxLmZhby5vcmcvY2dpLWJpbi94bWwuZXhlP2RhdGFiYXNlPWZhb2xleCZzZWFyY2hfdHlwZT1saW5rJnRhYmxlPXJlc3VsdCZsYW5nPXhkWFVyeSZuMD1hbkBwcmV2UmVmTmFtZQZmb0VJRkpQT2lrZ0QUJ0NEVBVEVEOE4kgQU5FSUZOVUVVU1UzcG9JRUZPUkNBYOihMIFIgTSkgTk9UIFJFUXVoQEZBTyBoEWdWcmNaR1NTZHNYWW5aWGh0bkd5bVpNOWlWV0YwWDI1aGJXUTlRRhlTRTlTVkNadyWdlXhlYWRlci1FWEVfMSZjemFYcldlZlXeUmIiZjb2xvclJlc3B0FWE1MRg==，January 17，2019.

续表

类别	法令和条例	颁布日期（年/月/日）
有关渔业的具体规定	《2009年第11号停止发放捕虾和捕捞鱼类的许可证的决议》 Resolution No. 11 of 2009 Stopping the Issuance of Licences for Fishing of Shrimps and Fishes	2009/6/29
	《1990年第10号关于控制珍珠和宝石的法令》 Legislative Decree No. 10 of 1990 Concerning the Control on Pearls and Precious Stones	1990/6/10
	《2009年第9号禁止生产和使用多钩鱼线的决议》 Resolution No. 9 of 2009 Prohibiting the Production and Use of Multi-hooks Fishing Threads	2009/6/4
	《2009年第8号关于海上旅行的爱好者出海捕鱼的决议》 Resolution No. 8 of 2009 on Fishing by Amateurs of Sea Trips	2009/4/26
	《2009年第7号设立负责监督和起诉渔民和海洋居民的滥用权利行为的委员会的决议》 Resolution N. 7 of 2009 Establishing a Committee to Monitor and Prosecute Abuses by Fishermen and Sea-goers	2009/4/20
	《2009年第3号对虾的捕捞、流通和贸易实施的禁令》 Resolution No. 3 of 2009 Decreeing the Ban on Fishing, Circulation and Trade of Shrimps	2009/3/11
	《2008年第3号关于使用3线丝网（多纤维）的决议》 Resolution No. 3 of 2008 on the Use of Silk Nets (multi-fibbers) of 3 Lines	2008/7/22
	《2007年第8号宣布Bulthama礁区为海洋保护区的决议》 Resolution No. 8 of 2007 Declaring the Zone of Bulthama Reef A Marine Protected Area	2007/10/23
	《2007年第2号禁止捕捞龙虾的决议》 Resolution No. 2 of 2007 Decreeing the Ban on Fishing of Lobsters	2007/3/4
	《2007年第1号关于禁止捕捞、分销和销售虾的决议》 Resolution No. 1 of 2007 Regarding the Ban on the Fishing of Shrimps, and Their Distribution and Sale	2007/3/4
	《2005年第15号关于获得或续期捕捞许可证的程序的决议》 Resolution No. 15 of 2005 on Procedures for Obtaining or Renewing Fishing Licences	2005/7/16
	《2005年第10号关于海岸警卫队渔船登记的决议》 Resolution No. 10 of 2005 on the Registration of Fishing Vessels at the Coast Guard Department	2005/5/25

续表

类别	法令和条例	颁布日期（年/月/日）
有关渔业的具体规定	《2005年第8号关于在渔区建立人工障碍的规定的决议》 Resolution No. 8 of 2005 Regulating the Creation of Artificial Barriers in Fishing Areas	2005/5/25
	《2005年第13号规范阿尔希瓦群岛领海的捕鱼活动的决议》 Resolution No. 13 of 2005 Regulating Fishing in the Territorial Sea of Alhiwar Islands	2005/5/25
	《2005年第12号关于捕鱼爱好者临时许可证的决议》 Resolution No. 12 of 2005 Concerning Temporary Licences for Amateur Fishermen	2005/5/25
	《2005年第11号规定了捕虾渔网的要求和条件的决议》 Resolution No. 11 of 2005 Defining the Requirements and Conditions for Shrimp Fishing Nets	2005/5/25
	《2005年第7号禁止使用2层或更多层的多纤维网的决议》 Resolution No. 7 of 2005 Concerning the Ban on the Use of Multiple-fibre Nets (Albresem) of 2 or More Layers	2005/5/25
	《2005年第9号关于获得设立障碍许可证的程序的决议》 Resolution No. 9 of 2005 Concerning the Procedures for Obtaining A Licence for the Erection of Barriers (Almasaker)	2005/5/25
	《2003年第5号关于禁止虾类捕捞、管理和贸易决议》 Resolution No. 5 of 2003 Concerning the Ban on the Fishing, Handling and Trade of Shrimps	2003/3/8
	《2003年第2号关于禁止进口、管理和使用尼龙渔网的决议》 Resolution No. 2 of 2003 Concerning the Ban on the Importation, Handling and Use of Nylon Fishing Nets	2003/1/19
	《2003年第3号禁止捕捞海牛、海龟和海豚的决议》 Resolution No. 3 of 2003 Prohibiting the Fishing of Sea Cows, Marine Turtles and Dolphins	2003/1/19
	《2002年第5号设立潜水和珍珠理事会的决议》 Resolution No. 5 of 2002 Establishing the Diving and Pearls Council	2002/2/10
	《2002年第20号关于捕捞、开发和保护海洋生物资源的法令》 Legislative Decree No. 20 of 2002 Regulating the Fishing, Exploitation and Protection of Marine Living Resources	2002/7/20
	《2000年第5号规定捕虾网的特殊要求和条件的决议》 Resolution No. 5 of 2000 Defining Special Requirements and Conditions for Shrimp Fishing Nets	2000/6/27

续表

类别	法令和条例	颁布日期（年/月/日）
有关渔业的具体规定	《2000年第4号授权开采海砂的决议》 Resolution No. 4 of 2000 Authorizing the Extraction of Marine Sand	2000/6/7
	《1997年第3号关于禁止捕捞和销售甲壳类动物和小鱼的决议》 Resolution No. 3 of 1997 on the Prohibition of Fishing and Selling Crustaceans and Small Fish	1997/11/18
	《1997年第6号颁布1990年关于控制珍珠和宝石的第10号法令的实施条例的决议》 Resolution No. 6 of 1997 Issuing the Implementing Regulation of Legislative Decree No. 10 of 1990 Concerning the Control on Pearls and Precious Stones	1997/7/9
	《1997年第2号禁止使用拖网的决议》 Resolution No. 2 of 1997 Prohibiting the Use of Drag Nets	1997/6/28
	《1996年第2号禁止使用拖网捕捞长须鲸的决议》 Resolution No. 2 of 1996 on the Prohibition of Using Drag Nets for Fishing Fin Fish	1996/11/9
	《1996年第1号禁止使用深拖网捕捞鱼类决议》 Resolution No. 1 of 1996 Forbidding the Use of Deep Drag Nets for Fishing Finfishes	1996/1/13
	《1995年第7号禁止使用尼龙制成的渔网的决议》 Resolution No. 7 of 1995 Prohibiting the Use of Fishing Nets Made of Nylon	1995/3/13
	《1994年第17号关于禁止捕捞和销售甲壳类动物和小鱼的决议》 Resolution No. 17 of 1994 on the Prohibition of Fishing and Selling Crustaceans and Small Fish	1994/11/29
	《1994年第18号规范虾和鱼的出口的决议》 Resolution No. 18 of 1994 Regulating the Exportation of Shrimps and Fish	1994/11/29
	《1994年第14号禁止未登记的渔船在巴林领海捕鱼的决议》 Resolution No. 14 of 1994 Prohibiting Unregistered Fishing Vessels to Fish in the Territorial Waters of Bahrain	1994/11/12
	《1989年第1号禁止使用钢柱或实心杆在渔区定位或指明渔具的位置的决议》 Resolution No. 1 of 1989 Prohibiting the Use of Steel Columns or Solid Poles to Locate A or Indicate Fishing Gear Places in Fishing Areas	1989/3/5
	《1988年第11号修改关于规范渔船许可证的注册和续期的1981年第17号决议的决议》 Resolution No. 11 of 1988 Amending Resolution No. 17 of 1981 Regulating the Registration and Renewal of Fishing Vessel Licences	1988/7/20

续表

类别	法令和条例	颁布日期（年/月/日）
有关渔业的具体规定	《1988年第8号禁止使用漂浮网进行捕鱼的决议》 Resolution No. 8 of 1988 Prohibiting the Use of Floating Drift Nets for Fishing	1988/6/5
	《1986年第9号关于渔网的网格和尺寸的规定的决议》 Resolution No. 9 of 1986 Defining the Measures and Mesh of Fishing Nets	1986/5/19
	《1986年第11号禁止进口、制造和使用由三层纺纱制成的渔网的决议》 Resolution No. 11 of 1986 Prohibiting the Importation, Manufacture and Use of Fishing Nets Made of Three Layers of Spinning	1986/5/19
	《1986年第8号禁止捕捞小型鲭带鱼的决议》 Resolution No. 8 of 1986 Prohibiting the Fishing of Small Rabbit-fish.	1986/5/19
	《1986年第10号禁止在Alhirat地区使用拖网捕鱼的决议》 Resolution No. 10 of 1986 Prohibiting the Use of Drag Nets for Fishing in Alhirat Zones	1986/5/19
	《1986年第4号禁止捕捞海牛的决议》 Resolution No. 4 of 1986 Prohibiting the Fishing of Sea Cow	1986/2/24
	《1981年第17号关于渔船许可证的登记、获取和续期这些许可证的表格和要收取的费用法令》 Decree No. 17 of 1981 on the Registration of Fishing Vessel Licences, the Form for Obtaining and Renewing These Licences and Fees to Be Collected	1982/1/15
	《1981年第17号关于渔船许可证的注册和续展的规定的决议》 Resolution No. 17 of 1981 Regulating the Registration and Renewal of Fishing Vessel Licences	1981/12/1
	《1981年第17号规范渔船许可证登记、许可证表格以及许可证的续期和费用的决议》 Resolution No. 17 of 1981 Regulating the Registration of Fishing Vessel Licences, Licence Forms, and Licence's Renewal and Fees	1980/12/1
	《1981年第16号关于鱼类财富司渔船的登记的决议》 Resolution No. 16 of 1981 Concerning the Registration of Fishing Vessels at the Fish Wealth Departmen	1981/12/1
	《1981年第14号规范设立捕捞障碍的许可证登记的决议》 Resolution No. 14 of 1981 Regulating the Registration of Licences for the Erection of Fishing Barriers.	1981/8/6
	《关于捕捞虾的1980年第13号法令》 Decree Law No. 13 of 1980 on the Fishing of Shrimp	1980/5/27

续表

类别	法令和条例	颁布日期（年/月/日）
设立相关规定的法令和条例	《2001年第27号关于建立和管理潜水和珍珠理事会的法令》 Legislative Decree No. 27 of 2001 Establishing and Regulating the Diving and Pearls Council	2001/7/22
	《1997年第6号设立委员会，负责发布和执行渔业财富的决议》 Resolution No. 6 of 1997 Establishing the Committee for Following the Issuance and Implementation of Resolutions on Fish Wealth	1997/3/17
	《1979年第11号在贸易和农业部设立鱼类财富司的埃米尔（皇家）法令》 Emiri (Royal) Decree No. 11 of 1979 Establishing the Department of Fish Wealth at the Ministry of Trade and Agriculture	1990/4/17
	《1979年第11号决议在贸易和农业部设立渔业财富司的决议》 Resolution No. 11 of 1979 Establishing the Fish Wealth Department at the Ministry of Trade and Agriculture	1979/9/13

附录11[1]　巴林港口和海事相关立法

（一）巴林港口和海事相关法律

序号	法律名称	内容	颁布时间（年）
1	《巴林海事法典》Bahrain Maritime Code	涉及船舶、船员、海上事故和保险等方面的规定	1982
2	《船舶登记法》Ship Registration Law	关于船舶登记和确定安全条件的法	1978
3	《2001年第6号部长决议》Ministerial Resolution No. 6 for 2001	巴林商船条例（包括配员、培训、认证和相关海员事宜）	2001
4	《GCC非常规船舶安全规定》GCC Safety Regulations for Non-conventional Ships	概述海湾合作委员会对《国际海事组织公约》未涵盖的货船和载客少于200人的小客船的安全规定	2011
5	《2016年第14号部长级决议》Ministerial Resolution No. 14 for 2016	关于批准的船级社	2016
6	《2016年第20号部长级决议》Ministerial Resolution No. 20 for 2016	执行与海洋航行有关的公约	2016
7	《2017年第9号部长级决议》Ministerial Resolution No. 9 for 2017	关于海事服务许可	2017

---

[1] 该附录内容整理自巴林交通和通信部网站。See "LAWS AND REGULATIONS", KINGDOM OF BAHRAIN Ministry of Transportationand Telecommunications, http：//mtt. gov. bh/content/pma-law-and-regulation%20, January 11, 2019.

（二）巴林港口和海事相关条例

序号	条例名称	内容	批准时间（年/月/日）
1	《私人码头规定》 Private Jetty Regulations	有关在巴林王国经营港口、码头或类似设施的规定	2010/7/27
2	《指令编号 STCW/01》 Directive No. STCW/01	安全配员文件（SAFE MANNING DOCUMENT）	2016/8/16
3	《指令编号 STCW/02》 Directive No. STCW/02	值班安排和原则	2016/8/16
4	《指令编号 STCW/03》 Directive No. STCW/03	批准培训中心和课程	2016/8/16
5	《指令编号 STCW/04》 Directive No. STCW/04	签发巴林船旗国签证	2016/8/16
6	《指令编号 STCW/05》 Directive No. STCW/05	为船长和高级官员提供《1978年海员培训、发证和值班标准国际公约》第二章和第三章下的巴林国家证书和签证	2016/8/16
7	《指令编号 STCW/06》 Directive No. STCW/06	为全球海上遇险与安全系统（GMDSS）无线电报员、普通船员或值班水手提供巴林国家证书	2016/8/16
8	《指令编号 STCW/07》 Directive No. STCW/07	油轮培训、认证和认可	2016/8/16
9	《指令编号 STCW/08 》 Directive No. STCW/08	海员的医疗健康标准	2016/8/16
10	《指令编号 STCW/09》 Directive No. STCW/09	船舶保安员（SSO）认证	2016/8/16
11	《指令编号 STCW/10》 Directive No. STCW/10	发放船舶厨师证书	2016/8/16
12	《指令编号 STCW/11》 Directive No. STCW/11	学员培训计划	2016/8/16
14	《指令编号 STCW/12》 Directive No. STCW/12	发放巴林海员的记录簿	2016/8/16
15	《指令编号 STCW/13》 Directive No. STCW/13	《1978年海员培训、发证和值班标准国际公约》第七章下的可供选择的证书	2016/8/16

附 录

续表

序号	条例名称	内容	批准时间（年/月/日）
16	《指令编号 STCW/14》 Directive No. STCW/14	发出非《1978 年海员培训、发证和值班标准国际公约》证书，用于在国内水域航行和功率小于 750 千瓦的船舶	2016/8/16
17	《指令编号 STCW/15》 Directive No. STCW/15	电子海图显示和信息系统培训	2016/8/16
18	《指令编号 STCW/16 》 Directive No. STCW/16	适合的职责和最短的休息时间	2016/8/16
19	《指令编号 STCW/17》 Directive No. STCW/17	豁免船员配备问题	2016/8/16
20	《指令编号 STCW/18》 Directive No. STCW/18	证书的签发和注册	2016/8/16
21	《指令编号 STCW/19》 Directive No. STCW/19	《1978 年海员培训、发证和值班标准国际公约》下的港口国控制	2016/8/16
22	《指令编号 STCW/20》 Directive No. STCW/20	进行试验	2016/8/16
23	《指令编号 ISM/01》 Directive No. ISM/01	实施国际安全管理	2016/12/8
24	《第 6/20166 号决议》 Resolution 6/2016	实施《1969 年国际船舶吨位丈量公约》	2016/12/5
25	《第 7/2016 号决议》 Resolution 7/2016	关于执行《1973 年国际防止船舶造成污染公约》及其议定书和附件 1、附件 2 和附件 5	2016/12/5
26	《第 8/2016 号决议》 Resolution 8/2016	实施《1974 年国际海上人命安全公约》	2016/12/5
27	《第 9/2016 号决议》 Resolution 9/2016	关于实施《1966 年国际船舶载重线公约》和 1988 年议定书	2016/12/5
28	《第 14/2016 号决议》 Resolution 14/2016	关于批准的船级社	2016/12/10
29	《指令 CIC-01》 Directive CIC-01	海上事故调查	2016/12/12
30	《指令 MARPOL-01》 Directive MARPOL-01	《1973 国际防止船舶造成污染公约》附件 5 的实施	2016/12/14

续表

序号	条例名称	内容	批准时间（年/月/日）
31	《指令编号 MARPOL/02》 Directive No. MARPOL/02	油类记录簿	2016/12/29
32	《指令编号 MARPOL/03》 Directive No. MARPOL/03	船舶散装有毒液体物质残留物排放控制	2016/12/29
33	《指令 SOLAS-2》 Directive SOLAS-2	巴林船舶的型式认可证书	2016/12/27
34	《指令 SOLAS-01》 Directive SOLAS-01	《1974 年国际海上人命安全公约》第 1 章的调查和认证	2016/12/14
35	《指令 SOLAS-3》 Directive SOLAS-3	巴林船舶登船和下船的方式	2016/12/27
36	《指令 SOLAS-4》 Directive SOLAS-4	试点转移安排	2016/12/27
37	《指令 SOLAS-05》 Directive SOLAS-05	显示船上的机动信息	2016/12/27
38	《指令 SOLAS-06》 Directive SOLAS-06	水下调查代替干坞	2016/12/25
39	《指令 SOLAS-07》 Directive SOLAS-07	《1974 年国际海上人命安全公约》要求的证书和文件	2016/12/21
40	《指令 SOLAS-08》 Directive SOLAS-08	船上出版物的运输	2016/8/16
41	《指令 SOLAS-09》 Directive SOLAS-09	氧气分析和气体检测设备	2016/12/27
42	《指令 SOLAS-10》 Directive SOLAS-10	救生用具和设备	2016/12/27
43	《指令 SOLAS-11》 Directive SOLAS-11	目标型船舶建造标准	2016/12/29
44	《指令 SOLAS-12》 Directive SOLAS-12	消防系统和器具的维护和检查	2016/12/29
45	《指令 SOLAS/13》 Directive No. SOLAS/13	紧急逃生呼吸装置	2016/12/29

续表

序号	条例名称	内容	批准时间（年/月/日）
46	《指令 SOLAS／14》 Directive No. SOLAS/14	船舶的完整性、损伤稳定性和强度	2016/12/29
47	《指令 SOLAS／15》 Directive No. SOLAS/15	全球海上遇险和安全系统对无线电装置和操作的要求	2016/12/29
48	《指令 SOLAS/16》 Directive No. SOLAS/16	电子海图显示与信息系统的要求和备份安排	2016/12/29
49	《第 1/2017 号决议》 Resolution 1/2017	实施《1972 年国际海上避碰规则公约》	2017/1/4
50	《指令编号 PSC/01》 Directive No. PSC/01	巴林港口国控制	2016/12/8
51	《指令编号 GENREAL/01》 Directive No. Genreal/01	"行政满意"的标准	2016/12/29
52	《指令 10/2016》 Directive No. 10/2016	最低安全配员要求	2016/9/4
53	《指令 FSI/01-船旗国检查》 Directive FSI/01-Flag State Inspection	船旗国检查	2016/12/29
54	《指令 NO. GENERAL/02》 Directive No. General/02	传输海上安全信息	2017/1/18
55	《指令编号 MARPOL/04》 Directive No. MARPOL/04	港口接收设施，用于船舶产生的废物和货物残余物	2017/3/1

附录12[1]　巴林缔结的联合国海洋法框架下的公约

序号	公约名称	签字日期（年/月/日）	生效日期（年/月/日）
1	《联合国海洋法公约》 United Nations Convention on the Law of the Sea	1982/12/10	1985/5/30
2	《关于执行1982年12月10日〈联合国海洋法公约〉第十一部分的协定》 Agreement relating to the implementation of Part XI of the United Nations Convention on the Law of the Sea of 10 December 1982	1994/11/16	1996/4/24

---

[1] 数据来自"Multilateral Treaties Deposited with the Secretary-General", United Nations Treaty Collection, https：//treaties.un.org/pages/ParticipationStatus.aspx? clang=_en, January 17, 2019。

附录13 巴林缔结的海事条约

公约名称	相关法规[1]	签字或交存日期[2]（年/月/日）	生效日期（年/月/日）
《1948年国际海事组织公约》 Convention on the International Maritime Organization, 1948		1976/9/22 （接受）	1976/9/22
《1972年国际海上避碰规则公约》 Convention on the International Regulations for Preventing Collisions at Sea, 1972	第13/1985号法令	1985/10/21 （加入）	1985/10/21
《1969年国际船舶吨位丈量公约》 International Convention on Tonnage Measurement of Ships, 1969		1985/10/21	1986/1/21
《1974年国际海上人命安全公约》及其附件 International Convention for the Safetyof Life at Sea and its Annexes, signed in London on November 1, 1974	1974年公约	第13/1985号法令	1985/10/21[3]	1986/1/21
	1988年议定书		2015/8/17	2015/11/17
《1966年国际船舶载重线公约》 International Convention on Load Lines, 1966	公约及其修正案	1985/10/21 （加入）	1986/1/21
	1988年议定书		2015/9/29

---

[1] 该列信息若无特别注明均参见"International Conventions", Kingdom of Bahrain Supreme Council for Enionment, http://www.sce.gov.bh/en/InternationalConventions? cms = iQRpheuphYtJ6py XUGiNqqgHuL3%2f%2fWF0, January 11, 2019。

[2] 该列信息若无特别注明均参见"Status of Conventions-Comprehensive information including Signatories, Contracting States, declarations, reservations, objections and amendments", International Maritime Organization, https://www.imo.org/en/About/Conventions/Pages/StatusOfConventions.aspx, January 17, 2019。

[3] "Bahrain: International Convention for the Safety of Life at Sea", ECOLEX, https://www.ecolex.org/details/treaty/international-convention-for-the-safety-of-life-at-sea-solas-tre-000115/? type = treaty&q = Bahrain&page = 2, January 17, 2019。

续表

公约名称	相关法规	签字或交存日期（年/月/日）	生效日期（年/月/日）
《国际移动卫星组织公约》Convention on the International Maritime Satellite Organization, 1976	1976年公约	1986/1/8（运营协议的签署日期）	1986/1/8
	1989年修正案	1996/6/10	
	1994年修正案		
	1998年修正案	1999/3/23	
《1969年国际油污损害民事责任公约》International Convention on Civil Liability for Oil Pollution Damage	1976年议定书	1996/5/3	1996/8/1
	1992年议定书	第13/1995号法令	1996/5/3	1997/5.3
《1978年海员培训、发证和值班标准国际公约》International Convention on Standards of Training, Certification and Watchkeeping for Seafarers, 1978		1996/6/13（加入）	1996/9/13
《国际移动卫星组织业务协定》Operating Agreement on the International Maritime Satellite Organization	1989年修正案	1996/6/10	
	1994年修正案		
	1998年修正案	1999/3/23	
《1971年设立国际油污损害赔偿基金国际公约》International Convention on the Establishment of an International Fund for Compensation for Oil Pollution Damage	1976年议定书	1996/5/3（加入）	1996/8/1
	1992年议定书	1996/5/3（加入）	1997/5/3
《制止危及大陆架固定平台安全非法行为议定书》Protocol for the Suppression of Unlawful Acts against the Safety of Fixed Platforms Located on the Continental Shelf		2006/1/19	

续表

公约名称		相关法规	签字或交存日期 （年/月/日）	生效日期 （年/月/日）
《1979年国际海上搜寻救助公约》 International Convention on Maritime Search and Rescue, 1979			2006/1/19	
《1973年国际防止船舶造成污染公约》（除了附件三和附件四） International Convention for the Prevention of Pollution from Ships（MARPOL）	1978年议定书	第32/2005号法律	2007/4/27	2007/7/27
	附件五		2007/4/27	2007/7/27
	1979年议定书[1]		2007/1/9（加入）	2007/4/9
《1972年国际集装箱安全公约》 International Convention for Safe Containers, 1972			2016/12/15	
《1990年国际油污防备、反应和合作公约》 International Convention on Oil Pollution Preparedness, Response and Co-operation, 1990			2016/6/9	
《2001年国际燃油污染损害民事责任公约》 International Convention on Civil Liability for Bunker Oil Pollution damage, 2001			2017/11/14	

---

[1] ECOLEX, https://www.ecolex.org/details/treaty/international-convention-for-the-prevention-of-pollution-from-ships-marpol-as-modified-by-the-protocol-of-1978-tre-000112/?type=treaty&q=Bahrain&page=3, January 17, 2019.

附录14[1]　巴林缔结的海洋环境保护条约

类别	公约名称	相关法规[2]	签署日期（须经批准）（年/月/日）	批准日期（年/月/日）	生效日期（年/月/日）
海洋环境保护条约	《控制危险废物和其他废物的海洋越境流动和处置的区域议定书》Regional Protocol on the Control of Marine Trans-boundary Movements and Disposal of Hazardous Wastes and Other Wastes	第26/2001号法令	1998/3/17	2005/6/8	2005/8/21
	《控制危险废物越境转移及其处置巴塞尔公约》及其修正案 Basel Convention on the Control of Trans-boundary Movements of Hazardous Wastes and Their Disposal, and its amendment	第11/1992号法令和第8/2005号法律		2005/7/25	
	《关于因勘探和开发大陆架而造成的海洋污染议定书》Protocol concerning Marine Pollution resulting from Exploration and Exploitation of the Continental Shelf	第9/1990号法令	1989/3/29	1990/5/16	1990/8/14
	《保护海洋环境免受陆源污染的议定书》Protocol for the Protection of the Marine Environment against Pollution from Land-Based Sources	第9/1990号法令	1990/2/21	1990/5/16	1993/2/1
	1954年在伦敦签署的《国际防止海上油污公约》及其修正案 International Convention for the Prevention of Pollution of the Sea by Oil, signed in London in 1954, and amendments to it	第13/1985号法令		1985/10/21	

[1] 本附录部分公约相关时间检索自ECOLEX：https://www.ecolex.org/，最后访问日期：2019年1月11日。

[2] "International Conventions", Kingdom of Bahrain Supreme Council for Enionment, http://www.sce.gov.bh/en/InternationalConventions?cms=iQRpheuphYtJ6pyXUGiNqqgHuL3%2F%2FWF0, January 11, 2019.

续表

类别	公约名称	相关法规	签署日期（须经批准）（年/月/日）	批准日期（年/月/日）	生效日期（年/月/日）
海洋环境保护条约	《科威特海洋环境污染保护合作区域公约》Kuwait Regional Convention for Cooperation on the Protection of the Marine Environment from Pollution	第17/1978号法令	1978/4/24	1979/4/1	1979/6/30
	《紧急情况下应对石油和其他有害物质污染的区域合作议定书》Protocol Concerning Regional Co-operation in Combating Pollution by Oil and other Harmful Substances in Cases of Emergency		1978/4/24	1979/4/1	1979/6/30
	《1969年国际干预公海油污事故公约》[1] International Convention Relating to Intervention on the High Seas in Cases of Oil Pollution Casualties		1969年		
动植物保护条约	《生物多样性公约》Convention on Biological Diversity	第18/1996号法令	1992/6/9	1996/8/30	1996/11/28
	《养护管理印度洋和东南亚海龟及其生境谅解备忘录》Memorandum of Understanding concerning Conservation and Management of Marine Turtles and their Habitats of the Indian Ocean and South East Asia		2006/12/10		2007/1/1

---

[1] 巴林最高环境委员会网站的信息显示巴林是该公约的缔约国，参见"International Conventions", Kingdom of Bahrain Supreme Council for Enionment, http://www.sce.gov.bh/en/InternationalConventions? cms = iQRpheuphYtJ6pyXUGiNqqgHuL3% 2f% 2fWF0, January 13, 2019。但国际海事组织网站的信息表明，巴林既非该公约的签署国，也非该公约的缔约国，参见 International Maritime Organization, "Status of Conventions-Comprehensive information including Signatories, Contracting States, declarations, reservations, objections and amendments", https://www.imo.org/en/About/Conventions/Pages/StatusOfConventions.aspx, January 13, 2019。

续表

类别	公约名称	相关法规	签署日期（须经批准）（年/月/日）	批准日期（年/月/日）	生效日期（年/月/日）
动植物保护条约	《卡塔赫纳生物多样性公约生物安全议定书》Cartagena Protocol on Biosafety to the Convention on Biological Diversity	第2/2011号法律		2012/2/7（加入）	2012/5/7
	《濒危野生动植物种国际贸易公约》Convention on International Trade in Endangered Species of Wild Fauna and Flora	公约	第27/2012号法律	1992/6/9	1996/8/30	1996/11/28
		1979年修正案		2009/1/21	2009/4/21

附录15 《卡塔尔国宪法》[1]

Qatar's Constitution of 2003

PART ONE
The State and the Bases of the Rule

Article 1

Qatar is an independent sovereign Arab State. Its religion is Islam and Shari'a law shall be a main source of its legislations. Its political system is democratic. The Arabic Language shall be its official language. The people of Qatar are a part of the Arab nation.

Article 2

The capital of the State is Doha City; and it may be transferred to any other place by a law. The State shall exercise its sovereignty on its territory and it may not relinquish its sovereignty neither may it cede any part of its territory.

Article 3

The law shall specify the flag of the State, the emblem, decorations, badges, and the National Anthem.

Article 4

The law shall determine the financial and banking system of the State, and specify its official currency.

Article 5

The State shall preserve its independence, sovereignty, territorial safety and integrity, security and stability, and defend itself against aggression.

Article 6

The State shall respect the international charters and conventions, and strive to implement all international agreements, charters, and conventions it is party thereof.

Article 7

The foreign policy of the State is based on the principle of strengthening international peace and security by means of encouraging peaceful resolution of international disputes;

---

[1] "The Constitution", State of Qatar Government Communications office, https://www.gco.gov.qa/wp-content/uploads/2016/09/GCO-Constitution-English.pdf, April 5, 2019.

and shall support the right of peoples to self-determination; and shall not interfere in the domestic affairs of states; and shall cooperate with peace-loving nations.

Article 8

The rule of the State is hereditary in the family of Al Thani and in the line of the male descendants of Hamad Bin Khalifa Bin Hamad Bin Abdullah Bin Jassim. The rule shall be inherited by the son named as Heir Apparent by the Emir. In the case that there is no such son, the prerogatives of rule shall pass to the member of the family named by the Emir as Heir Apparent. In this case, his male descendants shall inherit the rule. The provisions of the rule of the State and accession shall be determined by a special law that shall be issued within a year commencing as from the date of coming into force of this Constitution. This law shall have the power of the Constitution.

Article 9

The Emir shall, by an Emiri Order, appoint an Heir Apparent after consultation with the members of the Ruling Family and the people of wisdom (Ahal Alhal wal agd) in the State. The Heir Apparent must be a Muslim of a Qatari Muslim Mother.

Article 10

The Heir Apparent, on his appointment, shall take the following of oath:

"I swear by Almighty God to respect Shari'a law, the Constitution and the law, maintain the independence of the State and safeguard its territorial integrity, defend the freedom and interests of its people, and be loyal to the State and the Emir."

Article 11

The Heir Apparent shall assume the powers and discharge the functions of the Emir on his behalf during his absence outside the country (or in the event of temporary compelling circumstances).

Article 12

The Emir may, by an Emiri Order, confer upon the Heir Apparent the exercise of some of his powers and the discharge of some of his functions. The Heir Apparent shall preside over the sessions of the Council of Ministers whenever he is in attendance.

Article 13

Without prejudice to the provisions of the two preceding articles, and where it is not possible to delegate powers to the Heir Apparent, the Emir may, by an Emiri Order, designate a deputy from the Ruling Family to discharge some of his powers and functions; and where the person who has been so designated holds a post or performs a function in any institution, the same person shall cease to discharge the duties of that post or function during his deputation of the Emir; and the Deputy Emir shall, as soon as he is so designated, take, before the Emir, the same oath as taken by the Heir Apparent.

Article 14

There shall be established a Council by an Emiri Resolution named "The Council of the Ruling Family". The Emir shall appoint the Members of such Council from amongst the members of the Ruling Family.

Article 15

The Council of the Ruling Family shall determine the vacancy of the position of the Emir in the event of his demise or when he becomes totally incapacitated to discharge his functions. Following this, the Council of Ministers and Al-Shoura Council shall after a secret joint session announce the vacancy and declare the Heir Apparent as the Emir of the State.

Article 16

Where the Heir Apparent, at the time he is named Emir of the State, is less than 18 years of age according to the Gregorian calendar, the reins of Government shall be conferred upon a Regency Council to be appointed by the Council of the Ruling Family. The Regency Council shall be composed of a Chairman and not less than three or more than five Members; and the Chairman and the majority of Members shall be from amongst the Ruling Family.

Article 17

The financial emoluments of the Emir as well as the funds allocated for gifts and assistance shall be determined by a resolution issued annually by the Emir.

PART TWO
The Guiding Principles of the Society

Article 18

The Qatari society is based on the values of justice, benevolence, freedom, equality, and high morals.

Article 19

The State shall maintain the pillars of the society and ensure security, stability, and equal opportunities for all citizens.

Article 20

The State shall strive to strengthen the spirit of national unity, cooperation, and fraternity among All citizens.

Article 21

The family is the basis of the society. A Qatari family is founded on religion, ethics, and patriotism. The law shall regulate adequate means to protect the family, support its structure, strengthen its ties, and protect maternity, childhood, and old age.

Article 22

The State shall provide care for the young, and protect the same from corruption, exploitation, evils of physical, mental and spiritual neglect. The State shall also create conducive circumstances for developing their capabilities in all fields based on sound education.

Article 23

The State shall foster public health; provide means of prevention from diseases and epidemics and their cure in accordance with the law.

Article 24

The State shall foster, preserve and help disseminate sciences, arts, cultural and national heritage, and encourage scientific research.

Article 25

Education is one of the basic pillars of social progress. The state shall ensure, foster, and endeavor to spread it.

Article 26

Ownership, capital and labor constitute the foundation of the social structure of the State; and the same are individual rights with a social function and which shall be regulated by the law.

Article 27

Private property is inviolable; and no one shall be deprived of his property save by reason of public benefit and in the cases prescribed by the law and in the manner stated therein provided that the person concerned is fairly compensated.

Article 28

The State shall guarantee freedom of economic enterprise on the basis of social justice and balanced cooperation between private and public activity in order to achieve socio-economic development, increase in production, achieve public welfare, raise standard of living, and provide job opportunities in accordance with the provisions of the law.

Article 29

Natural wealth and its resources are the property of the State; and the State shall preserve and exploit the same in the best manner in accordance with the provisions of the law.

Article 30

The employee-employer relationship shall be based on the ideals of social justice and shall be regulated by law.

Article 31

The State shall encourage investment and shall provide the necessary guarantees and facilities for it.

Article 32
The law shall regulate State loans.

Article 33
The State shall preserve the environment and its natural balance in order to achieve comprehensive and sustainable development for all generations.

PART THREE
Public Rights and Duties

Article 34
The Citizens of Qatar shall be equal in public rights and duties.

Article 35
All persons are equal before the law and there shall be no discrimination whatsoever on grounds of sex, race, language, or religion.

Article 36
Personal freedom shall be guaranteed and no person may be arrested, detained, searched, neither may his freedom of residence and mobility be restricted save under the provisions of the law; and no person may be subjected to torture, or any degrading treatment; and torture shall be considered a crime punishable by law.

Article 37
The sanctity of human privacy shall be inviolable, and therefore interference into privacy of a person, family affairs, home of residence, correspondence, or any other act of interference that may demean or defame a person may not be allowed save as limited by the provisions of the law stipulated therein.

Article 38
No citizen shall be banished neither shall he be denied re-entry to his country.

Article 39
An accused person is presumed innocent until his conviction is proved before a count of law wherein the necessary guarantees of the right of self-defense are secured.

Article 40
No crime and no punishment save as prescribed by the law and no penalty save on the acts committed subsequent to the enforcement of that law; and punishment is personal. The provisions of the laws shall have no effect save on the acts committed from the date of the enforcement of the said laws. These provisions shall have no effect on the acts which occurred prior to the enforcement of the said laws; however, it may be stipulated otherwise by a majority of two-thirds of Al-Shoura Council in case of non-criminal provisions.

Article 41

The Qatari nationality and the rules governing it shall be prescribed by law, and the same shall have the similar power as that of the constitution.

Article 42

The State shall ensure the right of citizens to elect and be elected in accordance with the law.

Article 43

Taxes shall be founded on social justice and henceforth may not be levied save by a law.

Article 44

The right of the citizens to assemble is guaranteed in accordance with the provisions of the law.

Article 45

The right of citizens to establish association is guaranteed in accordance with the conditions and circumstances set forth in the law.

Article 46

Individuals have the right to address public authorities.

Article 47

Freedom of expression of opinion and scientific research is guaranteed in accordance with the conditions and circumstances set forth in the law.

Article 48

Freedom of press, printing and publication shall be guaranteed in accordance with the law.

Article 49

All citizens have the right to education; and the State shall endeavor to make general education compulsory and free of charge in accordance with the applicable laws and regulations of the State.

Article 50

Freedom to practice religious rites shall be guaranteed to all persons in accordance with the law and the requirements of the maintenance of public order and morality.

Article 51

The right of inheritance shall be maintained and governed by Shari'a law.

Article 52

Every person who is a legal resident of the State shall enjoy protection to his person and property in accordance with the provisions of the law.

Article 53

Defending the country is a duty of every citizen.

Article 54

The public post is a national service; and a public employee shall make public interest his only objective when performing the duties of his post.

Article 55

Public funds are inviolable and its protection is a duty of everyone in accordance with the law.

Article 56

General confiscation of property is prohibited. The penalty of confiscation of private property shall only be imposed by a court judgment and in cases specified by the law.

Article 57

The respect of the Constitution, compliance with the laws issued by Public Authority, abiding by public order and morality, observing national traditions and established customs is a duty of all who reside in the State of Qatar or enter its territory.

Article 58

Extradition of political refugees is prohibited; and the law shall determine conditions of granting political asylum.

PART FOUR
Organization of Powers

Chapter One: General Provisions
Article 59

The people are the source of power, and they shall exercise the same in accordance with the provisions of this Constitution.

Article 60

The system of Government is based on the separation of powers and shall be exercised in collaboration with the manner specified in this Constitution.

Article 61

The Legislative Authority shall be vested in Al-Shoura Council as prescribed in this Constitution.

Article 62

The Executive Authority shall be vested in the Emir and he shall be assisted by the Council of Ministers as specified in this Constitution.

Article 63

The Judicial Authority shall be vested in courts of law as prescribed in this Constitution; and court judgments shall be pronounced in the name of the Emir.

Chapter Two: The Emir

Article 64

The Emir is the head of State. His person shall be inviolable and he must be respected by all.

Article 65

The Emir is the Commander-in-Chief of the armed forces. He shall supervise the same with the assistance of Defence Council under his direct authority. The said Council shall be constituted by an Emiri Resolution, which will also determine the functions thereof.

Article 66

The Emir shall represent the State internally and externally and in all international relations.

Article 67

The Emir shall discharge the following functions:

1. Drawing up the general policy of the State with the assistance of the Council of Ministers;

2. Ratification and promulgation of laws; and no such law may be issued unless it is ratified by the Emir;

3. Summoning the Council of Ministers to convene at any time deemed necessary for public interest; and the Emir shall preside over the meetings of the Council of Ministers that heattends;

4. Appointment of civil servants and military personnel and terminating their service in accordance with the law;

5. Accrediting diplomatic and consular missions;

6. Granting pardon or commuting penalty in accordance with the law;

7. Conferring civilian and military orders and badges of honor in accordance with the law;

8. Establishment and organisation of ministries and other Government bodies and specifying their functions;

9. Establishment and organisation of such consultative bodies to assist him in directing, supervising, and specifying the functions of the high policies of the State;

10. Any other functions vested upon him by this Constitution or the law.

Article 68

The Emir shall conclude treaties and agreements by a decree and refer the m to Al-Shoura Council accompanied with appropriate explanatory notes. The treaty or agreement shall have the power of law after ratification and publication in the official Gazette; however, reconciliation treaties and treaties pertaining to the territory of the State or those relating to the right of sovereignty or public or private rights of the citizens, or those that involve an amendment of the laws of the State shall come into force when the same are issued as a law. Under no case may a treaty include secret conditions contradicting its publicized conditions.

Article 69

The Emir may, by a decree, declare Martial Laws in the country in the event of exceptional cases specified by the law; and in such cases, he may take all urgent necessary measures to counter any threat that undermine the safety of the State, the integrity of its territories or the security of its people and interests or obstruct the organs of the State from performing their duties. However, the decree must specify the nature of such exceptional cases for which the martial laws have been declared and clarify the measures taken to address this situation. Al-Shoura Councilshall be notified of this decree within the fifteen days following its issue; and in the event that the Council is not in session for any reason whatsoever, the Council shall be notified of the decree at its first convening. Martial laws shall be declared for a limited period and the same shall not be extended unless approved by Al-Shoura Council.

Article 70

The Emir may, in the event of exceptional cases that require measures of utmost urgency which necessitate the issue of special laws and in case that Al-Shoura Council is not in session, issue pertinent decrees that have the power of law. Such decree-laws shall be submitted to Al-Shoura Council at its first meeting; and the Council may within a maximum period of forty days from the date of submission and with a two-thirds majority of its Members reject any of these decree-laws or request amendment thereof to be effected within a specified period of time; such decree-laws shall cease to have the power of law from the date of their rejection by the Council or where the period for effecting the amendments have expired.

Article 71

Defensive war shall be declared by an Emiri decree and aggressive war is prohibited.

Article 72

The Emir shall appoint the Prime Minister, accept his resignation and remove him from office by an Emiri order; and the resignation of the Prime Minister or his removal from office shall entail all Ministers. In the event of acceptance or resignation or removal from the office, the same Council shall continue to run urgent matters until such time the new Council is appointed.

Article 73

The Emir shall appoint Ministers by an Emiri Order upon nomination by the Prime Minister; and he shall accept resignations of Ministers and relieve them from office in a like manner. Where a resignation of a minister has been accepted, the Minister may be entrusted with running urgent matters until his successor is appointed.

Article 74

The Emir shall take the following oath prior to the discharge of his functions in a special session convened by Al-Shoura Council:

"I swear by Almighty God to respect Sharia law, the Constitution and the law, protect the independence of the State, safeguard its territorial integrity, and defend the freedom and interests of its people."

Article 75

The Emir shall seek public opinion on important issues pertaining to the interests of the State in a referendum. The subject of such referendum shall be deemed acceptable if acknowledged by the majority of voters; and the results of the referendum shall be binding and effective from the date of its announcement. The results shall be published in the official Gazette.

Chapter Three: The Legislative Authority

Article 76

A-Shoura Council shall assume the legislative authority, approve the general policy of the Government, the budget, and it shall exercise control over the executive authority as specified in this Constitution.

Article 77

Al-Shoura Council shall consist of forty-five Members, thirty of whom shall be elected by direct, general secret ballot; and the Emir shall appoint the remaining fifteen Members from amongst the Ministers or any other persons. The term of service of the appointed Members in Al-Shoura C ouncil shall expire when these Members resign their seats or are relieved from their posts.

Article 78

The system of election shall be determined by law in which the conditions and procedure of nomination and election are specified.

Article 79

The electoral constituencies into which the State is divided and the districts thereof shall be determined by a decree.

Article 80

The member of Al-Shoura council should fulfill the following conditions:

1. To be a holder of an original Qatari nationality;

2. His age shall not be less than thirty calendar years at the closing date of nomination;

3. To be good in reading and writing Arabic;

4. Not to have been convicted by a competent court of law for an offense involving moral turpitude or dishonesty unless rehabilitated in accordance with the law; and

5. Eligible to vote as determined in the elections law.

Article 81

The term of Al-Shoura Council shall be four calendar years commencing from the date of the first meeting; and the elections of the new Council shall be conducted during the last ninety days of the aforementioned term. The Member whose term of service expires may be re-elected; and where the elections are not held at the expiry of the term of the Council or delayed for any reason whatsoever, the term of the Council shall remain intact until a new Council is elected. The legislative term shall not be extended save for necessity and by decree provided that the said extension shall not exceed the period of one legislative term.

Article 82

The law shall determine the competent Judicial Authority that shall decide on the validity of the Members' election of Al-Shoura Council.

Article 83

Where for any reason a seat of one of the elected Members of Al-Shoura Council falls vacant at least six months before the term of the Council expires, a successor shall be elected within two months from the date of notification of such vacancy. Where, on the other hand, a seat of an appointed Member falls vacant, a new Member shall be appointed to fill the vacancy. In both cases, the new Member shall complete the term of his predecessor.

Article 84

The annual term of session of the Council shall at least be eight months and the Council may not be allowed to adjourn the session until the budget of the State is approved.

Article 85

Al-Shoura Council shall commence its annual ordinary session upon convocation by the Emir within the month of October every year.

Article 86

Notwithstanding the preceding two articles, the Emir shall call the Council for the first meeting following the general elections of the Council within one month of the end of election. Where the convening of the Council is delayed during this term from the date prescribed by the preceding article, then the duration of the term of the Council shall be reduced by the time difference between the two aforementioned dates.

Article 87

The Emir or his nominated representative shall open the annual term of the session of Al-Shoura Council and give a comprehensive speech in which he addresses the affairs of the State.

Article 88

In the case of necessity, the Emir shall, by a decree, or upon a request by a majority of the Members of the Council call Al-Shoura Council to an extraordinary meeting. In case of an extraordinary session, the Council shall not look into matters other than those for which the Council is convoked.

Article 89

Summoning and adjourning the ordinary and extraordinary sessions of the Council shall be by decree.

Article 90

The Emir may by a decree postpone the meeting of Al-Shoura Council for a period of time not exceeding one month; and the postponement of the meeting of Al-Shoura Council shall not be repeated during one term save by the approval of the Council and for one period and such period shall not be considered as part of the term of the session.

Article 91

The Council shall hold its meetings in its seat in Doha City; however, the Emir may call the Council to convene in any other place.

Article 92

Prior to the discharge of their duties before Al-Shoura Council and in an open session, the Members shall take the following oath:

"I swear by the Almighty God to be loyal to the country and to the Emir, respect Sharia law, the Constitution and the law, and safeguard the interests of the people and perform my duties with honesty and integrity."

Article 93

The Council shall in its first convening and for the duration of its term of session elect a Speaker and Deputy Speaker from amongst the Members. In the event of vacancy of office of either of them, the Council shall elect to replace either of them for the rest of the duration of the term of Council. The election shall be by secret ballot and by absolute majority of the votes of attending Members; and should such a majority not be attained on the first vote, a second vote shall be taken between the two Members who obtained the highest number of votes of attending Members. Where there is a tie between the second of the two who obtained the most votes and another candidate, this other candidate shall run for the second voting and in such case the election shall be determined by relative majority. In the event that more than one candidate obtains equal votes, a lot is cast. The session shall be chaired by the most senior Member until the Speaker is elected.

Article 94

The Council shall set up from amongst its Members, within two weeks from the commencement of its annual term of session, committees as may be necessary for the performance of its functions. Such committees may discharge their functions during the recess of the C o uncil in preparation for submission of the outcomes of their work to the Council at the beginning of the following term of session.

Article 95

The Council shall have a bureau consisting of the Speaker, his deputy and chairs of committees, and it shall have a general secretariat to assist the Council in the discharge of its functions.

Article 96

Maintaining order in the Council shall be the function of the Speaker.

Article 97

Al-Shoura Council shall make its internal regulations comprising its internal order and the conduct of its business, the work of committees, organisation of sessions, rules of proceedings, voting and all functions stipulated in this Constitution. The regulations shall determine the disciplinary penalties for the Members' violation of order or failure to attend sessions of the Council or committees without acceptable reason; and the aforementioned regulations shall be issued by law.

Article 98

Sittings of the Council shall be public, and they may also be held in camera upon a request of one third of the Members of the Council or upon a request from the Council of Ministers.

Article 99

For the sessions of the Council to be quorum, the majority of the Members must be present provided that the Speaker or his Deputy is present. In the event that quorum is not attained, the session shall be adjourned to the next sitting.

Article 100

The resolutions of the Council shall be passed by absolute majority of the attending Members save in cases that require special majority; and in case the votes are equal, the Speaker shall have casting vote.

Article 101

The membership of the Council expires by reason of:

1. Death or total disability;
2. Expiration of term of membership;
3. Resignation;
4. Removal from office;
5. Dissolution of the Council.

Article 102

The resignation of a Member shall be made in writing to the Speaker. The Speaker shall submit the resignation to the Council to decide its acceptance or refusal. The internal regulations shall specify the rules pertaining to this matter.

Article 103

No member may be removed from the Council unless he loses confidence and esteem, or becomes disqualified for lacking one of conditions of the membership on the basis of which he was elected, or is in breach of the duties of membership. The resolution of removal from the Council shall be taken by a two-thirds majority of the Members of the Council.

Article 104

The Emir may dissolve the Council by a decree in which the reasons for the dissolution shall be stated; however, the Council shall not be dissolved twice for the same reasons. Where the Council is dissolved, the elections of the new Council shall take place within a period not exceeding six months as of the date of dissolution.

Until a new Council is elected, the Emir with the assistance of the Council of Ministers shall assume the power of legislation.

Article 105

1. Every Member of the Council shall have the right to propose bills; and every proposal shall be referred to the relevant committee in the Council for study, making recommendation and submission to the Council. If the Council accepts the proposal, the same shall be referred in draft form to the Government for study and opinion. Such a draft shall be returned to the Council during the same or the following term of session.

2. Any bill rejected by the Council may not be re-introduced during the same term of session.

Article 106

1. Any draft law passed by the Council shall be referred to the Emir for ratification.

2. If the Emir, declines to approve the draft law, he shall return it a long with the reasons for such declination to the Council within a period of three months from the date of referral.

3. In the event that a draft law is returned to the Council within the period specified in the preceding paragraph and the Council passes the same once more with a two-thirds majority of all its Members, the Emir shall ratify and promulgate it. The Emir may in compelling circumstances order the suspension of this law for the period that he deems necessary to serve the higher interests of the country. If, however, the draft law is not passed by a two-thirds majority, it shall not be reconsidered within the same term of session.

Article 107

The general draft budget shall be submitted to Al-Shoura Council at least two months from the commencement of the fiscal year and it shall not be in force unless the Council approves it. Al- Shoura Council may, with the approval of the Government, make amendments to the draft budget; and in case that the draft budget is not passed before the start of fiscal year, the previous budget continues to be effective until the new budget is passed. The law shall define the method of preparing the budget is prepared and specify the fiscal year.

Article 108

Al-Shoura Council shall have the right to express to the Government its interest in public matters. If the Government is unable to comply with such interest, it must give to the Council the reasons for that. The Council may comment but once on the statement of the Government.

Article 109

Every Member of Al-Shoura Council may address a point of clarification to the Prime Minister and to any of the Ministers pertaining to matters within their jurisdiction; and only the person who raised the question has the right to comment but once on the response.

Article 110

Every Member of Al-Shoura Council may address an interpellation to Ministers on matters within their jurisdiction. An interpellation may not be made unless it is agreed on by one third of the Members of the Council. Such interpellation may not be discussed before a period of at least ten days from the date of submission save in urgent circumstances and provided the Minister agrees to reduce such period.

Article 111

Every Minister is responsible before Al-Shoura Council for the performance of his ministry; and the Minister may not be subjected to a vote of confidence save after an interpellation addressed to him. The vote of confidence shall be discussed if the Minister so desires or upon a request signed by fifteen Members. The Council may not take a resolution in this respect before at least ten days from the date of the submission of the request or expression of desire; and the vote of no confidence on the Minister shall be a majority of two thirds of the Members of the council. The minister shall be considered to have relinquished his office as of the date of the no confidence resolution.

Article 112

The Minister of the Council shall in no circumstances be accountable for opinions or statements he makes in respect of matters within the jurisdiction of the Council.

Article 113

1. Save when a Member of Al-Shoura Council is found flagrante delicto, he shall not be arrested, detained, searched or subject to investigation without prior permission from the Council. Where the Council has not issued a resolution on the request for permission

within a period of one month from the date of receipt of the said request, this shall be virtually considered permission. The permission shall be issued by the Speaker of the Council when the latter is not in session.

2. In case of flagrante delicto, the Council must be notified of the measures taken against the offending Member; and where the Council is not in session, such notification should be made at the first subsequent session.

Article 114

Combination of membership of the Council and the assumption of public posts shall not be permissible save in cases where combination is permissible in accordance with the Constitution.

Article 115

The Members of Al-Shoura Council shall aim in their conduct to serve the interests of the country and shall not, in any way, use their official positions for their own interests, nor for the interests of their own acquaintances. The law shall determine the acts that are restricted for the Member of Al-Shoura Council.

Article 116

The Speaker of the Council, his Deputy and the Members shall be granted a remuneration to be determined by law. Such remuneration shall be due as of the date of taking oath before the Council.

Chapter Four: The Executive

Article 117

No one shall assume a Ministerial Post save a person of an original Qatari nationality.

Article 118

The formation of the Council of Ministers shall be by an Emiri Order on a proposal by the Prime Minister. The Emir may entrust the Prime Minister or any other Minister with the functions of one or more ministries; and the law shall specify the powers of Ministers.

Article 119

Prior to assuming office, the Prime Minister and the Ministers shall take before the Emir the following oath:

"I swear by Almighty God to be loyal to the country and to the Emir, respect Shari'a Law, the Constitution and the law, fully safeguard the interests of the people, perform my duties faithfully, conscientiously, and with honour, and fully safeguard the territorial integrity and safety of the State."

Article 120

The Council of Ministers shall assist the Emir in discharging his functions and exercising his powers in accordance with this Constitution and the provisions of the law.

Article 121

It shall be conferred upon the Council of Ministers, in its capacity as the highest executive organ, to administer all the internal and external affairs falling within its jurisdiction as determined in this Constitution and the provisions of the law. The Council of Ministers shall specifically perform the following functions:

1. Proposal of draft laws and decrees and submission of the same to Al-Shoura Council for debates. If such proposed laws are approved by the Advisory Council, they shall be referred to the Emir for ratification and promulgation in accordance with the provisions of this Constitution;

2. Approval of the regulations and decisions prepared by the Ministries and other Government organs relevant to their respective jurisdiction for the implementation of the laws in accordance with their provisions;

3. Supervision of the implementation of laws, decrees, regulations, and resolutions;

4. Proposals of establishing and organising of the Government departments, public authorities and corporate bodies according to the law;

5. High control of the financial and administrative system of the Government;

6. Appointment and dismissal of civil servants in the cases where such appointment and dismissal do not fall within the jurisdiction of the Emir or the power of the Ministers as specifiedby the law;

7. Drawing up the general regulations that adequately ensure the maintenance of internal security and public order in all parts of the State in accordance with the law;

8. Administration of the finance of the State and preparation of its draft budget as determined by this Constitution and the provisions of the law;

9. Approval of economic project and methods of their implementation;

10. Supervision of the means for preserving the interests of the State abroad and maintenance of its international relations and foreign affairs;

11. Preparation of a report at the beginning of every fiscal year including a detailed survey of the tasks accomplished internally and abroad. The report shall be accompanied with a plan drawing up the most adequate ways for achieving comprehensive development of the State, providing the necessary conditions for its development and prosperity, and consolidating its security and stability in accordance with the basic guiding principles of the policy of the State as stated in this Constitution. The said report shall be submitted to the Emir for approval;

12. Any other functions vested upon it by this Constitution or the law.

Article 122

The Ministers shall implement the general Government policy, each within the limits of his jurisdiction. The Emir may request the Prime Minister and the Ministers to submit reports on any matter of the State that fall within the scope of their functions.

Article 123

The Prime Minister and the Ministers are collectively responsible before the Emir for the implementation of the general Government policy; and each one of them is individually responsible before the Emir for the manner in which he carries out his duties and exercises his function.

Article 124

The law shall determine remunerations for the Prime Minister and the Ministers; and all provisions pertaining to the Ministers shall apply to the Prime Minister unless otherwise stipulated.

Article 125

The Prime Minister shall, preside over the sessions of the Council, organise its proceedings and supervise coordination of work among the various Ministries in order to achieve unity and harmony among the Governmental organs of the State. The Prime Minister shall sign, in the name and on behalf of the Council of Ministers, decisions made by the Council. He shall also submit to the Emir the decisions of the Council on matters requiring an Emiri Resolution for approval and issuance in accordance with the provisions of this Constitution.

Article 126

The meetings of the Council of Ministers shall be quorum if a majority of its Members are present, provided that the Prime Minister or his Deputy are present. The discussions of the Council shall be secret; and its decisions shall be made by a majority of the present Members. When the votes are equal, the Prime Minister shall have casting vote. The minority shall abide by the opinion of the majority.

Article 127

The Council of Ministers shall set up its internal regulations and it shall have a general secretariat to assist in the discharge of its functions.

Article 128

When assuming their positions, the Ministers shall aim to serve the interests of the country and shall not, in any way, misuse their official positions for their own interests, or for the interests of their own acquaintances. The law shall determine the acts that are restricted for Ministers and the acts committed during their term of office that entail accountability; and the said law shall specify the manner of accountability.

Chapter Five: The Judicial Authority

Article 129

The supremacy of law is the base of rule in the State. The honor of the judiciary, its integrity, and impartiality of judges are a safeguard of rights and liberties.

Article 130

The judicial authority shall be independent and it shall be vested in courts of different types and grades. The courts shall make their judgments according to the law.

Article 131

Judges are independent and they shall not be subject to any power in the exercise of their judicial functions as provided by the law and no interference whatsoever shall be permitted with court proceedings and the course of justice.

Article 132

The law shall regulate the categories and divisions of courts and define their jurisdiction and powers. The jurisdiction of Military tribunals is restricted, save when martial law is in force, to military crimes committed by staff of the armed and the security forces within the limitations specified by the law.

Article 133

Court sessions shall be public save when a court decides, for the interest of public order or morality, to hold them in camera. In all cases, the pronouncement of judgments shall be made in an open session.

Article 134

Judges shall not be subject to removal from office save in cases specified by the law. The said law shall also specify the rules and disciplinary matters applicable to Judges.

Article 135

The right of litigation is inviolable and it shall be guaranteed to all people. The law shall specify the procedures and manner of exercising this right.

Article 136

Public prosecution shall conduct public actions in the name of the people, supervise the law enforcement, and ensure the enforcement of criminal laws. The law shall regulate the functions of this body, specify the condition and guarantees pertaining to the staff discharging the functions of the same.

Article 137

The judiciary shall have a Supreme Council to supervise the proper functioning of courts of law and their auxiliary organs. The law shall determine the composition, powers and functions of the said Council.

Article 138

The law shall determine the competent body entrusted with the settlement of administrative disputes and define its structure and manner of discharging its functions.

Article 139

The law shall regulate the method of settling conflicts of jurisdiction and also judgments among the judicial bodies.

Article 140

The law shall specify the competent judicial body for settling of disputes pertaining to the constitutionality of laws and regulations, define its powers and method of challenging and procedures to be followed before the said body. It shall also specify the consequences of judgment regarding unconstitutionality.

PART FIVE
Final Provisions

Article 141

The Emir shall promulgate this Constitution and it shall come into force as of the day immediately following the date of its publication in the official Gazette.

Article 142

The laws shall be published in the official Gazette after ratification and promulgation within two weeks of their issue, and unless otherwise stated in the laws themselves, such laws shall come into force a month as of the date of their publication.

Article 143

All provisions embodied in laws and regulations in force upon the entering of this Constitution into force shall continue to be valid and effective unless they are amended in accordance with it. The enforcement of this Constitution shall not affect the provisions of the treaties and international agreements to which the State of Qatar is a party.

Article 144

The Emir or one third of the Members of Al-Shoura Council each shall have the prerogative to apply for the amendment of one or more of the articles of this Constitution. If the majority Members of the Council accept the amendment in principle, the Council may discuss it article by article. The amendment shall be passed by a two-thirds majority of the Members of the Council. The said amendment shall not be into force before the approval of the Emir and its publication in the official Gazette. If, on the other hand, the proposal for amendment is rejected in principle or in subject, it may not be re-introduced before the lapse of one year from the date of its rejection.

Article 145

Provisions pertaining to the rule of the State and its inheritance thereof may not be subject to application for amendment.

Article 146

Provisions pertaining to rights and public liberties may not be subject to amendment save for the purpose of granting more rights and guarantees for the interest of the citizen.

Article 147

The functions of the Emir set forth in this Constitution may not be subject to an application for amendment during the term of his deputation.

Article 148

No article of this Constitution may be proposed for amendment before the lapse of a period of ten years from the date of its coming into force.

Article 149

No provision of this Constitution may be suspended save where martial laws are in force and within the limits specified by the law; however, the convening of the session of Al-Shoura Council may not be suspended neither may the immunity of its Members be violated during this period.

Article 150

The Amended Provisional Constitution, issued on 19th April, 1972, in force in the State, shall be repealed. The provisions pertaining to the current Al-Shoura Council shall remain in force until the new Council is elected.

附录16　卡塔尔石油公司的子公司和合资公司[1]

类别	公司名称	公司简介
生产类公司	拉凡炼油厂 （Laffan Refinery）	拉凡炼油厂是卡塔尔第一座凝析油厂，于2009年9月开始生产，由卡塔尔运营有限公司（Qatargas Operating Company Limited）运营。炼油厂处理来自Qatargas、RasGas和Al-Khaleej Gas的天然气凝析油，生产液化石油气、石脑油、喷气燃料和瓦斯油。该炼油厂的处理能力为每天146000桶，它是世界上最大的凝析油精炼厂之一
	羚羊液化天然气厂 （Oryx GTL）	羚羊液化天然气厂是卡塔尔石油公司（51%）和南非沙索（49%）的合资企业，在拉斯拉凡工业城（Ras Laffan Industrial City）生产液化天然气 该厂于2003年年底开始建设，并于2007年1月开始生产产品。该厂每天为卡塔尔北部气田提供330000立方英尺的富含甲烷的天然气，每天可生产34000桶产品，包括24000桶天然气制油柴油、9000桶石脑油和1000桶液化石油气
	卡塔尔铝业 （Qatalum Aluminium）	卡塔尔铝业是卡塔尔石油公司和Hydro Aluminium AS公司的合资企业。该冶炼厂于2009年年底开始投产，初始产能为每年585000吨原铝。该项目位于卡塔尔的Mesaieed工业城。它由冶炼厂、铸造厂和碳厂组成，还有一个容量约为1350兆瓦的专用燃气发电厂
	卡塔尔化学有限公司 （Qatar Chemical Company）	卡塔尔化学有限公司是Mesaieed Petrochemical Holding Company QSC（49%）、雪佛龙菲利普斯化学国际卡塔尔控股有限责任公司（49%）和卡塔尔石油公司（2%）成立的合资公司，成立于1997年5月。该公司主要生产高密度聚乙烯和1-己烯等化学产品
	卡塔尔化肥公司 （Qatar Fertiliser Company）	卡塔尔化肥公司成立于1969年，是一家合资企业，目前由工业卡塔尔（75%）、Fertilizer Holdings AS（10%）和Yara Netherland BV（15%）所有。卡塔尔化肥公司有两家子公司：海湾甲醛公司（Gulf Formaldehyde Company）和卡塔尔三聚氰胺公司。该公司的主要产品包括：氨、尿素、尿素甲醛缩合物
	卡塔尔燃料添加剂有限公司 （Qatar Fuel Additives Company）	卡塔尔燃料添加剂有限公司成立于1991年，是一家合资企业。该公司目前由工业卡塔尔（50%）、OPIC中东公司（20%）、International Octane Limited（15%）和LCY中东公司（15%）所有。卡塔尔燃料添加剂有限公司的石化产品是甲醇和甲基叔丁基醚
	卡塔尔三聚氰胺公司 （Qatar Melamine Company）	卡塔尔三聚氰胺公司于2010年10月投产，产能为6万吨/年，是中东地区最大的三聚氰胺工厂，也是世界上最大的三聚氰胺工厂之一。它能够满足全球三聚氰胺需求的5%。卡塔尔三聚氰胺公司是卡塔尔化肥公司和卡塔尔控股公司的合资企业

---

[1] "Qatar Petroleum Investment Portfolio", Qatar Petroleum, https：//qp.com.qa/en/QPActivities/Pages/QPActivities.aspx, December 15, 2020.

续表

类别	公司名称	公司简介
生产类公司	卡塔尔石化有限公司（Qatar Petrochemical Company Limited）	卡塔尔石化有限公司成立于1974年，是一家合资企业，目前由工业卡塔尔（80%）和法国的道达尔石化公司（20%）所有。卡塔尔石化有限公司有三家合资企业：卡托芬有限公司（Qatofin Company Limited QSC），卡塔尔乙烯基有限公司（Qatar Vinyl Company Limited）和卡塔尔塑料制品公司。卡塔尔石化有限公司的石化产品有：乙烯、低密度聚乙烯、硫黄、裂解汽油和混合液化石油气等
生产类公司	卡塔尔钢铁公司（Qatar Steel Company）	卡塔尔钢铁公司最初成立于1974年，是工业卡塔尔全资子公司。该公司的产品包括热砖、直接还原铁、钢坯、钢筋和钢卷等
生产类公司	卡塔尔乙烯基公司（Qatar Vinyl Company）	卡塔尔乙烯基公司成立于1997年，位于Mesaieed工业城。该公司的股东为卡塔尔石油公司（55.2%）、卡塔尔石化公司（31.9%）和法国化学品生产商阿克玛（12.9%）。该公司每年生产21万吨的二氯乙烷、30万吨的氯乙烯单体和36万吨的苛性钠
生产类公司	卡托芬有限公司（Qatofin Company Limited）	卡托芬有限公司是卡塔尔石化有限公司（36%）、法国道达尔（36%）和卡塔尔石油公司（1%）成立的合资公司。该公司于2009年11月开始生产线性低密度聚乙烯，年产能为45万吨
生产类公司	卡塔尔第二化学有限公司（Qatar Che-mical Company II Ltd）	卡塔尔第二化学有限公司是MPHC（49%）、Chevron Phillips Chemical Qatar（49%）和卡塔尔石油公司（2%）成立的合资企业。该公司于2010年开始商业运营，其主要产品包括：α-烯烃，包括1-丁烯，1-己烯，1-辛烯，1-癸烯和更高分子量的烯烃
生产类公司	拉斯拉凡烯烃公司（Ras Laffan Olefins）	拉斯拉凡烯烃公司是一家于2010年5月开业的合资企业。该公司的股东包括：Q-Chem（53%）和Qatofin（46%）。该公司主要生产乙烯
生产类公司	SEEF有限公司（SEEF Limited）	SEEF有限公司于2004年7月在卡塔尔注册成立，是卡塔尔石油公司（80%）与当地公司UDC（20%）的合资企业。该公司经营一家位于Mesaieed附近的直链烷基苯（LAB）工厂，每年生产100000吨直链烷基苯
服务类公司	海湾钻井国际（Gulf Drilling International）	海湾钻井国际成立于2004年。其成立时是卡塔尔石油公司（60%）和日本钻井公司（40%）的合资企业。后卡塔尔石油公司将其股权增加至69.99%，然后将此股权转让给海湾国际服务公司（Gulf International Services）。海湾钻井国际拥有5个海上钻井平台。这些钻井平台用于石油和天然气开采。海湾钻井国际的大多数钻井平台都与卡塔尔石油公司或卡塔尔石油公司的子公司签订了合同
服务类公司	Al Kut保险和再保险公司（Al Koot Insurance And Reinsurance）	该公司成立于2003年，是海湾国际服务公司的全资子公司。该公司持有合资公司Fereej Real Estate Company 33%的股份。该公司在建筑、运营、海运和医疗保险及再保险领域提供服务。该集团的服务有3种不同类型：保险、再保险和基金管理

续表

类别	公司名称	公司简介
服务类公司	Al Shaheen 控股公司 (Al-Shaheen Holding)	Al Shaheen 控股公司成立于 2006 年。该公司提供井中安装和管道安装服务、钓鱼服务、钻井设备和技术培训服务以及定向钻井服务
	Amwaj 餐饮服务公司 (Amwaj Catering Services)	该公司成立于 2007 年，是卡塔尔石油公司的子公司，得到了 KMPG 卡塔尔咨询公司和来自英国的国际餐饮专家 Russell Partnership 的支持。Amwaj 是一家现代化的商业酒店和设施管理服务提供商，其最初的业务集中于石油和天然气行业，现在该公司已经扩大了业务规模，为海湾合作委员会运营的跨国公司提供全面的设施管理服务
	ASTAD 项目管理公司 (ASTAD Project Management)	ASTAD 项目管理公司于 2009 年与卡塔尔基金会（Qatar Foundation）建立了战略合作伙伴关系。它为该地区的基础设施和建筑项目提供项目管理服务
	Gasal 公司 (Gasal)	Gasal 公司成立于 2006 年，是一家合资企业，为卡塔尔的钢铁、石油、天然气和化学下游行业提供氧气、氮气、氢气和氩气等工业气体
	海湾直升机公司 (Gulf Helicopters Company)	海湾直升机公司最初于 1970 年以海湾直升机有限公司（Gulf Helicopters Limited）的名义成立，是英国海外航空公司的子公司，后来被海湾航空收购，然后于 1998 年出售给卡塔尔石油公司
	海湾国际服务公司 (Gulf International Services)	海湾国际服务公司是卡塔尔最大的上市服务集团。该集团业务包括：保险、再保险、基金管理、陆上和海上钻井、直升机运输和设施管理等。该集团目前拥有两家子公司（Al Koot 保险和再保险公司、海湾直升机公司）和一家合资企业（海湾钻井国际）
	工业卡塔尔 (Industries Qatar)	工业卡塔尔是该地区最大的上市工业集团之一。其生产、分销和销售各种石化、化肥和钢铁产品，提供设施管理服务。工业卡塔尔目前拥有一家子公司（卡塔尔钢铁公司）和四家合资企业（卡塔尔石化公司、卡塔尔化肥公司、卡塔尔燃料添加剂有限公司和 Fereej 房地产公司）
	南胡克燃气公司 (South Hook Gas)	南胡克燃气公司是卡塔尔石油国际（70%）和埃克森美孚（30%）的合资企业。其主要业务是从 Qatargas 2 项目购买液化天然气，然后将天然气出售给埃克森美孚天然气销售部

附录 17　卡塔尔《1974 年 6 月 2 日外交部声明》[1]

Declaration by the Ministry of Foreign Affairs of 2 June 1974

...Ⅰ. The State of Qatar shall have exclusive and absolute sovereign rights over natural and marine resources and fisheries in the areas contiguous to the territorial sea off the coasts of the State and its islands, without prejudice to the freedom of international sea and air navigation, in accordance with the established principles of international law. The outer limits of these areas shall be in accordance with bilateral agreements which have been, or shall be, concluded. In the absence of any particular agreement, the outer limits of the continental prolongation of the State of Qatar, or the median line in which every point is equidistant from the baseline from which the territorial sea of the State of Qatar and of other States concerned is measured, shall be regarded as the determining factor in accordance with the principles of international law.

Ⅱ. Within the territorial area specified in the preceding section, the State of Qatar shall have exclusive rights in regard to exploration, prospecting, exploitation, development, fishing and the establishment of installations and zones for the security, control and protection of all marine and natural resources on, under or above the seabed.

Ⅲ. No non-Qatar individuals or bodies corporate shall be entitled to engage in any fishing activities, to exploit marine or natural resources or to undertake research of any kind in the said area without the prior permission from the Government of the State of Qatar, in accordance with regulations to be laid down in this respect.

Ⅳ. The establishment of any rights and the exercise of any of the jurisdictions specified in this Declaration shall not depend on effective or notional possession or on the issue of express declarations or proclamations. The responsible authorities within the Government shall delineate the outer limits of the areas referred to in this Declaration on the maritime charts of the State of Qatar.

---

[1] "QATAR", United Nations, https://www.un.org/Depts/los/LEGISLATIONANDTREATIES/STATEFILES/QAT.htm, March 10, 2019.

附录18 《界定卡塔尔国领海和毗连区宽度的1992年第40号法令》[1]

Decree No. 40 of 1992 defining the Breadth of the Territorial Sea and Contiguous Zone of the State of Qatar, 16 April 1992

We, Khalifa Bin Hamad Al-Thani, Amir of the State of Qatar,

After seeing the amended Provisional Constitution, especially articles 2, 23 and 34;

Customs Law No. 5 of 1988;

Law No. 3 of 1963 regulating the entrance and residence of foreigners in Qatar and its amendments;

The Geneva Convention on the Territorial Sea and Contiguous Zone which was adopted by the First United Nations Conference on the Law of the Sea on 29 April 1958;

Kuwait's Regional Agreement on Cooperation for the Protection of Marine Environment from Pollution, and the Protocol on Regional Cooperation for Fighting against Pollution of Oil and other Harmful Materials in Emergency Cases, ratified by Decree No. 55 of 1978;

The Agreement Providing for the Setting up and Maintenance of the Submarine Cable between the State of Qatar, the State of Bahrain and the United Arab Emirates, ratified by Decree No. 27 of 1980;

The International Agreement of 1974 on the Safety of Lives at Sea to which the State of Qatar has acceded by Decree No. 84 of 1980;

The United Nations Convention on the Law of the Sea of 1982, which was signed by the State of Qatar on 27 November 1984 pursuant to the Cabinet decision issued on 31 October 1984, at the Cabinet's ordinary meeting No. 32 of 1984;

The Declaration of the Ministry of Foreign Affairs of 12 Jamad Awal 1394 H. corresponding to 2 June 1974;

The proposals of the Ministers of Defence and of the Interior; and

The draft decree submitted by the Cabinet;

Have decided the following:

Article 1

The breadth of the territorial sea of the State of Qatar is twelve nautical miles measured from the baselines determined in accordance with the rules of international law.

---

[1] "QATAR", United Nations, https://www.un.org/Depts/los/LEGISLATIONANDTREATIES/STATEFILES/QAT.htm, March 10, 2019.

Article 2

The State of Qatar exercises sovereignty over its territorial sea, the airspace, seabed and subsoil thereof in accordance with international law and the laws and regulations of the State of Qatar in conformity with the right of innocent passage by ships and aircraft of other countries.

Article 3

The State of Qatar has a contiguous zone with a breadth of twelve nautical miles measured from the outer limit of the territorial sea, over which the State exercises all rights and powers provided for in international law.

Article 4

The Cabinet shall issue the decisions necessary for the implementation of this Decree.

Article 5

All concerned authorities shall carry out this Decree in their respective fields. It shall come into force on the date of issue and shall be published in the Official Gazette.

附录19　与卡塔尔石油公司相关的国内石油立法[1]

序号	立法名称	生效日期（年/月/日）
1	《关于建立卡塔尔石油公司的1974年第10号法令》 Decree Law No. 10 of 1974 on the Establishment of Qatar Petroleum	1974/1/1
2	《1976年第6号部长理事会关于编制卡塔尔通用石油公司以及该公司拥有其大部分资本或大部分净资产和责任的公司的损益账户的决议》 Council of Ministers Resolution No. 6 of 1976 on Preparing the Profit and Loss Account, Balance Sheet of the Qatar General Petroleum Corporation and the Companies that the Corporation Owns Majority of Its Capital or Majority of Its Net Assets and Liability	1976/1/1
3	《关于卡塔尔石油总公司、卡塔尔化肥公司、卡塔尔石油化工公司和卡塔尔钢铁公司债务政府担保的1977年第3号法令》 Decree-Law No. 3 of 1977 on the Government Guarantee for the Indebtedness of Qatar General Petroleum Corporation, Qatar Fertiliser Company, Qatar Petrochemical Company and Qatar Steel Company Ltd	1977/1/1
4	《关于卡塔尔石油总公司为建设拉斯拉凡港提供贷款的政府担保的1994年第8号法律》 Law No. 8 of 1994 on the Government Guarantee for the Loans of Qatar General Petroleum Corporation to Finance the Construction of the Port of Ras Laffan	1994/1/1
5	《1995年关于卡塔尔国家政府担保的第18号法令——规定卡塔尔石油总公司为卡塔尔液化天然气有限公司项目融资担保所产生的财务负债》 Decree-Law No. 18 of 1995 on the Guarantee of the Government of the State of Qatar for the Financial Liabilities Arising from the Guarantee of Qatar General Petroleum Corporation for the Financing of the Project of Qatar Liquefied Gas Company Limited for	1995/1/1
6	《1996年关于卡塔尔国家政府担保的第13号法令——规定卡塔尔石油总公司为卡塔尔Liq项目第三线融资而签订的贷款协议所产生的财务负债》 Decree-Law No. 13 of 1996 on the Guarantee of the Government of the State of Qatar for the Financial Liabilities Arising from the Conclusion by Qatar General Petroleum Corporation of the Loan Agreement to Finance the Third Line of the Project of Qatar Liq	1996/9/18
7	《部长理事会关于批准卡塔尔石油公司（QGPC）董事会于2000年第四次会议上发布的第1号决议的2000年第5号决议》 Council of Ministers' Resolution No. 5 of 2000 on the Ratification of Resolution No. 1 of the Board of Directors of Qatar General Petroleum Corporation (QGPC) Issued in Its Fourth Meeting, 2000, approving the conclusion of certain agreements pertaining to the financing of the natural gas liquefaction project No. 4 phase 2	2000/6/6

---

[1] "Display Legislations by Year", Al Meezan, http://www.almeezan.qa/LawsByYear.aspx?language=en, March 12, 2019.

续表

序号	立法名称	生效日期（年/月/日）
8	《部长理事会关于批准卡塔尔石油公司（QGPC）董事会在其2000年第四次会议上发布的第2号决议的2000年第6号决议》 Council of Ministers Resolution No. 6 of 2000 on the Ratification of Resolution No. 2 of the Board of Directors of Qatar General Petroleum Corporation（QGPC）, Issued in Its Fourth Meeting of 2000, Approving the Conclusion of Certain Agreements Pertaining	2000/6/6
9	《2001年通过卡塔尔石油公司董事会2001年第1号决议，批准成立卡塔尔拉斯拉凡液化天然气有限公司（ii）的部长会议第5号决议》 Council of Ministers Resolution No. 5 of 2001 Adopting Resolution No. 1 of 2001 of the Board of Directors of Qatar General Petroleum Corporation on the Approval of the Establishment of Ras Laffan Liquefied Natural Gas Company Limited（ii）, a Qatari Shareh	2001/4/29
10	《授予卡塔尔燃料公司（Waqood）销售、市场营销、运输和分销天然气和石油产品的特许权的2003年第4号法律》 Law No. 4 of 2003 Granting Qatar Fuel Company（Waqood）the Concession for Selling, Marketing, Transporting and Distributing Gas and Petroleum Products	2003/6/18
11	《部长理事会通过了2004年卡塔尔石油理事会第12次会议通过的第1号决议的2004年第43号决议，其中包括批准缔结〈关于保障卡塔尔2号气田完工的协定〉》 Council of Ministers Resolution No. 43 of 2004 Adopting the Resolution of Qatar Petroleum Board of Directors No. 1 Issued at its Twelfth Meeting of 2004 Containing the Approval of Concluding the Agreement on the Guarantee of Completion of the Qatargas 2 P	2005/4/11
12	《授权卡塔尔石油公司的某些雇员获得司法执法人员的地位的2004年第49号决议》 Resolution No. 49 of 2004 Authorising Certain Employees of Qatar Petroleum to be accorded the Status of Judicial Enforcement Officers	2005/1/5
13	《1974年关于卡塔尔石油公司成立的第10号法令的某些条款修正案的2007年第10号法律》 Law No. 10 of 2007 The Amendment of Certain Provisions of the Decree-Law No. 10 of 1974 on the Establishment of Qatar Petroleum	2007/8/12
14	《2010年卡塔尔石油公司董事会改革第31号决议》 Emiri Resolution No. 31 of 2010 Reforming the Board of Directors of Qatar Petroleum（QP）	2010/10/27
15	《增加卡塔尔石油公司的法定资本和实收资本的2010年第46号法令》 Decree No. 46 of 2010 Increasing the Authorized Capital and Paid-up Capital of Qatar Petroleum	2010/9/28
16	《关于重组卡塔尔石油公司董事会的Emiri 2011年第15号决议》 Emiri Resolution No. 15 of 2011, on Restructuring the Board of Directors of Qatar Petroleum	2011/3/15
17	《修改1974年关于卡塔尔石油公司成立的第10号法令的若干规定的2012年第5号法律》 Law No. 5 of 2012 Amending Certain Provisions of Decree-Law No. 10 of 1974 on the Establishment of Qatar Petroleum	2012/9/18

附录20　卡塔尔签署《联合国海洋法公约》时的声明[1]

Upon signature (27 November 1984):

The State of Qatar declares that its signature of the Convention on the Law of the Sea shall in no way imply recognition of Israel or any dealing with Israel or, lead to entry with Israel into any of the relations governed by the Convention or entailed by the implementation of the provisions thereof.

---

[1] "QATAR", United Nations, https://www.un.org/Depts/los/LEGISLATIONANDTREATIES/STATEFILES/QAT.htm, March 10, 2019.

附录 21　卡塔尔缔结和加入的国际条约

（一）联合国海洋法公约及其相关条约

序号	公约名称	签字日期（年/月/日）	批准日期（年/月/日）
1	《联合国海洋法公约》 United Nations Convention on the Law of the Sea, 1982	1984/11/27	2002/12/9
2	《关于执行 1982 年 12 月 10 日〈联合国海洋法公约〉第十一部分的协定》 Agreement relating to the implementation of Part XI of the United Nations Convention on the Law of the Sea of 10 December 1982	1994/11/16 [批准临时适用第 7 条第 1 款（c）]	2002/12/9

（二）缔结与加入的其他海洋海事条约[1]

序号	公约名称	生效日期（年/月/日）	签字日期（年/月/日）	批准或加入日期（年/月/日）	对卡塔尔生效日期（年/月/日）
1	《1948 年国际海事组织公约》 Convention on the International Maritime Organization, 1948	1958/3/17		1993/3/15	1993/3/15
2	《1974 年国际海上人命安全公约》[2] International Convention for the Safety of Life at Sea, 1974	1980/5/25	1974/11/1	1983/11/7	1984/2/7
3	《1966 年国际船舶载重线公约》 International Convention on Load Lines, 1966	1968/7/21		1980/1/31（加入）	1980/5/1

---

[1] 该部分若无特别注明均参见 "Status of Conventions-Comprehensive information including Signatories, Contracting States, declarations, reservations, objections and amendments", International Maritime Organization, https：//www.imo.org/en/About/Conventions/Pages/StatusOfConventions.aspx, March 7, 2019。

[2] "International Convention for the Safety of Life at Sea", ECOLEX, https：//www.ecolex.org/details/treaty/international-convention-for-the-safety-of-life-at-sea-solas-tre-000115/? q = International + Convention + for + the + Safety + of + Life + at + Sea, March 7, 2019.

续表

序号	公约名称	生效日期 (年/月/日)	签字日期 (年/月/日)	批准或 加入日期 (年/月/日)	对卡塔尔 生效日期 (年/月/日)
4	《1969年国际船舶吨位丈量公约》 International Convention on Tonnage Measurement of Ships, 1969	1982/7/18		1986/2/3 (加入)	1986/5/3
5	《1972年国际海上避碰规则公约》 Convention on the International Regulations for Preventing Collisions at Sea, 1972	1977/7/15		1980/1/31 (加入)	1980/1/31
6	《1978年海员培训、发证和值班标准国际公约》 International Convention on Standards of Training, Certification and Watchkeeping for Seafarers, 1978	1984/4/24		2002/5/29 (加入)	2002/8/29
7	《1979年国际海上搜寻救助公约》 International Convention on Maritime Search and Rescue, 1979	1985/6/22		2009/10/20 (加入)	2009/11/19
8	《1976年国际移动卫星组织公约》 Convention on the International Maritime Satellite Organization, 1976	1979/7/16		1987/9/28 (加入)	1987/9/28
9	《1976年国际移动卫星组织业务协定》 Operating Agreement on the International Maritime Satellite Organization, 1976	1979/7/16		1987/9/28 (加入)	1987/9/28
10	《1990年国际油污防备、反应和合作公约》[1] International Convention on Oil Pollution Preparedness, Response and Co-operation, 1990	1995/5/13		2007/5/9 (加入)	2007/8/8

---

[1] "International Convention on Oil Pollution Preparedness, Response and Co-operation", ECOLEX, https://www.ecolex.org/details/treaty/international-convention-on-oil-pollution-preparedness-response-and-co-operation-tre-001109/? q = International + Convention + on + Oil + Pollution + Preparedness% 2C + Response + and + Co-operation% EF% BC% 8C1990&xdate_ min = &xdate_ max = , March 7, 2019.

续表

序号	公约名称	生效日期（年/月/日）	签字日期（年/月/日）	批准或加入日期（年/月/日）	对卡塔尔生效日期（年/月/日）
11	《1969年国际干预公海油污事故公约》[1] International Convention Relating to Intervention on the High Seas in Cases of Oil Pollution Casualties, 1969	1975/5/6		1988/6/2（加入）	1988/8/31
12	《修正〈1969年国际油污损害民事责任公约〉的1992年议定书》 Protocol of 1992 to amend the International Convention on Civil Liability for Oil Pollution Damage, 1969	1996/5/30		2001/11/20（加入）	2002/11/20
13	《修正〈1971年设立国际油污损害赔偿基金国际公约〉的1992年议定书》 Protocol of 1992 to amend the International Convention on the Establishment of an International Fund for Compensation for Oil Pollution Damage, 1971	1996/5/30		2001/11/20	2002/11/20
14	《2004年国际船舶压载水和沉积物控制与管理公约》 International Convention for the Control and Management of Ships' Ballast Water and Sediments, 2014	2017/9/8		2018/2/8（加入）	2018/5/8
15	《关于1973年国际防止船舶造成污染公约的1978年议定书》及其5个附件 Protocol of 1978 relating to the International Convention for the Prevention of Pollution from Ships, 1973 MARPOL 73/78（Annex Ⅰ/Ⅱ） MARPOL 73/78（Annex Ⅲ） MARPOL 73/78（Annex Ⅳ） MARPOL 73/78（Annex Ⅴ）	1983/10/2		2006/3/8（加入）	2006/6/8

---

[1] "International Convention Relating to Intervention on the High Seas in Cases of Oil Pollution Casualties", ECOLEX, https：//www.ecolex.org/details/treaty/international-convention-relating-to-intervention-on-the-high-seas-in-cases-of-oil-pollution-casualties-tre-000111/? q = International + Convention + relating + to + Intervention + on + the + High + Seas + in + Cases + of + Oil + Pollution + Casualties%2C&xdate_ min = &xdate_ max = , March 7, 2019.

续表

序号	公约名称	生效日期（年/月/日）	签字日期（年/月/日）	批准或加入日期（年/月/日）	对卡塔尔生效日期（年/月/日）
16	《制止危及海上航行安全非法行为公约》[1] Convention for the Suppression of Unlawful Acts against the Safety of Maritime Navigation, 1988	1992/3/1		2003/9/18（加入）	2003/12/17
17	《制止危及海上航行安全非法行为公约的 2005 年议定书》[2] Protocol of 2005 to the Convention for the Suppression of Unlawful Acts against the Safety of Maritime Navigation, 2005	2010/7/28		2013/1/10（加入）	2014/4/10
18	《制止危及大陆架固定平台安全非法行为议定书》 Protocol for the Suppression of Unlawful Acts against the Safety of Fixed Platforms Located on the Continental Shelf, 1988	1992/3/1		2003/9/18	2003/12/17
19	《制止危及大陆架固定平台安全非法行为议定书的 2005 年议定书》 Protocol of 2005 to the Protocol for the Suppression of Unlawful Acts against the Safety of Fixed Platforms Located on the Continental Shelf	2010/7/28		2013/1/10	2014/4/10

---

[1] 卡塔尔在加入该公约时，对第 16 条第 1 款提出保留，关于本公约解释或适用方面的任何争端，不接受强制仲裁程序，也不接受国际法院的管辖。

[2] 卡塔尔在加入该公约时，对第 16 条第 1 款项下国际法院的管辖权提出保留，主张关于本公约解释或适用方面的任何争端不受国际法院管辖。

附录22 卡塔尔缔结和加入的区域性海洋环境保护条约

序号	条约名称	签署日期（须经批准）（年/月/日）	批准日期（年/月/日）	生效日期（年/月/日）
1	《控制危险废物和其他废物的海洋越境流动和处置的区域议定书》 Regional Protocol on the Control of Marine Trans-boundary Movements and Disposal of Hazardous Wastes and Other Wastes	1998/3/17	1998/7/28	2005/8/21
2	《关于因勘探和开发大陆架而造成的海洋污染议定书》 Protocol concerning Marine Pollution resulting from Exploration and Exploitation of the Continental Shelf	1989/3/29	1989/5/21	1990/2/17
3	《保护海洋环境免受陆源污染的议定书》 Protocol for the Protection of the Marine Environment against Pollution from Land-Based Sources	1990/2/21	1992/2/23	1993/2/1
4	《科威特海洋环境污染保护合作区域公约》 Kuwait Regional Convention for Cooperation on the Protection of the Marine Environment from Pollution	1978/4/24	1979/4/1	1979/6/30
5	《紧急情况下应对石油和其他有害物质污染的区域合作议定书》 Protocol Concerning Regional Co-operation in Combating Pollution by Oil and Other Harmful Substances in Cases of Emergency	1978/4/24	1979/4/1	1979/6/30

附录23 阿联酋划定管辖海域的法

序号	法律名称	颁布时间（年）
1	《关于波斯湾公海海床和底土的公告》 Proclamation with Respect to the Seabed and the Subsoil of the High Seas of the Persian Gulf	1949
2	《1980年7月25日外交部关于专属经济区及其界限的声明》 Declaration of the Ministry of Foreign Affairs Concerning the Exclusive Economic Zone and Its Delimitation of 25 July 1980	1980
3	《关于阿拉伯联合酋长国海洋区域划界的1993年第19号联邦法律》 Federal Law No. 19 of 1993 in Respect of the Delimitation of the Maritime Zones of the United Arab Emirates	1993
4	《阿拉伯联合酋长国部长理事会关于将直线基线系统应用于阿拉伯联合酋长国沿海部分地区的2009年第5号决定》 Council of Minister's Decision No (5) 2009 in Respect of the Application of the Straight Baselines System to A Part of the Coast of the United Arab Emirates	2009

附录24 阿联酋油气资源相关立法

序号	法律名称	主要内容
1	《关于石油产品贸易的2017年第14号联邦法律》 Federal Law No. 14 of 2017 on Trading in Petroleum Products	规范石油产品贸易
2	《关于增值税的2017年第8号联邦法令》 Federal Decree Law No. 8 of 2017 on Value Added Tax	对包括油气产品在内的商品和服务征收5%的增值税
3	《经修正的1965年阿布扎比税收法令》 Abu Dhabi Tax Decree 1965（as amended）	公司税适用于石油和天然气行业
4	《1971年第7号阿布扎比法律》 Abu Dhabi Law No. 7 of 1971	关于建立阿布扎比国家石油公司
5	《1971年第2号阿布扎比法律》 Abu Dhabi Law No. 2 of 1973	管理石油港口
6	《1976年第4号阿布扎比法律》 Abu Dhabi Law No. 4 of 1976	关于阿布扎比的石油所有权
7	《1978年第8号阿布扎比法律》 Abu Dhabi Law No. 8 of 1978	关于石油资源保护
8	《1988年第1号阿布扎比法律》 Abu Dhabi Law No. 1 of 1988	关于建立最高石油委员会
9	《2018年阿布扎比第19号法律》 Abu Dhabi Law No. 112018	关于设立阿布扎比能源部
10	《2009年第19号迪拜法律》 Dubai Law No. 19 of 2009	关于设立迪拜最高能源委员会
11	《1999年第15号沙迦埃米尔法令》[1] Sharjah Emiri Decree No. 15 of 1999	关于设立沙迦石油委员会以及任命沙迦石油委员会成员
12	《2018年第4号哈伊马角法律》[2] Ras Al Khaimah Law No. 4 of 2018	关于设立哈伊马角石油监管部门

[1] "Discover over hundred thousands of Gulf Laws, Legislations, Regulations", Gulf Legislation Network, http://gulflegislation.com/default.aspx? Action = DispalyAllLegs&&CatID = 3038&id = 3009&type = 3, April 27, 2019.

[2] "United Arab Emirates: Oil & Gas Laws and Regulations", ICLG, https://iclg.com/practice-areas/oil-and-gas-laws-and-regulations/united-arab-emirates, December 15, 2020.

附录25 阿联酋渔业相关立法

序号	法律名称
1	《关于开发和保护阿联酋水生生物资源的1999年第23号法律》 Law No. 23 of 1999 on the Exploitation and Protection of Living Aquatic Resources in the UAE
2	《关于暂停新渔船登记的2013年第372号部长法令》 Ministerial Decree No. 372 of 2013 on Temporary Suspension of New Fishing Boat Registration
3	《关于洄游远洋捕捞的2012年第470号部长法令（Al Helag 捕捞系统）》 Ministerial Decree No. 470 of 2012 on Migratory Pelagic Fishing（Al Helag Fishing System）
4	《关于腌鱼交易的监管和健康要求的2013年第492号部长法令》 Ministerial Decree No. 492 of 2013 on Regulatory and Health Requirements For Trading Salted Fish（Maleh）
5	《关于修正洄游远洋捕捞的2016年第695号部长法令（Al Helag 捕捞系统）的2017年第598号部长法令》 Ministerial Decree No. 598 of 2017 on Amendment of Decree No. 695 of 2016 Migratory Pelagic Fishing（Al Helag fishing system）
6	《关于禁止在阿布扎比捕捞和销售长尾银鳕鱼的2017年第135号部长法令》 Ministerial Decree No. 135 of 2017 on Prohibition of Fishing and Marketing of Longtail Silver Biddy Fish in Abu Dhabi
7	《关于在阿布扎比用固定设备（Hadhra）捕鱼规定的2017年第115号部长法令》 Ministerial Decree No. 115 of 2017 on Regulation of Fishing by Fixed Equipment（Hadhra）in Abu Dhabi
8	《关于洄游远洋捕捞的2016年第471号法令（Al Helag 捕捞系统）》 Decree No. 471 of 2016 Migratory Pelagic Fishing（Al Helag Fishing System）
9	《关于在育种季节禁止捕捞和销售兔子鱼和皇帝鱼的2015年第580号部长法令》 Ministerial Decree No. 580 of 2015 on Prohibition of Catching and Selling Rabbit fish（Saffi）and Emperor Fish（Sheri）in Breeding Season
10	《关于鲨鱼捕捞和销售管理的2014年第500号部长法令》 Ministerial Decree No. 500 of 2014 on Regulation of Fishing and Marketing of Shark Fish
11	《关于哈伊马角渔业委员会重组的2014年第257号部长法令》 Ministerial Decree No. 257 of 2014 on Reorganisation of Fishing Committee in RAK
12	《关于捕捞规则的2015年第11号哈伊马角统治者法令》 RAK Ruler Decree No. 11 of 2015 on Regulation of Fishing in Ras Al Khaimah

续表

序号	法律名称
13	《关于用 Al Helag 捕捞系统确定渔网捕捞区域的 2014 年第 679 号法令》 Decree No. 679 of 2014 on Determining Fishing Areas Using Nets in Al Helag Fishing System
14	《关于渔网捕捞规定的 2015 年第 574 号法令》 Decree No. 574 of 2015 on the Regulating Fishing by Fishing Nets
15	《关于渔网捕捞规定的 2014 年第 656 号法令》 Decree No. 656 of 2014 on the Regulating Fishing by Fishing Nets
16	《关于鱼类捕捞规范的 2012 年第 144 号法令》 Law No. 144 of 2012 Regulating Fish Trap Specifications
17	《关于重组沙迦酋长国渔业组织委员会的 2014 年第 72 号部长法令》 Ministerial Decree No. 72 of 2014 on the Reformation of a Committee to Organize Fishing in the Emirate of Sharjah

附录26 阿联酋港口与航运相关立法

（一）联邦立法

序号	法律名称	主要内容	颁布时间（年/月/日）
1	《1981 年第 26 号联邦法》 Federal Law No. 26 of 1981	是阿联酋的海商法，具体涉及船舶的界定、国籍、权利、登记、船员、海上事故、保险等部分[1]	1981/11/7
2	《1982 年第 9 号部长决议》 Ministerial Resolution No. 9 of 1982	关于船舶登记机关的设立	1982/3/1
3	《1985 年第 7 号部长决议》 Ministerial Resolution No. 7 of 1985	关于在沙迦拉希德港和哈立德港开设船舶登记办事处的决议	1985/1/21
4	《1985 年第 9 号部长决议》 Ministerial Resolution No. 9 of 1985	关于船长、航海官员和海军工程师的资格要求	1985/1/22
5	《1988 年第 22 号部长决议》 Ministerial Resolution No. 22 of 1988	关于批准的安全设备清单、生命安全、船舶和海军部队的消防手段的规定	1988/7/5
6	《1993 年第 19 号联邦法》 Federal Law No. 19 of 1993	关于阿拉伯联合酋长国海域的划定	1993/10/17
7	《1994 年 5 月 24 日第 34 号通知》 Circular No. 34 of 24 May 1994	关于船只进入阿拉伯联合酋长国海港及离境的通知	1994/5/24
8	《1995 年第 21 号联邦法》 Federal Law No. 21 of 1995	关于交通和交通执法方面的规定	1995/11/20
9	《1997 年第 118 号联邦法令》 Federal Decree No. 118 of 1997	关于加入海上赔偿责任限制公约	1997/4/8
10	《1998 年第 5 号部长理事会决议》 Decision of the Council of Ministers No. 5 of 1998	有关"禁止在运输或储存石油及其衍生物时，使用油轮和船舶作为浮动仓库"的规定	1998/1/1

---

[1] 1988 年、1995 年、1999 年有部分修改，详情参见《1981 年第 26 号联邦法律》，载阿拉伯联合酋长国司法部网站，https：//elaws.moj.gov.ae/UAE-MOJ_ LC-Ar/00_ % D9% 86% D9% 82% D9% 84% 20% D8% A8% D8% AD% D8% B1% D9% 8A/00_ % D8% A7% D9% 84% D9% 82% D8% A7% D9% 86% D9% 88% D9% 86% 20% D8% A7% D9% 84% D8% AA% D8% AC% D8% A7% D8% B1% D9% 8A% 20% D8% A7% D9% 84% D8% A8% D8% AD% D8% B1% D9% 8A/UAE-LC-Ar_ 1981-11-07_ 00026_ Kait.html? val＝AL1，最后访问日期：2019 年 4 月 25 日。

续表

序号	法律名称	主要内容	颁布时间（年/月/日）
11	《1998年第104号部长决议》 Ministerial Resolution No. 104 of 1998	有关发放和更新渔船许可证的规定	1998/9/14
12	《1998年第105号部长决议》 Ministerial Resolution No. 105 of 1998	在国家领海内经营的国家船舶和外国船只上发放和续签工人执照的规定	1998/9/14
13	《1998年第110号部长法令》 Ministerial Decree No. 110 for the Year 1998	对于在领海内作业的国家船只和外国船只颁发航行许可证的条件	1998/10/24
14	《1999年第2号部理事会决定》 Decision of the Council of Ministers No. 2 of 1999	在船舶、无人机上安装无线电设备的规定	1999/2/20
15	《2000年第2号部理事会决定》 Decision of the Council of Ministers No. 2 of 2000	在国家领海内运营的国家船只或外国船只的许可证和服务费的规定	2000/2/12
16	《2000年第38号部长决议》 Ministerial Resolution No. 38 of 2000	暂停和转移渔船登记的规定	2000/4/18
17	《2001年第23号部长决定》 Ministerial Decision No. 23 of 2001	针对海洋污染与石油污染事件，对国家及领海港口和沿海的保护	2001/6/24
18	《2005年第61号部长决议》 Ministerial Resolution No. 61 of 2005	关于组建海上航行和水文测量安全委员会的规定	2005/4/11
19	《2005年第67号部长决定》 Ministerial Decision No. 67 of 2005	加入《关于1973年国际防止船舶造成污染公约的1978年议定书》	2005/5/3
20	《2005年第75号联邦法令》 Federal Decree No. 75 of 2005	关于加入《制止危及海上航行安全非法行为公约》和《制止危及大陆架固定平台安全非法行为议定书》	2005/7/30
21	《2005年第27号部长理事会决定》 Decision of the Council of Ministers No. 27 of 2005	关于交通部海事司服务费的规定	2005/11/26
22	《2006年联邦第1号法》 Federal Law No. 1 of 2006	关于联邦海上和交通运输管理局的设立、职权等方面的规定	2006/3/28
23	《2006年第29号部长理事会决定》 Decision of the Council of Ministers No. 29 of 2006	关于使用船舶和海军部队作为浮动仓库运输或储存石油或其任何衍生物的规定	2006/7/22

续表

序号	法律名称	主要内容	颁布时间（年/月/日）
24	《2006年第9号部长决定》 Ministerial Decision No. 9 of 2006	根据《国际船舶和港口设施保安规则》（ISPS CODE）实施的港口安全要求	2006/9/18
25	《2007年第45号部长决定》 Ministerial Decision No. 45 of 2007	关于设立船舶检查和控制办公室的规定	2007/5/20
26	《2007年第85号联邦法令》 Federal Decree No. 75 of 2005	海湾合作委员会国家的共同海关法，其中涉及海上运输的相关规定	2007/9/26
27	《2007年第29号部长理事会决定》 Decision of the Council of Ministers No. 29 of 2007	有关船舶识别的规定	2007/10/8
28	《2007年第121号部长决议》 Ministerial Resolution No. 121 of 2007	授权某些生物分类机构向登记国船舶颁发强制性证书的规定	2007/12/26
29	《2009年第5号部长理事会决定》 Decision of the Council of Ministers No. 5 of 2009	阿联酋在沿海地区采用直线基线的声明	2009/1/14
30	《2012年第29号部长理事会决定》 Decision of the Council of Ministers No. 29 of 2012	取消最高民用港口和国家机场安全委员会的规定	2012/4/7
31	《2013年第7号国家运输局董事会主席的决定》 Decision of the Chairman of the Board of Directors of the National Transport Authority No. 7 of 2013	关于发动机安装的期日和寿命规定	2013/3/11
32	《2013年第29号部长理事会决定》 Decision of the Council of Ministers No. 29 of 2013	有关海湾合作委员会国家国际海洋条约未涵盖的小载荷船舶安全条例规定	2013/9/23
33	《2014年第30号国家运输局董事会主席的决定》 Decision of the Chairman of the Board of Directors of the National Transport Authority No. 30 of 2014	向在该国海域运作的国家船只和外国船只颁发导航许可证的条件	2014/5/19
34	《2015年第135号董事会主席的决议》 Chairman of the Board of Directors Resolution No. 135 of 2015	对悬挂阿联酋国旗的商船进行检查和签发法律证书的规定	2015/12/21

续表

序号	法律名称	主要内容	颁布时间（年/月/日）
35	《2016年第25号董事会主席的决定》 Decision of the Chairman of the Board of Directors No. 25 of 2016	关于执行《1978年海员培训、发证和值班标准国际公约》及其2010年修正案的要求	2016/3/14
36	《2016年第34号董事会主席的决定》 Decision of the Chairman of the Board of Directors No. 34 of 2016	船舶在阿拉伯联合酋长国安全航行的最低要求	2016/4/10
37	《2016年第37号董事会主席的决定》 Decision of the Chairman of the Board of Directors No. 37 of 2016	关于执行《1966年国际船舶载重线公约》及其修正案的要求	2016/4/13
38	《2016年第33号董事会主席的决定》 Chairman of the Board of Directors Decision No. 33 of 2016	关于海洋事故和事件调查的程序	2016/10/4
39	《2016年第90号董事会主席的决定》 Decision of the Chairman of the Board of Directors No. 90 of 2016	有关邮轮登记的授权和使用方式的规定	2016/12/8
40	《2017年第6号联邦法令》 Federal Decree No. 6 of 2017	关于加入《2004年船舶压载水和沉积物控制和管理国际公约》	2017/1/9
41	《2017年第8号联邦法》 Federal Law No. 8 of 2017	涉及港口增值税等税率方面的规定	2017/2/23
42	《2017年第177号部长法令》 Ministerial Decree No. 177 for the year 2017	关于修改《1995年第21号联邦法》的部长法令	2017/3/30
43	《2017年第178号部长决议》 Ministerial Resolution No. 178 for the year 2017	关于交通管控规则和程序的规定	2017/3/30
44	《2017年第37号董事会主席的决定》 Decision of the Chairman of the Board of Directors No. 37 of 2017	有关某些海洋休闲设施的登记、许可和使用条件的修改	2017/5/28
45	《2017年第71号董事会主席的决定》 Decision of the Chairman of the Board of Directors No. 71 of 2017	阿拉伯联合酋长国有关海事能力证书的评估和认证	2017/9/25
46	《2017年第73号董事会主席的决定》 Decision of the Chairman of the Board of Directors No. 73 of 2017	关于禁止一些外国船只运输石油及其衍生物的规定	2017/10/8

续表

序号	法律名称	主要内容	颁布时间（年/月/日）
47	《2017年第102号董事会主席的决定》 Decision of the Chairman of the Board of Directors No. 102 of 2017	对处于领海和国家港口的所有外国船舶使用强制船舶识别装置	2017/12/24
48	《2018年第1号董事会主席的决定》 Decision of the Chairman of the Board of Directors No. 1 of 2018	关于船主对船员责任的强制性保险义务要求	2018/1/18
49	《2018年第7号董事会主席的决定》 Decision of the Chairman of the Board of Directors No. 7 of 2018	根据《1978年海员培训、发证和值班标准国际公约》及其修正案的要求，有关阿联酋境内海事教育和培训机构的规定	2018/1/30
50	《2018年第41号董事会主席的决定》 Decision of the Chairman of the Board of Directors No. 41 of 2018	商业船舶锚地的管理与境内水域作业的规定	2018/4/15
51	《2018年第70号董事会主席的决定》 Decision of the Chairman of the Board of Directors No. 70 of 2018	签发外国游艇航行许可证的规定	2018/7/22
52	《2018年第84号董事会主席的决定》 Decision of the Chairman of the Board of Directors No. 84 of 2018	《关于1973年国际防止船舶造成污染公约的1978年议定书》的执行情况	2018/9/27

（二）阿布扎比立法

序号	法律名称	主要内容	颁布时间（年/月/日）
1	《1973年第12号法律》 Law No. 12 of 1973	关于石油港口的术语界定、进出港、港口海洋环境、危险物的装卸等规定	1973/10/2
2	《2006年第7号法律》 Law No. 7 of 2006	关于个人船只的许可、租借和使用规定	2006
3	《2006年第60号埃米尔法令》 Emiri Decree No. 6 of 2006	建立阿布扎比港口公司	2006
4	《关于2006年第7号法令的行政法规》 Executive Regulation of Law No. 7 of 2006	关于个人船只的许可、租借和使用规则的细化	2006

续表

序号	法律名称	主要内容	颁布时间（年/月/日）
5	《运输法规（第二版）——关于一般港口业务的规定》Transport Regulations (Port Tariff, Complaint, Dispute Resolution and Planning) Second Edition	关于港口管理局、港务专用术语、港口列表、港口活动、港口环境和安全系统、船舶引航、联络和交通管制、港口设施、维护港口安全环境等可采取的措施、运输限制等的规定	2010/10
6	《运输法规（第二版）——关于港口税率及投诉争议解决办法的规定》Transport Regulations (General and Port Operations) Second Edition	有关港口税率及港口争端解决办法的规定	2010/10
7	《2013年关于个人船舶的许可、租用和使用的第37号主席决定》Chairman's Decision No. 37 of 2013 Concerning the Licensing, Hire, and Usage of Personal Watercrafts	关于个人船只的许可、租借和使用规则的细化规定	2013/7
8	《石油港口管理局港口条例》Petroleum Ports Authority Port Regulations	关于石油港口法律的细化规定	2018/11/15

（三）迪拜立法

序号	法律名称	主要内容	颁布时间（年/月/日）
1	《1983年第3号法令》Decree No. 3 for the year 1983	有关设立迪拜干船坞管理局（Dubai Dry Docks Authority）的规定[1]	1983/4/13
2	《2001年第1号法律》law No. 1 for the year 2001	设立港口、海关和自由区公司[2]	2001/4/30
3	《2010年迪拜第11号法令》Law No. 11 of 2010	关于迪拜海上船只许可证的规定	2010/6/7

---

[1] 干船坞是指在岸边以人工建设的船坞，作为建造、改装和修理船舶的地方。《1990年第2号法令》（Decree No. 2 for the year 1990）对其进行修改，授予迪拜干船坞管理局对有关建筑的管辖权。

[2] 因该公司负责杰贝阿里港和拉希德港的运营，故公司设立之前有关杰贝阿里港和拉希德港的法令不再罗列。See "Laws by Category", Dubai Courts, https：//www.dc.gov.ae/PublicServices/LawsByCategory.aspx, April 25, 2019.

续表

序号	法律名称	主要内容	颁布时间（年/月/日）
4	《2013年行政会议第11号决议》Executive Council Resolution No. 11 of 2013	实施2010年第11号法令的具体章程细则	2013/5/7
5	《关于迪拜船只、船员和海上活动的许可证的规定》Licensing of Vessels, Crew and Maritime Activities in Dubai	关于船只、船员、海事训练、海上安全航行、海洋环境等方面的规定	2014/8/7

（四）沙迦立法

序号	法律名称	主要内容	颁布时间（年/月）
1	《沙迦港口条例》Sharjah Ports Regulations	有关港口规则、港口服务、海上费用、港口费用等方面的规定	2019/2

（五）富查伊拉立法

序号	法律名称	主要内容	颁布时间（年）
1	《富查伊拉港口条例》Port of Fujairah Ordinance	对专有名词的解释、法律适用、船舶通行、货物的处理和储存、违法行为及处罚等方面的规定	1982

附录27 阿联酋海洋环境保护相关立法

（一）联邦立法

序号	法律名称
1	《关于保护和发展环境的1999年第24号联邦法律》 Federal Law No. 24 of 1999 On the Protection and Development of the Environment)
2	《关于开发和保护阿联酋水生生物资源的1999年第23号法律》 Law No. 23 of 1999 on the Exploitation and Protection of Living Aquatic Resources in the UAE
3	《关于综合废物管理的2018年第12号联邦法律》 Federal Law No. 12 of 2018 On The Integrated Waste Management

（二）阿布扎比立法

序号	法律名称
1	《关于重组阿布扎比环境署的2005年第16号法律》 Law No. (16) of 2005 Concerning Restructuring the Environment Agency-Abu Dhabi
2	《关于宣布Marawah为海洋保护区的2001年第18号埃米尔法令》 Emiri Decree No. (18) of 2001 concerning Declaring Marawah as A Protected Marine Area
3	《关于宣布Al Yasat为海洋保护区的2005年第33号埃米尔法令》 Emiri Decree (33) of 2005 concerning Declaring Al Yasat as A Protected Marine Area

（三）沙迦立法

序号	法律名称
1	《关于建立环境保护管理局的1998年第6号法律》 Law No. 6 of 1998 on the Establishment of the Environment and Protected Areas Authority
2	《关于防止Sir Bo Na'air岛环境退化的2000年第3号行政决定》 Administrative Decision No. 3 of 2000 on the Prevention of Environmental Degradation in Sir Bo Na'air Island
3	《关于建立环境和保护区管理局并将其附属于统治者办公室的1997年第12号埃米尔法令》 Amiri Decree No. 12 of 1997 on the Establishment of the Environment and Protected Areas Authority, and Appended it to the Ruler's Office

续表

序号	法律名称
4	《关于在 Sir Bo Na'air 岛建立保护区的 2000 年第 25 号埃米尔法令》 Amiri Decree No. 25 of 2000 on the Establishment of A Protected Area on Sir Bo Na'air Island
5	《关于在 Kalba 地区设立 Alqurm wa Lehhfaiiah 保护区的 2012 年第 27 号埃米尔法令》 Amiri Decree No. 27 of 2012 on the Establishment of Alqurm wa Lehhfaiiah Protected Area in Kalba
6	《关于在沙迦酋长国设立 Wasit 自然保护区的 2007 年第 7 号埃米尔法令》 Amiri Decree No. 7 of 2007 on the Establishment of Wasit Nature Reserve in the Emirate of Sharjah
7	《关于设立哈伊马角环境保护与发展局的 2007 年第 2 号法律》 Law No. (2) of 2007 for Setting up Ras al-Khaimah Environmental Protection and Development Authority
8	《关于迪拜环境保护条例的 1991 年第 61 号地方指令》 Local Order No. 61 of 1991 on the Environment Protection Regulations in Dubai

附录28 阿联酋缔结和加入的国际条约

（一）联合国海洋法公约及其相关条约[1]

序号	公约名称	签字日期（年/月/日）	加入/批准日期（年/月/日）	生效日期（年/月/日）
1	《联合国海洋法公约》 United Nations Convention on the Law of the Sea	1982/12/10		
2	《关于执行1982年12月10日〈联合国海洋法公约〉第十一部分的协定》 Agreement relating to the implementation of Part XI of the United Nations Convention on the Law of the Sea of 10 December 1982	1994/11/16		1996/7/28

（二）缔结与加入的其他海洋海事条约及其他条约[2]

序号	公约名称	批准日期（年/月/日）	文书交付日期（年/月/日）	对阿联酋生效日期（年/月/日）
1	《1966年国际船舶载重线公约》 International Convention on Load Lines, 1966		1983/12/15	1984/3/15
2	《1969年国际船舶吨位丈量公约》 International Convention on Tonnage Measurement of Ships, 1969		1983/12/15	1984/3/15
3	《国际移动卫星组织公约》以及《国际移动卫星组织业务协定》 Convention on the International Maritime Satellite Organization, 1976, （INMARSAT C） and Operating Agreement on the International Maritime Satellite Organization, 1976, （INMARSAT OA）		1983/1/13	1983/1/13

---

[1] "Multilateral Treaties Deposited with the Secretary-General", United Nations Treaty Collection, https://treaties.un.org/Pages/ParticipationStatus.aspx?clang=_en, April 25, 2019.

[2] 该表信息若无特别注明均参见"Status of Conventions-Comprehensive information including Signatories, Contracting States, declarations, reservations, objections and amendments", International Maritime Organization, https://www.imo.org/en/About/Conventions/Pages/StatusOfConventions.aspx, April 25, 2019.

续表

序号	公约名称	批准日期（年/月/日）	文书交付日期（年/月/日）	对阿联酋生效日期（年/月/日）
4	《1972年国际海上避碰规则公约》 Convention on the International Regulations for Preventing Collisions at Sea, 1972		1983/12/15	1983/12/15
5	《1989年国际救助公约》 International Convention on Salvage, 1989		1993/10/4	1996/7/14
6	《1965年便利国际海上运输公约》 Convention on Facilitation of International Maritime Traffic, 1965		2018/4/10	2018/6/9
7	《1979年国际海上搜寻救助公约》 International Convention on Maritime Search and Rescue, 1979		1993/10/4	1993/11/3
8	《1974年国际海上人命安全公约》 International Convention for the Safety of Life at Sea, 1974		1983/12/15	1984/3/14
9	《1978年海员培训、发证和值班标准国际公约》 International Convention on Standards of Training, Certification and Watchkeeping for Seafarers, 1978		1993/10/4	1993/11/3
10	《1972年防止倾倒废料及其他物质污染海洋的公约》 Convention on the Prevention of Marine Pollution by Dumping of Wastes and Other Matter, 1972		1974/8/9	1975/8/30
11	《1969年国际干预公海油污事故公约》 International Convention Relating to Intervention on the High Seas in Cases of Oil Pollution Casualties, 1969		1983/12/15	1984/3/14
12	《1973年干预公海非油类物质污染议定书》 Protocol Relating to Intervention on the High Seas in Cases of Pollution by Substances other than Oil, 1973			未加入
13	《1990年国际油污防备、反应和合作公约》 International Convention on Oil Pollution Preparedness, Response and Co-operation, 1990			未加入

续表

序号	公约名称	批准日期（年/月/日）	文书交付日期（年/月/日）	对阿联酋生效日期（年/月/日）
14	《1974年国际海上人命安全公约的1978年议定书》 Protocol of 1978 Relating to the International Convention for the Safety of Life at Sea, 1974		1983/12/15	1984/3/15
15	《1972年国际集装箱安全公约》 International Convention for Safe Containers, 1972		2017/9/27	2018/9/27
16	《关于1973年国际防止船舶造成污染公约的1978年议定书》 Protocol of 1978 Relating to the International Convention for the Prevention of Pollution from Ships, 1973		2007/1/15	2007/3/15
17	《1973年国际防止船舶造成污染公约1978年议定书附则一、附则二、附则五》 International Convention for the Prevention of Pollution from Ships, 1973 as Modified by the Protocol of 1978 Relating thereto, Annex Ⅰ, Ⅱ, Ⅴ		2007/1/15	2007/3/15
18	《1974年国际海上人命安全公约1988年议定书》 Protocol of 1988 Relating to the International Convention for the Safety of Life at Sea, 1974		2017/9/27	2017/12/27
19	《1966年国际船舶载重线公约的1988年议定书》 Protocol of 1988 Relating to the International Convention on Load Lines, 1966		2017/9/27	2017/12/27
20	《修正〈1969年国际油污损害民事责任公约〉的1992年议定书》 Protocol of 1992 to Amend the International Convention on Civil Liability for Oil Pollution Damage, 1969		1997/11/19	1998/11/19
21	《修正〈1971年设立国际油污损害赔偿基金国际公约〉的1992年议定书》 Protocol of 1992 to Amend the International Convention on the Establishment of an International Fund for Compensation for Oil Pollution Damage, 1971		1997/11/19	1998/11/19

续表

序号	公约名称	批准日期（年/月/日）	文书交付日期（年/月/日）	对阿联酋生效日期（年/月/日）
22	《经1978年议定书修订的1973年国际防止船舶造成污染公约1997年修正议定书》 Protocol of 1997 to amend the International Convention for the Prevention of Pollution from Ships, 1973, as modified by the Protocol of 1978 relating thereto			未加入
23	《经1978年议定书修订的1973年国际防止船舶造成污染公约1997年修正议定书附件三、附件四、附件六》 Protocol of 1997 to amend the International Convention for the Prevention of Pollution from Ships, 1973, as modified by the Protocol of 1978 relating thereto, Annex Ⅲ, Ⅳ, Ⅵ			未加入
24	《制止危及海上航行安全非法行为公约》 Convention for the Suppression of Unlawful Acts against the Safety of Maritime Navigation, 1988		2005/9/15	2005/12/14
25	《制止危及大陆架固定平台安全非法行为议定书》[1] Protocol for the Suppression of Unlawful Acts against the Safety of Fixed Platforms Located on the Continental Shelf, 1988		2005/9/15	2005/12/14
26	《2000年有毒有害物质污染事故防备、反应与合作议定书》 2000 Protocol on Preparedness, Response and Cooperation to Pollution Incidents by Hazardous and Noxious Substances			未加入
27	《2001年控制船舶有害防污底系统国际公约》 International Convention on the Control of Harmful Anti-Fouling Systems on Ships, 2001			未加入
28	《2001年国际油污损害民事责任公约》 International Convention on Civil Liability for Bunker Oil Pollution Damage, 2001			未加入

---

[1] 阿联酋对该议定书关于解决国家间争端的第16条第1款的规定予以充分保留。

续表

序号	公约名称	批准日期（年/月/日）	文书交付日期（年/月/日）	对阿联酋生效日期（年/月/日）
29	《2004年国际船舶压载水和沉积物控制和管理公约》 International Convention for the Control and Management of Ships' Ballast Water and Sediments, 2004		2017/6/6	2017/9/8
30	《2007年内罗毕国际船舶残骸清除公约》 Nairobi International Convention on the Removal of Wrecks, 2007			未加入
31	《1976年海事索赔责任限制公约》 Convention on Limitation of Liability for Maritime Claims, 1976		1997/11/19	1998/3/1
32	《1972年防止倾倒废物及其他物质污染海洋的公约的1966年议定书》 1966 Protocol to the Convention on the Prevention of Marine Pollution by Dumping of Wastes and Other Matter, 1972			未加入
33	《国际移动卫星组织公约》 Convention on the International Mobile Satellite Organization, as amended, 1976		1983/1/13	1983/1/13
34	《1948年国际海事组织公约》[1] Convention on the International Maritime Organization, 1948	1980/3/4		1980/3/4

（三）缔结与加入的有关环境保护的公约

序号	公约名称	批准日期（年/月/日）	签署日期（须经批准）（年/月/日）	对阿联酋生效日期（年/月/日）
1	《控制海洋越境转移和处置危险废物和其他废物的议定书》 Protocol on the Control of Marine Transboundary Movements and Disposal of Hazardous Wastes and Other Wastes	2005/10/30	1998/3/17	2006/1/28

---

[1] "Convention on the International Maritime Organization", ECOLEX, https：//www.ecolex.org/details/treaty/convention-on-the-international-maritime-organization-tre-000498/？q＝Convention＋on＋the＋International＋Maritime＋Organization&type＝legislation&xdate_min＝&xdate_max：, April 25, 2019.

续表

序号	公约名称	批准日期（年/月/日）	签署日期（须经批准）（年/月/日）	对阿联酋生效日期（年/月/日）
2	《关于在紧急情况下打击石油和其他有害物质污染的区域合作议定书》 Protocol Concerning Regional Co-operation in Combating Pollution by Oil and other Harmful Substances in Cases of Emergency	1979/12/1	1978/3/24	1980/2/29
3	《关于大陆架勘探和开采造成的海洋污染议定书》 Protocol Concerning Marine Pollution resulting from Exploration and Exploitation of the Continental Shelf	1990/3/17	1989/3/29	1990/7/16
4	《建立区域渔业委员会协定》 Agreement for the Establishment of the Regional Commission for Fisheries	2001/2/26		2001/2/26
5	《保护海洋环境免受陆源污染的议定书》 Protocol for the Protection of the Marine Environment Against Pollution from Land-Based Sources		1990/2/21	
6	《科威特保护海洋环境免受污染合作区域公约》 Kuwait Regional Convention for Co-operation on the Protection of the Marine Environment from Pollution	1979/12/1	1978/3/24	1980/2/29
7	《关于保护迁徙鲨鱼的谅解备忘录》 Memorandum of Understanding on the Conservation of Migratory Sharks	2014/2/17		2014/3/1
8	《关于养护和管理印度洋和东南亚海龟及其栖息地的谅解备忘录》 Memorandum of Understanding Concerning Conservation and Management of Marine Turtles and their Habitats of the Indian Ocean and South East Asia	2007/1/18		2007/2/1
9	《关于防止倾倒废物和其他物质造成海洋污染的公约》 Convention on the Prevention of Marine Pollution by Dumping of Wastes and Other Matter	1974/8/9		1975/8/30

后　记

《沙特阿拉伯、巴林、卡塔尔、阿联酋海洋法律体系研究》与我的另一本专著《伊朗、伊拉克、科威特海洋法律体系研究》是同期完成的。这两本书共同展现了我对波斯湾国家海洋法律体系的研究成果。

波斯湾是阿拉伯海西北伸入亚洲大陆的一个海湾，介于伊朗高原和阿拉伯半岛之间，通过霍尔木兹海峡与阿拉伯海相连，是印度洋西北部半封闭的海湾。霍尔木兹海峡因扼守波斯湾石油海上运输的出口而具有重要的战略地位。在海湾及其周围100千米范围内，是一条巨大的石油带，这里蕴藏着占世界石油总储量一半以上的石油。

外来势力的渗透和争夺，加上波斯湾内部由种种历史和现实原因造成的矛盾交织在一起，使波斯湾沿岸国家局势长期动荡，各国海洋法律体系复杂多变且透明度不高，对中国与波斯湾国家展开海洋法律工作造成了一定的困难。本书按照地理位置，依次研究了沙特阿拉伯、巴林、卡塔尔、阿联酋4个国家的海洋立法、执法体系，海洋争端解决和海洋事务国际合作等方面的法律与实践。需要说明的是，阿曼虽然也属于波斯湾国家，但在海洋问题上考虑到其仅有在阿联酋境内的一块飞地——穆桑达姆省濒临波斯湾，且传统上认为它主要濒临安曼湾和阿拉伯海，所以本书未将阿曼海洋法律体系作为研究内容。

我要感谢西南政法大学国际法学院和海洋与自然资源法研究所对本书出版工作的支持。感谢西南政法大学2018级研究生刘佳妮，2019级研究生武义翔，2020级研究生李典霖、李蔼耘、张儒、张雪婷，2021级研究生易欣宇、李雲淇、赵海洋、梁梓桦和本科2019级涉外法律人才实验班学生朱嬿蓉为本书核实核对了上千条信息。还要特别感谢知识产权出版社的庞从容、薛迎春和张琪惠三位老师为本书出版所做的努力。

与国别海洋法系列丛书的其他专著一样，本书写作全部使用公开可核验的资料和数据。同时，为了符合出版要求，对研究成果的部分内容进行了删减。

全小莲
2022年8月